凝聚隧道及地下工程领域的
先进理论方法、突破性科研成果、前沿关键技术，
记录中国隧道及地下工程修建技术的创新、进步和发展。

"十四五"时期国家重点出版物出版专项规划项目

中国隧道及地下工程修建关键技术研究书系

RESEARCH AND APPLICATION
OF KEY TECHNOLOGIES
IN THE DESIGN OF INLAND RIVER IMMERSED TUNNEL

内河沉管法隧道设计
关键技术研究与应用

陈韶章　严金秀　张先锋　赵晋友　总顾问

贺维国　范国刚　周华贵　等 著

人民交通出版社股份有限公司

北 京

内 容 提 要

本书依托作者团队在内河沉管法隧道设计技术方面的理论研究和科研创新成果，结合国内外沉管法隧道修建技术实践，以内河沉管法隧道关键工序为主线，系统阐述了内河复杂建设条件下沉管法隧道各工序设计关键技术的发展和突破，详细介绍了作者团队开展的模型试验及现场测试的具体细节和相关研究成果。本书数据翔实，资料丰富，体系全面，既是对我国内河沉管法设计关键技术的阶段性总结，也旨在以此推动诸多创新成果的推广应用，促进该领域理论研究方法体系的持续发展完善。

本书可供从事沉管法隧道设计、施工、建设管理的技术人员使用，也可作为高等院校隧道工程专业师生的参考用书。

图书在版编目（CIP）数据

内河沉管法隧道设计关键技术研究与应用 / 贺维国等著. — 北京：人民交通出版社股份有限公司，2023.2
ISBN 978-7-114-18328-7

Ⅰ.①内… Ⅱ.①贺… Ⅲ.①内河—沉管隧道—隧道工程—工程技术 Ⅳ.①U459.9

中国版本图书馆CIP数据核字（2022）第204837号

中国隧道及地下工程修建关键技术研究书系
Neihe Chenguanfa Suidao SheJi Guanjian Jishu Yanjiu yu Yingyong

书　　　名：	内河沉管法隧道设计关键技术研究与应用
著 作 者：	贺维国　范国刚　周华贵　等
责任编辑：	李学会
责任校对：	刘　芹
责任印制：	张　凯
出版发行：	人民交通出版社股份有限公司
地　　址：	(100011)北京市朝阳区安定门外外馆斜街3号
网　　址：	http://www.ccpcl.com.cn
销售电话：	(010)59757973
总 经 销：	人民交通出版社股份有限公司发行部
经　　销：	各地新华书店
印　　刷：	北京印匠彩色印刷有限公司
开　　本：	787×1092　1/16
印　　张：	30
字　　数：	674 千
版　　次：	2023年2月　第1版
印　　次：	2023年2月　第1次印刷
书　　号：	ISBN 978-7-114-18328-7
定　　价：	188.00元

（有印刷、装订质量问题的图书由本公司负责调换）

仓头隧道移动干坞管节施工现场图

官洲隧道轴线干坞管节预制现场图

■ 东平隧道北岸洞口图

东平隧道南岸鸟瞰图

RESEARCH AND APPLICATION OF KEY TECHNOLOGIES IN THE DESIGN OF INLAND RIVER IMMERSED TUNNEL / 内河沉管法隧道设计 关键技术研究与应用

■ 红谷隧道洞口图

红谷隧道双子坞管节施工现场图

■ 红谷隧道北岸施工现场图

■ 红谷隧道内装修现场图

红谷隧道管节过生米大桥浮运图

红谷隧道管节水中转体现场图

RESEARCH AND APPLICATION OF KEY TECHNOLOGIES IN THE DESIGN OF INLAND RIVER IMMERSED TUNNEL / 内河沉管法隧道设计关键技术研究与应用

■ 国际创新城金光东隧道移动干坞管节浮运图

组织委员会

总 顾 问： 陈韶章　严金秀　张先锋　赵晋友

主任委员： 贺维国　宋　仪　叶桂莹　叶东明　曾　兴　陈　馈
　　　　　　　沈　可

副主任委员： 费曼利　傅红卫　马宝亮　陈　伟　郭　磊　金若翃
　　　　　　　孙为东　张　鹏

委　　员：（按姓氏笔画排序）

　　　　　　方　磊　方　园　马晓轩　公祥玉　车爱兰　田　峰
　　　　　　帅志杰　李永宝　邢永辉　吕　洋　毕经东　刘　鹏
　　　　　　刘学山　宋超业　杨海涛　陈　胜　程晓明　林金雄
　　　　　　赵朋辉　冯　珂　钟伟春　徐彦举　徐　峰　魏哲奎

编写委员会

主　　编： 贺维国　范国刚　周华贵

副 主 编： 胡　斌　吕显福　沈永芳　曹　威　于　勇　孙　斌

编　　委：（按姓氏笔画排序）

　　　　　　于　勇　马雪迪　马军秋　王东伟　王之心　王兆卫
　　　　　　王凤波　王光辉　刘庆方　厉红星　吕　洋　孙　斌
　　　　　　李腾飞　李　勇　吕书清　李明君　沈永芳　吴　刚
　　　　　　杨　燕　杨　肖　周丽芳　周华贵　范国刚　赵　靓
　　　　　　罗程正　胡　斌　胡　慧　贺维国　禹海涛　徐勃涛
　　　　　　奚笑舟　曾进群　曹　威　曾　珂　褚　凯

编写单位： 中铁第六勘察设计院集团有限公司

作者简介

贺维国

四川简阳人，1997年毕业于西南交通大学，正高级工程师，国务院政府特殊津贴、天津市最美科技工作者获得者。长期从事水下隧道、特长隧道、大型洞库等隧道与地下工程的勘察设计与科研工作。发表论文40篇，出版著作10多部，编写标准规范20余部，获国家及省部级科技进步奖40多项。

范国刚

四川成都人，2006年毕业于中南大学，正高级工程师，省级科技专家。毕业后一直从事隧道工程设计与研究工作，获省部级科技奖20项，优秀勘察设计奖3项，国际发明展银奖3项，参与制定国家和行业标准4部，出版著作3部，获授权国家专利、软件著作权等各类知识产权60多项。

周华贵

湖南新化人，2003年毕业于中南大学，正高级工程师，全国一级注册结构工程师，省级科技专家，天津市交通运输委员会专家委员会委员。长期从事隧道与地下工程的勘察设计、科研、咨询工作。发表论文6篇，出版著作2部，编写标准规范3部，获省部级科技进步奖5项，获授权国家专利、软件著作权等各类知识产权30多项。

序一

沉管法是一种水下隧道修建方法，具有断面利用率高、线路埋深浅、对地基承载力要求低等突出优点。1993年，我国大陆地区首座沉管法隧道——广州珠江隧道建成通车，开创了我国自主设计和修建沉管法隧道的先河，并且积累了丰富的设计、科研等宝贵经验。

国外传统的沉管法隧道主要修建在海洋或河流入海口附近，水面开阔、水流潮汐特点显著、地层以第四系软土层为主。我国国土面积辽阔，地形西高东低，呈阶梯状分布，其间分布有总长超过45万km的众多河流。受地形地貌制约，我国修建的沉管法隧道大多下穿内陆河流，内河沉管法隧道面临河道窄、流速大、地质复杂、难以利用大型海工装备等困难。

本书作者团队长期工作在沉管法隧道设计与科研一线，先后主持了广州仑头隧道、佛山东平隧道、南昌红谷隧道等10多座沉管法隧道的勘察设计、科研攻关和技术咨询等工作，完成了大量试验研究、理论和数据分析，积累了丰富的经验和工程实例，取得了丰硕的研究成果。中铁第六勘察设计集团有限公司贺维国牵头的技术团队还主编完成了包括我国首部沉管法隧道技术标准《内河沉管法隧道设计、施工及验收规范》(DB/T29-219—2013)在内的多部专业标准，推动了沉管法隧道的行业技术进步。

本书从沉管法隧道设计、科研的角度全面介绍了国内内河沉管法隧道干坞、结构计算、基槽开挖回填、灌砂基础、水下检测、浮运沉放等关键技术的发展历程和最新技术，并介绍了中铁第六勘察设计集团有限公司主持完成的典型工程案例。该书图文并茂、资料翔实，具有较高的学术性和工程实用性，能够满足沉管法隧道设计、施工、教学、科研等需要，必将对交通强国国家战略的实施起到积极的促进作用。

我谨以此序向该书的作者祝贺，愿此书在沉管法隧道技术的推广应用中发挥重要的参考作用。

广州地铁集团有限公司原总工程师
港珠澳大桥原首席专家

2022 年 8 月

序二

近年来，世界隧道工程技术发展迅速，即使面对新型冠状病毒肺炎疫情席卷全球这一前所未有的挑战，世界隧道工程仍以其特有的韧性保持了逆势增长，这主要体现在世界隧道工程总体数量、世界级重大隧道工程数量以及隧道修建技术创新数量三大方面。目前，欧洲正在采用TBM、钻爆法和沉管法修建三座跨国重大隧道工程，即57.5km长连接法国和意大利的仙尼斯峰山底铁路隧道(TBM、钻爆法)、55km长连接意大利和奥地利的布伦纳山底铁路隧道(TBM、钻爆法)、18km长连接丹麦和德国的费马恩海峡沉管公路铁路隧道(沉管法)。这些重大隧道工程的建设无疑将世界隧道工程的建设质量和技术提升到了新的高度。

中国现有隧道数量约占全球隧道总量的50%，已成为名副其实的隧道大国。除了数量巨大外，由于地质和环境的多样性、复杂性，中国在机械法(TBM/盾构)、传统法(钻爆法、矿山法)、沉管法方面齐头并进，建成了众多宏伟的隧道工程，如18km长秦岭终南山公路隧道(2007，钻爆法)、32km长新关角铁路隧道(2014，钻爆法)、85km长大伙房输水隧道(2017，TBM，钻爆法)、6.7km长港珠澳海底沉管法隧道(2018，沉管法)等。

沉管法已有120多年的发展历史，最早是在欧洲和北美应用。

进入21世纪后的这二十年，是我国沉管法隧道修建技术快速发展的阶段，先后有20余座沉管法隧道建成或正在修建，在沉管法隧道设计理论、施工验收标准、检测技术、施工装备等方面取得了突破性的进展。除了修建于海湾或入海口的沉管法隧道外，我国大多数沉管法隧道修建于城市的内河环境，这些沉管法隧道的建设与城市的快速发展既相辅相成，又相互制约。

《内河沉管法隧道设计关键技术研究与应用》一书，系统总结了我国内河沉管法隧道遇到的诸多难题以及关键技术研究与发展的详细过程。该书采用了以时间轴为主线的科学史编写方法，同时又穿插采用了体现学科内在逻辑发展的编史方法，图文并茂、资料翔实，具有较高的学术性和工程实用性，对促进我国沉管法隧道技术进步与相关核心竞争力的提升必将起到积极作用。随着我国交通强国、粤港澳大湾区发展等国家战略的推进，又一大批沉管法隧道工程被提上了规划建设日程，沉管法隧道技术发展任重而道远。

在该书即将付梓之际，我谨以此序向该书的作者和编委表示祝贺，愿作者及编委团队继续刻苦钻研，务实创新，为推动我国沉管法隧道技术进步作出更大贡献。

国际隧道和地下空间协会(ITA)主席

2022年9月6日于哥本哈根

前言

随着现代城市的大规模、快速发展，众多河流逐渐成为制约城市快速交通路网形成和均衡发展的主要障碍。沉管法隧道是管节经坞内预制、拖航浮运、沉放对接、基础处理、回填覆盖等工序建成的水下隧道，具有埋深浅、断面利用率高、与两岸衔接灵活等突出优点，是城市隧道修建的重要方式之一。

美国最早于 1910 年采用沉管法隧道技术建成了底特律河铁路隧道。其后的百余年时间里，沉管法隧道关键技术不断取得重大进展：丹麦于 20 世纪 40 年代发明喷砂法，瑞典于 60 年代发明灌囊法，荷兰于 70 年代又发明了更为先进的灌砂法，使沉管法隧道基础处理更有效；荷兰于 20 世纪 60 年代发明的 GINA 止水带柔性接头和水力压接法，使沉管管节水下对接更方便高效；沉管法隧道也由起初的钢壳结构发展出钢筋混凝土结构、组合结构等多种结构形式。沉管法隧道在我国虽然起步较晚，却发展迅速。随着我国综合国力的飞速发展和交通强国战略的实施，仅用十几年时间，我国建成的沉管法隧道数量已超过 20 座，目前成为亚洲沉管法隧道数量最多的国家。

相比于海洋环境，内河具有河道窄、水深浅、流速大、季节性水位落差大、跨河桥梁等障碍物多、地质复杂多变等特点，因此内河沉管法隧道建设面临干坞选址困难、管节浮运窗口期短、沉放精度控制难、无法利用大型专用水上作业设备等一系列挑战。本书作者结合中铁隧道勘测设计院有限公司多年来对我国多座内河沉管法隧道的研究、设计及建设成果，对沉管法隧道建设中的干坞设计、管节结构计算、基槽开挖回填、灌砂基础、水下检测、浮运沉放等关键技术进行了系统总结和创新提炼，并融入了作者及研究团队多年来对沉管法隧道技术的认识和体会。

本书第 1 章概述了国内外沉管法隧道的发展历史，第 2 章介绍了内河沉管法隧道干坞关键技术、四个工程案例的干坞论证过程及管节的预制技术，第 3 章介绍了国内外管节结构计算的常规方法和三个工程案例的计算研究，第 4 章介绍了沉管法隧道基槽开挖技术、突出河床与水下爆破开挖等专题研究，第 5 章介绍了国内外灌砂技术进展以及三个工程案例的灌砂试验研究，第 6 章介绍了沉管法隧道水下检测技术的发展以及三个工程案例水下检测技术的应用，第 7 章介绍了内河沉管法隧道管节浮运、沉放技术以及两个工程案例的浮运、沉放技术研究，第 8 章介绍了中铁第六勘察设计院集团有限公司主持完成的多座内河沉管法隧道概况、重难点和主要技术创新点等内容。

本书由贺维国、范国刚、周华贵等编著，主要编写分工如下：第 1 章 (贺维国、范国刚、褚凯、王之心)，第 2 章 (贺维国、周华贵、吕洋、胡斌、王之心、周丽芳)，第 3 章 (贺维国、吕显福、禹海涛、于勇、李腾飞、吕书清、曾进群)，第 4 章 (贺维国、曹威、范国刚、周华贵)，第 5 章 (范国刚、贺维国、沈永芳、王凤波、李勇、王光辉、厉红星)，第 6 章 (沈永芳、王兆卫、吴刚、奚笑舟)，第 7 章 (贺维国、胡斌、沈永芳、孙斌)，第 8 章 (周华贵、贺维国、吕洋、曾珂、胡斌、周丽芳、李明君)。

本书在编写过程中，引用了科研合作单位的部分研究成果，参考了国内外部分技术资料和文献。特别感谢同济大学袁勇教授、禹海涛教授，中南大学傅鹤林教授，西南交通大学郑余朝教授，上海交通大学车爱兰教授，天津大学张庆河教授、张金凤教授，武汉大学邹维列教授，南京工业大学方海教授，中铁科研院杨燕正高级工程师等，他们与编者通力合作，在内河沉管法隧道技术的进步与发展方面开展了系统而卓有成效的开创性研究工作，本书采用了部分相关研究成果。还要特别感谢中铁隧道局集团有限公司、交通运输部广州打捞局、佛山东平新城开发有限公司、广州市隧道开发公司、广州市广园路建设公司、广州市中心区交通项目管理中心、南昌市政公用投资控股有限责任公司、广州市番禺交通建设投资有限公司、广东省建筑设计研究院有限公司、重庆市规划局、中铁十八局集团有限公司等各项目业主、设计施工单位，他们与编者同甘共苦、长期奋斗在现场一线，完成了国内多座内河沉管法隧道工程的建设，同时对本书的编写也提供了大量的指导和帮助。

  本书在编写过程中，得到中铁第六勘察设计院集团有限公司的大力支持和帮助，中铁第六勘察设计院集团有限公司吕游、胡慧、赵靓、彭熠、王雯、潘宇慧、刘纯等人参与了文稿的资料整理及编审组织工作，在此一并表示衷心的感谢。

  由于作者水平有限，书中不可避免有错漏或不足之处，敬请各位专家和读者提出并指正。

作　者

2022 年 8 月

目录

第1章　绪论 ··· 001
1.1　国外沉管法隧道发展 ·· 004
1.2　国内沉管法隧道发展 ·· 008
1.3　沉管法隧道建设标准体系 ··· 011
1.4　我国内河沉管法隧道建设的适应性与面临的挑战 ··· 012
1.5　本书主要内容 ··· 013
本章参考文献 ··· 014

第2章　内河沉管法隧道干坞及管节预制技术 ·················· 017
2.1　概述 ··· 019
2.2　内河沉管法隧道干坞关键技术 ··· 022
2.3　广州仑头隧道移动干坞技术 ·· 030
2.4　佛山东平隧道旁建干坞技术 ·· 041
2.5　南昌红谷隧道双子坞干坞技术 ··· 045
2.6　广州东沙—石岗隧道工程船坞方案 ·· 050
2.7　沉管管节预制技术 ·· 053
2.8　本章小结 ·· 061
本章参考文献 ··· 061

第3章　管节结构计算研究 ··· 063
3.1　概述 ··· 065
3.2　广州仑头隧道管节计算研究 ·· 078

第 4 章　基槽开挖与回填技术 ... 125

3.3　广州官洲隧道管节计算研究 ... 085
3.4　南昌红谷隧道管节计算研究 ... 099
3.5　本章小结 ... 122
本章参考文献 ... 123

第 4 章　基槽开挖与回填技术 ... 125

4.1　概述 ... 127
4.2　基槽开挖与隧道回填关键技术 ... 133
4.3　广州仑头隧道管顶覆盖层局部突出河床研究 ... 142
4.4　佛山东平隧道水下爆破控制与管顶防冲刷技术研究 ... 147
4.5　本章小结 ... 158
本章参考文献 ... 159

第 5 章　灌砂基础试验研究 ... 161

5.1　概述 ... 163
5.2　广州官洲隧道灌砂基础试验研究 ... 169
5.3　佛山东平隧道灌砂基础试验研究 ... 176
5.4　南昌红谷隧道灌砂基础试验研究 ... 192
5.5　灌砂基础质量检测技术研究 ... 212
5.6　本章小结 ... 218
本章参考文献 ... 219

第 6 章　沉管法隧道水下检测技术 ... 221

6.1　概述 ... 223
6.2　佛山东平隧道水下检测技术 ... 224
6.3　天津海河隧道水下检测技术 ... 233
6.4　南昌红谷隧道水下检测技术 ... 243
6.5　本章小结 ... 250
本章参考文献 ... 251

第 7 章　管节浮运、沉放与对接技术 ········· 253

7.1　概述 ········· 255
7.2　佛山东平隧道大流速管节浮运、沉放对接技术研究　266
7.3　南昌红谷隧道复杂内河环境长距离浮运、沉放对接技术研究 ········· 338
7.4　本章小结 ········· 399
本章参考文献 ········· 400

第 8 章　工程实例 ········· 403

8.1　广州仑头隧道工程 ········· 405
8.2　广州官洲隧道工程 ········· 412
8.3　佛山东平隧道工程 ········· 418
8.4　南昌红谷隧道工程 ········· 428
8.5　广州国际创新城金光东隧道工程 ········· 434
8.6　广州东沙—石岗隧道工程 ········· 438
8.7　重庆市主城区沉管法隧道技术可行性研究 ········· 441
本章参考文献 ········· 449

RESEARCH AND APPLICATION
OF KEY TECHNOLOGIES
IN THE DESIGN OF INLAND RIVER IMMERSED TUNNEL

内 河 沉 管 法 隧 道 设 计 关 键 技 术 研 究 与 应 用

第 1 章

绪论

隧道是埋置于地表下的通道或廊道,是人类利用地下空间的一种形式。在水域修建隧道常用的方法有围堰明挖法、盾构法、钻爆法和沉管法等(图1.0-1)。

图1.0-1 水域隧道常用的修建方法

围堰明挖法是在水利工程截流法的基础上发展而来的。它是通过在水域段修筑围堰隔水,在围堰内明挖基坑后修筑隧道;盾构法是利用盾构机在地层中掘进,通过盾构机外壳和即时拼装的管片支承围岩防止发生坍塌形成隧道的一种机械化施工方法;钻爆法又称矿山法,是在岩石地层中通过钻孔、装药、爆破开挖,然后施工隧道支护和主体结构的方法;沉管法是隧道管节经干坞内预制、拖航浮运、沉放对接、基础处理、回填覆盖等工序建成水下隧道的方法,沉管法隧道简称为沉管隧道,其主要建设工序见图1.0-2。

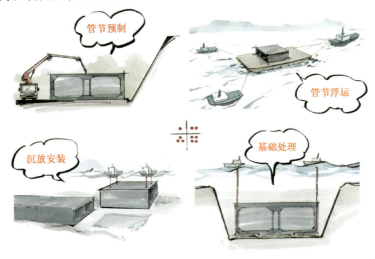

图1.0-2 沉管法隧道主要工序

与陆地隧道相比,水下隧道面临无限的水源补给、更复杂的地质、更苛刻的救援条件等不利因素,施工难度、施工风险都大大增加。在城市修建水下隧道,接线条件还要受到两岸路网和建(构)筑物的制约。沉管法与盾构法和矿山法相比,埋深浅,可更快速地与江河两岸道路衔接;与围堰明挖法相比,沉管法隧道不会因大面积修筑围堰而影响河道运输与城市防洪。

1.1 国外沉管法隧道发展

国外200多年的沉管法隧道发展历史,可划分为三个阶段——技术探索期(19世纪初—20世纪初)、技术发展期(20世纪初—20世纪60年代)、技术成熟期(20世纪60年代以后)。

1)技术探索期(19世纪初—20世纪初)

这个阶段沉管法技术发展极为缓慢,从技术的提出到工程的成功应用经历了近百年时间。

1803年,英国工程师亨利·泰西·杜·莫特瑞(Henry Tessier du Mottray)提出了一项技术方案,即在英吉利海峡间用铸铁管水下对接形成连接英国和法国的过海通道。该方案虽然由于战争原因而搁浅,但水下对接管节修建隧道的思路由此形成。

1809年,英国工程师查尔斯·怀亚特(Charles Wyatt)在泰晤士河新通道竞标中提出将砖制的圆形隧道管节沉入槽内,管节端部用临时的球形砖砌隔板密封,以使其内部中空并能浮起,通过在河道上搭建脚手架吊装管节,水下对接形成隧道的方案。建设方组织开展了相关试验。当时由于航道繁忙及砖砌隧道接缝防水问题,该方案虽然最终未能付诸实施,但为后期沉管法隧道的正式诞生奠定了良好的基础。英国土木工程师学会图书馆保存的查尔斯·怀亚特(Charles Wyatt)沉管法隧道方案建议见图1.1-1。

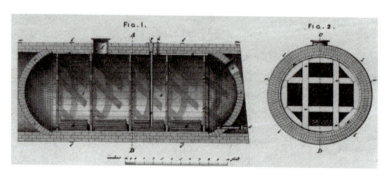

图1.1-1 Charles Wyatt的沉管法隧道方案建议

1857年,美国工程师Joseph de Sendzimir提出用钢板制作圆形隧道单元,通过螺栓连接各单元形成隧道下穿曼哈顿和布鲁克林之间河流的方案,至此美国开启了对沉管法隧道的研究序幕。

1893年,美国用沉管法修建了一条连接波士顿与鹿岛的虹吸排污隧道。该隧道长100m,直径2.7m,用砖和混凝土建造管节,每节管节端部用木制隔板封堵,隔板上安装法兰制螺栓将各管节单元连接。1893年,法国巴黎的塞纳河采用同样的方案建造了一个长200m的双管排水隧道。

1900年,丹麦用沉管法建造了长度分别为183m和43m的两条排水涵洞。

2)技术发展期(20世纪初—20世纪60年代)

沉管法修建隧道最早应用于排水涵洞,由于排水涵洞断面小、对防水和接头工艺要求不高,故较容易实现工程应用。如何才能让沉管法隧道服务于需求领域更广的交通隧道,各国工程师对沉管法隧道技术又开展了深入的研究与探索。美国造船业发达,在建造钢壳沉管法隧道方面具有先天优势,故以钢壳沉管法隧道为主;欧洲则以荷兰为代表,建造了许多钢筋混凝土沉管法隧道;亚洲早期沉管隧道则以日本为代表,兼顾了钢壳和钢筋混凝土两种类型。

1910年,美国工程师W. J. Wilgus设计了连接美国密歇根州底特律和加拿大温莎的密歇根中央铁路底特律河沉管法隧道。该隧道主体由外部钢壳、内部圆形钢管以及钢壳和钢板间的填充混凝土组成,隧道总长740m,由9个80m的标准管节和1个20m的短管节组成,是最早用于交通功能的沉管法隧道,因而该隧道也常常被称作是世界上第一座沉管法隧道。底特律河沉管法隧道建设现场图片见图1.1-2。

继底特律河沉管法隧道后,美国于1912年在芝加哥建造了拉萨尔海峡铁路沉管法隧道。截至20世纪60年代,美国共修建了13座沉管法隧道,大多数是钢壳结构。

德国1927年在柏林建成的弗里德里希港隧道为钢筋混凝土结构,宽7.65m,高6.67m,2节管节,每节长52.9m。该隧道为人行通道,也是欧洲第一座沉管法隧道。

荷兰1941年建成的马斯河沉管隧道(Maas tunnel)为钢筋混凝土矩形结构,宽24.77m,高

图1.1-2 底特律河沉管法隧道

8.39m,标准管节长61.35m,沉管段总长584m。该隧道为双向四车道,另有人行和非机动车专用通道,断面利用率高。在此之后,欧洲的沉管法隧道断面形状以矩形为主。

亚洲沉管法隧道技术起步相对较晚,首座沉管法隧道是日本1944年建成的庵治河隧道(Aji River tunnel)。该隧道为单层钢壳箱形结构,共1节管节,管节长49.2m,宽14m,高7m,隧道钢壳在造船厂中组装,接着转入船坞浇筑混凝土。在随后的近20年,亚洲未有新的沉管法隧道建成。

3)技术成熟期(20世纪60年代以后)

20世纪60年代以后,钢壳和钢筋混凝土沉管法隧道的建设均进入了加速阶段,主要体现在沉管法隧道水下对接、接头防水、基础处理、大体积混凝土防裂等早期建设中的系列技术问题得到了有效解决,代表性的技术如下。

1959年,加拿大的迪亚斯岛隧道(Deas Island tunnel)工程中首次成功应用了管节水力压接对接法,极大地拓展了沉管法隧道的应用范围。

1966年,荷兰在科恩隧道(Cohen tunnel)中首次成功采用GINA止水带进行管节接头防水,使沉管法隧道水力压接更为方便有效。

1967年,法国马赛的维乌克斯港隧道(Vieux-Port tunnel)首次采用GINA止水带+Ω止水

带组合管节接头形式,完善了沉管法隧道接头防水体系。

1970 年,美国旧金山海湾快速交通隧道(BART tunnel)钢壳管节采用双体驳船沉放,基础采用刮铺法施工,提升了超长沉管法隧道机械化修建的程度,建成了沉管段总长 5825m 的跨海沉管法隧道。

1975 年,荷兰泽兰的弗拉克隧道(Vlake tunnel)首次采用灌砂法处理基础垫层,避免了在狭窄的航道内喷砂法施工对航运的影响,提升了沉管法隧道基础处理工艺。

2000 年,连接丹麦哥本哈根和瑞典马尔默的厄勒海峡沉管法隧道(Oresund Strait immersed tunnel)用人工岛将跨海大桥和海底沉管法隧道组合连接在一起,首次采用节段式管节结构和工厂化干坞方式,在沉管法隧道结构形式和预制方法上都有了革新。厄勒海峡隧道干坞平面图见图 1.1-3。

图 1.1-3　厄勒海峡隧道干坞平面图

2019 年,连接德国与丹麦的费马恩隧道(Fehmarn Belt immersed tunnel)正式兴建。该隧道长 18.1km,其中沉管段总长 17.6km,管节宽 40m,埋深 40m。隧道采用双向四车道高速公路隧道+双向电气化铁路隧道的公铁合建方式。该隧道是世界上在建最长的沉管法隧道。

美国海湾快速交通隧道(BART tunnel)和荷兰弗拉克隧道(Vlake tunnel)的成功修建,标志着钢壳和钢筋混凝土两种形式的沉管法隧道技术体系已基本完善,厄勒海峡隧道的工厂化干坞和桥-岛-隧跨海通道建造方式,为跨海集群工程的建设提供了新思路。

整体上看,20 世纪 60 年代后,钢壳沉管隧道在美国得到了进一步完善,荷兰将钢筋混凝土沉管法隧道技术推向成熟。在亚洲,日本在 20 世纪 60 年代—80 年代以钢壳沉管法隧道为主,20 世纪 80 年代以后,则以钢筋混凝土沉管法隧道为主。国外代表性的交通沉管法隧道见表 1.1-1。

国外代表性的交通沉管法隧道　　　　　表 1.1-1

序	名　称	国别	建成年份	特　点	横断面形状
1	底特律河铁路隧道	美国	1910	首座钢壳沉管法隧道	

续上表

序	名称	国别	建成年份	特点	横断面形状
2	弗里德里希港隧道	德国	1927	首座钢筋混凝土沉管法隧道	
3	马斯河隧道	荷兰	1941	首次使用喷砂基础沉管法隧道	
4	庵治河隧道	日本	1944	亚洲首座沉管法隧道	
5	哈瓦那隧道	古巴	1958	首座预应力混凝土沉管法隧道	
6	科恩隧道	荷兰	1966	首座 GINA 止水带沉管法隧道	
7	维乌克斯港隧道	法国	1967	首座 GINA 止水带 + Ω 止水带沉管法隧道	
8	海湾快速交通隧道	美国	1970	已建成最长沉管法隧道	
9	弗拉克隧道	荷兰	1975	首次采用灌砂法沉管法隧道	
10	德雷赫德隧道	荷兰	1977	已建成最宽沉管法隧道	
11	厄勒海峡隧道	丹麦—瑞典	2000	首座桥-岛-隧组合、工厂化预制管节沉管法隧道	

1.2 国内沉管法隧道发展

我国沉管法隧道技术研究始于20世纪60年代初,在上海开展过类似沉管法工法的理论研究,但正式作为交通工程付诸实施最早是在香港。我国沉管法隧道技术发展可大致分为3个阶段——技术引进阶段(20世纪60年代—80年代)、自主研发阶段(20世纪80年代—20世纪末)、创新超越阶段(21世纪初)。

1)技术引进阶段(20世纪60年代—80年代)

国内沉管法隧道的修建始于20世纪70年代,1972年建成的香港红磡海底隧道是我国第一座大型沉管法隧道。该隧道由美国公司设计,英国、美国和我国香港企业联合施工,结构形式沿用了美国早期常用的钢壳结构(图1.2-1),沉管法隧道技术由此正式应用到我国交通领域。1984年,我国台湾地区修建了高雄沉管法隧道。该隧道为钢筋混凝土箱形结构,完善了我国沉管法隧道的结构类型。

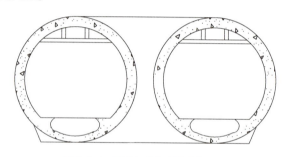

图1.2-1 香港红磡海底隧道断面图

2)自主研发阶段(20世纪80年代—20世纪末)

在我国香港沉管法隧道成功建成的影响下,自20世纪70年代中后期,我国内地也正式开始研究沉管技术。1987年开工建设的宁波甬江隧道,采用单孔双车道断面形式;1990年开工的广州珠江隧道,采用四孔一管廊断面形式,同时容纳了双向四车道与双线地铁。广州珠江隧道之所以采用沉管法修建,原因如下:一是覆土浅,可使得珠江两岸高效衔接,最大限度地疏解交通,优化城市布局;二是可以多工作面同时施工,工期可控;三是对地基承载力要求低,在江底软土地层也适用。广州珠江隧道沉管技术方案从最初的理论研究拓展到试验验证阶段,开展了灌砂、管节浮运和沉放、基础抗液化、压载水舱自由液面共振等工艺试验。1993年广州珠江隧道建成通车,为我国的沉管法隧道修建积累了大量试验数据和实践经验,也标志着我国具备了独立自主设计、施工建造大型沉管法隧道的能力。图1.2-2所示为珠江隧道管节出坞现场图。继广州珠江隧道建成后,1995年,宁波甬江隧道也建成通车。

3)创新超越阶段(21世纪初)

2000—2010年,我国沉管法隧道修建技术在管节横断面宽度、隧道覆土厚度、管节浮运方式、最终接头形式等方面取得突破。为控制超宽断面大体积混凝土浇筑裂缝的产生,研究了控温防裂技术,采用了冷却管工艺和分区域养护技术;针对隧道线路横跨冲刷深槽问题,研究了管节局部突出河床段隧道抗浮技术;针对城市内河建设场地限制、航道限制建设条件复杂等问题,研究了水上移动干坞(半潜驳)预制、管节长距离浮运技术;为了加快施工速度,研究了水下最终接头等技术;为了提高沉管法隧道水中作业施工质量,开始探索研究水中作业质量检测的内容、方法与新技术。在此期间,我国在上海成功建成了管节宽43m的外环隧道,在广州仑头隧道实现了15000t管节在半潜驳上的预制和在3000t级内河航道上的长距离浮运(图1.2-3);水下最终接头技术的成熟也使得沉管法隧道可由两岸同时沉放管节,提高了施工效率。这期间我国还建成了宁波常洪隧道和广州官洲隧道。

图1.2-2　广州珠江隧道管节出坞图

图1.2-3　广州仑头隧道管节拖运航线图

2010年以后,我国沉管法隧道进入了跨越式发展期,在管节接头刚度的理论计算上取得了突破;浮运、沉放对接技术有了创新;研发了系列沉管法隧道管节施工、检测的装备和仪器,沉管法隧道在我国的应用范围由江河入海口向内河中上游及外海拓展。典型技术发展如下:

(1)在管节接头受力方面,港珠澳大桥沉管法隧道和南昌红谷隧道分别开展了节段式管节和整体式管节接头大比例尺模型试验,并在管节接头刚度理论分析方面取得阶段性成果。

(2)在沉管法隧道灌砂基础检测方面,依托佛山东平隧道、南昌红谷隧道,采用不同方式开展了灌砂基础施作后无损质量检测研究,并建立起相应的质量检测评价标准。

(3)在内河沉管法隧道建造方面,依托佛山东平隧道、南昌红谷隧道、天津海河隧道等工程,开展了大流速、高水位差、高地震烈度等复杂环境下的沉管法隧道建造技术攻关,将沉管法隧道工法拓展到内河中上游。其中,佛山东平隧道获国际隧协(ITA)2018年度杰出工程奖提名,见图1.2-4。

图1.2-4　佛山东平隧道获国际隧协(ITA)2018年度杰出工程奖提名

(4)在外海沉管法隧道建造方面,依托港珠澳大桥海底隧道和深中通道海底隧道,在国内首次采用工厂化干坞预制管节,研发了基槽碎石整平船,制造出管节沉放专用船和运安一体船,开展了高强自流平混凝土技术研究、钢壳混凝土组合管节结构体系研究、推出式水下最终接头技术等,将我国外海沉管法隧道建设技术推向了新高度。

截至2022年,我国已建和在建的沉管法隧道工程统计见表1.2-1。

我国已建和在建沉管法隧道统计表(截至2022年)　　　　表1.2-1

序号	隧道名称	类　　　型		建成年份
1	香港红磡海底隧道	双向四车道	双圆钢壳管节	1972
2	香港九龙地铁隧道	双向四车道	双圆混凝土管节	1979
3	台湾高雄铁路隧道	双向四车道	矩形混凝土管节	1984
4	香港东区海底隧道	双向四车道双向地铁	矩形混凝土管节	1989
5	广州珠江隧道	双向四车道双向铁路	矩形混凝土管节	1993
6	宁波甬江隧道	单孔双车道	矩形混凝土管节	1995
7	香港西区海底隧道	双向四车道两条铁路	矩形混凝土管节	1997
8	香港新机场铁路隧道	两条铁路	矩形混凝土管节	1997
9	宁波常洪隧道	双向四车道	矩形混凝土管节	2002
10	上海外环隧道	三孔八车道	矩形混凝土管节	2003
11	广州仑头隧道	双向四车道	矩形混凝土管节	2010
12	广州官洲隧道	双向四车道	矩形混凝土管节	2010
13	舟山沈家门海底隧道	双向人行	矩形混凝土管节	2014
14	天津海河隧道	双向六车道	矩形混凝土管节	2015

续上表

序号	隧道名称	类型		建成年份
15	广州洲头咀隧道	双向六车道	矩形混凝土管节	2015
16	佛山东平隧道	双向六车道双向地铁	矩形混凝土管节	2016
17	南昌红谷隧道	双向六车道	矩形混凝土管节	2017
18	港珠澳大桥海底隧道	双向六车道	矩形混凝土管节	2018
19	深中通道海底隧道	双向八车道	矩形钢壳管节	在建
20	广州车陂路隧道	双向六车道	矩形混凝土管节	在建
21	广州如意坊隧道	双向六车道	矩形混凝土管节	在建
22	广州东沙—石岗隧道	双向六车道	矩形混凝土管节	在建
23	广州金光东隧道	双向四车道	矩形混凝土管节	在建
24	襄阳市东西轴线鱼梁洲隧道	双向六车道	矩形混凝土管节	在建
25	大连湾海底隧道	双向六车道	矩形混凝土管节	在建
26	广州琶洲西隧道	双向四车道	矩形混凝土管节	在建
27	广州明珠湾隧道	双向六车道	矩形混凝土管节	在建
28	东莞鸿福西路过江通道	双向六车道	矩形混凝土管节	在建

1.3 沉管法隧道建设标准体系

我国早期沉管法隧道设计、施工、验收均需参考水运或港口等相近专业标准或类似经验执行,上海市地方标准《道路隧道设计规范》(DG-TJ08-2033—2008)和国家标准《地铁设计规范》(GB 50157—2013)等对沉管法隧道设计虽有相关要求,但条文不多,也不足以系统全面地支撑有跨学科、跨领域特征的沉管法隧道建设。随着我国沉管法隧道建设技术的成熟和建设规模的增长,沉管法隧道的规范体系也逐步建立起来。标志性节点如下:

(1)2013年8月,由张先锋、贺维国、林金雄、沈永芳等人起草的天津市地方标准《内河沉管法隧道设计、施工及验收规范》(DB/T29-219—2013)发布实施,这是我国第一部针对沉管法隧道的专门技术规范,为后续我国沉管法隧道建设起到了非常积极、广泛的指导作用。

(2)2017年7月,由安关峰、林金雄、贺维国等人起草的国家标准《沉管法隧道施工与质量验收规范》(GB 51201—2016)颁布实施,为工程质量验收提供了评判依据。

(3)2019年1月,由沈可、沈永芳、贺维国等人起草的广东省地方标准《内河沉管隧道水下检测技术规范》(DBJ/T 15-146—2018)颁布实施,系统全面地规范了沉管法隧道水下检测内容与技术要求。

(4)2019年11月,由沈可、安关峰、沈永芳等人起草的广东省地方标准《内河沉管隧道管养技术规范》(DBJ/T 15-156—2019)颁布实施,为沉管法隧道的长期管理养护提供了指导性意见。

（5）2019年12月，由贺维国、邢永辉、沈永芳等人起草的国家标准《沉管法隧道设计标准》（GB/T 51318—2019）颁布实施。这是我国隧道领域针对特定工法颁布的首部国家标准。

（6）2021年11月，由沈永芳、贺维国等人起草的团体标准《沉管隧道多波束水下地形检测标准》（T/SMA 0020 2021）颁布实施。

（7）2022年7月，交通运输部颁布了公路行业标准《公路沉管隧道设计规范》（JTG/T 3371-01—2022）。本标准是在工程建设期专用技术标准的基础上，全面归纳总结了港珠澳大桥海底隧道的建设经验后编制形成的。

综上，我国在沉管法隧道建设领域的标准体系日益完善。基于行业发展需求、工程实践经验及科研创新成果，逐步确立了丰富、细化、严谨的规范体系，标志着我国沉管法隧道技术的日趋成熟。

1.4 我国内河沉管法隧道建设的适应性与面临的挑战

我国内河总长达45万km，长度在1000km以上的河流就有20多条。中国人口过百万的城市超过百座，其中绝大部分都是依江河而建，河流将城市分割，阻断了江河两岸道路，一定程度上制约了国家整体交通路网的形成和城市的快速发展。沉管法隧道覆土浅、长度短、断面利用率高、地质适应性强、与水域两岸道路衔接更灵活，可节约城市土地资源，作为城市两岸过江通道优势明显。

1）建设的适用性

在其规划和设计过程中，应充分考虑以下内容：

（1）根据城市或区域总体规划的要求，周围衔接道路的高程、引道的坡度以及隧道顶安全覆土厚度受到较大限制时，沉管法隧道因其自身的优越性可以相对理想地解决上述难题，进而得以实施。

（2）沉管法隧道多修建在江河的中下游河床演变较稳定和浅海（港）湾处。河床比较平坦，水流速度不会过大。反之，当水流速度大于3.0m/s，或水流方向极不稳定，或河床有深沟、地形陡峭时，都会造成管节浮运、沉放、对接困难。

（3）水深不宜过大，若超过60m，矩形混凝土管节的沉放、对接难度增大，水下对接需要的由水压形成的临时密封也难以实现，因而技术成熟的水下最终接头工艺也难以采用。而对于钢壳混凝土的组合管节，由于难以实现水下焊接和混凝土的浇筑，接头的质量也难以得到保证。

（4）沉管法隧道广泛适用于各种软弱地基。但要保证软弱地基的河床稳定性，以避免因河（海）床的冲刷造成软弱地基大面积横向或纵向位移。

（5）航道条件也是决定沉管法隧道工法适用性的重要因素。一般应有足够的水深和足够宽的航道来实施管节浮运、转向和沉放。

（6）预制管节用的干坞场地也是决定沉管法隧道可行与否的重要因素。合适的干坞需要有足够大的土地面积和良好的水文、地质条件。当干坞条件受到制约时，可采用轴线干坞或半潜驳船预制管节。

（7）对防水要求较高的水下隧道，沉管法隧道优势明显，主要是隧道管节结构为整体预制，接缝少，使得沉管法隧道可以切实地做到"滴水不漏"。

（8）沉管隧道不宜穿过活断层，但对建于地震影响区内的隧道，可通过特殊的接缝构造减少或消除地震波的影响。

2）建设面临的挑战

相比海洋环境，内河沉管法隧道建设面临新的挑战：

（1）内河往往具有河道窄、水深浅、流速大、航运密集、水位落差大等特点，给管节的浮运、沉放带来极大困难，甚至影响结构安全。

（2）跨河桥梁等水上建（构）筑物密集，从而导致无法使用可在海洋上使用的大型水上浮运、沉放的设备。

（3）沉管法隧道多建于城市核心区，周边建（构）筑物密集，干坞是管节预制场地，占地面积大，其造价需考虑征拆、航运、地质等多种因素。

（4）不同于海洋环境以淤泥地层为主，内河环境地质复杂多变，经常有软土与基岩交互出现情况，给基槽开挖、地基处理带来极大困难。

因此，在内河修建沉管法隧道不仅要考虑沉管本身的特点，还需考虑内河复杂的外部建设、施工装备等多方面的条件。我国内陆面积广阔，内河沉管法隧道需求远远大于海洋沉管法隧道，系统总结并持续提升我国内河沉管法隧道建设技术水平，对我国沿江城市发展有重要意义。

1.5 本书主要内容

中铁隧道勘测设计院有限公司（2014年重组并入中铁第六勘察设计院集团有限公司）自20世纪90年代起就参与了广州珠江隧道建设，自2003年起，又先后主持完成了广州仑头隧道、广州官洲隧道、佛山东平隧道、南昌红谷隧道、广州金光东隧道、东莞鸿福西路过江通道等一大批内河沉管法隧道的勘察设计工作，参与了深中通道、襄阳鱼梁洲隧道、舟山沈家门海底隧道等项目的设计审查工作，积累了丰富的设计与科研经验。该书结合以往国内内河沉管法隧道工程的设计、科研成果，认真梳理了内河沉管法隧道修建的控制因素，详细介绍了内河沉管法隧道关键技术的发展历程、各历史时期干坞技术、管节结构计算方法、基槽开挖和回填技术、灌砂基础试验研究、水下检测与监测、管节浮运沉放对接等关键环节的设计技术和研究成果情况，同时简要介绍了6座典型内河沉管法隧道工程的概况、重难点与关键技术等内容。主要章节内容如下：

（1）绪论

分析了沉管法隧道在国外各阶段技术发展特征、关键节点与工艺突破，介绍了国内沉管法隧道技术从引进到消化吸收，再到赶超的历程。结合我国江河众多的现状，分析了内河沉管法隧道的建设需求与挑战，提出了沉管法隧道在规划和设计过程中需考虑的内容。

(2)内河沉管法隧道干坞技术及管节预制技术

干坞能否修建决定了沉管法隧道方案的可实施性。在分析了独立干坞、轴线干坞、旁建干坞、移动干坞、船坞等多种沉管法隧道干坞形式后,从干坞选址、类型选择、干坞平面布置、边坡设计、坞底设计、坞口设计、排水系统和防洪设计等方面开展研究,提出干坞选择的方法,形成了内河复杂条件下的干坞修建体系。同时还介绍了我国不同隧道的管节在坞内预制技术的进步与发展。

(3)管节结构计算研究

阐述了国内外沉管法隧道管节结构静力分析主要计算方法的适用性及局限性,结合广州仑头隧道、官洲隧道以及南昌红谷隧道工程开展的结构计算方面的研究与实践,总结了沉管法隧道抗震设计的有限元建模方法与分析理论,提供了两种不同的计算思路。

(4)基槽开挖与回填技术

介绍了国内外沉管法隧道基槽开挖与回填技术的发展;总结归纳了水下边坡、基槽深度、基槽开挖和回填、管顶防冲刷等设计关键技术;详细介绍了广州仑头隧道管顶覆盖层突出河床研究、佛山东平隧道水下爆破控制与管顶防冲刷技术。

(5)灌砂基础试验研究

总结了以往沉管法隧道灌砂基础垫层物理模型试验的成果与不足,详细介绍了广州官洲隧道、佛山东平隧道、南昌红谷隧道开展的不同比尺灌砂试验研究工作。同时以佛山东平隧道和南昌红谷隧道灌砂试验为基础,开展了灌砂填充效果的无损检测试验研究。

(6)沉管法隧道水下检测技术

论述了水下检测技术在沉管法隧道中的发展历程,并结合相关典型工程应用,介绍了沉管法隧道水下检测关键技术及应用案例。

(7)管节浮运、沉放与对接技术

针对内河水流速度大、水位落差高、水中建(构)筑物多等苛刻建设条件,开展了大流速管节浮运及沉放、长距离浮运管节姿态控制、管节穿越小净距桥墩桥梁保护、多管节沉管安装高程及轴线偏差控制、高水差管节接头止水等关键技术研究,突破了内河复杂环境条件沉管法隧道管节浮运、沉放等多项技术瓶颈,拓宽了沉管法隧道的适用范围。

(8)工程案例

遴选了六座各具特色的典型沉管法隧道工程——广州仑头隧道、广州官洲隧道、佛山东平隧道、南昌红谷隧道、广州金光东隧道和广州东沙—石岗隧道,分别介绍其工程概况和环境条件、重难点、主要技术创新点等内容及重庆市主城区沉管法隧道技术可行性研究,可供类似工程参考。

本章参考文献

[1] 陈韶章.沉管隧道设计与施工[M].北京:科学出版社,2002.
[2] 贺维国,邢永辉,沈永芳.新型内河沉管隧道工程修建技术实践[M].北京:人民交通出版社股份有限公司,2016.
[3] 贺维国,胡慧.利用移动干坞制作沉管管段[J].现代隧道技术,2005,412(2):72-76.

[4] 铁道部科学研究院西南分院.世界沉管隧道技术(第一期)[R].1997.
[5] 铁道部科学研究院西南分院.世界沉管隧道技术(第二期)[R].1997.
[6] 铁道部科学研究院西南分院.世界沉管隧道技术(第三期)[R].1998.
[7] 上海市建设和管理委员会科学技术委员会.外环沉管隧道工程[M].上海:上海科学技术出版社,2005.
[8] 陈韶章,陈越.沉管隧道施工手册[M].北京:中国建筑工业出版社,2014.
[9] Richard Lunniss, Jonathan Baber. Immersed tunnels [M]. New York:CRC Press, 2013.
[10] Niels, J Gimsing, Claus Iversen.厄勒沉管隧道[M].郭敬谊,韦良文,编译.北京:人民交通出版社股份有限公司,2019.

第 2 章

内河沉管法隧道干坞及管节预制技术

2.1 概述

干坞是沉管法隧道管节预制的场地,管节在干坞内预制完成后,经过一次舾装,然后浮运出坞至隧址处准备沉放对接。干坞虽然只是临时工程,但是因其规模大、造价高,对沉管法建设方案成立与否往往具有决定性作用。我国的内河沉管法隧道多位于城市核心区,两岸建筑物多、土地资源稀缺,同时河道狭窄、上下游跨河桥梁多,导致干坞的设计尤为困难。

2.1.1 国外沉管法隧道干坞技术

干坞的发展史也是沉管法隧道发展史的一部分,其形式随着沉管法隧道管节结构形式的变化也在发生变化。钢壳沉管法隧道兴起于美国,钢筋混凝土沉管法隧道兴起于荷兰,钢壳沉管法隧道多采用既有船坞,钢筋混凝土沉管法隧道多采用放坡开挖的固定干坞。

自1910年在美国首次用沉管法建成了穿越底特律河的铁路隧道以来,美国大部分沉管法隧道均采用钢壳或双层钢壳结构,钢壳结构在船坞内加工、拼装,完成后将管节浮运至隧址位置,在水面上浇筑钢壳内混凝土镇重层,然后再进行沉放对接。

荷兰于1941年修建了鹿特丹马斯河隧道。这是荷兰的第一座沉管法隧道,也是世界上首次采用矩形钢筋混凝土管节的公路沉管法隧道。由于钢筋混凝土结构自重大,采用在隧址附近岸上修建固定式干坞。干坞采用放坡开挖方式,干坞建成后在坞内进行管节预制,管节预制完成后向干坞内灌水,待坞内水位与外侧河水平衡时打开坞门,将管节浮运出坞至隧址位置进行沉放对接。

日本于1944年开始修建沉管法隧道,主要采用三明治式的钢壳混凝土组合结构,管壳与其间后期浇筑的混凝土共同组成永久结构,一起进行沉放安装。该方法的优点是不需建设大型的专用干坞,在既有船厂或码头制造管体钢壳(兼作钢模板),然后将钢壳浮运到沉放地点,往钢壳内浇筑混凝土,混凝土浇筑完成后,进行沉放对接。采用此种干坞形式的日本大阪港梦州隧道现场照片见图2.1-1。

图2.1-1 日本大阪港梦州隧道现场照片

2000年建成的连接丹麦与瑞典的厄勒海峡隧道是世界上具有里程碑性质的海底沉管法隧道,沉管段总长约3510m,由20个管节组成,标准管节长176m、质量达60000t,隧道横断面宽40m、高10m，每个标准管节由8节长22m的节段组成。由于管节数量多、预制要求高，首次采用了工厂化干坞技术，实现了管节的流水化批量预制。管节海域浮运距离约10km。

2011年建成的韩国釜山—巨济沉管法隧道全长3.24km，隧道底部最大水深50m，为目前水深最大的沉管法隧道之一。沉管段由18个管节组成，标准管节长180m、宽26.5m、高9.75m，每个标准管节由8个22.6m长的节段组成。采用异地固定干坞，管节海域浮运距离约30km。干坞底长474m、宽145m，一次预制4个管节，这也是世界上首次采用传统固定干坞进行节段式管节预制，管节预制采用整体式模板，每个节段混凝土一次浇筑成形，制作现场如图2.1-2所示。

图2.1-2　韩国釜山—巨济沉管法隧道固定干坞

2.1.2　国内沉管法隧道干坞技术

1972年我国香港建成了穿越维多利亚港的城市道路海底隧道，内地于1974年开始了沉管法隧道的研究。20世纪90年代，广州珠江隧道、宁波甬江隧道相继建成通车，2000年以后又建成了宁波常洪隧道和上海外环隧道。这4座隧道均采用了固定干坞形式。

广州珠江隧道共有5个管节（其中一节为15m长的短管节），隧道路线呈南北向布置。干坞设置在隧址北岸芳村，采用轴线干坞形式。干坞底宽38m，长150余m，干坞内每次预制一个管节，5个管节需分四批预制。干坞所处地质从上到下依次为：杂填土、淤泥、亚黏土、强风化砂岩、中风化砂岩、微风化砂岩。由于地处城市中心城区，为了减少对周边环境的影响，坞底大体积基岩开挖时采用了微差控制爆破技术。广州珠江隧道平面位置如图2.1-3所示。

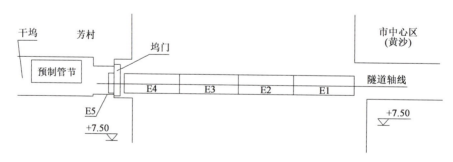

图2.1-3　广州珠江隧道平面位置图（高程单位：m）

宁波甬江隧道共有5个管节，隧道路线呈南北向布置。干坞设置在隧道南引道上，采用轴线干坞形式，坞底面积1.83万m²，5个管节在干坞内一批次预制。宁波甬江隧道干坞平面如图2.1-4所示。干坞基底处于流塑状灰色淤泥质土中，含水率高、孔隙比大。干坞采用1:3大放坡+基底换填+组合基础方案，管节在预制过程中曾出现由于地基不均匀沉降导致结构开裂的情况。组合基础纵剖面如图2.1-5所示。

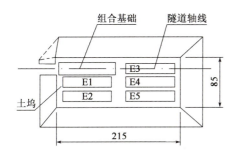 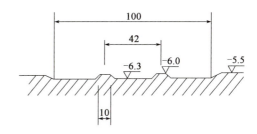

图 2.1-4　宁波甬江隧道干坞平面图(尺寸单位:m)　　图 2.1-5　组合基础纵剖面图(尺寸单位:m;高程单位:m)

宁波常洪隧道共有 4 个管节，隧道路线呈南北向布置。隧道南岸为大片农田，干坞设置在南岸隧道轴线处，干坞总占地面积约 4.21 万 m²，坞底面积 2.1 万 m²，4 个管节在干坞内一批次预制。宁波常洪隧道干坞平面布置如图 2.1-6 所示。

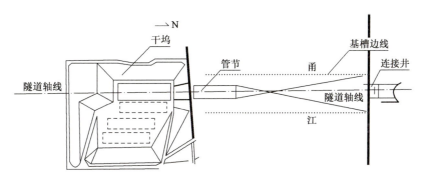

图 2.1-6　宁波常洪隧道干坞平面布置图

上海外环隧道共有 7 个管节，隧道路线呈东西向布置，隧道东岸大多是农田，场地较为开阔。为了满足项目工期，在隧道东岸轴线两侧设置了 A、B 两个大型干坞。A 干坞占地面积 4.7 万 m²，可以一次性预制 2 个管节；B 干坞占地面积 8.1 万 m²，可以一次性预制 5 个管节。上海外环隧道干坞平面布置如图 2.1-7 所示。

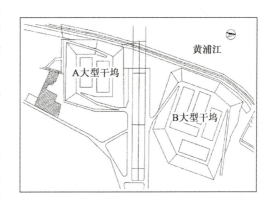

从以上我国早期的沉管法隧道建设历程可以看出，每座内河沉管法隧道所处城市环境、建设条件都有很大区别，隧道建设时都进行了独立的干坞设计，其主要特点如下：

图 2.1-7　上海外环隧道干坞平面布置图

(1) 均采用固定干坞。
(2) 固定干坞多采用轴线干坞或利用部分隧道轴线基坑。

2003 年以后，我国的沉管法隧道建设进入了快速发展期，干坞技术也得到了快速发展，但仍然遵循着每个隧道独立开展干坞设计、固定干坞优先的基本原则。同时，因地制宜开发了一系列干坞新技术，创造出了各种不同的干坞形式：广州仑头隧道开发了管节能够远距离拖运的移动干坞技术，佛山东平隧道采用了环境节约型、岸上隧道与管节同步施工的大型旁建干坞，南昌红谷隧道发明了可实现管节沉放对接平行作业的双子坞干坞，广州东沙—石岗隧道提出了利用既有中小型船坞预制管节的新型干坞技术，港珠澳大桥海底隧道采用了工厂化干坞等。

2.2 内河沉管法隧道干坞关键技术

2.2.1 干坞特点

我国的沉管法隧道绝大部分是在城市范围内下穿内陆河流，除了工程规模与工期要求外，干坞设计必须充分考虑城市环境与内河条件这两个最显著的边界条件。内河沉管法隧道干坞具有以下特点：

(1) 以固定干坞为主，一隧一坞，对工程投资的影响较大。

固定干坞是沉管法修建隧道的一种主要方式，国内目前除广州仑头隧道和金光东隧道采用移动干坞外，其他隧道基本都采用固定干坞的方式。固定干坞占地面积大(数万平方米以上)、开挖深度大(10m 以上)，其造价一般超过 1 亿元，占隧道投资比重较大。

(2) 干坞多位于隧址附近，以减少管节浮运及航道疏浚费用。

管节在干坞内预制完成后，需浮运至隧址位置，管节浮运时吃水深一般在 9m 以上，大部分既有内河航道不能满足水深要求，需进行航道疏浚。为减少管节浮运时航道疏浚费用，固定干坞多选择在隧址附近。如广州官洲隧道和珠江隧道采用轴线干坞，避免了额外的管节浮运航道疏浚费用。

(3) 干坞规模受管节数量、工期、造价等因素的制约。

确定干坞规模时，需综合考虑管节数量、工期筹划、工程造价等多方面因素。当管节数量少、工期要求不高、总投资较低时，可以选择小型干坞；当管节数量多、工期要求高时，可以选择造价较高的中型或大型干坞。

(4) 城市核心区干坞选址难。

为了更好地实现交通功能，沉管法隧道往往建在城市核心区，而城市核心区往往建(构)筑物密集，难以为干坞建设提供足够的场地条件。若将干坞建设选址远离隧址，内河河道的水深、航道等条件不能满足管节的长距离浮运要求，实施河道疏浚会面临工程量大、实施困难等诸多问题。

(5) 内河水文条件对干坞制约大。

海洋环境水文呈潮汐现象，水位、流速的变化有较强的规律性，沉管法隧道水上作业窗口期选择相对容易。内河河道水文径流作用明显，水文条件季节性差异大，洪水期水位高、水深条件好，利于管节浮运，但水流速度大又不利于管节浮运控制；枯水期水流速度小、利于管节浮运控制，但水深浅又需要大量的航道疏浚，水上作业窗口期选择更加困难。因此，对于内河沉管法隧道进行干坞时选址时必须充分考虑到管节浮运的路线、窗口期等条件。

2.2.2 干坞分类

从干坞位置、管节制作方式上看,可将干坞分为固定干坞、移动干坞及工厂化干坞三类,其中固定干坞又可根据干坞与隧道位置间的关系分成轴线干坞、独立干坞、旁建干坞、既有船坞等几种类型,独立干坞有单坞、双子坞及多子坞等多种形式。干坞分类如图2.2-1所示。

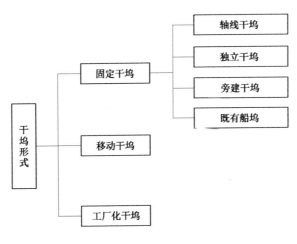

图 2.2-1　干坞分类

2.2.3 干坞选址的基本原则

为了利于控制工程投资、降低施工难度,干坞选址时应遵循以下原则:
(1)坞址尽量靠近隧道,坞址外河道具备良好的管节浮运条件;
(2)场地地质条件较好,满足基坑稳定及管节制作时的地基承载力及变形控制要求;
(3)场地交通运输、水、电及材料来源方便,具有良好的外部施工条件;
(4)场地拆迁少、征地拆迁费用低;
(5)干坞工期筹划满足工程总工期的要求。

2.2.4 干坞设计内容和要求

干坞设计内容主要包括:干坞选址、规模确定、坞底高程、干坞边坡、施工便道、排水系统、坞门结构、基底处理措施以及防洪体系等。干坞设计应满足以下要求:
(1)干坞位置、规模及形式应结合周边环境、地质和航道条件、施工工期、工程造价、管节预制工艺等综合确定;
(2)干坞在管节制作及坞内进排水时应保证基坑安全和邻近构建物安全;
(3)干坞设计应与管节施工工艺流程匹配,坞底平整度、承载力等指标满足管节制作、起浮、舾装、出坞要求,同时满足施工期间干坞防汛要求;
(4)坞门结构在保证安全的基础上,还应具有防洪、便于开启(或者便于拆除)的功能。

2.2.5　周边控制性因素调查

干坞建设时应摸清周边控制性因素，主要包括：
(1)场地的土地性质及使用情况；
(2)建(构)筑物(包括文物、码头等)资料；
(3)河道的水深、流速等水文资料；
(4)工程地质勘察资料；
(5)地下管线资料；
(6)航道及通航情况；
(7)雾日、风速等气象条件。

2.2.6　干坞设计

我国内河沉管法隧道除广州市仑头隧道和金光东隧道外，其他国内外隧道基本均采用固定干坞的方式，因此本节重点介绍固定干坞的设计，依次从干坞平面布置、坞底高程确定、干坞边坡设计、坞底处理、坞口设计、干坞排水系统和防洪设计等方面进行了系统分析与总结。

1)干坞平面布置

干坞的平面布置形式与场地条件、设备安装、施工方案有直接关系，并受制于管节的大小、制作方式、交通运输、管节拖运走向等因素。管节在坞内的平面布置应尽量使坞内空间得以充分利用，从而尽可能地缩小施工场地，减小不必要的场地浪费。干坞平面布置方案主要按"一次制作全部管节、干坞不重复使用"与"一次制作部分管节、干坞需重复使用"进行比选，将干坞建造在隧道轴线上与将干坞建造在隧道轴线外进行比选，建设一个干坞与多个干坞进行比选等。

(1)干坞平面类型

干坞平面根据平面形状分为长条形干坞、矩形干坞和双子坞干坞。

①长条形干坞

长条形干坞呈扁长条形状，这种干坞平面布置方式多见于轴线干坞，将干坞布置在隧道轴线岸上段主体结构位置，其与隧道岸上段走向一致呈扁长条形，管节在坞内一般呈一字形布置，广州珠江隧道、官洲隧道均采用此种形式。长条形干坞平面布置如图2.2-2所示。

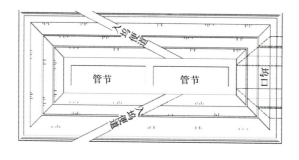

图2.2-2　长条形干坞平面布置图

②矩形干坞

该干坞平面形式较灵活,可根据周边场地条件、管节长度、施工方案等任意进行平面布置,多见于独立干坞及旁建干坞中,但该干坞仅有一个出坞口,需预制一批管节浮运一批,对于管节数量多、浮运窗口期短的工程,工期压力较大。佛山东平隧道、上海外环隧道采用此种形式。矩形干坞平面布置如图 2.2-3 所示。

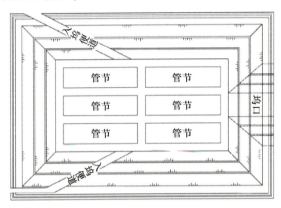

图 2.2-3　矩形干坞平面布置图

③双子坞干坞

传统单干坞需所有管节预制完成才能进行浮运出坞及沉放,其施工组织受水文条件影响较大,应对内河季节性水位变化能力差,工期风险较大。

采用独立双子坞形式,两子坞同时具备独自预制管节及出坞条件。从工程总体筹划来看,双子坞做到了管节预制与沉放对接工期的有效匹配,实现了工序衔接上的管节预制与沉放对接的流水化作业,加快了施工速度,对于窗口期短而集中的工程降低了工期风险。双子坞干坞平面布置如图 2.2-4 所示。

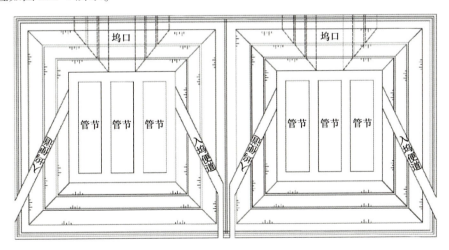

图 2.2-4　双子坞干坞平面布置图

(2)干坞底面尺寸确定

在开挖边坡一定的前提下,干坞顶、底面积的大小直接影响到土方的开挖量和回填量。所以,在满足管节制作、舾装、拖运等要求的情况下,合理布置坞内管节,是减小坞底面积的直接手段。

干坞坞底尺寸除应满足管节制作空间外,尚应满足模板架设、材料运输、设备安放、排水系统等空间要求。干坞坞底平面宽度 W_B、长度 W_L 分别按式(2.2-1)、式(2.2-4)计算。

$$W_B = N_x B + (N_x - 1) S_b + 2B_D \tag{2.2-1}$$

$$S_b \geq 2 \times (X_b + G_B) + Z_b \tag{2.2-2}$$

$$B_D \geq X_b + B_B + G_B \tag{2.2-3}$$

式中:N_x——横向布置的管节数;
B——管节预制的宽度;
S_b——管节横向净距;
X_b——预制管节龙门架到管壁净距;
Z_b——预制管节时材料运输支便道宽度;
B_D——横向最外侧管节壁到土坞边缘距离,包括龙门架及其轨道宽度;
B_B——施工纵向主便道宽度;
G_B——排水边沟宽度。

$$W_L = N_y L + (N_y - 1) S_y + 2L_D \tag{2.2-4}$$

式中:N_y——纵向布置的管节节数;
L——管节预制长度;
S_y——管节纵向净距;
L_D——纵向最外侧管节壁到土坞边缘的距离。

(3)入坞便道

入坞便道是沟通坞内与坞外的运输通道,用来运输建筑材料及设备。便道的坡度和转弯半径要满足运输的要求,边坡的起始点和走向,应使交通运输及坞内的材料分配更简洁、方便,同时还要满足土层的承载能力和稳定性要求,不影响整个边坡的安全性。

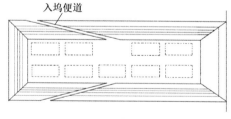

图 2.2-5 入坞便道示意图

从经济角度出发,便道不宜过宽,仅设单条干坞便道时一般采用双车道,设置双条干坞便道时一般采用单车道。便道坡度一般不大于10%。便道路基的设计与普通公路一致,满足城-A 级荷载要求。为了增大路面摩阻力,路面完成后可进行人工凿纹处理。为保证坡道行车安全,钢筋混凝土路面两侧可设钢筋混凝土踢脚。入坞便道示意如图 2.2-5 所示。

2)干坞底高程的确定

干坞底高程计算主要考虑以下因素:管节高度、管节浮起时的干舷高度、管节浮运时底部至坞底的安全距离。同时还要求管节出坞所需的时间与高潮位持续时间配合,保证在管节出坞作业时间内有足够水深,使管节能安全顺利出坞、不至于搁浅。干坞底高程 h_a 一般可按式(2.2-5)确定。

$$h_a = H_0 - H + h - H_s \tag{2.2-5}$$

式中:H_0——管节出坞设计水位高程(m);

H——管节总高度(m);

h——管节干舷高度(m);

H_s——管节底部至坞底的浮运安全距离(m),不宜小于0.5m。

3) 干坞边坡支护

干坞具有使用期短、修建时间受限制、使用任务完成后需拆除等特点。因此,干坞支护形式应在满足安全运用的基础上,力求结构简单、修筑及拆除方便、造价低廉。

陆上干坞通常需要开挖基坑,水中干坞则需要筑岛围堰。干坞支护设计时主要根据场地的地质条件和工程附近的构筑物情况、环境要求、开挖深度等,综合选择支护形式。

目前国内常用的干坞支护结构形式有以下几种:放坡开挖、格栅式搅拌桩重力式挡墙、型钢水泥土搅拌桩(SMW桩)+锚索、钻孔桩+挡土挡水帷幕+锚索、地下连续墙+锚索。干坞支护结构形式比较见表2.2-1。

干坞支护结构形式比较表 表2.2-1

支护方案	优 点	缺 点
放坡开挖	(1)施工工序比较简单; (2)造价低	(1)软土地层放坡度大,边坡稳定困难; (2)放坡面积大,占用场地面积大
格栅式搅拌桩重力式挡墙	(1)设备要求低、施工速度快; (2)止水性能好	(1)如开挖深度较深,搅拌桩挡墙刚度不够; (2)复合地层施工质量难以保证; (3)水泥搅拌桩量较大,造价较高
SMW桩+锚索	(1)施工速度快; (2)桩体止水性能好	(1)如开挖深度较深,SMW桩刚度偏小; (2)造价较高; (3)单根锚索受力不能过大
钻孔桩+挡土挡水帷幕+锚索	(1)设备要求低、施工速度快; (2)单根锚索可承受较大力	(1)单价相对较高; (2)工艺工序较多,造价较高; (3)止水难度较大
地下连续墙+锚索	(1)受力可靠、安全度高; (2)止水性能好	(1)造价最高; (2)设备要求高,施工速度慢

为了降低干坞造价,地质条件较好或开挖深度较浅时多采用全放坡的基坑支护方案,开挖深度较深及地质条件较差时也可选用上部放坡下部刚性支护的方案。

边坡高度大时一般采用分级放坡,设置中间平台的方式,坡面可采用钢筋混凝土网喷护坡,并设钢筋混凝土梗格,以增加网喷混凝土的稳定性和牢固性,同时在每个平台设置钢花管对边坡进行加固。在干坞最下一级边坡坡脚处筑钢筋混凝土坡脚墩,用来阻挡边坡的向下位移,以稳固坡脚,同时与梗格形成一个整体。干坞由于一般临江设置,因此还需采取防渗措施,隔绝坞内与江水的联系,保证管节预制期间的干坞稳定。

4) 干坞坞底处理

基坑开挖、管节预制等工序会让干坞基底土产生先回弹再压缩的变化,同时管节的分段浇筑又会使基底土产生不均匀沉降,此外管节预制完成后基底结构还要利于管节顺利起浮。为满足上述功能要求,坞底存在软弱地基时通常采用换填法进行处理,以确保地基的承载力和减小地基的不均匀沉降量。管节布置区受力较大,基底处理一般分4层,包括底基层、倒滤层、封闭层及起浮层,而非管节布置区受力较小,包括基底稳定倒滤层及钢筋混凝土路面层。管节下基底布置典型构造如图2.2-6所示,坞底道路下基底布置典型构造如图2.2-7所示。

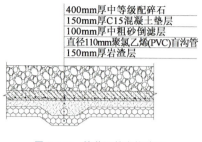

图2.2-6　管节下基底构造图

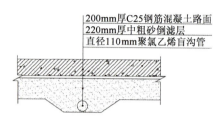

图2.2-7　道路下基底构造图

5)干坞排水体系

干坞相当于一个特大基坑,水的来源主要是雨水和地下水,如不及时将坞内积水排除,将会影响到边坡稳定性,威胁到干坞安全,因此干坞排水体系的设计至关重要。干坞排水设计贯彻"截、疏、排"三字方针,排水系统分为地表排水系统和地下排水系统。

(1)地表排水系统主要用来排除流入坞内的地面雨水,分为边坡上排水和坞底表面排水。边坡上设泄水孔,以减小边坡土体内的水压力,提高边坡的稳定性。二级平台上设排水沟,及时将泄水孔流出的水以及雨水排到坞底边沟内,再流入集水井中,这样可以确保边坡的安全。坞底排水明沟设在管节与管节侧向之间,及时将积水排入集水井中。

(2)地下排水系统主要用于排除土层内的地下水,俗称盲沟管。盲沟管在垂直于排水明沟的方向布置,可采用打孔PVC花管,收集坞底中粗砂倒滤层中的水,并将其排入排水明沟,最后流入集水井中。集水井内设有抽水泵,能及时将积水抽出,排到坞外。干坞排水系统平面布置如图2.2-8所示。

6)干坞坞口

管节预制完成后,需要将其从坞内运出,管节出坞通道即为坞口,坞口挡水设施为坞门。常用的坞门有钢管桩坞门、围堰坞门、钢结构坞门、钢筋混凝土沉箱式坞门等多种形式。钢管桩坞门、围堰坞门为一次性结构,造价相对较低,但若需要重复拆除、重建时,造价将成倍增加。因此,当干坞需预制多批次管节时,通常选择可重复开合使用的钢筋混凝土沉箱式坞门或钢结构坞门等形式。

钢筋混凝土沉箱式坞门是把坞门做成空腔式的钢筋混凝土沉箱结构,坞门关闭时,把沉箱注满水下沉,坞门打开时,沉箱内水排出,箱体浮出水面。其特点是单次制作造价高,但能通过重复利用降低成本。

钢管桩坞门在轴线干坞及一次性浮运沉放的干坞应用较为普遍,其主要原理是利用干坞的岸壁保护

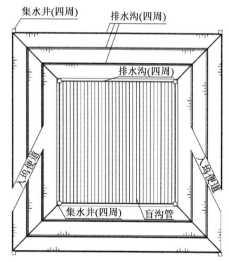

图2.2-8　干坞排水系统平面布置图

结构与锁口钢管桩连接,共同组成干坞的坞口围护结构,同时在钢管桩外侧进行止水帷幕施工,提高坞口的防渗水功能。此种结构特点是施工简单、风险低,但不能重复利用,拆除较困难。

7)干坞防洪体系

干坞通常临近水边,使用时间长达数年,需要多次承受洪水、潮水侵袭,干坞坞口的开启又改变了既有堤岸的防汛体系,因此需对干坞的防洪体系进行设计。

当干坞位于防洪大堤内侧,即河漫滩地带时,对防洪大堤基本无不利影响,设计时仅需考虑干坞自身的防洪措施。防洪标准根据当地实际情况确定,过高的防洪标准意味着大规模增加工程造价,而对工程的实际意义不大。如南昌红谷隧道的干坞位于防洪大堤内侧,其防洪标准采用赣江20年一遇防洪标准进行设计,防洪结构采用土坝防汛墙,其防汛墙平面布置如图2.2-9所示。

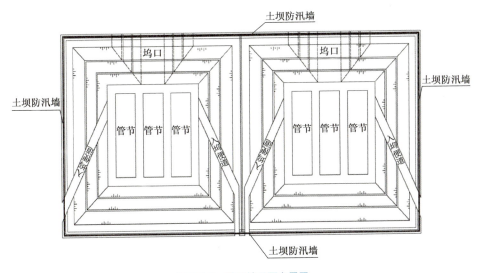

图2.2-9 防汛墙平面布置图

土坝防汛墙两侧用袋装土,坡比为1:1,中间用素黏土夯实填筑,下部与塑性地下连续墙结合止水。防汛墙大样如图2.2-10所示。

若干坞位于防洪大堤外侧,当坞门打开时需将防洪大堤大范围破除,此举将削弱城市防洪体系,对城市防洪影响大。因此,在干坞设计时,需要考虑大堤破除时的防洪补救措施。通常的设计思路是沿干坞外侧新建防洪体系(防洪标准同原大堤),与既有大堤组成新的防汛体系,新防汛体系在大堤破除期间发挥作用。

2.2.7 干坞方案综合比选

在三十多年的工程实践中,我国沉管法

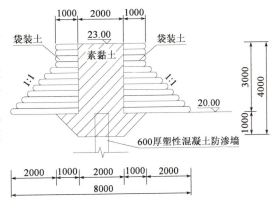

图2.2-10 防汛墙大样图(尺寸单位:mm;高程单位:m)

隧道先后采用了固定干坞、移动干坞、工厂化干坞等多种方式,构建了世界最多样化的干坞形式。

针对固定干坞,当管节数量为 4~15 个时,可同时采用多个中型干坞(分多批次预制);当管节数量较少时(2 或 3 节管节),为减少工程投资,一般采用轴线干坞、独立干坞或船坞。

移动干坞具有施工场地占用小、环境影响小、预制工期短、造价低等优势,可在用地紧张、规模适中(四车道及以下)、具有现成码头等条件时选用。

当管节数量较多(超过 15 个管节)时,可采用工厂化干坞。

沉管法隧道干坞方案综合比选见表 2.2-2。

干坞方案综合比选表　　　　　　　表 2.2-2

控制条件		固定干坞			移动干坞	工厂化干坞
		轴线干坞	旁建干坞	独立干坞 (包括双、多子坞、船坞)		
沉管管节 总长	500m 以下	★	◎	▲	◎	×
	500~3000m	×	▲	▲	×	◎
	3000m 以上	×	×	◎	×	★
建设环境	干坞场地大	▲	▲	×	▲	◎
	干坞场地小	★	×	★	◎	×
	水深小,管节长距离浮运 疏浚量大	▲	★	×	★	×
	水深大,管节浮运方便	▲	▲	◎	▲	×
	隧址上下游桥梁 通航尺度低	★	▲	×	◎	▲
管节结构 类型	全标准管节	◎	◎	◎	◎	★
	存在异形管节	◎	◎	◎	◎	×

注:★表示宜选;◎表示可选;×表示不宜选;▲表示非约束条件。

2.3　广州仑头隧道移动干坞技术

2.3.1　工程概况

广州仑头隧道位于广州市东南郊,隧道呈南北走向,沉管段总长 277m,共有 5 个管节。隧道北岸为仑头村,隧址附近民宅建筑物密集;南岸为广州市生物岛医药生物开发基地,土地资源非常紧张。干坞选址是工程重中之重,直接影响该工程成败。

2.3.2　方案比选

为了选出合理的干坞方案,在满足工期的条件下尽量降低工程造价,设计者一共进行了 5 个岸上固定干坞位置方案的比选。经过地质、河道、外部环境等条件的筛选,对两个固定干坞方案和移动干坞方案作进一步比较,见图2.3-1。

1)生物岛东端尖角方案

干坞位于生物岛东端尖角处。该处为果林,无拆迁,可快速进场施工。场地地层基本为砂层,结构采用放坡开挖、喷射混凝土护坡的结构形式,干坞四周需做好防渗措施。

干坞可向两侧河道分别设置坞门,并与官洲隧道共用。但生物岛周边河道的水深较浅,为满足管节拖航水深条件,需进行大量的航道疏浚,费用高。

2)生物岛轴线方案

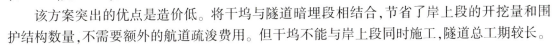

图2.3-1 固定干坞比选方案平面位置图

干坞布置在生物岛上隧道轴线,纵向呈长条形分布,长270m、宽130m,管节在干坞内呈纵向分布,干坞占地面积6.2万m^2。

该方案突出的优点是造价低。将干坞与隧道暗埋段相结合,节省了岸上段的开挖量和围护结构数量,不需要额外的航道疏浚费用。但干坞不能与岸上段同时施工,隧道总工期较长。

3)移动干坞方案

移动干坞,就是在合适的半潜驳上预制沉管管节,制造完成后,将半潜驳拖运到隧址附近下潜,使管节起浮,然后进行管节的沉放安装作业。与固定干坞相比,移动干坞具有以下优点:

(1)采用移动干坞可以更加灵活地布置施工场地,避免了固定干坞因征地拆迁难而影响工期、造价等的不利因素。

(2)移动干坞不需要占用很大的场地,也不需要开挖巨大的干坞,能有效节省工期,并避免了对自然环境的破坏及影响。

(3)半潜驳载重后吃水深度比管节吃水深度浅得多,能有效降低浮运航道疏浚费用。

(4)移动干坞能重复使用,节约工程造价。

4)干坞方案综合比选

综合来看,三种干坞方案均可行,综合比较见表2.3-1。

干坞方案的综合比较表　　表2.3-1

项目方案	东端尖角方案	轴线方案	移动干坞方案
技术可行性	可行		
对环境的影响	对周围环境的影响大,但持续时间短	对周围环境的影响小,持续时间长	对周围环境的影响最小
工程实施条件	难度大	难度一般	难度最小
干坞总费用(万元)	4645	2442	3076
施工工期(月)	25	35.5	21
社会效益	不大	不大	比较大

以上三个方案中,生物岛东端尖角方案的造价最高,工期居中,加之场地协调的难度大,方案优势不大;生物岛轴线方案造价最省,比移动干坞方案节省634万元,但是工期增加14.5个月,综合比较也不是经济的方案,因此最终推荐采用移动干坞方案。

2.3.3 工程实施

仓头隧道设计管节横断面宽23m、高8.7m,单个管节最长77m、最大质量1.5万t。2003年,中铁隧道勘测设计院有限公司、广州打捞局、上海交通大学等单位联合开展了移动干坞方案的系统性研究。

1)国内大型半潜驳调研

在设计阶段对国内可能满足要求的半潜驳和浮船坞进行了广泛调研,结果见表2.3-2。

国内半潜驳调研表　　　　　表2.3-2

名　　称	主尺寸(m)	载质量(t)
重任1501	122.6×30.5×7.6	15000
重任1601	122.6×31.6×7.2	16000
重任1602	122.6×31.6×7.7	16000
重任3号	196×46×12.7	50000
重任2号	136×40×8.0	17000
幸运天使	150×40×8.7	23000
泰安口	156×32.3×12.0	18000
康胜口	156×32.3×12.0	18000
滨海308	122.6×30.5×7.6	15000
翠华山	238.56×39.6	22000
友联3号	240×32.4	20000

注:调研工作于2003年完成。

通过调研可知,可供选择的半潜驳有重任1601、1602及重任2号等多艘,最大载质量为16000~17000t,最大吃水深度为7.2~8.0m。

2)移动干坞预制场地的选择

经过比选,仓头隧道租用了广州打捞局位于广州市海珠区的小洲基地码头作为施工场地,用于管节预制期间材料加工、堆放等作业。受生物岛便桥的限制,半潜驳到隧址需绕行大学城新造水道,航行距离约15km。移动干坞预制场地如图2.3-2所示。

图2.3-2　移动干坞预制场地图

3)半潜驳甲板独立测量体系的建立

在管节预制期间,半潜驳随着波浪、潮汐会发生晃动,为了满足测量精度要求,需要在驳船上建立一套独立的测量参照系统。其基本步骤如下:

(1)在半潜驳上建立第一个测量基准点。

(2)同一个测量平面上,由第一个基准点顺序引出其他基准点,并对基准点进行闭合性调整和检验。

(3)以测量平面为基准,建立工作平台。

除了基准点和测量平面必须刚性固定在船舶上以外,其他与陆地测量一样。从测量的角度讲,陆地施工测量控制能达到的精度,在船舶上施工同样也能达到。

4) 移动干坞预制沉管管节精度的控制措施

沉管法隧道管节的预制精度很高,特别是端钢壳安装误差要求不大于3mm,在半潜驳上预制管节,仅有独立的测量系统还不够,还需要采取船体变形控制等系列精度保证措施。

仓头隧道单个管节最大质量约15000t,集中布置在23m×77m范围内,半潜驳甲板面集中受力较大,需研究船舶变形对测量精度的影响。

(1) 船舶变形量的计算

针对在载质量16000t的半潜驳"重任1601"上预制最大管节的情况建立数学模型,并利用有限元分析软件 ANSYS 进行数值模拟分析计算,船舶装载沉管总体模型及荷载梯度如图2.3-3所示,船舶变形如图2.3-4所示。分析结果显示,半潜驳"重任1601"预制管节时船舶的最大变形为34mm。

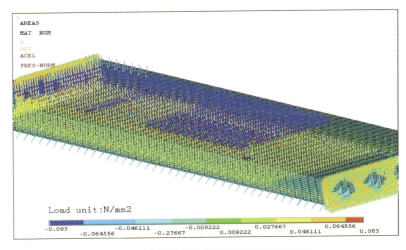

图2.3-3 船舶装载沉管总体模型及荷载梯度图

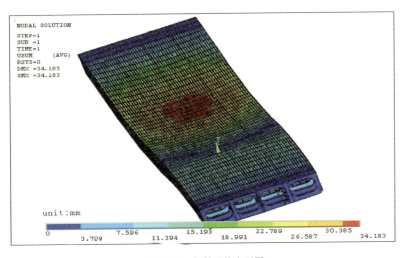

图2.3-4 船舶总体变形图

从以上计算结果可知,船舶的刚度很大,船舶的变形量有限,完全可以满足混凝土预制的要求。而且,在预制过程中还可以通过船舶本身的压载系统对船舶的荷载根据预定的方案进行调配,从而使船舶的变形量进一步减小。

(2)船舶变形对测量基面的影响

船舶在荷载作用下出现变形后,布置在船舶上的测量基准点之间也会发生相对位移,从而影响原来的测量基面。船舶上的测量系统是独立的,这个独立包含空间和时间两方面内容:空间的独立指测量系统全部集中在移动干坞内部,不与外部的点发生关系,而测量系统的各个点保持相对静止;时间的独立指在不同时段内可以是互不关联的。由于独立测量系统是自己建立的参考系,当船舶发生变形后,可以重新建立参考系,后续测量工作及时调整为依据新的参考系进行。由于独立测量系统的时间独立性,巧妙解决了船舶变形对测量影响的难题。同时由于船舶变形随着不同的施工工序发生,因此在测量时,调整或者重新建立独立测量系统的工作要经常进行(调整的频率依船舶的状态和施工工序而定),这就决定了测量的工作量和复杂程度较大。

(3)沉管管节预制精度保证措施

管节的预制精度要远远高于一般混凝土构件,其预制工艺和精度要求有如下特点:

①为了减小大体积混凝土的水化热,混凝土工程是分段完成的,最后施工后浇带。

②混凝土工程完成后,才安装精度要求最高的钢端壳。

为了确保工程质量,还采取了以下保证措施:

①建立船舶受力变形分析系统。

②根据预制施工计划,计算各阶段船舶的变形,根据计算结果,编制荷载调配计划。

③经常检查、调教测量基准点的闭合性,保证测量的准确。

④在钢端壳安装前,全面校验测量基准点,保证钢端壳安装的平整度,保证两个钢端壳之间的相对位置的准确。

5)船体稳性与下潜后的强度

(1)船体稳性分析

初稳性是指半潜驳上甲板边缘开始入水前的稳性。当半潜驳处于漂浮状态时应该有足够的初稳性,以保证半潜驳下潜时有较好的稳性。半潜驳的甲板为矩形,所以横向稳性是主要关注的问题。

由于半潜驳下沉是由加压载水实现的,所以半潜驳在吃水增加的过程中重心高度随着吃水的增加而下降。半潜驳进入下潜作业状态时,通过向下部箱体加压载水使半潜驳下沉,半潜驳在加压载水下沉过程中需要保持稳性,加压载水的过程以及排水量的变化确定了半潜驳稳性垂向高度和重心高度,而下潜过程中压载舱室的顺序对初稳性将会产生较大的影响。为了避免驳船发生倾斜,压载过程中应按对称的压载方案进行。

对于不同的压载顺序驳船的稳心高度是不同的,稳心垂向高度和重心高度的变化的影响程度对驳船稳性有直接的影响,载水舱室内的自由液面对驳船稳性也有影响。因此,半潜驳在加压载水过程中,即使舱室数量足够,也应尽可能减少自由液面的数量以保证驳船的稳性。但从另一方面考虑,当等量的压载水分配在更多的舱室时,虽然由此产生的更多自由液面对驳船的稳性不利,但驳船重心却因此有所降低,这对于稳性又是有利的。因此为了得到稳性最好的加压载水方式,有必要分析加载舱室数量与自由液面的联合影响。

由于驳船加压载水舱室数量和自由液面的联合影响从本质上来讲是平台加压载水后重心高度与自由液面的联合影响,因此,有效的方案应当是通过船体本身的载水舱降低重心,同时尽可能地减小两个尾浮箱内自由液面的影响,原因在于尾浮箱内自由液面对驳船中轴的惯性矩较大,因而对驳船的横向稳性有很显著的影响。减小两个尾浮箱内自由液面影响的方法是将箱内进行竖向分割,以削弱尾浮箱内液体的流动,使驳船产生横向倾斜或摆动时,尾浮箱有较好的恢复力矩。

（2）入水后的船体强度

驳船入水后,船体荷载发生变化。假设主甲板入水 2.0m,底板水压力为 $9.43 \times 10^4 \mathrm{N/mm^2}$,甲板压力为 $7.46 \times 10^4 \mathrm{N/mm^2}$,船舱外壁顶部水压力为 $1.98 \times 10^4 \mathrm{N/mm^2}$,船舱外壁底部水压力为 $9.43 \times 10^4 \mathrm{N/mm^2}$,梯形分布。荷载分析如图 2.3-5 所示。

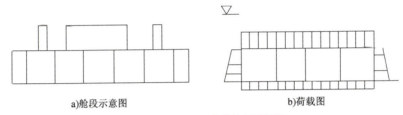

a)舱段示意图　　　　　　　　b)荷载图

图 2.3-5　工况一荷载分布示意图

工况一数值分析结果如图 2.3-6 ~ 图 2.3-13 所示。

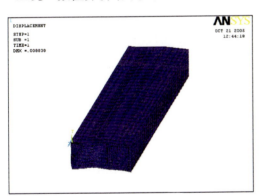

图 2.3-6　下船体变形图

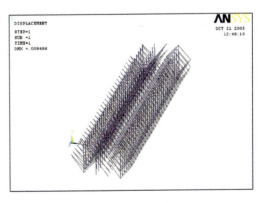

图 2.3-7　下杆单元变形图

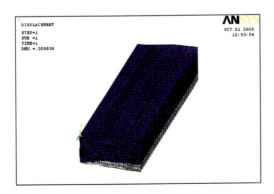

图 2.3-8　下壳单元变形图

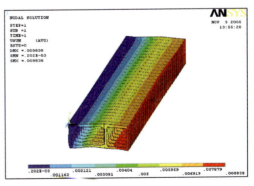

图 2.3-9　下节点位移等值图

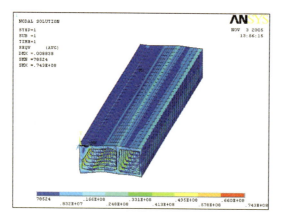

图 2.3-10　下节点主应力等值图　　　　　图 2.3-11　下节点主应变等值图

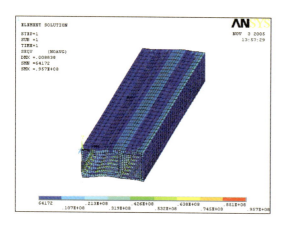
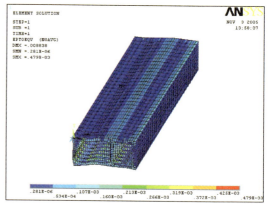

图 2.3-12　下单元主应力等值图　　　　　图 2.3-13　下单元主应变等值图

计算结果表明,最大变形位置为节点 2126(13.208,-7.6200,-24.000)处,位移向量为 $(0.13923 \times 10^{-3}, 0.88370 \times 10^{-2}, -0.57164 \times 10^{-6})$,最大位移为 0.88381×10^{-2} m。最大主应力位置为节点 11684(0.70000,-5.9200,-31.500)处,主应力值为 -0.75837×10^8 N/m²。最大主应变位置为节点 13401(0.70000,-5.9200,-42.000)处,主应变值为 0.37200×10^{-3}。甲板最大位移位置为节点 1289(15.240,0.0000,-24.000)处,最大位移为 0.79935×10^{-2} m。甲板最大主应力位置为节点 177(3.0480,0.0000,-24.000)处,最大主应力为 0.56993×10^8 N/m²。甲板最大主应变为节点 177(3.0480,0.0000,-24.000)处,最大主应变为 0.37045×10^{-3}。

(3)沉放时船体搁浅

管节预制完成并拖运到指定地点后,1.5 万 t 的管节能否与船体分离并顺利起浮是非常关键的问题,它不仅受气候河流自然条件的直接影响,还受到航道、设备条件的制约,必须认真研究。管节起浮后露出水面的高度称为干舷值。干舷值过小会增加起浮困难,干舷值过大会给抗浮带来不利因素。干舷值的大小随施工条件的变化会有所变化。一般情况下,干舷值的计算结果比实际偏小。

由于潮汐、航道、水底地形等方面的原因,驳船背负管节长距离浮运可能出现的最大问题是搁浅。对搁浅后的船体受力进行了数值模拟,最不利的情况是船体中部或两端搁浅,这两种情况都将使驳船所受的弯矩增大。驳船沉放时的情形如图2.3-14所示。

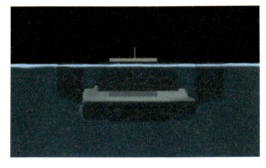 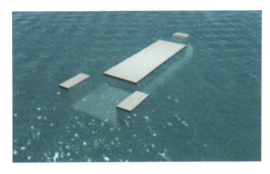

图2.3-14 驳船沉放时的情形

采用ANSYS程序计算时对模型进行了简化。计算时采用SHELL单元,单元数31073个,节点数61651个。船体的水上部分为5m,以模拟搁浅后潮水继续下退而产生的不利情况。计算模型如图2.3-15和图2.3-16所示,计算结果如图2.3-17~图2.3-26所示。

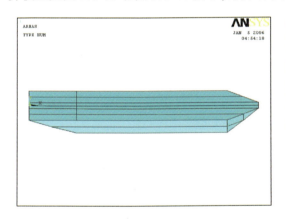 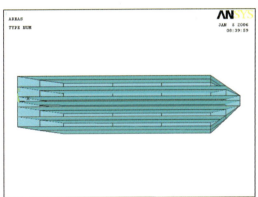

图2.3-15 船体模型　　　　　　　　　图2.3-16 船体模型(内部)

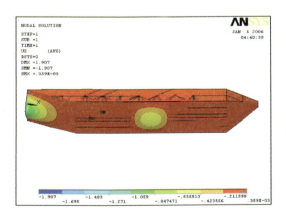 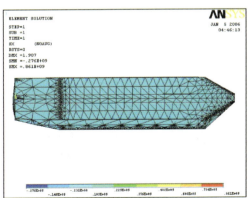

图2.3-17 两端搁浅,自重作用下位移　　　图2.3-18 两端搁浅,自重作用下轴向应力

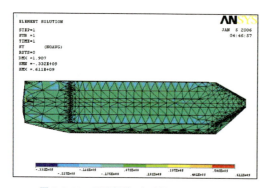

图 2.3-19　两端搁浅,自重作用下侧向应力

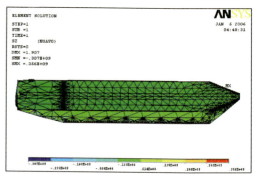

图 2.3-20　两端搁浅,自重作用下竖向应力

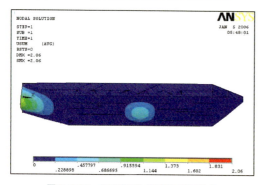

图 2.3-21　两端搁浅,荷载作用下位移

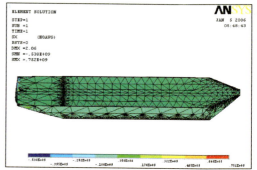

图 2.3-22　两端搁浅,载重作用下轴向应力

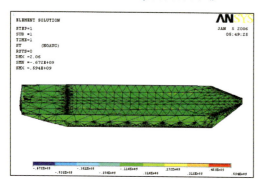

图 2.3-23　两端搁浅,载重作用下侧向应力

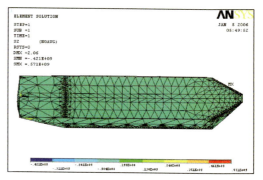

图 2.3-24　两端搁浅,载重作用下竖向应力

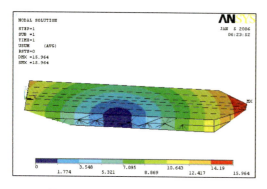

图 2.3-25　中间搁浅,载重作用下位移

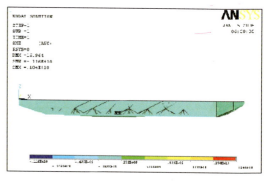

图 2.3-26　中间搁浅,载重作用下 XZ 平面剪应力

由计算结果可以看出,两种最不利工况下,最大应力和变形都高出正常情况时的数倍,已超出了船体本身的承受能力,因此在实际工作中必须确保不出现搁浅事故。

6)半潜驳拖航及下潜港池

(1)拖航方式

管节在半潜驳上预制完成后,需要将半潜驳连同管节一起拖运至施工地点临时寄存。拖运的主要步骤是:选择拖运线路,制定拖运方案,安排拖运时间,进行拖运作业。采用拖轮进行拖航,拖航对水面宽度有一定要求,当航运可利用的空间较狭小时,就需要有一个准确的、快速运转的航行系统提供有关空间中的位置信息,以便实时纠正其位置。因为半潜驳巨大的体积和重量会对校正造成可观的反应滞后,所以必须慎重考虑拖轮的种类、数量、能力以及拖轮如何布置。目前拖航方式主要有以下几种:

①四轮拖航方案1

将两艘拖轮并排在半潜驳的前面领拖,另两艘拖轮并排在半潜驳的后面反拖,并制动转向,如图2.3-27所示。

②四轮拖航方案2

前一艘主拖轮作为领航,半潜驳两边各用一艘拖轮帮助,后面一艘拖轮进行反拖并制动半潜驳转向,如图2.3-28所示。

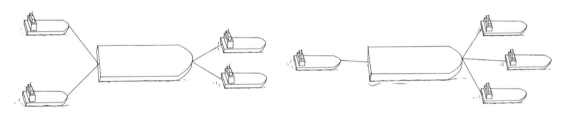

图2.3-27 四轮拖航方案1　　　　　图2.3-28 四轮拖航方案2

③三轮拖航方案1

用一艘主拖轮在前拖拉,两艘动力较小的拖轮系靠在半潜驳后面两侧控制导向,如图2.3-29所示。

④三轮拖航方案2

用两艘拖轮在前,一艘拖轮在后反拖并制动转向,如图2.3.3-30所示。

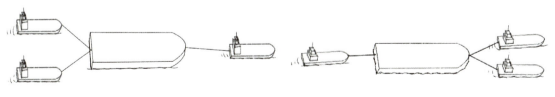

图2.3-29 三轮拖航方案1　　　　　图2.3-30 三轮拖航方案2

经过研究比选,仑头隧道采用了一艘主拖轮在前、两艘副拖轮在后的三轮拖航方案,如图2.3-31所示。

图 2.3-31　广州仑头隧道管节长距离拖航方案

（2）半潜驳下潜港池的选定

半潜驳下潜港池的选定包括两个内容，一是下潜港池的水深，二是下潜港池的平面尺寸。

①下潜港池的水深：为了使沉管顺利浮离半潜驳甲板面，潜池水深应不小于 d 值，d = 半潜驳型深 + 沉管浮出时吃水深 + 浮出间隙。水位按高潮水位计。

②下潜港池的平面尺寸：为了保证半潜驳下潜的操作安全，港池的底面尺寸应综合半潜驳尺寸、管节尺寸以及作业空间要求进行确定，如图 2.3-32 所示。

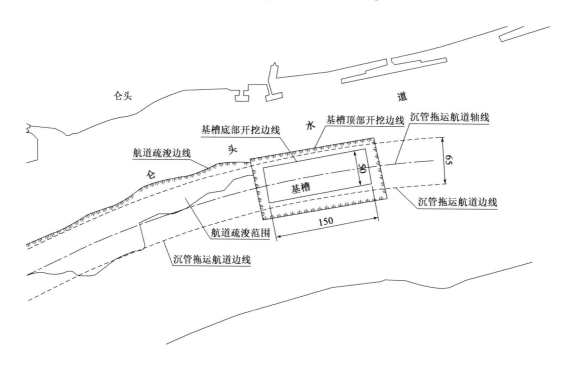

图 2.3-32　仑头隧道的下潜港池平面图（尺寸单位：m）

2.4 佛山东平隧道旁建干坞技术

2.4.1 工程概况

佛山东平隧道下穿东平水道中段,河宽200~300m,隧道呈南北走向。北侧为澜石码头、澜石机械厂的厂房、住宅等建筑物,南侧为空旷绿地。其中沉管段总长435m,有4个管节。工程工期非常紧张,合理地选择干坞是该工程的关键。

2.4.2 方案选择

隧址北岸房屋密集,没有施作大型干坞基坑的场地;隧道南岸位于东平新城,隧址附近是待规划兴建的大片草地,为施作大型基坑创造了有利条件。

为了确定合理的干坞方案,在隧道南岸一共进行了3类共6个干坞方案的比选。6个方案见表2.4-1,方案比选见表2.4-2。

干坞方案表　　　　　　　　　　　　　　　表2.4-1

类型	位置	规模	方案编号
轴线干坞	轴线干坞	大型干坞	方案一
独立干坞	轴线东侧	大型干坞	方案二
旁建干坞	旁建西侧干坞	中型干坞	方案三
	旁建西侧干坞	大型干坞	方案四
	旁建东侧干坞	中型干坞	方案五
	旁建东侧干坞	大型干坞	方案六

干坞方案比较表　　　　　　　　　　　　　表2.4-2

方案	方案一	方案二	方案三	方案四	方案五	方案六
技术可行性	可行	可行	可行	可行	可行	可行
占用面积(万m^2)	3.19	11.3	4.2	6.3	3.79	6.1
土方开挖量(万m^3)	22.96	92.00	30.37	54.70	29.33	55.40
坞门设置	不需要	不需要	需要	不需要	需要	不需要
浮运寄放	不需要	不需要	4次	不需要	4次	不需要
对航道影响	无	大	大	小	大	小
边界条件限制	无	依云水岸地产	市气象预警中心,但影响小	市气象预警中心,需拆迁既有房屋	新荷村水涌,可临时占用	新荷村水涌,可临时占用
房屋拆迁面积(m^2)	无	无	无	5000(A类)、1340(C类)	无	无

续上表

方案	方案一	方案二	方案三	方案四	方案五	方案六
施工风险	小	小	大	小	大	小
工期（月）	36.5	26	26	26	26	26
造价（万元）	3096	9095	5371	9534（拆迁费4124）	5373	5682
推荐情况	不推荐	不推荐	不推荐	不推荐	不推荐	推荐

注：1. 干坞造价中未计与主结构合建的工程造价。
　　2. 中型干坞未计河道疏浚、沉放坑开挖等费用。

通过综合分析比较，轴线干坞不满足地铁土建交付时间（27个月）。独立干坞受依云水岸地产的影响。旁建大型干坞与中型干坞工期都能满足地铁土建交付时间。旁建大型干坞造价高出旁建中型干坞约310万元，但节省了河道疏浚、沉放坑开挖等费用。因此，大型干坞与中型干坞造价相差不大，但大型干坞相对中型干坞来说，对航道影响较小，工期较短。西侧旁建大型干坞拆迁量大，且与规划的市气象预警中心有冲突。综上所述，推荐东侧旁建大型干坞作为该工程干坞方案。

2.4.3 工程实施

(1) 干坞平面布置

干坞位于隧道南岸轴线东侧，总占地面积为12.6万 m^2，基坑底面积为5.76万 m^2，基中坞底面积4.1万 m^2。干坞内一次预制4个管节。干坞处地面高程为 +3.5m，干坞底面高程为 -9.0m，垫层厚约0.4m，因此干坞基坑开挖深度约13m。干坞平面布置图如图2.4-1所示。

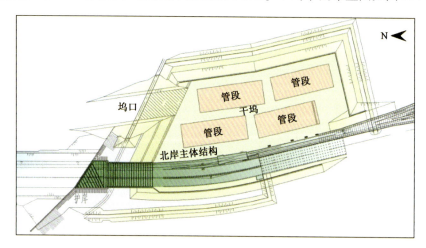

图2.4-1　东平隧道干坞方案平面位置图

(2) 干坞边坡支护

针对该场地的地质条件和工程附近的构筑物情况、环境要求、开挖深度等，基坑支护按分区设计，大部分可选用上部放坡下部刚性支护的方案，局部地质条件较好或开挖深度相对较浅的地方可采用全放坡的基坑支护方案。各方向典型支护剖面见图2.4-2～图2.4-5。

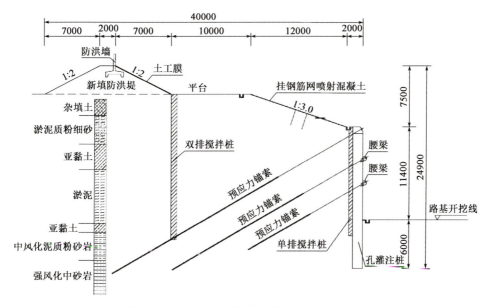

图 2.4-2 干坞西侧典型支护剖面图(尺寸单位:mm)

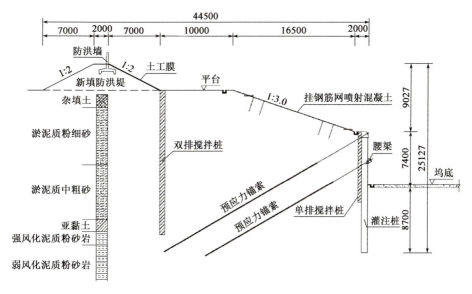

图 2.4-3 干坞南侧典型支护剖面图(尺寸单位:mm)

(3)主体结构防护

干坞内管节预制与岸上段主体结构同期完成,干坞进水后会对已建成的主体结构的抗浮、防汛产生影响,因此,在干坞进水前需要主体结构进行防护。防护措施采用坞底挡墙+分层放坡回填方案,回填土应采用黏土,且需分层夯实,夯实后的密实度为0.94,坡面采用网喷混凝土进行坡面防护。进水后主体结构抗浮、防汛及保护剖面见图2.4-6。

(4)坞口恢复

干坞堤岸段地质较好,从上到下主要是杂填土、黏土、⑦层强风化岩、⑧和⑨层岩石层。由于该工程一次性预制所有管节,无须设置活动的坞门,坞口采取放坡开挖方式。坞口底部高程

−3m 以下部分采用 1∶1 放坡开挖,高程 −3.0m 以上部分按 1∶2 放坡开挖,坞门宽度为 42m。所有管节浮运出坞后,坞口需回填并恢复既有堤岸功能。坞门处堤岸恢复采用模袋砂,按 1∶2 坡度从高程 −9m 一直回填至高程 3.3m,回填厚度约为 12m,模袋砂临水侧铺设防渗土工膜和模袋混凝土防护。既有堤岸处黏土回填至高程 8.5m。干坞坞口封堵及堤岸恢复剖面图如图 2.4-7 所示。

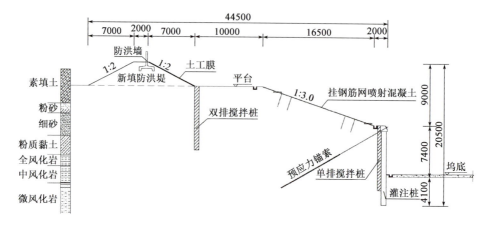

图 2.4-4　干坞东侧典型支护剖面图(尺寸单位:mm)

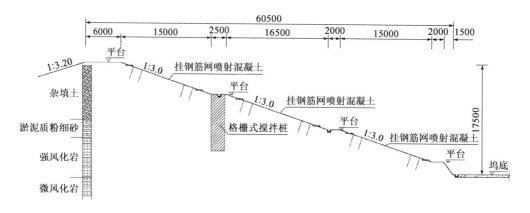

图 2.4-5　干坞北侧典型支护剖面图(尺寸单位:mm)

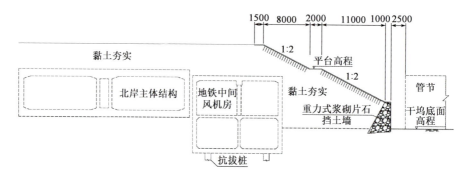

图 2.4-6　干坞内主体结构回填防护图(尺寸单位:mm)

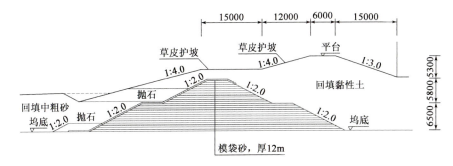

图 2.4-7　干坞坞口封堵及堤岸恢复剖面图（尺寸单位：mm）

2.5　南昌红谷隧道双子坞干坞技术

2.5.1　工程概况

红谷隧道位于城市核心区，呈东西向布置，下穿宽约 1500m 的赣江。赣江两岸建筑物林立，且规划建设已到位。沉管段总长度 1329m，有 12 个管节。

2.5.2　方案选择

项目工期紧，轴线干坞与旁建干坞方案均不能满足工期要求；国内没有满足管节预制尺寸及载重的半潜驳，无法采用移动干坞方案；只有采用独立的固定干坞方案。隧道上下游跨江桥梁较多，赣江铁路桥、向莆铁路桥两桥净跨仅 56m，结合河流情况，坞址主要在此两桥间选择。一共选择了 4 个干坞方案作比选，干坞方案平面位置见图 2.5-1，综合方案比选见表 2.5-1。

图 2.5-1　干坞比选方案平面位置图

红谷隧道干坞方案比选表　　　　　　表 2.5-1

方　案	方案一	方案二	方案三	方案四
干坞占地面积(m²)	126504	114641	126504	126504
场地的适应性	周边空旷,满足干坞用地要求,无房屋拆迁	干坞占用船厂、机械厂的厂房、房屋、码头等,拆迁量大,需向江中围堰110m宽	周边空旷,满足干坞用地要求,无房屋拆迁	周边空旷,满足干坞用地要求,无房屋拆迁
对周边环境的影响	对环境影响小,距上游长陵取水口2.3km	周边建筑物多,对环境影响稍大,距上游青云取水口800m,距下游朝阳取水口1000m	对环境影响小,距下游青云取水口2.7km	对环境影响小
对航运的影响	有影响,跨桥梁主跨时需临时封航			
干坞工程造价(万元)	25077.81	29109.54	25077.81	25077.81
河道疏浚费用及影响	1255.11万元,疏浚量大,对长陵取水口、地铁一号线有影响	137.05万元,疏浚量最小,对朝阳取水口有一定影响	303.88万元,疏浚量小,对青云取水口有影响	462.76万元,疏浚量较小,对青云取水口有影响
总造价(万元)	26332.92	29246.59	25381.69	25540.57
结论	不推荐	不推荐	不推荐	推荐

通过综合分析比较,方案一疏浚量大,且河道疏浚对运营的地铁 1 号线有影响,对长陵取水口影响大;方案二拆迁量大,疏浚时对朝阳取水口有一定影响,造价高;方案三、四疏浚量较小,造价低,疏浚时对青云取水口有一定影响。综上所述,方案三、方案四均可行,但方案三协调难度较大,故推荐方案四。

(1)干坞平面布置

根据工程总体筹划,干坞总长 546m,宽 279m,内部采用分体式 3+3 的双子坞,两个子坞独立预制,每批次各预制 3 个管节。

为了便于施工以及防汛,临建施工场地布置在干坞与沿江大道之间,场地由现状高程 19~20m,整平至 23m,与防汛大坝齐平,面积约 4.6 万 m²。干坞便道顺接场地区域内的两条既有的大道。总施工占地面积为 19.8 万 m²,坞顶占地面积 15.2 万 m²,两个子坞底面积 3.8 万 m²。红谷隧道干坞平面如图 2.5-2 所示。

(2)富水深厚砂层干坞边坡支护

拟建场地地层勘探深度内主要为人工填土、第四系全更新统冲积层,下部基底为第三系新余群(E_{1-2})泥质粉砂岩风化层夹杂钙质泥岩。地层从上至下主要为素填土、砂层、粉砂质泥岩,其中干坞开挖范围主要是素填土及砂层。红谷隧道干坞地质断面如图 2.5-3 所示。

(3)富水深厚砂层防渗体系研究

干坞基坑深 16m,临赣江最近距离仅 15m,赣江水位年变化幅度达 3~13m,砂层渗透系数达 120m/d。干坞须经历基坑开挖、管节预制、坞内灌水、管节舾装、坞口 2 次破除、1 次恢复、回填等复杂工况,使用周期长,因此干坞防渗体系至关重要。天津海河隧道、宁波常洪隧道等干坞采用深层水泥搅拌桩帷幕止水。

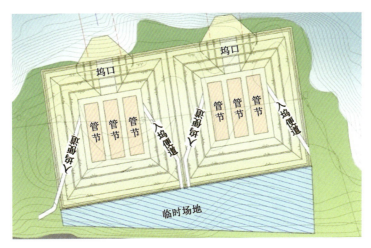

图 2.5-2　红谷隧道干坞平面图

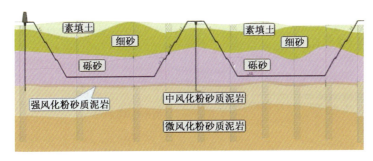

图 2.5-3　红谷隧道干坞地质断面图

南昌地区深基坑多数采用三轴搅拌桩、高压旋喷桩、地下连续墙等帷幕止水，传统方法在深厚砂质地层要么止水效果不满足要求，要么造价较高。该工程创新提出了将坝基、土石围堰防渗处理等水利工程中的塑性混凝土防渗墙结构用作干坞止水帷幕。

塑性混凝土是一种水泥用量较低，并掺加较多的膨润土、黏土等材料的大流动性混凝土，它具有低强度、低弹模和大应变等特性，由于弹性模量可达 2000MPa 以下，是一种柔性材料，可以很好地与较软的基础相适应，同时又具有很好的防渗性能，在水利工程的防渗中应用较多。塑性混凝土施工现场如图 2.5-4 所示。

该工程采用 DUK-2B 高密度电法测量系统对塑性混凝土结构在深厚砂质地层的防渗效果进行检测。与钻芯法、超声波法、弹性波透射层析成像法等墙体检测方法相比，高密度电阻率法采集的信息量大，数据观测精度高，对不均匀体的探测精度高，可实现对数据的快速采集。数据传入计算机时利用数据处理软件成像，解释直观清晰，操作简单，且不会对墙体造成损坏。剖面视电阻率及反演断面如图 2.5-5 所示。

图 2.5-4　塑性混凝土施工现场图

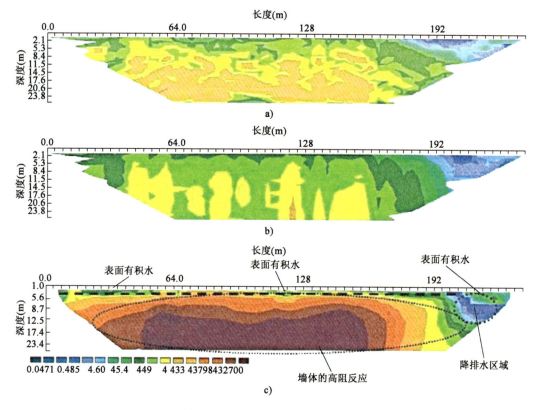

图 2.5-5 剖面视电阻率及反演断面图

检测结果未发现电阻率高阻或低阻异常区,据此推断,防渗墙墙体均匀连续,墙体塑性混凝土胶结密实,无异常隐患。

(4)富水深厚砂层边坡设计

河道堤岸顶高程约 25m,堤岸以西高程主要为 19m,坞底高程为 4.0m,故干坞的开挖深度为 15m,综合边坡坡度 1:3,分 3 级放坡,设 2 级平台,平台的宽度为 2.0m。

根据以往设计经验,坡面采用钢筋混凝土网喷护坡,钢筋规格为 $\phi 8mm@200mm \times 200mm$,混凝土面层厚度 80mm,并设有截面尺寸为 $300mm \times 500mm$ 钢筋混凝土梗格,以提高网喷混凝土的稳定性和牢固性。梗格自身的稳定性则有赖于每 1.5m 间隔一根的 $\phi 20mm$ 钢筋。同时在每个平台处设置了钢花管,对边坡进行加固。为了保证坡脚的稳定性,在干坞第 3 级边坡坡脚处筑深 1.5m、宽 1m 的钢筋混凝土坡脚墩,用来阻挡边坡的向下位移,以稳固坡脚,同时与梗格形成一个整体。干坞中部护坡布置如图 2.5-6 所示。

(5)坞口开挖及回填

干坞堤岸段地质较好,从上到下主要是素填土、砂层、粉砂质泥岩。考虑到设置活动坞门造价较高,因此采用放坡开挖坞口。坞口底部高程 +4.0m,采用 1:2.5 放坡开挖,放 3 级坡,+14.0m 平台处设置钢板桩,钢板桩埋深 10m,桩顶高程 20m。干坞口破除如图 2.5-7 所示。

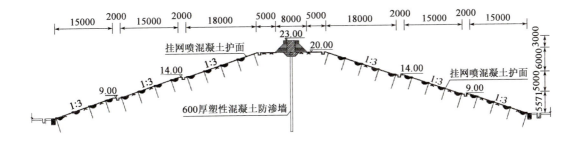

图 2.5-6　干坞中部护坡布置图(尺寸单位:mm;高程单位:m)

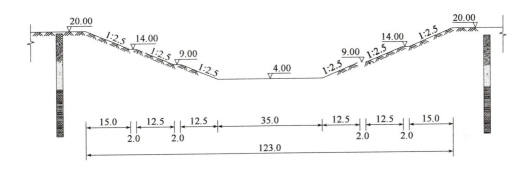

图 2.5-7　干坞坞口破除范围图(尺寸单位:m;高程单位:m)

所有管节浮运出干坞后,为进行下一批管节预制,坞口需要回填并恢复止水功能。干坞恢复围堰轴线长约119m,堰顶宽8.0m,堰顶设1.65m高草袋土子堰。围堰内外边坡在18.5m、10.0m、11.5m高程分别设2.0m宽的马道,外边坡一、二级坡度均为1:2.5,三级坡度为1:3.0,内一、二、三级边坡度1:2.0。围堰采用塑性混凝土防渗墙结合黏土斜墙进行堰身、堰基防渗。围堰外边坡采用0.3m厚的格宾石垫和0.15m厚的砂卵石垫层防冲刷及防老化,堰脚20.0m范围内采用充砂袋保护,内边坡采用覆盖砂卵石防老化,堰顶设泥结碎石路面。干坞坞口封堵及堤岸恢复剖面如图2.5-8所示。

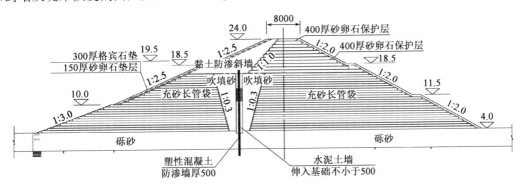

图 2.5-8　干坞坞口封堵及堤岸恢复剖面图(尺寸单位:mm;高程单位:m)

2.6 广州东沙—石岗隧道工程船坞方案

2.6.1 工程概况

广州快捷路二期东沙—石岗隧道东起工业大道和新滘西路交叉口,西止于芳村环翠北路,全长3.7km,过江段采用沉管法施工。沉管段总长630m,设计6个管节,管节长度为$4\times106m+2\times103m$,管节横断面宽31.3m、高8.9m。

2.6.2 方案比选

为减少疏浚费用,干坞位置选择范围为鹤洞大桥和丫髻沙大桥之间。该区域主要分为广纸片区、南箕村、石溪片区、广船地块及广州医药港,如图2.6-1所示。

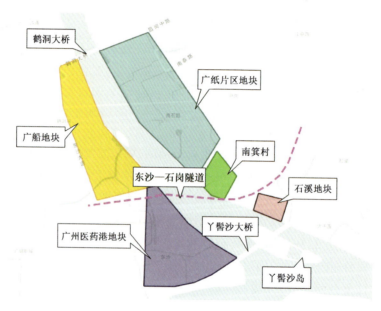

图2.6-1 项目周边产地权属图

项目东岸(海珠侧)南箕村现状为民房,尚未纳入收储计划,广纸片区和石溪地块目前正在开发建设,因此东岸无合适场地作为干坞场地。

西岸(芳村侧)广州医药港地块已建起群楼,无合适场地可用。丫髻沙岛上用地属基本农田,且无陆上交通可用。广船地块位于鹤洞大桥下游,面积$56.13hm^2$,广船正在搬迁,土地已纳入收储计划。因此广船地块及轴线干坞基本具备使用条件。

针对周边场地现状环境,主要考虑了轴线干坞方案、移动干坞方案及船坞方案。

(1)方案一:船坞方案。利用广船船坞进行管节预制(不浇筑顶板),将管节浮运至舾装码头后浇筑顶板。船坞内每次预制2个管节,分三批次完成预制。方案一场地位置如图2.6-2所示,方案一船坞现状如图2.6-3所示。

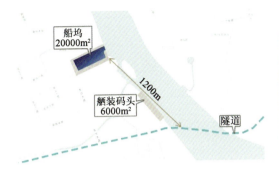

图 2.6-2 方案一场地位置图

图 2.6-3 方案一船坞现状

(2)方案二：轴线干坞方案。轴线干坞北侧绿地宽度仅为 150m，该处场地作为干坞，无放坡条件，可做成能预制 3 个管节的轴线干坞，但基坑支护锚索会进入附近开发地块。干坞长 435m、宽 61.2m，六个管节在干坞内分两批次预制完成，坞口需多次开挖。方案二轴线干坞平面布置如图 2.6-4 所示。

(3)方案三：移动干坞 + 轴线干坞方案。该工程管节宽度 31.3m，经调研适配的半潜驳需 50000t 量级，租船费 20 万元/d，若所有管节均采用半潜驳预制则工期及造价均较高，因此考虑移动干坞 + 轴线干坞的组合方案。该方案可缩短轴线干坞工期，同时降低半潜驳租赁费。该方案考虑租用 1 艘半潜驳预制 3 个管节，轴线干坞预制 3 个管节。方案三移动干坞示意如图 2.6-5 所示。

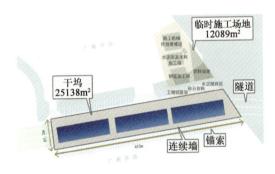

图 2.6-4 方案二轴线干坞平面布置图

图 2.6-5 方案三移动干坞示意图

三个干坞方案的综合比选见表 2.6-1。

干坞方案综合比选表 表 2.6-1

干坞方案	方案一	方案二	方案三
对周边的影响	影响广船二期三期收储，采取保护措施不影响船坞	占用规划绿地，锚索影响相邻地块	占用沿江绿地公园需占用广船船坞及码头
占地面积(m²)	23535	37227	37227
社会效益	高，可重复利用于其他项目	低	低

续上表

干坞方案	方案一	方案二	方案三
对航运的影响	较大	较大	大
河道疏浚费用(万元)	600	0	300
管节预制工期(月)	25	27	18
土建总工期(月)	42	46	42
总造价(亿元)	0.45	1.0	2.1

根据以上综合比选可知,方案二工期较长,不满足工程要求;方案一和方案三管节制作工期均满足工程要求,但受基槽开挖工期影响,土建总工期均为42个月。因此,推荐采用方案一,该方案造价最少,工期可满足工程要求,占地面积小,岸上段施工和管节预制可平行作业,互不影响。

2.6.3 工程实施

该工程目前尚处于建设前期,本节介绍的方案是设计阶段推荐采用的方案,随着工程建设的进展以及环境条件的变化,仍然存在调整的可能。

广船既有船坞深9.3m、宽36m、长250m,可在船坞内每次预制两个管节,6个管节分三批次完成预制。船坞区域施工占地面积25435m²。受船坞深度制约,为了实现管节浮运,船坞内仅能浇筑底板及侧墙,码头占地面积约6000m²。船坞施工场地布置如图2.6-6所示。

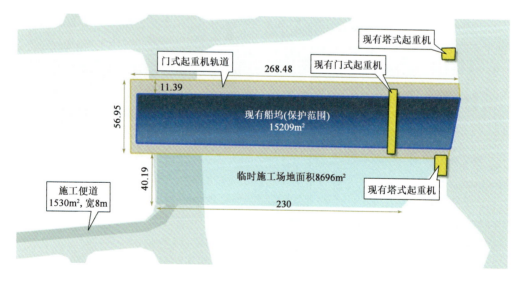

图2.6-6 船坞施工场地平面布置图(尺寸单位:m)

管节预制完成后浮运约1.1km到达舾装码头后再浇筑顶板等遗留部分,管节浮运水深约6.3m,现有河道深度基本能满足要求。管节浮运航道平面如图2.6-7所示。

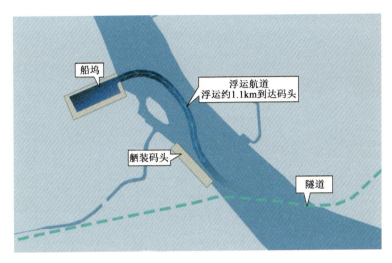

图 2.6-7 管节浮运航道平面图

2.7 沉管管节预制技术

2.7.1 概述

沉管法隧道管节体量大,管节预制不仅要满足大体积混凝土浇筑的要求,还对结构尺寸、混凝土重度具有极高的精度要求。而管节预制工序主要是在干坞内完成,与干坞的方案也密切相关。管节预制技术也随着大体积混凝土浇筑、模板制作等技术的进步而不断发展。本节从广州珠江隧道开始,全面介绍了我国内河沉管法隧道管节预制技术的发展情况。

2.7.2 广州珠江隧道管节预制技术

广州珠江隧道沉管段总长457m,分5个管节,各个管节长度见表2.7-1,其中E5管节为短管节。

各 管 节 长 度   表2.7-1

管节序号	E1	E2	E3	E4	E5
管节长度(m)	105	120	120	90	22

沉管管节横断面采用矩形三孔一管廊箱形结构,其中两孔为机动车行车道,另外一孔为地铁通行道,中间管廊主要为管线敷设通道,沉管断面高7.95m,全宽33m,顶、底板及侧墙厚度均为1m,中隔墙厚度分别为0.55m和0.7m。其断面图如图2.7-1所示。

(1) 管节混凝土浇筑顺序

珠江隧道每个管节混凝土纵向长度超过100m,混凝土浇筑量达1.5万m^3左右,管节预制采用纵向分段、竖向分层的混凝土浇筑工艺。以E1管节为例,单长105m,纵向分5段浇筑。

浇筑段施工时采用跳块浇筑混凝土,即各浇筑段浇筑完成后,相邻浇筑段暂不浇筑,而是浇筑另一相隔浇筑段。浇筑段之间不设后浇带,施工缝设镀锌钢板及橡胶带各一道作止水带。其纵向浇筑顺序如图2.7-2所示。

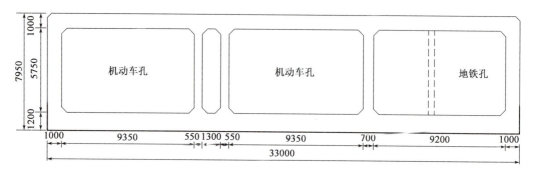

图2.7-1 沉管横断面图(尺寸单位:mm)

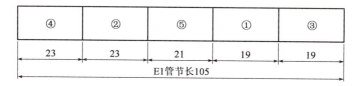

图2.7-2 E1管节纵向浇筑顺序图(尺寸单位:m)

珠江隧道管节每个节段竖向先后分三期浇筑:一期先浇筑底板,侧墙及中隔墙浇筑到底板面上不小于0.6m处。浇筑时从中间廊道处开始,由中间向两边浇筑。由于底板厚1.2m,浇筑时采用分层浇筑,每层厚度控制在0.45m以内,浇筑时间间隔不得超过初凝时间。二期浇筑侧墙、中隔墙至距离顶板下不小于0.6m处。墙体竖向高度较大,每层浇筑厚度不超过0.5m,上升速度为每层1h。三期浇筑剩余部分侧墙及顶板。顶板由中间向两边分层浇筑,与底板类似。管节竖向浇筑顺序如图2.7-3所示。

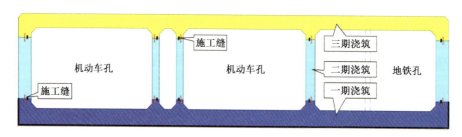

图2.7-3 管节竖向浇筑顺序

施工缝处先浇段和后浇段浇筑时间需相隔48h以上,并需对先浇段表面进行凿毛处理及涂抹水泥基防水涂料。为保证接缝止水效果,施工缝处设置一道中埋式镀锌钢板。

(2)管节预制模板

管节预制模板需保证有足够的刚度及平整度,确保管节结构尺寸不出现超过设计规范所确定的误差,同时需便于安装拆卸,方便移动。经综合比选,珠江隧道采用组合式钢内模台车+外侧胶合板模板体系,内外模之间采用防渗对拉螺栓连接。台车以6m长为一基本单元,用卷扬机牵引沿轨道移动。

内模台车、外模台车及廊道内模示意分别见图2.7-4~图2.7-6。

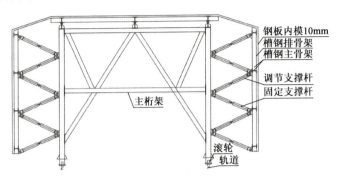

图2.7-4　内模台车示意图

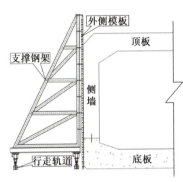

图2.7-5　外模台车示意图

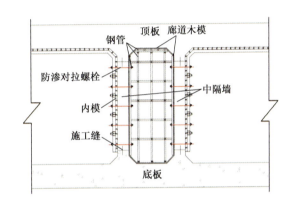

图2.7-6　廊道内模示意图

（3）E1管节浇筑裂缝问题及原因分析

珠江隧道E1管节自1991年4月16日开工，至8月17日完成全断面浇筑混凝土，8月24日完成脱模。脱模后观察到：侧墙有明显竖向裂缝，裂缝宽度小于0.13mm，有少量贯穿性裂缝；顶板裂缝多集中于管节四周角部及浇筑段边界处，角部裂缝呈45°角，边界裂缝平行于边界线，有少量侧墙延伸裂缝，裂缝大多呈闭合状，少数为通长裂缝，裂缝宽度小于0.13mm。其原因分析如下：

①E1管节浇筑段最短19m、最长23m，横向33m，纵向浇筑段长度过长，导致混凝土浇筑周期长、暴露时间长，前后浇筑产生温度应力差引起混凝土裂缝。

②E1管节纵向分5段浇筑，采用跳块浇筑，不设后浇带，先浇筑与后浇筑硬化时间不同，硬化过程中相互影响，先浇段对后浇段的混凝土产生较大约束作用，造成混凝土开裂。

（4）管节浇筑裂缝控制措施

结合E1管节浇筑经验，在后续的各管节施工中，分别采取了优化混凝土配合比、缩短纵向分段长度、增设后浇带、缩短竖向各层之间的浇筑间隔时间等措施，后续管节预制质量大幅提高，裂缝宽度、总长度大幅度减小，基本没出现贯穿裂缝。珠江隧道各管节预制纵向分段及后浇带设置见表2.7-2。

珠江隧道管节预制分段及后浇带长度参数表　　　　表2.7-2

管节编号	管节长度（m）	施工段数量	分段长度(m)		后　浇　带	
			最长	最短	宽度(m)	条数
E1	105	5	23	19	无	无
E2	120	7	16.6	14.3	1.4	6
E3	120	7	16.6	14.3	1.4	6
E4	90	6	15.1	13.5	1.4	5
E5	22	2	15.5	6.5	无	无

2.7.3 广州仑头隧道管节预制技术

广州仑头隧道管节预制基本沿袭了珠江隧道的成功做法，采用纵向分段并设后浇带、每段分层浇筑的方案，区别仅在于每段将原来的底板、侧墙、顶板三次浇筑改成了底板、侧墙加顶板的两次浇筑工艺，从而减少了一道水平施工缝。E4管节纵向分段浇筑工序示意及横断面分层浇筑工序示意分别见图2.7-7、图2.7-8。

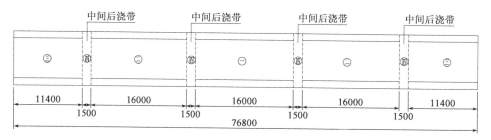

图2.7-7　E4管节纵向分段浇筑工序示意图(尺寸单位:mm)

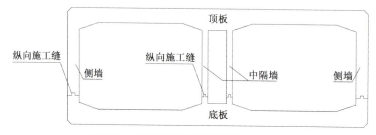

图2.7-8　E4管节横断面分层浇筑工序示意图

图2.7-9　仑头隧道钢内模照片

管节模板采用两种结构，除行车孔内模（顶层）为钢模外，其余均为防水胶合板，其中外侧模面板采用进口漆面板，其余为国产漆面板。钢内模见图2.7-9。

与珠江隧道不同之处还有，仑头隧道管节不是在固定干坞内预制，而是在半潜驳上预制。半潜驳作为预制平台在水上作业，易受到水中波浪力及岸边风力的影响，其测量精度控制是关键技术。为了确保测量精度，采用了在半潜驳上建立独控制测量系统的方式。坐标系建立示意见图2.7-10。

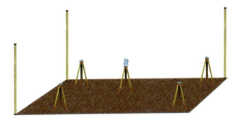

图 2.7-10　坐标系建立示意图

2.7.4　南昌红谷隧道管节预制技术

(1) 管节预制工序

红谷隧道继续沿用了仓头隧道以来的管节制作经验,并对相关工艺进行了适当改进。每个管节预制依然采用纵向分段、预留后浇带,竖向上下两层预制的工序。管节最长115m,沿纵向分为6个浇筑段,单段最长18m,分段之间设置1.5m后浇带,底板处不设置后浇带。整体自中间向两端浇筑,每个节段浇筑时自一端向另一端浇筑。纵向浇筑工序见图2.7-11。

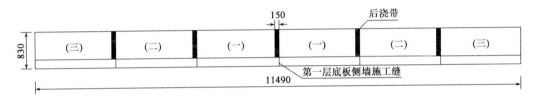

图 2.7-11　红谷隧道管节纵向浇筑工序图(尺寸单位:cm)

每个节段竖向分两层预制,一次浇筑自底板浇筑至侧墙3.6m处,二次浇筑自直墙至顶板剩余4.7m,中间设置施工缝。竖向浇筑工序见图2.7-12。

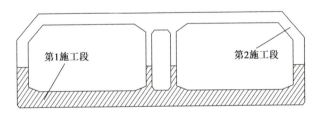

图 2.7-12　红谷隧道管节竖向浇筑工序

对每一分层,不同于珠江隧道自中间向两侧浇筑,红谷隧道采用了自两侧向中间浇筑的方法。顶底板因结构尺寸较大,浇筑时采用台阶法递进浇筑,每层浇筑高度不超过30cm,上下层混凝土浇筑间隔时间不得超过初凝时间,同时控制混凝土下料高度,不超过2m。一次、二次浇筑顺序分别见图2.7-13、图2.7-14。

(2) 管节预制模板

为实现竖向两次浇筑目的,对早期模板体系进行了改进,下层模板体系对内侧模板体系进行了调整,实现了浇筑底板的同时浇筑侧墙;上层模板体系优化了内外侧模板之间连接方式。下层模板体系、上层模板体系分别见图2.7-15、图2.7-16。

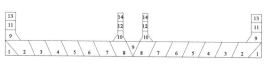

图2.7-13 红谷隧道管节一次浇筑顺序图

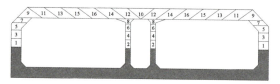

图2.7-14 红谷隧道管节二次浇筑顺序图

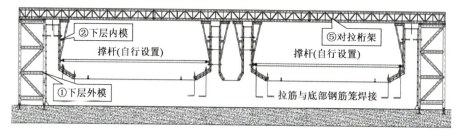

图2.7-15 红谷隧道下层模板体系

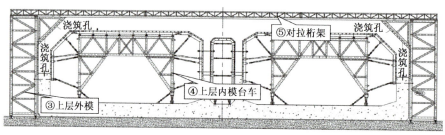

图2.7-16 红谷隧道上层模板体系

为了减少前后浇筑时间差引起的裂缝,在两侧墙内预埋了冷却水管。冷却水管采用直径30cm的黑铁管或镀锌水管,沿边墙中线竖向布置,底部冷却水管与竖向施工缝之间的距离为30cm。冷却水管间距1~1.2m,共设4排,如图2.7-17所示。

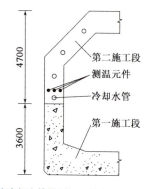

图2.7-17 边墙冷却水管及测温元件布置示意图(尺寸单位:mm)

2.7.5 襄阳鱼梁洲隧道管节预制技术

(1)管节预制工序

港珠澳大桥海底隧道管节预制采用工厂化方案,每个180m的管节分成8个22.5m的节段,每个节段采用全断面一次性浇筑工艺,一次混凝土浇筑量达3000m³。由于每个节段浇筑不分层、不设水平施工缝,不仅避免了两期浇筑的混凝土不均匀收缩影响,还减少了渗漏水通道,取得了较好的效果。受此启发,襄阳鱼梁洲隧道管节预制也采用了纵向分段、每个节段全断面一次性浇筑工艺。

襄阳鱼梁洲隧道联结樊城区和东津新区,隧道全长5400m,其中东汉沉管节总长660m,包含1个5m小管节和6个标准管节($4 \times 120.5m + 2 \times 86.5m$)。隧道通行双向六车道,采用两孔一廊道形式,管节横断面全宽31.2m、高9.2m。横断面如图2.7-18所示。

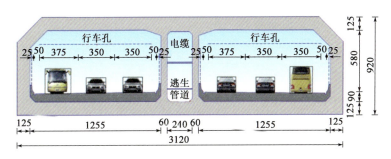

图2.7-18　鱼梁洲隧道管节横断面图(尺寸单位:cm)

每个节段采用分段、分层、对称浇筑,浇筑工艺全过程分为4个部分,分别为底板、底板与侧墙结合处、侧墙及顶板。节段浇筑顺序示意见图2.7-19。

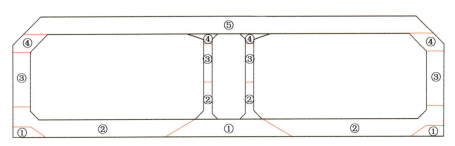

图2.7-19　鱼梁洲隧道节段浇筑顺序示意图

注:①~⑤表示浇筑顺序。

(2)管节预制模板系统

隧道采用自行式液压模板台车,预制时管节固定不动,模板台车整体移动。模板安装及拆卸均在模板台车上完成。液压模板台车主要包括外模台车、内模台车。钢筋绑扎完成后,利用模板台车前后移动安装模板,模板安装完成后进行混凝土浇筑。模板台车横断面见图2.7-20。

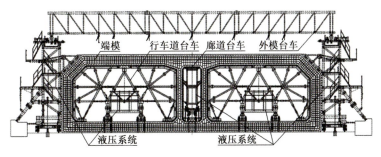

图2.7-20　模板台车横断面图

059

鱼梁洲隧道管节节段采用全断面一次性浇筑，解决了每个节段分层浇筑带来的施工缝问题，消弭了上下层混凝土两期浇筑产生的约束力，大大降低了混凝土裂缝产生的风险，取得了良好的效果。目前全断面一次性浇筑管节工艺得到了业内高度认可，已成为一种发展趋势，广州金光东隧道、车陂路隧道等项目都采用了这种工艺。但是全断面一次性浇筑法存在的混凝土振捣难度大、模板造价高、材料供应要求高以及不适于曲线管节、变截面管节等问题还需要进一步研究解决。

2.7.6 其他新型管节预制技术

广州东沙—石岗隧道位于广州市中心城区，珠江两岸建（构）筑物密集，无法找到合适的固定干坞场地，设计推荐采用隧址附近广船国际集团既有船坞作为管节预制的干坞。但由于既有船坞深度较浅，不满足完整管节浮运的水深条件。因此，中铁第六勘察设计院集团有限公司提出了坞内预制＋浮态浇筑的管节预制方案：每个管节混凝土按两阶段分期浇筑，第一阶段在干坞内预制管节底板、侧墙及顶板框架，本阶段管节预制依然采用传统的纵向分段＋节段一次性浇筑方案；第一阶段完成后将管节浮运至隧址附近临时码头，第二阶段在管节浮态状况下完成顶板余下部分混凝土的浇筑工作，第二阶段浇筑最大的难点是需要保证管节浇筑期间的浮态平衡以及浇筑期间的台风、暴雨等灾害应对技术。浇筑示意见图2.7-21。

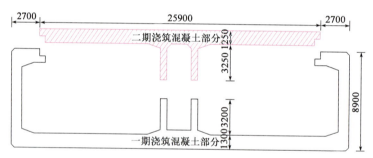

图2.7-21 管节竖向分期浇筑示意图（尺寸单位：mm）

深中通道工程采用钢壳混凝土管节结构，先在船厂完成钢壳箱梁的焊接拼装，然后在码头完成钢筋梁内混凝土的浇筑，预先拼装的钢壳箱梁是个整体，其结构稳定性好、漂浮时对浮态平衡的冗余值也较大，因此其浮态浇筑的难度比纯粹的混凝土结构要小得多。深中通道工程钢壳管节浮态浇筑示意见图2.7-22。

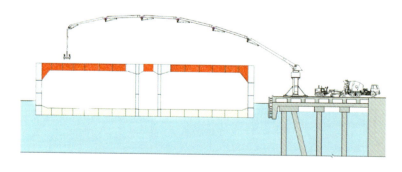

图2.7-22 深中通道工程钢壳管节浮态浇筑示意图

浮态浇筑作为近年来在特定条件下发明的一种新型管节混凝土预制方式，具有干坞规模小、浮运航道要求低等突出优点，具有极高的推广应用价值。但其技术本身仍有如下关键技术需要进一步研究解决：

(1) 浮态浇筑前的管节结构不完整，在风、浪、流等复杂水环境条件的结构受力机理及安全保障技术。

(2) 浮态浇筑过程中管节稳定性、混凝土质量控制技术。

(3) 浮态浇筑分块多，浇筑工期长，且施工缝大大增加并影响结构防水。

2.8 本章小结

本章对干坞选址、类型选择、干坞平面布置、干坞边坡设计、坞底设计、坞口设计、干坞排水系统和干坞防洪设计等干坞设计关键技术及管节预制技术进行了系统的分析和总结，得出如下主要结论：

(1) 为减少浮运长度和浮运航道疏浚量，常规干坞一般布置在隧址附近，但内河沉管法隧道多位于城市中心区，往往很难找到合适的干坞场地。

(2) 固定干坞方案与场地条件、隧道规模以及工期要求等因素密切相关，每座内河沉管法隧道往往都需要具体情况具体分析，开展有针对性的干坞方案设计。

(3) 移动干坞可于内河中长距离浮运，在干坞场地困难、隧道规模不大时具有较强的优势。

(4) 利用既有船坞作干坞，可有效减少造价、节省工期，具有较好的推广价值，但仍有多项关键技术需研究解决。

(5) 管节预制方法与干坞方案密切相关，近年来也取得了较大的进步，每个节段全断面一次性浇筑法使管节的预制精度、工程质量得到显著提高。

本章参考文献

[1] 王彬.荷兰沉管法隧道工程的发展概况[J].世界隧道,1996(06):69-77.
[2] 蔡秀科.甬江沉管法隧道工程[J].世界隧道,1996(06):54-66.
[3] 陈越,管敏鑫,冯海潮.珠江沉管法隧道浮运沉放技术[J].世界隧道,1996(06):27-33.
[4] 曲莹,陈昌祺.大型沉管法隧道干坞的设计与研究[J].现代隧道技术,2002,39(05):12-19.
[5] 刘千伟,杨国祥,周松.宁波市常洪沉管法隧道工程[J].世界隧道,2000(06):6-13.
[6] 陈韶章.沉管法隧道设计与施工[M].北京:科学出版社,2002.
[7] 贺维国,胡慧.利用移动干坞制作沉管管节[J].现代隧道技术,2005(02):72-95.
[8] 贺维国,胡慧.广州市仑头—生物岛水底隧道工程方案论证[J].现代隧道技术,2005(04):9-13+19.
[9] 中铁隧道勘测设计院有限公司,上海交通大学.移动干坞预制、运输、沉放特大型管节技术的研究报告[R].2006.
[10] 彭红霞,王怀东.沉管法隧道干坞方案比选[J].中国港湾建设,2007,1:42-45.

[11] 中铁隧道勘测设计院有限公司.佛山市东平隧道工程干坞方案比选专题研究报告[R].2009.

[12] 中铁隧道勘测设计院有限公司,广州打捞局.沉管法隧道移动干坞施工工法研究[R].2012.

[13] 中铁隧道勘测设计院有限公司.南昌市红谷隧道工程干坞方案比选专题研究报告[R].2013.

[14] 林鸣,林巍,刘晓东,等.日本交通沉管法隧道的发展与经验[J].水道港口,2017,38(01):1-7.

[15] He W G, Yang L, Song C Y. Large waterway-crossing immersed tunnel for highway and railway transportation: Dongping tunnel in Foshan, China[J]. Tunnel Construction, 2018, 38(2):152.

[16] Niels, J Gimsing, Claus Iversen. 厄勒沉管隧道[M].郭敬谊,韦良文,编译.北京:人民交通出版社股份有限公司,2019.

[17] 范国刚,贺维国,沈永芳.内河沉管法隧道干坞选择形式的探讨[J].中外公路,2020,40(02):180-183.

[18] 中铁第六勘察设计院集团有限公司,广州打捞局.广州市城市快捷路二期(东沙—石岗隧道)工程施工图设计[R].2020.

第 3 章
管节结构计算研究

3.1 概述

沉管法隧道管节结构计算主要包括横向、纵向以及局部计算三部分,其中横向计算和纵向计算应根据施工阶段和运营阶段的最不利工况组合进行结构静力和必要的地震动力响应分析。施工阶段,按照施工顺序主要有管节起浮、出坞与浮运、沉放与对接、基础构建以及覆土回填等工况计算。运营阶段,需根据土压、水压、温度、地震、沉船及爆炸等荷载进行隧道整体抗浮、横向及纵向内力、整体及接头不均匀沉降、接头剪力及抗震等计算分析。局部计算主要针对管节的端封墙、系缆柱、测量塔、拉合座、吊点、鼻托及底部支承系统等临时构件应力集中区进行内力分析及必要的稳定性计算。

不同于山岭隧道和盾构隧道,沉管法隧道在结构计算时考虑的外荷载种类虽然众多,但荷载较为明确,常采用以概率论为基础的极限状态设计方法。沉管法隧道存在管节接头和节段接头(仅节段式管节),相较盾构隧道管片接缝,管节的接头受力更为复杂,存在明显的非线性特点,因此接头部位是沉管法隧道结构计算的重点。

关于沉管法隧道结构的计算研究最早起源于日本和欧洲,尤其日本对沉管法隧道抗减震的研究一直走在世界前列,相对而言我国沉管法隧道技术起步较晚。近些年,针对具体的工程实践,我国学者们展开了大量的实践创新。目前关于沉管法隧道结构的研究方法主要有理论计算研究、数值模拟分析研究和模型试验研究三种。沉管法隧道的计算理论大致分为基于弹性地基理论的荷载-结构法和基于地层应力理论的地层-结构法两类,相应的计算模型分别为荷载-结构模型和地层-结构模型。

1)基于弹性地基理论的数值方法

基于弹性地基理论的数值模拟,多采用荷载-结构法,以弹性地基理论为基础,将地基视为温克尔(Winkler)弹性地基,即 $P = ky$,式中 k 为地基系数,可通过现场实测并考虑地基处理情况求取。对于地基系数单一的弹性地基梁,其内力和变形可采用初参数法的解析解;对于有多个不同地基系数的弹性地基梁只能采用数值解。数值解采用结构力学中弹性支承连续梁的三弯矩方程,弹性支承链杆的线刚度等于该链杆所在位置的地基系数乘以该链杆所代表的支承面积。

目前国内外采用的基于弹性地基理论的数值模型主要包括平面弹性地基梁法和弹性地基三维空间板法。

基于平面弹性地基梁法的数值模型是将沉管法隧道简化为一个位于地基上的弹性箱梁,用铰来模拟管节间接头,计算时不计土体的水平弹性抗力,仅考虑土体对管节轴向变形的摩擦阻力,管节的中心为不动点。

弹性地基三维空间板法,是将沉管法隧道顶板、底板、侧板、中隔板均用板单元替换梁单元来进行模拟,管节接头均采用铰接,隧道底板与地基的作用采用弹簧单元模拟,虽然建模复杂,但模拟更真实。

为了更准确地得出管节接头中各类构件的内力,学者们在弹性地基空间板单元模型的基础上进行了优化,将所有的隧道结构、接头构件均建立三维实体单元模型进行计算,这种方法考虑到了接头构件的应力状态,但也增大了计算量。有学者曾按照相同的尺寸采用三维实体单元和板单元对沉管结构分别建模,并进行动态响应分析的对比研究,结果显示板壳单元的结果更好,但这与三维实体模型建模过程中单元数量过少有关。随着计算机技术的发展,硬件问题已经不存在,计算精度和速度有望进一步提高。

2）基于地层应力理论的数值模拟方法

为了反映围岩土体的三维受力状态,业界也以实体单元模拟围岩土体,以反映围岩与结构共同受力,即地层-结构数值模拟法。

从理论上看,这种模型更为精细和贴近实际,体现了现代隧道理论的地层-结构力学模式,但这种模型在处理隧道结构与土体之间、接头两侧接触面之间的相互作用时往往需要建立接触单元,否则难以处理隧道接头与围岩土体单元的节点关系,且计算难度和计算量较大。

这种计算方法曾在上海外环线沉管法隧道结构分析中得以应用,其以弹性本构模型模拟隧道管节和混凝土剪力键,以塑性本构模型模拟钢剪力键,以穆尼-里夫林（Mooney-Rivilin）橡胶模型模拟 GINA 止水带,以拉索离散梁单元（Cable-Discrete-Beam）模拟预应力拉索,以德鲁克-普拉格（Drucker-Prager）模型模拟周围土体,以三维接触单元模拟沉管接头间的接触效应。共建立了超过 120 万个单元的超大模型。

由于地层-结构模型对地层的参数取值要求较高、结构建模复杂以及土体本构关系难以准确描述隧道与周围地层之间的力学关系,因此,现行的沉管法隧道结构计算仍以荷载-结构模型为主,并将计算结果与地层-结构模型进行对比。

3）基于构件精细化计算模型方法

为简化反应土体结构三维受力状态的地层-结构模型建模的复杂性,同时考虑到接头刚度对结构的影响,研究提出了基于构件精细化的计算模型。即采用有限元手段,对管节接头构件分别进行精细化建模分析,得到相应构件的刚度参数,为建立基于地层-结构法的沉管法隧道三维数值模型奠定基础。

具体来说,首先分别对管节接头构件进行精细化建模分析,包括对 GINA 止水带、钢剪力键、混凝土剪力键建立精细化模型进行多工况的数值分析,得到相应构件的刚度参数,然后将其应用于沉管法隧道地层-结构法全三维数值分析,从而建立了沉管法隧道从构件精细化模拟到整体结构简化分析的数值方法。

构件精细化计算模型作为精细化研究手段,大大简化了管节接头刚度三维模型的复杂建模过程,同时能表达出管节接头刚度对沉管结构受力和变形特性的影响,以及管节不均匀沉降导致接头处的张开与错动。

该计算模型在南昌红谷沉管法隧道结构计算分析中得以应用,其将得到的管节接头参数用于荷载-结构法和地层-结构法数值分析,所建立的模型可以充分考虑管节接头不连续的特点,从而建立了一种可以方便考虑管节接头的沉管法隧道数值模拟方法。

3.1.1　国外沉管法隧道管节结构计算现状

国外沉管法隧道建造最多的是美国、荷兰、日本三个国家。最初因沉管法隧道没有专门的技术规范,因而各国主要参考桥梁、港工等技术规范,并结合沉管法隧道的特性进行设计。管节结构计算也经历了从线性分析的容许应力法到非线性分析然后到极限状态法的过程。日本兵库县南部、阪神地区发生大地震后,地下结构遭到严重破坏,引起了世界上众多地震学者的关注,对于地震荷载作用下隧道结构的动力响应研究,逐渐成为工程界的重要研究方向。

国际隧道协会1993年在"沉管法隧道及悬浮隧道"专题报告中,在总结了美国、挪威、瑞典、日本等国相关资料的基础上,将混凝土管节的结构计算分成横向和纵向分析两大方面。

对于沉管法隧道的横向分析,提出将管节视为一系列的平面框架,按照基底有给定弹簧常数的弹性基础模型来进行计算。当荷载和土壤反作用在纵向上始终不变时,或者该方向上仅是逐渐变化时,该框架可按照均布荷载进行分析;在有巨大超载的区域,作用在平面框架上的外荷载是不均衡的,需对相邻框架之间的剪力进行分析,具体做法为利用弹性梁分析下层土壤反力的纵向分配,并对纵向剪力进行分析,然后将剪力当作沿框架的垂直构件作用的垂直荷载。纵向分析主要考虑纵向静水力的压缩效果、温度应力和由于超载的不连续性和沉降的不连续性造成的管节纵向弯曲。

日本临港技术开发研究中心主编的《沉管法隧道技术手册》以及《世界沉管法隧道技术 第三期 日本高速铁路上的沉管法隧道设计》,也提出将沉管法隧道管节横断面视为多孔箱形框架结构,按照弹性地基平面应变状态的闭合框架模型来进行计算,施工和运营阶段均涉及横向计算问题。管节横断面荷载计算模型如图3.1-1所示。

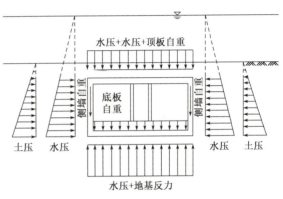

图3.1-1 管节横断面荷载计算模型

对于沉管法隧道纵向分析,一般做法是将隧道视为弹性支承梁,将地基视为弹簧,重点研究地基沉降、温度变化及管节接头等的影响,管节纵断面荷载计算模型如图3.1-2所示。

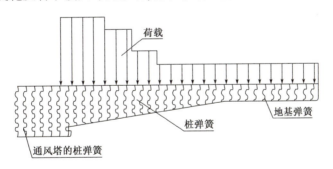

图3.1-2 管节纵断面荷载计算模型

沉管法隧道对管节的纵向不均匀沉降比较敏感,管节之间的接头形式和纵向计算有着十分密切的关系,因而接头计算是沉管法隧道纵向计算的一个重要组成部分。国外以往纵向计算时使用较多的模型为纵向弹性地基梁+接头弹簧模型,该模型相对简单实用,关键在于对接头的模拟和参数的选取。

日本多摩川沉管法隧道,基于软弱地层易发生不均沉降以及温度变化和地震的影响,管节采用柔性接头连接,构成柔性接头的构件主要有橡胶衬垫、接头连接钢缆、水平和垂直抗剪键、二次防水橡胶、橡胶衬垫闭锁装置和端部钢壳6种。隧道纵向计算时对柔性接头分别使用压缩、剪切和旋转3种弹簧单元进行模拟。接头轴向弹簧的刚度根据橡胶衬垫动态压缩时的荷载曲线正割坡度确定,抗剪弹簧刚度利用夹在水平和垂直抗剪键间的缓冲橡胶的压缩弹簧刚度求得;而对于接头部位的垂直旋转和水平旋转力矩,由橡胶衬垫和接头处的连接钢缆承受,旋转弹簧刚度根据变形和力的平衡条件进行计算。为对柔性接头进行动态确认及力学评价,研究人员开展了大比尺接头力学试验,通过抗压、抗剪及抗弯试验确定接头刚度。

沉管法隧道作为一种特殊的地下工程,其地震作用下的反应,有其他地下结构共有的特点,但其计算方法发展也有自己的特点和过程。

国外常见的沉管法隧道抗震计算分析方法主要有地震系数法、反应位移法、BART法、动力有限元法等。一般而言,横断面采用反应位移法或者地震系数法,纵断面采用动力有限元法。力学模型分为质点-弹簧模型和利用有限元的连续介质模型,其中采用较多的是质点-弹簧模型。

狄斯岛(Deas Island)隧道是首次考虑抗震设计的沉管法隧道,但仅做了横断面的抗震设计。它假设地震发生时土层的剪切破坏是以隧道顶面为界,此时对应的极限水平加速度在理论上考虑为 $0.21g$;如加速度超过 $0.21g$,土层的破坏面不传导地震剪切波。根据这个假设,将隧道顶部覆土重的21%产生的水平剪切力作为对隧道顶面的作用力,从而计算出隧道横断面的应力。在这种状况下,施加于隧道侧面的被动土压力会增大。对于抗震设计时材料的容许应力,钢材取屈服极限,混凝土取抗压强度。

美国旧金山市海湾快速运输系统(BART)中穿越海湾5.8km长的双线沉管法隧道,位于著名的活断层——San Andreas断层附近,受地震影响的概率很大,因此制定了抗震设计标准,对抗震设计进行了十分周详的考虑,是第一座以地震波动理论为基础进行抗震设计的沉管法隧道。它根据以往的地震记录资料,得到设计波谱、预期振幅包络线和波长,并以此为基础,根据隧址地基系数和沉管法隧道自身的刚度计算沉管法隧道本体的振幅和波长,从而算出因地震产生的内力和应力。在BART系统的沉管法隧道中使用的是HOUSNER波谱,这个波谱是根据美国西海岸地震记录为基础绘制成的。

日本是地震频发的国家之一,其地下工程抗减震研究技术一直走在世界的前列。为了确定合理的抗震计算方法,1971年日本土木工程协会(JSCE)成立了一个专门委员会。1988年该委员会发布了《沉管法隧道抗震设计规范》。

日本沉管法隧道采用了反应位移法、地震系数法和动力反应分析法3种抗震设计方法,并对每种抗震设计方法的适用情况做了分析,如表3.1-1所示。

各种抗震设计方法适用情况表　　　　表3.1-1

类　　别	计算断面	地震系数法	反应位移法	动力反应分析法
沉管隧道部分	轴向	—	○	○
	横截面	○	○	—
通风塔		—	○	—
陆上隧道部分	轴向	—	○	—
	横截面	○	○	—

注:—表示不采用该方法;○表示采用该方法。

1) 反应位移法

反应位移法是由日本学者于 20 世纪 70 年代提出的,较早应用于日本规范中,该方法首先需要计算地震作用下地基土体的位移,并将此位移作为地震荷载作用到地基梁模拟的隧道结构上,充分考虑了地下结构地震作用的反应特点,能较真实地反映其受力特性。

2) 地震系数法

地震系数法是通过将地震系数乘以结构和土体的重力,得到地震引起的惯性力,惯性力应是三向的,即两个横向(x、y 面)和一个垂直方向。设计中需采用惯性力设计的项目主要有沉管法隧道主体横断面的设计、地层抗滑稳定性计算、通风塔的设计以及引道及附属设施的设计。这种方法力学概念清晰、参数易于确定、计算方法简单、计算工程量小,被广泛采用。但它本身也存在不足:没有考虑到结构自身的振动特性与土层之间的相互作用关系;对模型进行了过多假设,难以真实反映地下结构实际的地震动响应。

3) 动力反应分析法——质点-弹簧模型

质点-弹簧模型是用于分析沉管法隧道动力反应分析最有效和最方便的计算模型之一,已用于日本多座沉管法隧道的设计。

该模型是田村重四郎和冈本舜三于 1976 年提出来的,用于东京港沉管法隧道的抗震设计,主要弥补 BART 系统沉管法隧道抗震设计的不足,即弥补 BART 系统的抗震设计方法只求地震波传播时地震波特性不变情况下沉管法隧道产生的应力和应变,没有考虑到沿沉管法隧道轴向地基的不均匀性,而使地震力可能产生变化的情况。

(1) 基本假定

围岩是由表土层和其下方的坚硬基岩组成,其自振特性不受隧道存在的影响,表土层的剪切振动基本振型对隧道在地震中产生的应变起主导作用;隧道的自身惯性力对其动力性态影响很小,分析中可不予考虑;隧道变形可根据围岩变形计算,并视隧道为一弹性地基梁。

(2) 计算模型

以下分别按沿隧道纵向(x)和横向(y)内的水平振动进行分析。

在这个模型中,将表土层沿隧道纵向划分成一系列垂直于隧道轴线的单元,每一单元均用与其自振周期相同的质点-弹簧代替,计算模型如图 3.1-3 所示。

各土层节段 i 的基本振型换算质量 M_{ei} 和等效弹簧刚度可以通过下列公式计算得到:

$$M_{ei} = \frac{\left[\int_0^{h_i} m_i(z)\varphi_i(z)\mathrm{d}z\right]^2}{\int_0^{h_i} m_i(z)\varphi_i^2(z)\mathrm{d}z} \quad (3.1\text{-}1)$$

式中:h_i ——第 i 节段地层深度;

z ——某一点至地面的深度;

$m_i(z)$ ——深度 z 处第 i 节段的单位厚度上的质量;

$\varphi_i(z)$ ——第 i 节段的剪切振型。

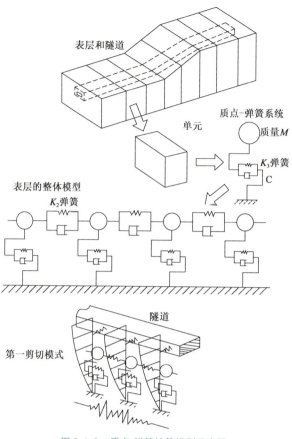

图 3.1-3 质点-弹簧计算模型示意图

连接质点 M_{ei} 与基地的弹簧 s 的弹簧系数按 $K_{ei} = M_{ei}\omega_i^2 = M_{ei}(2\pi f)$ 计算，式中 f 为第 i 节段的剪切自振频率。两相邻质点 M_{ei} 和 $M_{e(i+1)}$ 由弹簧 $K_{x(i,i+1)}$ 和 $K_{y(i,i+1)}$ 所连接，$K_{x(i,i+1)}$ 为纵向弹簧，$K_{y(i,i+1)}$ 为横向抗剪弹簧。分别按下列公式进行计算：

$$K_{x(i,i+1)} = \frac{1}{L_{i,i+1}} \int_0^{h_i} E_i f_i(z) A_i(z) \mathrm{d}z \tag{3.1-2}$$

$$K_{y(i,i+1)} = \frac{1}{L_{i,i+1}} \int_0^{h} G_i f_i(z) A_i(z) \mathrm{d}z \tag{3.1-3}$$

式中：$L_{i,i+1}$ ——为质点间距离；

$A_i(z)$ ——为截面面积；

E_i、G_i ——节段 i 在深度 z 处的弹性模量和剪切模量；

$f_i(z)$ ——质量 M_{ei} 产生单位位移时 i 在深度 z 的位移，其值按下式计算：

$$f_i(z) = \frac{\int_0^{h_i} m_i(z) \mathrm{d}z}{\int_0^{h_i} m_i(z)\varphi_i(z) \mathrm{d}z} \varphi_i(z) \tag{3.1-4}$$

整个质点-弹簧体系的运动方程如下：

$$[M]\{\ddot{u}\} + [C]\{\dot{u}\} + [K]\{u\} = -[\overline{M}]\{I\}\{\ddot{u}_g\}$$

式中: $[M]$——由各节段的换算质量及集聚而成的总体质量矩阵;
$\{u\}$、$\{\dot{u}\}$、$\{\ddot{u}\}$——质量点的位移、速度、加速度向量;
$[C]$——体系的总体阻尼矩阵(采用瑞利阻尼: $[C] = \alpha[M] + \beta[K]$, 其中 α、β 为瑞利系数);
$[K]$——由弹簧系数 K_{ei}、$K_{x(i,i+1)}$、$K_{y(i,i+1)}$ 集聚而成的总体刚度矩阵;
$[\overline{M}]$——各阶段的质量 $\overline{M}_i$ 集聚而成的总质量矩阵(有: $\overline{M}_i = \alpha_i M_{ei}$,其中 α_i 为节段 i 的换算质量 M_{ei} 与实际质量之比);
$\{I\}$——激振列矢量;
$\{\ddot{u}_g\}$——基岩顶面的地震加速度。

对应于地震波从纵向和横向水平激振的情况分别有:

$$\{I\}_x = [1,0,1,0,\cdots,1,0]^T \qquad \{I\}_y = [0,1,0,1,\cdots,0,1]^T$$

按 $\overline{u}_x$、$\overline{u}_y$ 即可得隧道轴向内力和弯矩:

$$\begin{cases} N = EA \dfrac{du_x}{dx} \\ M = -EI \dfrac{d^2 \overline{u}_y}{dy^2} \end{cases} \tag{3.1-5}$$

按照以上步骤可以得到各个质点在地震作用下的位移,不同深度位置的地基位移计算可采用该处的质点位移乘以隧道深度的激励函数得到。

国外另一种有效的计算动力反应分析的模型即有限元模型。该模型中地层用块单元或二维平面应力单元表示,沉管法隧道用梁单元表示,可同时计算隧道和地表层的反应。因计算模型采用众多有限元单元,需要大容量的计算机和相当长的计算时间,国外学者也尝试采用一些方法来减少模型的自由度。随着大容量计算机越来越广泛地运用,具有大量节点和单元的有限元模型进行计算变得更加容易。

3.1.2 国内沉管法隧道管节结构计算现状

国内沉管法隧道计算研究起步较晚,在沿用国外结构计算方法的基础上,针对具体的工程实际,进行了改进和提升,重点是对管节接头有不同的考虑和模拟,力求计算结果更贴近真实情况,同时能够简化计算程序并提高计算精度。

1) 沉管法隧道纵向计算

管节纵向计算分为施工阶段与运营阶段。根据以往工程案例分析,管节施工阶段内力远小于运营阶段内力,将运营阶段的管节受力情况作为控制工况进行计算一般是安全的。

国内以往在进行沉管法隧道纵向计算时,主要采用考虑接头刚度的平面弹性地基梁单元模型,有些项目也采用弹性地基三维空间板单元模型。但对结构刚度的取值,多采用经验法:刚性接头取为本体刚度的一半,柔性接头抗弯刚度取为本体刚度的 1/600~1/500,或者根据采用的接头构造开展现场试验来确定。如何对接头进行有效模拟,是困扰管节纵向计算分析的一大难题。

(1)平面弹性地基梁单元模型

该模型将沉管法隧道简化为一个位于地基上的弹性箱梁,用铰来模拟管节间接头(图3.1-4)。计算时假设:不计土体的水平弹性抗力,仅考虑土体对管节轴向变形的摩擦阻力,管节的中心为不动点。弹性地基梁模型计算的特点是模拟简单,因而是绝大多数沉管法隧道所推荐采用的计算方法。

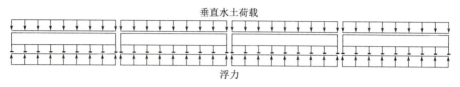

图3.1-4 沉管法隧道弹性地基梁计算模型图

但是这种方法模拟不够真实,无法得出管节接头处的各类构件内力,而且忽略了隧道侧向水土荷载对隧道的作用,难以得到隧道各侧板的内力、应力和变形。

(2)弹性地基三维空间板单元模型

将沉管法隧道顶板、底板、侧板、中隔板均用板单元模拟,隧道底板与地基的作用采用弹簧单元模拟。相对前面所述的平面弹性地基梁单元模型而言,该模型的特点是:建模复杂但模拟相对逼真,箱体各侧板的内力、应力和变形均可计算得到,计算结果可在一定程度上体现沉管法隧道的空间效应。

即使是采用弹性地基三维空间板单元计算方法,其计算结果也并不十分令人满意。主要原因是:沉管接头处有GINA止水带、剪力键、预应力拉索等多种构件,其作用不同,材质上也有较大的区别,而板单元模型计算不能得出每种构件各自的内力。

广州珠江隧道采用了平面弹性地基梁单元模型,并做出了如下假设:①不计土体的水平弹性抗力,仅考虑土体对管节纵向变形的摩擦阻力;②假设管节的中心为不动点。

针对管节接头部位,分别考虑将刚性接头及柔性接头与管体刚度进行对比折减(图3.1-5)。对于柔性接头,采用Ω型钢板作为纵向弹簧构件进行分析,其抗弯刚度为管节本体刚度的1/600~1/500,在纵向内力计算时作为铰接来处理。刚性接头以两层钢板间填充混凝土形成,折算成钢筋混凝土的惯性矩I_x或I_y,与管节本体刚度进行对比,为管节本体抗弯刚度的56%~57%,在纵向计算中按照连续梁处理,总体上偏于安全。

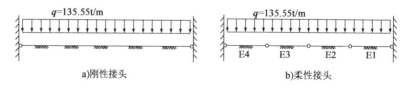

a)刚性接头　　　　　　　　　　b)柔性接头

图3.1-5 珠江隧道两种结构纵向计算简化模型

对纵向计算结果规律进行了分析可知,当基床系数均匀时,距两端一定距离以后管节中的弯矩和剪力分布均匀。在基床系数发生变化处,沉管中间出现峰值负弯矩。相邻的基床系数相差越大,或两种基础处理垫层的密实度差异较大时,出现的负弯矩值越大。接头刚度对管节的内力分布影响甚微,基本不影响设计的峰值。

此种计算模型,对接头的模拟处理为铰接模型,对接头部位刚度进行折减,但实际上接头部位由于有水平、垂直剪力键及纵向连接件的存在,接头类型应属于半柔半刚性,无法得出管节接头处的各类构件内力,而且忽略了隧道侧向弹性抗力,难以得到隧道各侧板的内力、应力和变形。

关于管节间的接头模型,学者又陆续提出了采用不完全铰模型、定向连接接头模型、考虑垂直剪力键作用的定向约束模型、等效弹簧模型等。在上海外环隧道的研究中,将管节之间的柔性接头简化为连接弹簧(图3.1-6),分别对钢拉索、竖向剪力键、水平剪力键以及GINA止水带在相应自由度方向的刚度进行折减,然后将上述等效刚度在各自由度方向进行叠加。

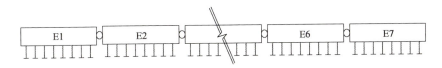

图3.1-6　上海外环沉管法隧道弹性地基梁计算简图

宁波甬江隧道是我国第一条建设在软土地基上的沉管法隧道,为确保沉管结构的安全可靠,研究过程采用了墙单元和板壳单元建立三维有限元分析模型(图3.1-7),对沉管结构的空间受力进行计算分析。该模型具有以下特点:①利用管节横截面的对称性,沿纵轴线取整个沉管结构的二分之一作为分析对象,按照对称性原理,将位于对称面的节点作为约束处理;②对钢筋混凝土预制管节采用墙单元离散,管节底部6m厚的钢底板则采用板壳单元离散;③相邻管节接头部分采用有限元模型,舍弃接头刚度取本体刚度1/500的假定,将顶板、侧壁和底板接头处的砂浆填充体,采用墙单元模型,接头部分的N12连接钢板采用板壳单元模型;④被坞门封口固定的E5管节南端采用刚性连接处理,北段节点采取约束平动自由度的方式,在沉管底部采用竖向地基弹簧单元约束,沉管顶按无约束考虑,仅将水土压力作用在沉管。基于上述要点采用墙单元和板壳单元建立的沉管结构有限元分析模型,与仅采用板壳单元建立的模型比较,二者所得的位移结果基本一致,从而验证了模型的合理性。

图3.1-7　宁波甬江隧道三维有限元计算模型

平面弹性地基梁单元模型、弹性地基三维空间板单元模型,以及基于墙单元和板壳单元的三维有限元分析模型,对接头的刚度及受力变形行为考虑的都不够充分。虽然整体模型较为简单,计算量小,但模型建立条件过于理想化,忽略了很多因素,反映不出接头实际的力学关系,应用上存在局限。

上海外环沉管法隧道也曾提出采用三维实体模型模拟土体与管节接头间的接触关系,对接头各部位进行精细化模拟,考虑接头橡胶支座材料的非线性以及接头各部位接触边界性,确定了3类主要边界接触:管节与GINA止水带、剪力键与橡胶支座的接触以及混凝土之间的接触。通过建立接触单元,借助高性能计算机进行计算,能更真实地反映接头各部位的作用机理。其模型实质为采用现代隧道理论的地层结构力学模式,即考虑围岩与结构共同受力。

为能够真实地反映接头力学特性,港珠澳大桥沉管法隧道建立了基于地层结构法的三维有限元模型,考虑了在土层与土层之间、隧道与土体及周围回填碎石层之间、隧道各节段之间存在的面与面之间的接触问题。但由于接头部件与管节本体在尺寸上差异较大,采用实体单元分别对土体、管节以及接头进行模拟时,需考虑网格耦合,划分出的有限元网格数量非常大,计算量十分庞大,相应的参数确定难度也较大(图3.1-8),不适于大规模推广应用。这种模型可在使用较简单的弹性地基梁模型进行整体计算分析后,针对不利位置使用精细化的三维模型作局部分析。

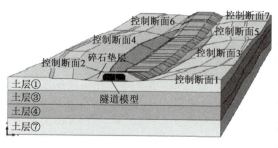

图3.1-8 港珠澳大桥沉管法隧道三维有限元计算模型

2)沉管法隧道横向计算

沉管法隧道纵向长、横向短,通常取纵向1m的管节结构作为研究对象进行横向计算,大多采用平面应变法荷载-结构模型,即按照弹性地基上的平面应变状态的闭合框架,以支承弹簧模拟基底反力计算分析。横断面的选择根据管顶覆盖层最厚(薄)、水压力最大(小)、穿越地层条件变化、基础条件变化、结构断面变化、上部设施及建筑物、存在超载等方面考虑。计算模式如图3.1-9所示。

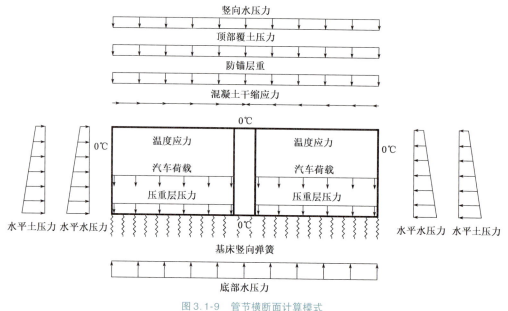

图3.1-9 管节横断面计算模式

地基刚度的确定是结构计算的关键。沉管结构横向设计计算中,对于均匀地基一般按单一地基刚度系数考虑。但从纵向看,沉管地基反力分布通常是不均匀的,因此地基刚度分布实际也是不均匀的,采用均匀的地基刚度进行结构计算不尽合理。

工程实践中常采用两种弹性地基模型:温克尔弹性地基模型和半无限体弹性地基模型。温克尔模型假定地基表面上任一点的变形与该点的单位面积上的压力成正比关系,即$P=ky$,式中k为地基系数。半无限体弹性地基模型是将地基视为均匀、连续、弹性的半无限体,该模型考虑了地基的连续整体性,从几何物理方面对地基抗力进行了简化,并引入了弹性力学作为计算理论基础。但此假定没有反映出地基土的非弹性、非均匀和地基分层的特性,与现实地基土非连续、弹塑性各向异性存在较大差异。实践中多采用温克尔弹性地基模型。

关于分层土地基抗力系数的计算,目前有几种方法:一是求算出各层地基土压缩范围内的平均变形模型;二是将各层土视为 k 值不同的弹簧的串联,分别求算出各层土的 k 值后,按照 $\frac{1}{k} = \frac{1}{k_1} + \frac{1}{k_2} + \frac{1}{k_3} + \cdots + \frac{1}{k_N}$ 计算整个地基的 k 值。

广州珠江隧道、官洲隧道及南昌红谷隧道均采用分层总合法,即先算出上部荷载,再利用室内压缩试验或原位压缩试验的结果,得出各层土的总沉降量,通过反算得到地基刚度。业内也多有采用 e-$\lg p$ 曲线法或 Janbu 切线模量法等反算地基刚度。但这些方法均没有体现地基刚度与应力水平的关系,且计算过程较为烦琐。

宁波甬江隧道建设中曾提出利用位移反演分析法得到地基反力系数,以沉管法隧道的正分析结果来评价结构安全性。沉管法隧道的位移与土压力、水压力、地层约束力、结构参数等因素有关,这些因素具有不确定性,再加上隧道内力的解析解难以得到,进行准确的结构计算比较困难。采用位移反分析可以把参数反演问题转化为 1 个目标函数的寻优问题,直接利用正分析的过程和格式,通过迭代最小目标函数,逐次修正未知参数的试算值,直至获得最佳值。其基本过程为:①为反演问题选定具体的计算模型;②确定反演参数,进行反演计算;③计算目标函数,调整设计参数;④满足目标函数,完成计算。但这种方法需要现场实测数据的反馈,主要适用于隧道后期结构安全评估的有效补充,用以指导现场检测,制订相应的加固方案,确保隧道运营安全。

深中通道沉管法隧道建设中,基于 HS(硬化土模型)本构模型理论研究地基刚度与应力水平之间的关系,并根据温克尔地基模型理论推导沉管横向地基刚度分布的近似解析解,提出横向地基刚度的简化分布模式。沉管法隧道施工时,先开挖基槽,然后铺设垫层,再将沉管沉放到垫层上,沉管下部地基受力变形过程为卸载再加载过程。为了反映沉管地基的卸载再加载特性,并考虑简化方便,研究者仅考虑沉管下部地基为垫层加单一下卧层的情况。

将地基整体压缩刚度分解为垫层与下卧层的压缩刚度,并按照串联计算地基整体的压缩刚度,如下式所示:

$$k = \frac{1}{\frac{1}{k_1} + \frac{1}{k_2}} \tag{3.1-6}$$

地基压缩刚度随竖向应力基本呈双曲线变化关系,地基压缩刚度可近似表示为:

$$k(p) = k_0 + \frac{k_{\text{inc}}}{1 + \frac{p_a}{P}} \tag{3.1-7}$$

式中:k_0——地基的初始刚度;

k_{inc}——地基刚度随应力水平增长限值;

p_a——应力参数,反映了地基刚度随应力水平的增长速率。

该式建立的地基刚度变化模式反映了地基刚度随应力水平的增加而增长,但仅考虑了地基处于弹性阶段的情况,未考虑塑性情况,适用于沉管底部应力水平较小的情况。

此外,研究者还提出在沉管宽度较大的情况下,地基压缩层厚度通常相对较小,地基可近

似按温克尔地基模型考虑。但当地基压缩刚度随应力水平变化时,地基沉降与应力的关系可表示为:

$$P = k(p)s \tag{3.1-8}$$

式中:P——地基承受的压缩荷载;

$k(p)$——地基的压缩刚度;

s——地基沉降值。

由此得出结论:地基刚度包括地基的初始刚度和随应力增长的地基刚度,地基刚度与应力近似呈双曲线变化关系。

但研究者仅针对均匀地基条件下的沉管法隧道横向地基刚度分布进行了研究分析,而实际沉管地基及上部荷载往往是非均匀的,后续研究可对地层分层及上部荷载不均匀等情况下地基刚度的分布模式做进一步研究。

3)沉管法隧道抗震计算

国内沉管法隧道抗震计算采用的方法主要是地震系数法、反应位移法及动力有限元法等,计算模型多以基于有限元的二维、三维动力分析为主。

国家标准《沉管法隧道设计标准》(GB/T 51318—2019)中规定,隧道结构应分别计算沿结构横向和纵向的水平地震作用;对地震反应的计算方法明确应根据结构特点采用反应位移法、反应加速度法或时程分析法。对于管节接头与土体的相互作用以及具体所采用的计算模型未做过多的说明。

天津市地方标准《内河沉管法隧道设计、施工及验收规范》(DB/T29-219—2013)中规定,管节结构的横向内力和变形分析应按弹性工作状态下的平面应变进行,分析时可采用等代荷载法或反应位移法计算横断面上的水平地震响应,并叠加上静力荷载计算结果。对于整体结构抗震分析,规范明确可采用等效质点-弹簧模型或三维有限元模型,重点分析地震作用造成的管节变形,尤其是接头部位的变形和应力。

考虑到沉管法隧道其结构及所处的地质条件的非均匀性,要合理地反映地震荷载作用下沉管法隧道管身段和接头的内力及位移必须进行三维动力响应分析。

目前国内建设的沉管法隧道基本采用了真三维模型计算和等效三维模型计算,采用此种方法计算的结果可以有效地反映沉管法隧道结构自身各构件的应力(或弯矩、轴力和剪力)和接头的受力及位移。真三维模型即完全按照实际工程情况输入地震波,对隧道结构自身及接头进行动力反应计算。等效三维模型即在计算结果可以接受的情况下,将复杂的模型采用等效单元进行代替,在有限计算资源的条件下得到可以进行设计的结果。

基于上述几种方法,演变出了各种简化计算模型,几座主要的既有沉管法隧道抗震分析方法统计如表3.1-2所示。

国内典型沉管法隧道抗震计算方法一览表　　　　　表3.1-2

沉管法隧道名称	建造地区	抗震分析方法
珠江隧道	中国广州	BART系统抗震、简化质点-弹簧模型法综合分析
上海外环隧道	中国上海	真三维地震响应计算分析
海河隧道	中国天津	SSUM抗震分析法:动力有限元模型与等效质点-弹簧模型结合

续上表

沉管法隧道名称	建造地区	抗震分析方法
官洲隧道	中国广州	等效三维弹簧模型
南昌红谷隧道	中国南昌	等效质点-弹簧体系和土-结构相互作用体系耦合简化模型

广州珠江隧道曾经对美国旧金山 BART 系统抗震设计方法、基于弹性地基梁的简化动力模型以及东京港沉管法隧道质点-弹簧计算模型三种计算分析方法进行对比分析,所得结果差别较大,其中质点-弹簧模型计算结果数值最大。考虑到场区地基不均匀,各处卓越周期不同,沿隧道各向的振幅大小与相位都有较大差别,隧道结构在水平和轴向都作用着较大的分布地震力,这种地震力通过质点-弹簧模型方可体现。因此,珠江隧道最终选择东京港沉管法隧道质点-弹簧模型计算结果作为抗震设计的依据。

上海外环隧道为反映隧道-地基体系之间在地震波作用下的地震反应,抗震分析中也参照了东京港沉管法隧道计算模型,并结合项目自身的特点,提出了适用于项目本身的抗震计算模型。对隧道地基进行切片分析,计算各切片的自振特性和等价质量,以及各联结弹簧的刚度,然后用等效质量-弹簧系统来代替地基切片。在计算工况上,提出除地震烈度大小、周围土层的性质、隧道的结构特点外,地震波的输入角度对地震响应结果影响也很大。

南昌红谷隧道计算中基于土和结构之间的相互作用分析,认为埋深较大的暗挖隧道,周围土体的惯性作用大,隧道的响应取决于周围土体的变形,通常只考虑土和结构的运动相互作用;沉管法隧道的特点是直接沉放于江底的基槽内,上覆保护层厚度较薄,属于浅埋结构,隧道周围土体的有效惯性不会太大。因此,沉管法隧道的惯性作用不能忽略,地震分析时有必要考虑土和结构之间的动力相互作用,可以进行加速度时程响应分析。考虑到周围场地土体的物理力学参数沿隧道方向有很大差异,并且由于地震波在场地土层中传播的复杂性,同时综合考虑土层与隧道的整体动力响应,将等效质点-弹簧体系和土-结构相互作用体系耦合,建立一个整体的简化模型进行沉管法隧道地震响应分析。

为得到地基土和沉管法隧道体系在地震荷载作用下的相互作用和整体变形规律,国内有些沉管法隧道还尝试了建立三维有限元模型,以此分析地震作用造成的管节变形,尤其是接头部位的变形和应力。

上海外环线隧道也曾采用 Unigraphics NX 建模软件按真实情况建立了隧道总体的三维模型,对于地基土和沉管之间的相互作用、沉管接头部位各部件之间的相互作用采用全接触的方式来实现。采用了先进的计算设备,可以把有限元网格划分得较为精细,单元总数和单元节点总数都超过 100 万个,提高了计算结果的精度。但由于单元数量过于庞大,计算效率很低,且计算结果与以往利用质量-弹簧简化方法得到的结果整体上趋同。

天津海河沉管法隧道结合了三维动态有限元和等效质点-弹簧模型各自的优点,既考虑了管体结构、周边地层、加固土体等关键因素的作用,又体现了结构与土体的相互作用。针对沉管法隧道复杂几何形状以及动力边界条件尺寸效应,首次建立了沉管法隧道与周边土体的大型三维精细化有限元模型。但其成本较高,其精度的提高同其他方法相比,并不起决定性的作用。

广州市官洲隧道、佛山市东平隧道采用了简化后空间结构三维模型,对隧道抗震反应进行计算。隧道自身采用三维实体模型进行全真模拟，隧道周边约束条件采用等效弹簧模型，减少了计算时间和资源，且得到可以应用于设计的计算结果。

3.2 广州仑头隧道管节计算研究

广州仑头隧道工程连接广州市海珠区和生物岛，跨越仑头海，隧道全长1109.981m，为双向四车道结构，其中跨越仑头海段采用沉管法隧道，仑头隧道管节横断面图如图3.2-1所示，共4个管节，总长度为277m。

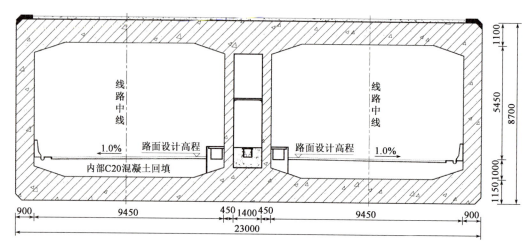

图3.2-1　仑头隧道管节横断面图(尺寸单位:mm)

沉管中间接头设计为柔性接头，接头间防水主要由GINA橡胶止水带和Ω型橡胶止水带构成。为了限制管节因地震而产生较大的轴向、垂直、水平位移，在管节接头位置设置了钢索限位器，见图3.2-2。水平和竖向位移采用垂直及水平剪切键来限制，为便于安装，垂直剪切键采用钢结构，底部水平剪切键设置在压重层上，采用钢筋混凝土结构。

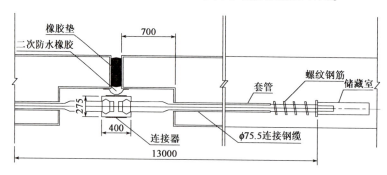

图3.2-2　钢索限位装置图(尺寸单位:mm)

工程区段位于广三断层以南震旦系变质岩区，据区域地质资料和勘察结果，该工程区段内第四系土层分布广泛，包括人工填土层、海陆交互沉积层、冲洪积层和坡残积层，覆盖于基岩之上，尚未发现断裂构造迹象，地基稳定性较好。

根据工程特点和地质条件,2004 年,同济大学周顺华、宫全美,中铁隧道勘测设计院有限公司宋仪、贺维国等联合对工程受力特性及抗震设计展开了科技攻关,主要计算内容如下:①研究沉管法隧道纵断面在运营状态下的受力特性,并分析管节不均匀沉降,计算采用弹性地基梁单元模型和弹性地基空间板单元模型;②对沉管法隧道纵断面抗震计算,对沉管法隧道在地震荷载作用下的内力和变形进行分析;③对沉管法隧道在温度荷载作用下的纵向位移进行计算,计算沉管法隧道在温度荷载作用下的内力和变形,包括沉管法隧道内外温差和隧道主体结构整体降温两种工况。

3.2.1 运营状态下纵断面结构计算

1)荷载组合

运营期的荷载组合可分为三种情况:基本荷载组合、基本荷载加附加荷载组合、基本荷载加特殊荷载组合。

基本荷载包括一期恒载、二期恒载、水压力、土压力等。其中水压力包括高水位、低水位和平均水位的水压力。

运营期的附加荷载主要指温度变化的影响、不均匀沉降等。温度作用有两种情况:第一种是结构内外侧温差,根据广州的气象资料及珠江隧道的计算,可认为结构外侧温度保持不变,内壁温度按升温 10℃和降温 10℃分别计算;第二种是结构整体温度作用。温度引起的变位除了与气象有关外,还与管节最终段对接的时间有关。

特殊荷载包括地震荷载、沉船抛锚及河道疏浚等所产生的特殊荷载,本项目主要进行 7 度地震荷载作用下的结构计算。

2)基本组合作用下沉管法隧道纵断面计算

沉管法隧道纵断面结构计算可采用弹性地基板法或弹性地基梁。弹性地基板法是采用弹性地基空间板单元模型将沉管法隧道顶板、底板、侧板、中隔板均用板单元模拟。弹性地基梁法是将沉管法隧道简化为一个位于弹性地基上的箱梁,每一节沉管法隧道均按梁单元模拟,梁的几何参数按沉管法隧道截面计算得到。

研究中主要采用弹性地基板法进行计算,为对比分析,也进行了少量的弹性地基梁法的计算分析。

(1)弹性地基板法

管节之间的接头形式是影响沉管节纵向计算的关键因素之一,采用弹性地基板法进行模拟时,管节接头采用柔性接头。

隧道底板与地基的作用采用弹簧单元进行模拟,由于管节下面有 0.6m 厚的灌砂垫层,计算时首先采用地质报告中中砂的基床系数 13MPa/m 进行计算,然后计算了考虑砂垫层以下土层基床系数对结构内力的影响。计算时不计土体的水平抗力,并认为 2、3 管节间即沉管法隧道的中间点为不动点。计算模型见图 3.2-3。

研究中分别按照单一垫层地基抗力系数(工况一)、将各层土视为 k 值不同的弹簧串联求算地基抗力系数(工况二)两种工况。工况一仅考虑管节下部灌砂垫层弹性抗力系数,采用勘察报告的地基基床系数 13MPa/m。工况二垫层弹性抗力系数 k 值取为管底影响深度范围内

各土层的 k_i 值串联所得,即 $1/k = 1/k_1 + 1/k_2 + \cdots + 1/k_i$ 时,管节底部影响深度范围内的土层主要为④中砂、⑤残积砂质黏性土、⑥全风化花岗岩层,其竖向基床系数分别为 13MPa/m、45MPa/m、65MPa/m,串联所得的垫层弹性抗力系数 k =9MPa/m。

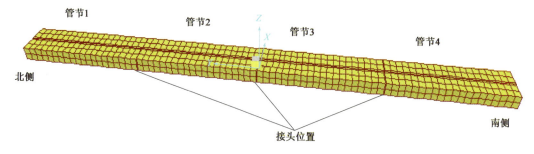

图 3.2-3　弹性地基板法计算模型

由计算结果可知:

①当基床系数取为 13MPa、与岸边段均为柔性接头时,靠南岸的管节所受弯矩最大。平均水位时顶板最大正弯矩为 2510kN·m,负弯矩为 2010kN·m,管节的最大竖向变形为 38.9mm;最高水位时顶板最大正弯矩为 2902kN·m,负弯矩为 2308kN·m,管节的最大竖向变形为 35.8mm,管节间的沉降差为 2.5mm 左右。接头处竖向剪力最大值:平均水位时为 250kN,高水位时为 412kN。水平向剪力最大值:平均水位时为 50kN;高水位时为 202kN。

②当基床系数取为 13MPa、与岸边段接头为北柔南刚时,与两边柔性接头的情况相比,各管节的横向弯矩变化不大,但靠南岸的管节所受纵向弯矩、纵向轴力增加较大,平均水位时最大竖向变形为 39.4mm,最低水位时为 38.4mm,最高水位时为 40.3mm,管节间的沉降差为 1mm 左右。接头处的竖向剪力最大值:平均水位时为 380kN,最低水位时为 300kN,高水位时为 424kN。水平向剪力最大值:平均水位时为 110kN,最低水位时为 70kN,高水位时为 212kN。

③当考虑砂垫层以下土层影响、平均水位、与岸边段均为柔性接头时,管节的最大变形为:横向 0.2mm,竖向 47.28mm,纵向 5.48mm。最大横向弯矩:正弯矩为 1910kN·m,负弯矩为 1620kN·m。

(2)按弹性地基梁单元模型计算

将沉管法隧道简化为一个位于地基上的弹性箱梁,每一节沉管法隧道均按梁单元模拟,管节接头采用铰接,隧道底板与地基的作用采用土弹簧单元模拟,梁的几何参数按沉管法隧道截面计算得到。计算图示如图 3.2-4 所示。

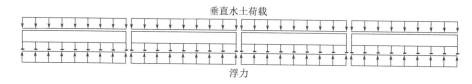

图 3.2-4　沉管法隧道弹性地基梁计算模型图示

对最高水位中间接头为柔性接头的情况按弹性地基梁法进行了计算,与弹性地基板法相同,为了对比分析岸边头刚度对计算结果的影响,与岸边段的接头形式分为两边均为柔性、北柔南刚两种情况。计算结果如图 3.2-5、图 3.2-6 所示。

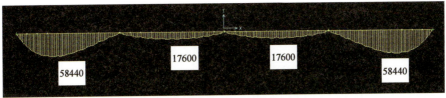

a)沿管节纵向的弯矩图(单位：kN·m)

b)管节竖向变形图(单位：mm)

图3.2-5 与岸边段接头均为柔性时管节的弯矩、竖向变形图

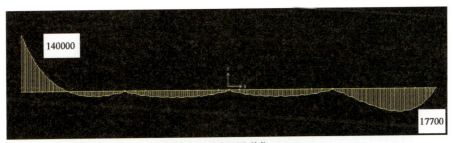

a)沿管节纵向的弯矩图(单位：kN·m)

b)管节竖向变形图(单位：mm)

图3.2-6 北柔南刚时管节的弯矩、竖向变形图

利用弹性地基梁的方法对管节运营期纵断面的结构计算发现：当基床系数取为13MPa/m、与岸边段均为柔性接头时，沿管节纵向的最大弯矩为58440kN·m，最大竖向变形为24.8mm；与岸边段接头为北柔南刚时，靠南岸管节的最大弯矩为140000kN·m，南侧管节的竖向变形减少到20.0mm。

3）温度荷载作用下沉管法隧道纵断面的结构计算

采用弹性地基空间板单元模型，将沉管法隧道顶板、底板、侧板、中隔板均用板单元模拟，隧道底板与地基的作用采用弹簧单元模拟。模拟时管节间的接头均为柔性接头，与岸边段接头分柔性和北柔南刚两种情况进行计算。地基基床系数均取为13MPa/m。

（1）隧道内外温差的作用

当与岸边段的接头为北柔南刚时：内侧温度升高10℃，管节纵向伸长量为3.7mm，1、2管节接头处所受轴向最大，为5000kN的拉力，弯矩及轴力见图3.2-7。内侧温度降低10℃，横断面内力值与内侧升温时大小相等，方向相反，管节纵向收缩量为3.8mm，管节接头处最大压力值为4600kN，处于1、2管节的接头位置。

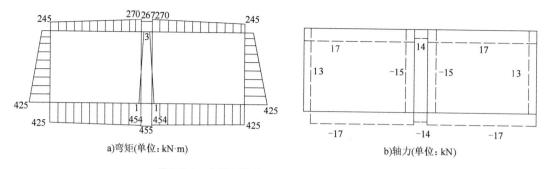

图 3.2-7　北柔南刚、内侧温度升高10℃时的内力图

当与岸边接头均为柔性时：内侧温度升高10℃，两侧柔性接头处管节伸长量为1.7mm，管节接头处所受轴力为拉力，最大值为2000kN，横断面弯矩及轴力见图3.2-8。内侧温度降低10℃，两侧柔性接头处管节缩短量为1.8mm，管节接头处所受轴力为压力，最大值为2200kN，横断面内力值与内侧升温时大小相等，方向相反。

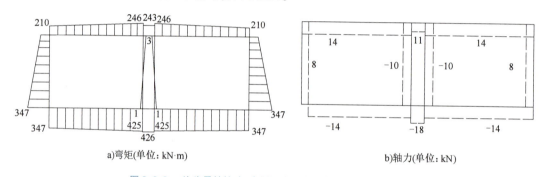

图 3.2-8　均为柔性接头、内侧温度升高10℃时横断面的内力图

（2）隧道结构整体升温或降温

当与岸边段接头为北柔南刚时：结构整体升温10℃，北侧与岸边管节接头处伸长32mm，1、2管节接头处伸长24mm，2、3管节接头处伸长16mm，3、4管节接头处伸长8mm。接头所受轴力为拉力，最大值在3、4管节接头位置，为310kN。与岸边段接头均为柔性接头时：结构整体升温10℃，两端柔性接头位置均伸长16mm，管节中间接头位置伸长量为8mm。中间接头所受轴力为拉力，最大值为250kN。

与岸边段接头均为柔性但沿管节纵向施加了弹簧时，结构整体升温10℃，两端接头伸长9mm，中间管节接头伸长4mm，接头所受轴力为压力，最大值为6200kN。结构整体降温10℃，两端接头收缩8.64mm，中间管节接头收缩4.45mm。接头所受轴力为拉力，最大值为5600kN。

3.2.2　沉管法隧道纵断面抗震计算

在地震荷载作用下沉管法隧道纵向抗震计算模型如图3.2-9所示，隧道顶板、底板、侧板和中板采用空间板单元模拟，隧道中间接头采用抗拉压的连杆单元模拟，邻近岸边两接头采用自由伸缩接头模拟，隧道底板与地基的共同作用采用竖向抗拉、纵横向抗剪切土弹簧单元模拟。

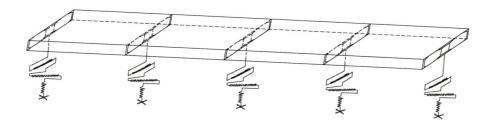

图 3.2-9　空间弹性地基板单元计算模型

计算荷载及弹簧刚度系数取值如下：

(1)地震作用下沉管法隧道上产生的加速度按Ⅱ类场地土 7 度地震区的《公路隧道抗震设计规范》(JTG 2232—2019)反应谱取值,采用的加速度反应谱曲线如图 3.2-10 所示,图中 S_{max} 为水平加速度反应谱最大值, T 为结构自震动周期(s), T_g 为场地特征周期(s), γ 为曲线下降段的衰减指数。地震加速度施加在沉管法隧道纵向。

(2)弹性地基系数。自起点段向终点段,每一沉管节底板下地基的竖向基床系数分别取 13MPa/m、65MPa/m、65MPa/m、45MPa/m,纵横向抗剪切弹簧刚度系数取值分别对应上述值减半。

计算结果如下：

在地震荷载作用下,沉管法隧道变形放大示意图如图 3.2-11 所示。沉管法隧道最大纵向位移 $\delta_{max} = 1.813$ mm (发生在第 4 号沉管法隧道岸边段)、最大竖向位移 $\delta_{max} = 1.366$ mm (发生在第 4 号沉管法隧道岸边段)、最大横向位移 $\delta_{max} = 0.169$ mm。

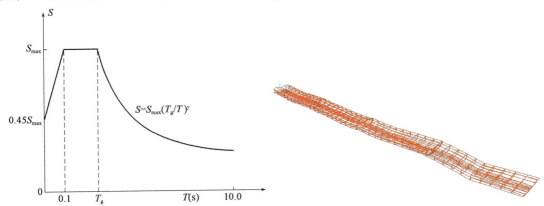

图 3.2-10　Ⅱ类场地 7 度地震区 β 反应谱曲线　　图 3.2-11　地震荷载作用下沉管法隧道变形放大示意图

在地震荷载作用下,沉管法隧道接头内力见表 3.2-1 ~ 表 3.2-3。沉管法隧道管节编号为自起点段向终点段编号,岸边接头因采用自由端,所以未编号。

沉管法隧道第 1 号接头连杆内力(单位:kN)　　表 3.2-1

顶板处接头	单元号	146	161	170	240	249	166	167	169
	轴力值	1090.551	1090.449	1121.918	1137.255	1137.251	1121.908	1090.434	1090.538
底板处接头	单元号	144	217	223	238	247	220	221	188
	轴力值	1280.39	1442.062	1566.319	2153.573	2153.592	1566.36	1442.14	1280.483

续上表

	单元号	144	145	146				
左侧板接头	轴力值	1280.39	1179.686	1090.551				
中板1接头	单元号	238	239	240				
	轴力值	2153.573	663.106	1137.255				
中板2接头	单元号	247	248	249				
	轴力值	2153.592	663.106	1137.251				
右侧板接头	单元号	188	189	169				
	轴力值	1280.483	1179.724	1090.538				

沉管法隧道第2号接头连杆内力(单位:kN) 表3.2-2

	单元号	156	171	173	243	252	177	178	179
顶板处接头	轴力值	677.086	663.479	663.598	643.993	644.041	663.732	663.332	676.066
底板处接头	单元号	153	224	225	241	250	228	229	191
	轴力值	832.376	902.741	915.969	742.038	742.88	917.181	909.296	814.874
左侧板处接头	单元号	153	154	156					
	轴力值	832.376	696.56	677.086					
中板1处接头	单元号	241	242	243					
	轴力值	742.038	336.624	643.993					
中板2处接头	单元号	250	251	252					
	轴力值	742.88	336.632	644.041					
右侧板处接头	单元号	191	192	179					
	轴力值	814.874	701.645	676.066					

沉管法隧道第3号接头连杆内力(单位:kN) 表3.2-3

	单元号	160	180	181	246	255	184	185	186
顶板处接头	轴力值	423.908	418.839	421.145	423.221	423.242	421.162	418.878	423.956
底板处接头	单元号	158	231	232	244	253	235	236	194
	轴力值	447.074	501.729	507.9	463.002	463.01	507.906	501.732	447.057
左侧板处接头	单元号	158	139	160					
	轴力值	447.074	408.938	423.908					
中板1处接头	单元号	244	245	246					
	轴力值	423.908	204.201	423.221					
中板2处接头	单元号	253	254	255					
	轴力值	463.01	204.201	423.242					
右侧板处接头	单元号	194	187	186					
	轴力值	447.057	408.949	423.956					507.906

根据表3.2-1~表3.2-3可知,沉管法隧道第1、2、3号接头处连杆最大轴力分别为2153.6kN、917.2kN、507.9kN。

3.2.3 小结

广州仓头隧道在吸取了弹性地基梁法简化建模的基础上,采用弹性地基三维空间板法进行结构计算,建模复杂但模拟相对真实,能够反映隧道侧向水土荷载对隧道的作用,箱体各侧板的内力和变形均可由计算得到,在一定程度上体现了沉管法隧道的空间效应。

研究中采用的弹性地基三维空间板法研究成果已被纳入天津市工程建设地方标准《内河沉管法隧道设计、施工及验收规范》(DB/T29-219—2013)中,用于分析受力复杂状态的沉管法隧道结构计算。此外,该规范中关于隧道变化应力计算内容,也充分吸收了仓头隧道对顶板和外墙考虑内外±10℃的温差作用。

3.3 广州官洲隧道管节计算研究

3.3.1 管节三维计算分析

为了更准确地得出管节接头种各类构件的内力,中铁隧道勘测设计院有限公司宋仪、贺维国、刘建飞等在弹性地基空间板单元模型的基础上进行优化,把所有的隧道结构、接头构件均建立三维实体单元模型进行计算。这种方法在广州市官洲隧道首次提出并被采用。

广州官洲隧道工程位于广州市的东南部,连接生物岛与大学城,跨越官洲河段采用沉管法,标准断面为矩形,共有2个管节(不含短管节),长度分别为116m和94m。

管节接头均为柔性接头,接头间防水主要由GINA橡胶止水带和Ω型橡胶止水带构成,管节间水平和竖向位移采用垂直及水平剪力键来限制,垂直剪力键在两侧采用钢结构、中间采用混凝土结构,底部水平剪力键设置在压重层上,采用钢筋混凝土结构,剪力键用橡胶支座连接,剪力键布置如图3.3-1所示。

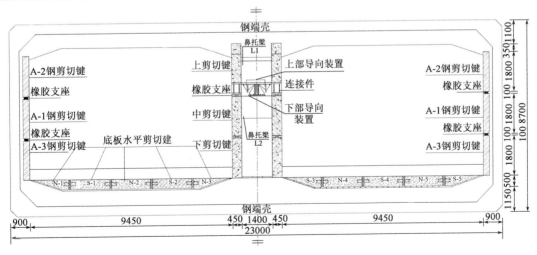

图3.3-1 管节接头剪力键布置图(尺寸单位:mm)

1)模型建立

模型计算时管节结构及各接头均采用8节点空间实体单元,接头间的橡胶支座采用仅能受压的杆单元,杆的截面积与橡胶支座的面积相等,GINA 止水带采用非线性的弹簧单元,地基土采用弹簧单元,预应力混凝土(PC)拉索采用仅能受拉的杆单元进行模拟,共划分单元约60000个。整体模型及接头部位的模拟如图3.3-2、图3.3-3所示。

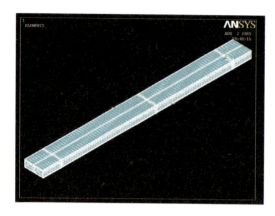
图3.3-2 三维实体单元模型法整体计算模型简图

图3.3-3 三维实体单元模型法接头部位模拟简图

计算范围:在纵向(模型中的Z方向)模型从接头部位分别向岸上延伸20m至岸上管节的伸缩缝,其他按照原设计的实际尺寸进行模拟。

计算边界条件:在纵向(模型中的Z方向)设置为自由,但考虑到对于水中段设有止推键,故考虑止推力的作用。

在横向(模型中的X方向),考虑自由,仅将沉管两侧的水土压力作用在管节单元上。

在竖向(模型中的Y方向),在沉管底采用地基弹簧单元约束,沉管顶自由,各单元受水土压力作用。

2)计算参数的确定

采用三维实体单元模型法计算时,首先要确定几个关键的计算参数,即:地基弹性抗力系数、橡胶支座的输入参数、钢剪力键的等代弹性模量以及 GINA 止水带的非线性弹簧特性等。

(1)地基弹性抗力系数的确定

沉管法隧道底部的地基由两部分组成:第一部分是砂垫层,厚度约为60cm,该部分直接与管节底部接触,在管节沉放就位后利用压力灌注法后铺形成;第二部分是砂垫层以下的原始地基。以往的沉管法隧道计算时,常常有两种考虑:一是认为砂垫层太薄,因而可以忽略砂垫层的影响,仅考虑原始地基的弹性抗力系数;二是认为砂垫层是后铺的,其密实度相对较差,沉降主要产生于砂垫层中,因此计算时主要采用砂垫层的弹性抗力系数。

研究认为以上这两种计算方法都不全面,原始地基及砂垫层的弹性抗力系数均应同步考虑。计算方法可以参考地基工程中的分层总合法,具体方法如下。

刚性基础的总沉降量计算公式如下:

$$S = bp_0 \sum_{i=1}^{n} \frac{(1-\mu_i^2)}{E_{0i}}(\omega_{zi} - \omega_{zi-1}) \qquad (3.3-1)$$

式中： b —— 矩形荷载(基础)的宽度或圆形荷载(基础)的直径;
p_0 —— 基础范围内的矩形均布荷载;
E_{0i}、μ_i —— 地基土的变形模量、泊松比;
ω_{zi}、ω_{zi-1} —— 基础沉降影响系数,按基础的刚度、底面形状及计算点的位置查表可得。

假定基础弹性地基系数为 $k_{综合}$,根据弹性地基理论,地基总沉降又可用下式表示：

$$S = \frac{p_0 A}{k_{综合}} \tag{3.3-2}$$

联合式(3.3-1)、式(3.3-2),可得:

$$b p_0 \sum_{i=1}^{n} \frac{(1-u_i^2)}{E_{oi}} (\omega_{zi} - \omega_{zi-1}) = \frac{p_0 A}{k_{综合}} \tag{3.3-3}$$

取 A 为单位面积,则:

$$k_{综合} = \frac{1}{b \sum_{i=1}^{n} \frac{(1-\mu_i^2)}{E_{oi}} (\omega_{zi} - \omega_{zi-1})} \tag{3.3-4}$$

管节下土层情况为:水中段主要是砂垫层及强风化岩。
下面分别对各土层情况进行分析：
第一层:砂垫层,厚度 0.6m,E_0 根据珠江隧道试验结果取 $E_0 = 900$kPa。
第二层:考虑 2m 厚的岩层卸荷软化层,取 $E_0 = 40$MPa。
第三层:未软化的强风化混合岩,取 $E_0 = 150$MPa。
计算深度 Z_n：

$$Z_n = b(2.5 - 0.4\ln b) = 28.6\text{m}$$

则第三层土的厚度为:$28.6 - 0.6 - 2 = 26$m；
将各层厚度及变形模量值代入式(3.3-3),查表：
第一层土,$z_1 = 0.6$m,$E_0 = 0.9$MPa,$\omega_{z1} = 0.0125$,故 $s_1 = 0.29$；
第二层土,$z_2 = 2.6$m,$E_0 = 40$MPa,$\omega_{z1} = 0.05$,故 $s_2 = 20 \times 10^{-3}$；
第三层土,$z_3 = 28.6$m,$E_0 = 150$MPa,$\omega_{z3} = 0.6$,故 $s_3 = 77 \times 10^{-3}$。
将上述计算结果代入公式(3.3-4),可得 $k_{综合} = 2500$kN/m³。
由此可得,水中段综合 k 值约为 2500kN/m³。
岸上段与水中段综合 k 值的区别在于岸上段没有砂垫层,且风化岩软化层考虑为 1.0m 厚,其他与前文相同,通过计算:$k_{综合} = 10.7 \times 10^3$kN/m³,即岸上段综合 k 值约为 10.7×10^3kN/m³。

(2)橡胶支座的模拟参数

管节接头处的各剪力键之间用盆式橡胶支座连接,模拟时,根据橡胶支座的特性用只能受压不能受拉的杆单元进行模拟,杆单元输入参数有 E、u、A,其中 A 的确定比较简单,杆单元的总面积等于橡胶支座的面积。比较难确定且对计算结果影响比较大的是 E,参考《桥梁橡胶支座》书中对盆式橡胶支座的特性的试验,取 $E = 2.0 \times 10^6$kPa。

(3)钢剪力键等代弹性模量的计算

由于计算时采用的是实体单元,而实际上钢剪力键为空腔结构,故在计算时必须进行等代,等代方法之一是惯性矩相等,另一种方法是数值模型试验方法。所谓数值模型试验方法就是分别在有限元中建立两个模型,一个模型为实体,一个模型为空腔,在同样的荷载作用下,达到同样的位移时,对两者的输入参数进行比较,这样也可以计算出等代弹性模量。通过计算,等代弹性模量为 $E' = 4.2 \times 10^6 \text{kPa}$。

(4) GINA 止水带的模拟参数

管节接头处的 GINA 止水带是实现管节对接的重要构件,具有受压不受拉的特点,而且其受力-变形属非线弹性,对其特性的模拟是本工程数值分析的关键。计算采用非线性弹簧进行模拟,GINA 止水带的接触应力(F)-压缩量(S)变形曲线如图 3.3-4 所示。在有限元计算时,由于其初始状态属于已压缩状态,根据沉放工期安排,推测其压力值约为 500kN,所以将原点平移到(-0.0738,500)点,同时在弹簧两侧施加 500kN 的作用力,也就是该弹簧的变形起点在该点,这样就能比较合理地模拟其受力状态。

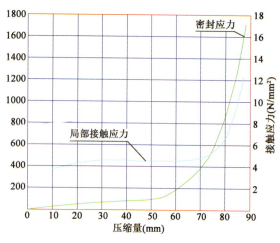

图 3.3-4 GINA 止水带变形曲线

3) 计算工况组合

沉管法隧道纵向计算时涉及的荷载较多,也比较复杂,许多学者都对此进行了深入的研究,根据众多文献资料的研究结果,并考虑到三维实体有限元计算的复杂性,从各工况中提炼出控制工况,然后对控制工况进行详细的计算分析,找出沉管法隧道的受力特点来指导设计。各控制工况考虑的工况组合如下:

工况一:降温+静力荷载(高水位)控制工况。

该工况降温是考虑管节内侧降温10℃,静力荷载包括管节自重、压重层重量以及水、土压力,水位考虑高水位,该工况是一种发生概率非常低的工况,因为高水位及降温很难同时存在。

工况二:降温+静力荷载(高水位)+考虑接头处桩基作用(桩基最终取消)。

该工况与工况一的差别是考虑接头的桩基作用,即加入了代表桩基的弹簧单元。该工况主要是分析在接头处桩基施加对管节特别是对接头剪力键的影响。

工况三:降温+静力荷载(高水位)+不均匀沉降

该工况与工况一的差别是考虑不均匀沉降。不均匀沉降主要是考虑灌砂层不密实,计算时假定某部分6m范围内没有弹簧(即灌砂层不密实),并将计算内力与工况一计算内力进行比较,得出不均匀沉降所增加的内力。

4) 计算结果分析

(1) 工况一计算结果

①横、纵方向荷载简图

通过对荷载的计算,得出横、纵方向荷载简图,如图 3.3-5 所示。

②各管节内力计算结果

管节纵横向内力结果如表 3.3-1 所示。

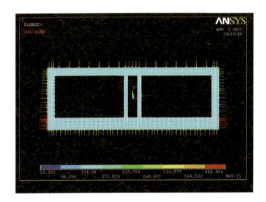 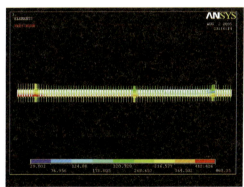

图 3.3-5 横、纵方向荷载简图

管节纵横向内力结果　　　　　　　　　　　　　　　　表 3.3-1

编号	部	位	横向最大弯矩(kN·m)	纵向最大弯矩(kN·m)	横向最大剪力(kN)
分段 1	顶板	车道中	2627	679	1700
		中隔板中	2839		
	底板	车道中	3044	1104	1831
		中隔板中	2693		
	侧板	侧板边	1239		321
		侧板中			
分段 2	顶板	车道中	2467	900	1418
		中隔板中	2727		
	底板	车道中	2491	747	1376
		中隔板中	1987		
	侧板	侧板边	1234		256
		侧板中			
分段 3	顶板	车道中	1967	920	1205
		中隔板中	2093		
	底板	车道中	2128	765	1140
		中隔板中	1720		
	侧板	侧板边	1012		152
		侧板中			
分段 4	顶板	车道中	2096	588	1178
		中隔板中	2178		
	底板	车道中	2400	926	1374
		中隔板中	1878		
	侧板	侧板边	1012		328
		侧板中			

注：分段 1 为生物岛侧 20m 岸上段，分段 2 为水中的 116m 管节，分段 3 为水中的 94m 管节，分段 4 为大学城侧岸上 20m 管节，下同。本表中的弯矩是计算弯矩的绝对值，弯矩的方向可以根据应力分情况确定。

③各管节位移(沉降)计算结果

管节各方向位移如图 3.3-6 ~ 图 3.3-8 所示,由计算结果可知,在本工况下,管节最终最大沉降约为 3.2cm,其中顶板沉降及自身的变形约为 3.6cm。

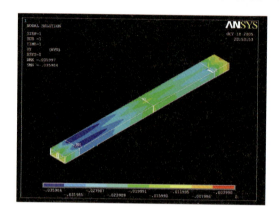

图 3.3-6　工况一:整个管节 Y 方向位移(沉降)

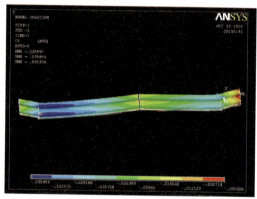

图 3.3-7　工况一:顶板 Y 方向位移(放大 500 倍)

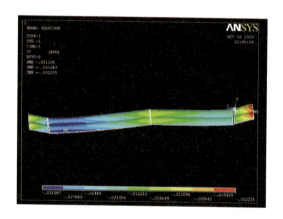

图 3.3-8　工况一:底板 Y 方向位移(放大 500 倍)

④接头计算结果

接头计算主要考虑剪力键的受力或位移情况,通过计算,各接头的剪力及位移结果如表 3.3-2、表 3.3-3 所示。

接头剪力计算结果　　　　　　　　表 3.3-2

接头编号	剪力键剪力(kN)		
	钢剪力键总剪力	混凝土剪力键总剪力	接头剪力总计
1	4873	5451	10324
2	1212	1983	3195
3	4657	4898	9555

注:接头 1、2、3 分别是管节 1 与管节 2、管节 2 与管节 3、管节 3 与管节 4 的接头,下同。

接头处位移计算结果   表3.3-3

接头编号	位移量(mm)			
	分段1	分段2	最大沉降差	GINA止水带的伸长量
1	−23.3	−25.1	1.7	3.6
2	分段2	分段3	0.4	3.3
	−12	−11.6		
3	分段3	分段4	2.3	4
	−19.5	−17.2		

由计算结果可知，混凝土剪力键承担的剪力比钢剪力键要大，剪力的分配不仅与橡胶支座的面积有关，还与剪力键的刚度有关，但主要是由橡胶支座的面积控制。总剪力的大小还与橡胶支座的弹性模量有关。接头部分应力集中明显，在结构设计时需要采取构造措施。

(2) 工况二计算结果

经过对工况二的计算，可以看出在加桩后接头部位的受力没有加桩前理想，主要体现在：第一，对于较长管节(116m)与岸上段接头部位剪力键总剪力增加了约30%，从应力云图上来看，XY方向的应力最大值是加桩前的2倍，说明加桩后对剪力键的受力不利；第二，加桩后因为接头部位水中段沉管一接头底部被桩约束，而另一接头是另外管节的剪力键约束，这样管节接头部位有张开的趋势，即对GINA止水带的受力不利。

从工程地质情况来看，整个管节底所在的岩土层情况比较均一，并且基本上都为强风化岩，也就是说整个管节的沉降主要是灌砂层的压缩变形。各管节之间的沉降差不会很大。所以可以取消桩基，以调整各接头的受力状态。

(3) 工况三计算结果

①荷载图及弹簧取消情况

本工况主要是研究不均匀沉降对管节受力的影响，荷载图同工况一，弹簧取消情况如图3.3-9所示。

②各管节内力计算结果

通过详细的计算可知：在不均匀沉降的影响下，水中管节在灌砂层不密实段时，顶板纵向弯矩增幅约为10%，而对于底板其纵向弯矩几乎没有增加。即如果考虑不均匀沉降的影响，可按工况一再增大10%的内力值进行管节配筋。

③各管节位移(沉降)计算结果

计算结果如图3.3-10~图3.3-12所示，在假设的弹簧下，管节位移(沉降)最大值约为3.8cm，比工况一多0.2cm。

④接头计算结果

各接头的剪力及位移计算结果见表3.3-4、表3.3-5，从接头计算结果来看，不均匀沉降下剪力及位移大小与工况一相比基本上没有增加。

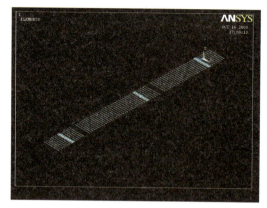

图 3.3-9 弹簧取消情况图

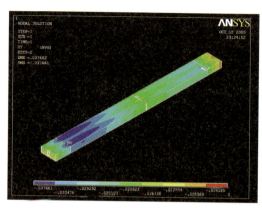

图 3.3-10 工况三:整个管节 Y 方向位移(沉降)

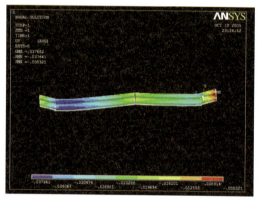

图 3.3-11 工况三:顶板 Y 方向位移(放大 500 倍)

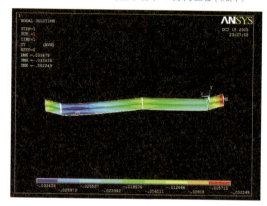

图 3.3-12 工况三:底板 Y 方向位移(放大 500 倍)

工况三:各接头剪力计算结果　　　　　　　　　　　　　　　　　表 3.3-4

接头编号	剪力键剪力(kN)		
	钢剪力键剪力	混凝土剪力键剪力	剪力总计
1	3873	5415	10324
2	1199	1983	3182
3	4657	4898	9555

工况三:各接头处位移计算结果　　　　　　　　　　　　　　　　表 3.3-5

接头编号	位移量(mm)			
1	分段 1	分段 2	最大沉降差	GINA 止水带的伸长量
	−23.2	−25.8	2.6	3.6
2	分段 2	分段 3		
	−12	−11.6	0.4	3.3
3	分段 3	分段 4		
	−19.7	−17.5	3.2	4

　　上述数值计算将沉管结构以实体单元模拟,而土层则采用弹簧单元模拟,虽然也考虑到了剪力键、止水带以及 PC 拉索的非线性材料特性,但却没有考虑到接头与土体、接头之间的触

效应,无法真实反映沉管与土层相互作用的问题,其力学模式采用荷载-结构模式,无法反映围岩土体的三维受力状态。

3.3.2 管节横向计算分析

1)计算模型

沿沉管法隧道段的纵向截取单位长度,选取隧道框架结构,对各种不同的工况进行组合,按平面杆系结构分析的通用程序计算。弹性地基按弹簧地基(温克尔地基)考虑,地基弹性抗力系数(简称地基系数),需考虑基础处理的砂垫层(或碎石基础压浆垫层)的特性及开挖基槽的地质情况。

2)荷载分类及组合

沉管法隧道所受的荷载主要可以分为永久荷载、可变荷载与偶然荷载三大类。

沉管法隧道结构上作用的荷载分类应符合表3.3-6的规定。

沉管法隧道结构上作用的荷载分类　　　　　表3.3-6

荷载分类		荷载名称
永久荷载		结构自重
		地层土压力
		静水压力
		混凝土的徐变和收缩效应
		结构上部建筑物及设施压力荷载
		地基及基础差异沉降影响
		设备荷载
可变荷载	基本可变荷载	隧道内部车辆荷载
		水压力变化值
		温差作用
		工后差异沉降作用
		人群荷载
		地面超载
	其他可变荷载	系揽力
		水流阻力
		沉放吊点荷载
偶然荷载		地震作用
		隧道内车辆爆炸荷载
		车辆撞击荷载
		人防荷载
		沉船、锚击等荷载

(1)荷载类型

官洲隧道管节所受荷载包括以下几类:

①永久荷载：结构自重（一期恒载，即管节本体结构重）、二期恒载（防锚层、压舱结构重）、土压力（分结构顶部土压和侧向土压）、水压力、地基反力、混凝土收缩应力。

②可变荷载：汽车荷载、温度影响力、施工荷载、压舱水压力、地基不均匀沉降。

③偶然荷载：沉船荷载、爆炸荷载、地震荷载。

④其他荷载：拖运力、水浮力、接头水压力、抛锚力、船舶吸附力等。

（2）工况组合

①基本组合

基本组合一：结构自重＋土压力＋平均水位水压力＋混凝土收缩应力。

基本组合二：结构自重＋土压力＋最高水位水压力＋混凝土收缩应力＋结构升温。

基本组合三：结构自重＋土压力＋最低水位水压力＋混凝土收缩应力＋结构降温。

②附加组合

附加组合由上述三种组合与施工阶段荷载或偶然荷载进行组合（取其中一种进行组合），见表3.3-7。表中a、b、c分别代表基本组合一、二、三。

工况组合表　　　　　　　　　　　表3.3-7

基本组合及荷载		a	b	c	汽车荷载		地震	爆炸
					单孔	双孔		
运营阶段平均水位	1　工况一	√						
	2　工况二	√			√			
	3　工况三	√				√		
	4　工况四	√				√	√	
	5　工况五	√				√		√
运营阶段最高水位	6　工况一		√					
	7　工况二		√		√			
	8　工况三		√			√		
	9　工况四		√			√	√	
	10　工况五		√			√		√
运营阶段最低水位	11　工况一			√				
	12　工况二			√	√			
	13　工况三			√		√		
	14　工况四			√		√	√	
	15　工况五			√		√		√
纵向计算增加工况		上述三种基本组合＋地基不均匀沉降						
施工阶段（沉放完成后）		结构自重（一期）＋混凝土收缩应力＋施工荷载＋压舱水＋最高水压						

注：施工阶段还存在管节起浮、浮运、管节沉放与水力压接等工况，但此几种工况作用力较小，对管节本体一般不起控制作用。

3）结构横向计算结果分析

（1）单一工况管节横向计算结果

选择覆土最大的E1管节，各种工况计算结果如下：

①高水位水压 + 一、二期恒载 + 土压,沉管横断面弯矩、剪力、轴力图如图3.3-13、图3.3-14所示。

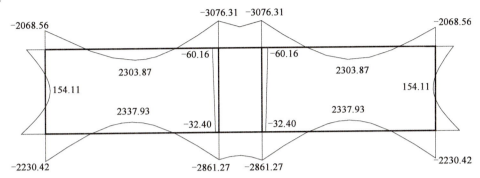

图3.3-13 沉管横断面弯矩图(单位:kN·m)

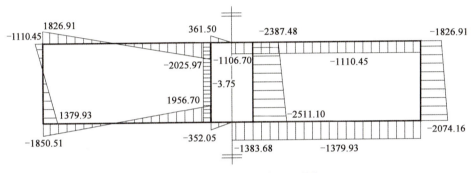

图3.3-14 沉管横断面剪力、轴力图(单位:kN)

②低水位水压 + 一、二期恒载 + 土压,沉管横断面弯矩、剪力、轴力图如图3.3-15、图3.3-16所示。

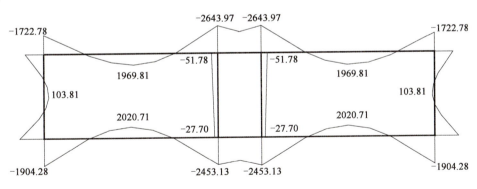

图3.3-15 沉管横断面弯矩图(单位:kN·m)

③常水位水压 + 一、二期恒载 + 土压,沉管横断面弯矩、剪力、轴力图如图3.3-17、图3.3-18所示。

④管节内侧升温10℃ + 顶板混凝土干缩,沉管横断面弯矩、剪力、轴力图如图3.3-19、图3.3-20所示。

⑤管节内侧降温10℃ + 顶板混凝土干缩,沉管横断面弯矩、剪力、轴力图如图3.3-21、图3.3-22所示。

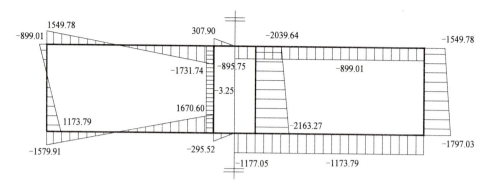

图 3.3-16　沉管横断面剪力、轴力图（单位：kN）

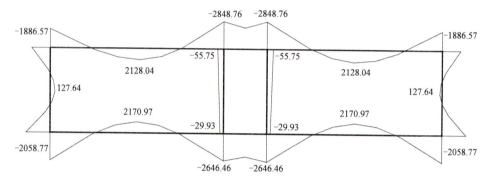

图 3.3-17　沉管横断面弯矩图（单位：kN·m）

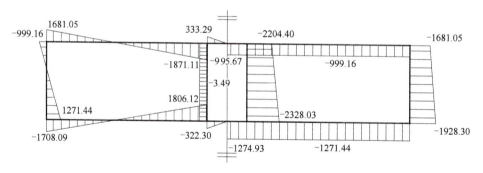

图 3.3-18　沉管横断面剪力、轴力图（单位：kN）

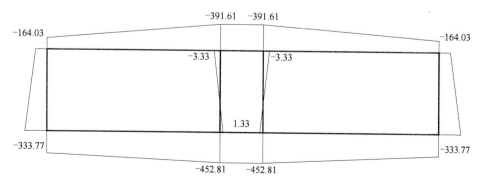

图 3.3-19　沉管横断面弯矩图（单位：kN·m）

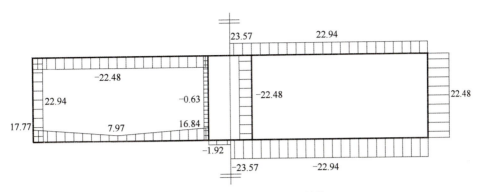

图 3.3-20 沉管横断面剪力、轴力图(单位:kN)

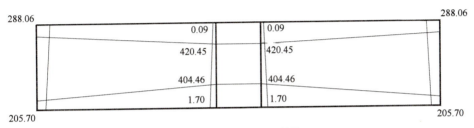

图 3.3-21 沉管横断面弯矩图(单位:kN·m)

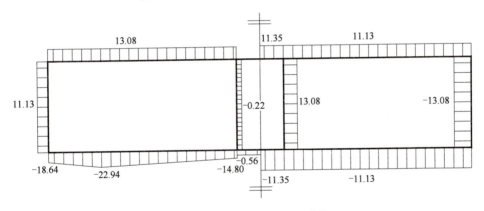

图 3.3-22 沉管横断面剪力、轴力图(单位:kN)

⑥顶板混凝土干缩,沉管横断面弯矩、剪力、轴力图如图 3.3-23、图 3.3-24 所示。

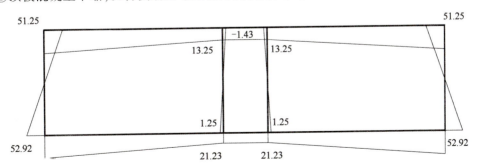

图 3.3-23 沉管横断面弯矩图(单位:kN.m)

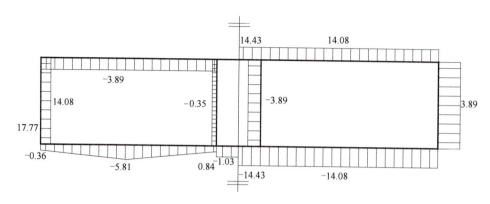

图 3.3-24　沉管横断面剪力、轴力图(单位:kN)

由图 3.3-13～图 3.3-24 所示各种加载工况下管节产生的内力结果可知:

施加在管节上的一、二期恒载产生的内力占的比重最大,其所产生内力大小的顺序依次为:高水位＞常水位＞低水位。

温度变化及管节顶板混凝土干缩作用对管节内力影响较大,占一、二期恒载产生的内力的10%～20%。

管节单孔发生爆炸作用下对发生爆炸的行车孔洞影响较大,且在管节结构顶、底板产生的内力均与一、二期恒载作用下产生的内力相反,由此可知单孔工况产生的内力对管节顶、底板及侧墙是有利的,只对中隔墙的影响较大。

管节底部基础不均匀时的结构内力计算结果表明,基础不均匀对管节横向内力影响不大,约为5%。

截面内力控制:沉管江中段顶、底板跨中由最高水位＋恒载＋顶板温度收缩＋降温控制,中间顶、底板支座处由最高水位＋恒载＋顶板温度收缩＋升温控制,但如果高水位与低水位相差不大,应考虑顶、底板跨中由最低水位＋恒载＋顶板温度收缩＋降温控制,侧墙截面由最高水位＋恒载＋顶板温度收缩＋升温控制。

(2)各种荷载工况组合下管节的最不利内力图

根据以上计算,管节承载力极限状态和正常使用极限状态的最不利内力如图 3.3-25～图 3.3-27 所示。

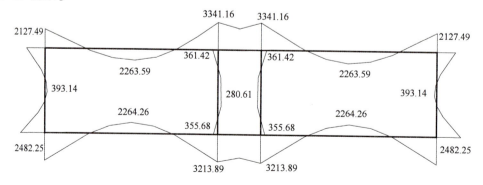

图 3.3-25　承载力极限状态最不利弯矩图(单位:kN·m)

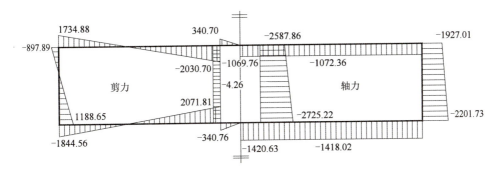

图 3.3-26　承载力极限状态最不利剪力、轴力图(单位:kN)

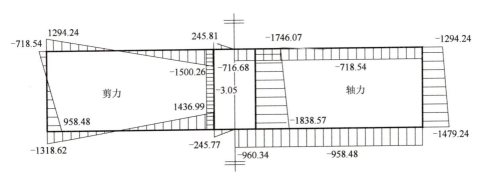

图 3.3-27　正常使用极限状态最不利剪力、轴力图(单位:kN)

3.3.3　小结

广州官洲隧道采用的三维实体单元模型,充分考虑了管节接头不同构件(剪力键、止水带以及 PC 拉索)的材质和作用差异下的非线性特性,能够体现每种构件各自的内力和变形,较适宜应用于纵向不均匀沉降、温度变化作用下的结构和接头变形分析,相关研究成果已被《沉管法隧道设计标准》(GB/T 51318—2019)吸收借鉴。

但该模型没能考虑到接头与土体、接头之间的接触效应,无法真实反映沉管与土层相互作用的问题,反映不出围岩土体间的耦合作用。

3.4　南昌红谷隧道管节计算研究

南昌红谷隧道建设过程中,建设单位组织同济大学、中铁隧道勘测设计院有限公司等单位联合开展了"复合地质条件下沉管法隧道结构变形及管节接头力学行为分析"课题研究工作,通过收集已有技术资料、分析存在的问题,基于沉管法隧道三维数值建模技术和大比尺管节接头力学性能试验技术的研究,揭示了隧道高水差、复合地质条件下结构变形及管节接头力学行为,量化了管节接头刚度设计指标,提出了客观的评价与建议,为设计施工提供了技术支撑。

3.4.1 管节接头精细化建模分析

为简化反映土体结构三维受力状态的地层-结构模型建模的复杂性,研究提出了基于构件精细化的计算模型,即采用有限元手段,对管节接头的GINA止水带、钢剪力键、混凝土剪力键等构件分别建立精细化模型,进行多工况的数值分析,得到相应构件的刚度参数,为建立基于地层-结构法的沉管法隧道三维数值模型奠定基础。

1)管节接头钢剪力键

为了限制因地震、管节沉降而产生的垂直方向位移量,使其不超过水密性要求的允许值(亦为防止GINA橡胶止水带承受过大的剪切变形及剪切力)。对于半铰形式的柔性接头,需设置垂直剪力键,垂直剪力键一般为金属结构。由于剪力键之间设置了橡胶垫,因此接头在垂直方向具有一定弹性,当位移量增大到一定程度时,剪力键承受的剪切力增大,接头在垂直方向产生"刚化"现象,从而限制接头间产生过大的差异沉降。

(1)钢剪力键弹性橡胶支座的弹模和形状系数计算

①中墙弹性橡胶支座

常温下橡胶支座剪变模量$G_e = 1.0$MPa,中墙橡胶支座抗压弹性模量和支座形状系数计算结果如下:

$$E_e = 5.4 G_e S^2 = 5.4 \times 1 \times 9.38^2 = 475.12 \text{MPa}$$

$$S = \frac{l_{0a} l_{0b}}{2 t_{es}(l_{0a} + l_{0b})} = \frac{0.53 \times 0.6}{2 \times 0.015 \times (0.53 + 0.6)} = 9.38$$

式中:E_e——支座抗压弹性模量;

G_e——支座剪变模量;

S——支座形状系数,支座形状系数S应满足$5 \leqslant S \leqslant 12$;

l_{0a}——矩形支座加劲钢板短边尺寸;

l_{0b}——矩形支座加劲钢板长边尺寸;

t_{es}——支座中间层单层橡胶厚度。

②边墙弹性橡胶支座

边墙橡胶支座抗压弹性模量和支座形状系数计算结果如下:

$$E_e = 5.4 G_e S^2 = 5.4 \times 1 \times 5.54^2 = 165.73 \text{MPa}$$

$$S = \frac{l_{0a} l_{0b}}{2 t_{es}(l_{0a} + l_{0b})} = \frac{0.6 \times 0.23}{2 \times 0.015 \times (0.6 + 0.23)} = 5.54$$

(2)钢剪力键的弹性刚度计算

①边墙钢剪力键精细化模型

根据剪力键设计图及相应的材料情况,建立边墙有限元模型。采用弹性本构模拟钢剪力键,其中弹性模量$E = 206$GPa,泊松比为0.31。橡胶支座弹性模量为165MPa,泊松比为0.45。钢板材料和橡胶支座均采用六面体网格进行模拟,网格数量为111712个。橡胶支座与剪力键之间采用接触面单元,接触面单元的法向刚度为100MN/m³。切向刚度为10MN/m³。通过固定其中一个剪力键,对另一剪力键施加荷载使其发生相对位移进行计算。

如图3.4-1、图3.4-2所示,边墙剪力键系统的荷载-刚度基本呈线性关系,根据荷载-变形关系,以及荷载变形容许值,边墙钢剪力键的弹性刚度的取值范围为 183000~184000kN/m。考虑 1.5 倍安全系数,取数值分析时边墙钢剪力键的刚度约为 120000kN/m。

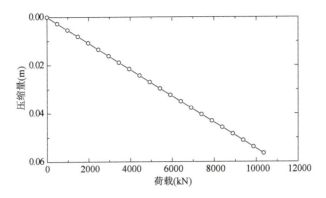

图 3.4-1　边墙剪力键橡胶支座荷载-变形曲线

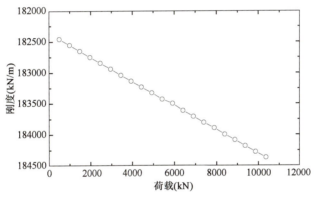

图 3.4-2　边墙剪力键荷载-割线刚度曲线

根据计算结果,在数值试验工况下,在橡胶支座变形约 50mm 的情况下,边墙钢剪力键的刚度变化区间与支座刚度的均值的比值为:(184181－182457)/183322＝0.01,即弹簧刚度的变化区间较小。

在地层-结构法中,剪力键的刚度是通过在边墙上的壳单元之间的铰接单元(hinge 单元)来实现的,边墙 hinge 单元的剪切刚度为 120000/6.048＝19841.27kN/m²。

②中墙剪力键精细化模型

根据设计图及相应的材料情况,建立边墙有限元模型。采用弹性本构模拟钢剪力键,其中弹性模量 E=206GPa,泊松比为 0.31,橡胶支座弹性模量为 475MPa,泊松比为 0.45。钢板材料和橡胶支座均采用六面体网格进行模拟,网格数量为 342512。橡胶支座与剪力键之间采用接触面单元,接触面单元的法向刚度为 100MN/m³,切向刚度为 10MN/m³。通过固定其中一个剪力键,对另一剪力键施加荷载,强迫剪力键发生相对位移进行计算。

根据计算结果(图 3.4-3、图 3.4-4),在数值试验工况下,在橡胶支座变形约 50mm 的情况下,中墙钢剪力键的刚度变化区间与支座刚度的均值的比值为:(1307589－1266983)/1287530＝0.03,即弹簧刚度的变化区间较小。

在地层-结构法中,剪力键的刚度是通过在边墙上的壳单元之间的 hinge 单元来实现的,中墙 hinge 单元的剪切刚度为 $645000/8.3 = 77710 \text{kN/m}^2$。

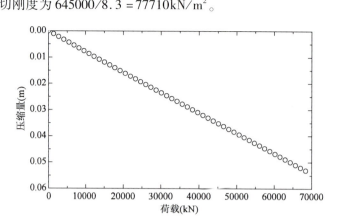

图 3.4-3　中墙剪力键橡胶支座荷载-变形曲线

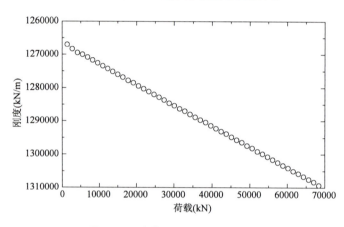

图 3.4-4　中墙剪力键荷载-刚度曲线

2）混凝土剪力键刚度参数

根据混凝土剪力键的分布形式,包括 5 个标准剪力键($350\text{mm} \times 1500\text{mm}$)和 1 个异形剪力键(等效 $258\text{mm} \times 1200\text{mm}$)。在钢筋混凝土结构达到抗剪承载力之前,认为其结构处于弹性状态。根据江见鲸(2015)混凝土结构有限元分析,混凝土强度参数 c、φ 与 f_t、f_c 存在如下关系:

$$\begin{cases} f_c = \dfrac{2c\cos\varphi}{1 - \sin\varphi} \\ f_t = \dfrac{2c\cos\varphi}{1 + \sin\varphi} \end{cases} \tag{3.4-1}$$

式中:f_c——混凝土轴心抗压强度设计值;

c——黏聚力;

φ——内摩擦角;

f_t——混凝土轴心抗拉强度设计值。

C40 混凝土,$f_c = 14.1\text{MPa}$,$f_t = 1.71\text{MPa}$,从而计算得到:$c = 2.87\text{MPa}$,$\varphi = 56.71°$。

针对单侧剪力键进行研究,有两种工况:当6个标准剪力键参与工作时,其抗剪承载力为 $3 \times 2575 = 7725.0 \mathrm{kN}$;而同一断面上另一组剪力键为5个标准剪力键和1个异形剪力键参与工作时,其抗剪承载力为 $2 \times 2757 + 1916 = 7430.0 \mathrm{kN}$。计算采用六面体网格,网格数量为4200个,如图3.4-5所示。剪力键的厚度0.35m,宽度0.575m。

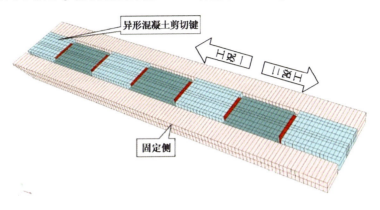

图3.4-5 混凝土剪力键精细化模型

计算结果如3.4-6、图3.4-7所示,由变形云图可见当剪力键发生相对位移后,总是只有3个橡胶支座在受力。在设计荷载作用下,工况一的剪力键相对变形为31.4mm。

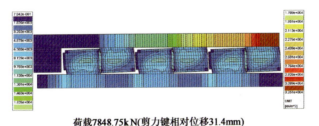

荷载7848.75kN(剪力键相对位移31.4mm)

图3.4-6 剪力键剪应力云图

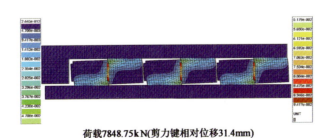

荷载7848.75kN(剪力键相对位移31.4mm)

图3.4-7 剪力键剪应变云图

图3.4-8为混凝土剪力键荷载-相对位移关系曲线,图3.4-9、图3.4-10为混凝土剪力键刚度-相对位移关系曲线。由于采用了弹塑性模型模拟剪力键的混凝土,因此剪力键的荷载-变形关系呈比较明显的非线性。

采用弹塑性本构模型,进行混凝土剪力键的精细化模拟分析,结果显示,在荷载作用下,混凝土剪力键的刚度呈现非线性变化。在数值分析中可以考虑采用非线性刚度函数对剪力键的刚度进行拟合。

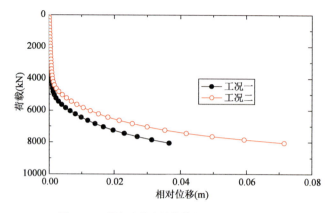

图 3.4-8　混凝土剪力键荷载-相对位移关系曲线

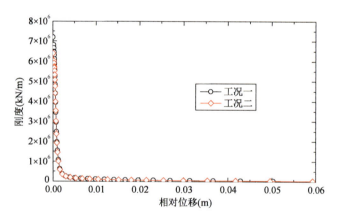

图 3.4-9　混凝土剪力键刚度-相对位移关系曲线

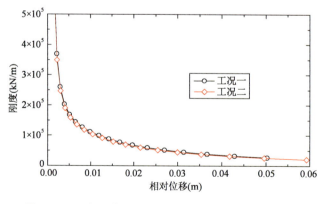

图 3.4-10　混凝土剪力键刚度-相对位移关系曲线（局部放大）

在荷载-结构法中，采用弹簧考虑混凝土剪力键的剪切刚度，其刚度可以考虑采用非线性刚度进行拟合。在地层-结构法中，沉管底板混凝土剪力键的刚度是通过在底板壳单元之间的 hinge 单元来实现的，其剪切刚度可以考虑采用非线性刚度曲线进行拟合。

3）管节接头抗压刚度

红谷隧道管节接头采用的GINA止水带有两种硬度,在浅水区段均为G225/275-40型;在深水区段(即E9-E10之间及其后的接头)均为G225/275-50型。

(1) GINA止水带压缩工况

管节接头的止水效果由GINA止水带决定,而GINA止水带的止水效果与管节间的相对变形关系密切。相对于GINA止水带,管节可认为是刚体,其相对转动变形与GINA止水带的变形密切相关。GINA止水带形状及压缩变形模型如图3.4-11所示。

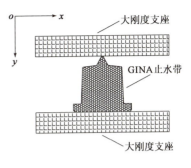

图3.4-11 GINA止水带数值试验模型

结合整个管节,确定GINA止水带的不同变形模式,然后反算允许的管节接头变形值,决定性的因素是其相对几何关系。

在水压力作用下,由于GINA止水带肩部和尖肋相对于支座的变形,左侧肩部和右侧底部之间对角线上的应力增大,而右侧肩部和左侧底部对角线上的应力则相对减小,止水带的有效接触面积减小,止水效果变差。相对于水压力,GINA止水带在压缩125mm后的本体应力较大(图3.4-12),因此,在水压力作用下,止水效果变化并不明显。

压缩125mm(水头25m,约为沉管底标高至赣江最高水位标高的距离)

图3.4-12 Y方向应力云图

在纯压缩工况下,随着水头增加,尖肋相对于钢壳的变形情况(当对尖肋未做特殊处理,尖肋可相对于钢壳变形的情况下)如图3.4-13、图3.4-14所示。管节接头就位后(即GINA止水带压缩125mm后),如果因为受到外荷载作用而引起接头张开,其张开量大于35mm后(即GINA止水带的压缩量为90mm情况下),在水头作用下,GINA止水带的尖肋变形将较大,从而影响GINA止水带的止水效果。

(2) GINA止水带压缩+水平错动工况

当水平错动时,相当于一条对角线受到了压缩,另一条对角线得到拉伸。压缩的对角线上的橡胶应力增大。而GINA止水带与混凝土的有效接触面积(即应力比较大的面积)由受到压缩的对角线方向的GINA止水带来决定,从而其有效接触面积减小。

(3) GINA止水带压缩+转动工况

与盾构隧道不同,沉管法隧道采用管节整体预制,只有纵向接头。当纵向接头出现转动时,转动方式如图 3.4-15 所示,由于管节高度较大(8.3m),而 GINA 带的尺寸相对较小,在 GINA 带容许变形条件下,沉管接头转动角度较小。

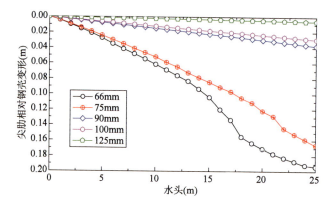

图 3.4-13　不同压缩工况水头作用 GINA 止水带尖肋相对钢壳变形(一)

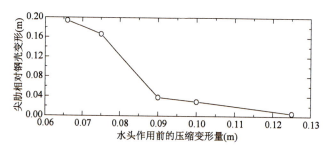

图 3.4-14　不同压缩工况水头作用 GINA 止水带尖肋相对钢壳变形(二)

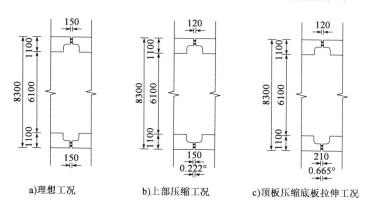

a)理想工况　　　　b)上部压缩工况　　　c)顶板压缩底板拉伸工况

图 3.4-15　沉管接头的转动工况(尺寸单位:mm)

红谷隧道的管节长度最短为 90m,当为图 3.4-15b)所示工况单侧管节变形时,管节两端差异沉降为 348.72mm。当为图 3.4-15c)所示工况单侧管节变形时,管节两端差异沉降为 1044.63mm。当管节长度为 115m 时,产生等量的转动,所需的差异沉降变形更大,沉管法隧道很难发生如此大的转动变形。GINA 止水带充分压缩情况下,沉管接头转动角度由 0.2°逐渐增大到 1.0°的过程中,GINA 止水带本体的应力变化较小,并不影响 GINA 止水带的止水效果。

4）沉管接头抗拉刚度

抗拉刚度由预应力决定，每孔预应力采用 12 根 φ15.2 钢索，单根钢索的抗拉刚度计算如下：

$$EA/l = 210 \times 10^3 \times 140/6000 = 4900\text{N/mm} = 4900\text{kN/m}$$

每孔钢索总刚度为：$12 \times 4900 = 58800\text{kN/m}$。

有限元中，每个弹簧代表两个锚索，刚度为：$2 \times 58800 = 117600\text{kN/m}$。

沉管顶板宽度为 25.5m，共有锚索 17 根，在地层-结构法中，hinge 单元的抗拉刚度为 $17 \times 58800/25.5 = 39200\text{kN/m/m}$。沉管底板宽度为 30m，共有 18 根锚索，在地层-结构法中，hinge 单元的抗拉刚度为 $18 \times 58800/30 = 35280\text{kN/m/m}$。

5）结论

管节接头构造复杂，主要涉及的接头参数包括钢剪力键、混凝土剪力键的抗剪切刚度，GINA 止水带的抗压刚度（预应力锚索的刚度直接根据理论计算即可）。红谷隧道对相关参数进行了深入分析，并建立了细化模型进行数值仿真，从而确定相应参数的变化规律与大小，将得到的接头各部件参数（表3.4-1、表3.4-2）应用于地层-结构法全三维数值分析，简化了模型体量，提升了计算效率，同时也能正确反映接头各部件之间的相互影响。

荷载-结构法沉管接头构造刚度统计表　　表3.4-1

接头类型	刚度 （kN/m）	荷载-结构法 弹簧个数	荷载-结构法弹簧刚度 （kN/m）	描　述
边墙钢剪力键	120000	2	120000/2 = 60000	近似常数
中墙钢剪力键	645000	3	645000/3 = 215000	近似常数
混凝土剪力键	200000	2	200000/2 = 100000	随剪力键相对变形变化
GINA 止水带 （G225/275-40）	44000	1/3	44000 × 3 = 132000	GINA 止水带压紧后 近似常数
GINA 止水带 （G225/275-50）	77000	1/3	77000 × 3 = 231000	GINA 止水带压紧后 近似常数
预应力锚索钢绞线	58800	0.5	58800 × 2 = 117600	

地层-结构法沉管接头刚度　　表3.4-2

接头类型	刚度（kN/m）	描　述
边墙钢剪力键	120000	近似常数
中墙钢剪力键	645000	近似常数
混凝土剪力键	200000	随剪力键相对变形变化
GINA（G225/275-40）	44000	压紧后近似常数
GINA（G225/275-50）	77000	压紧后近似常数
预应力锚索钢绞线	58800	

3.4.2　等效质点-弹簧、土-结构耦合抗震计算

鉴于沉管法隧道其周围场地土体的物理力学参数沿隧道方向有很大差异，并且由于地震

波在场地土层中传播的复杂性,同时综合考虑土层与隧道的整体动力响应,红谷隧道将等效质点-弹簧体系和土-结构相互作用体系耦合,建立了一个简化模型进行隧道地震响应分析。

(1)土体参振质量、弹簧刚度和阻尼系数

在建立土地震响应的分析模型时,要考虑土体的参振质量,即要确定沿隧道轴线单位厚度土切片的宽度,这可以通过地基土的模态分析得到。韩大建(1999)在探讨沉管法隧道地震响应分析的等效质点系模型时指出,当宽度 B 与基底深度 H 的比值 B/H 大于 5 倍时,其自振频率趋于稳定值。由于动力响应与频率密切相关,故取 B/H 值为 5~6 即可。

土体等效质量:

$$M_e = \frac{\left(\sum_{i=1}^{n} m_i \varphi_i\right)^2}{\sum_{i=1}^{n} m_i \varphi_i^2} \tag{3.4-2}$$

土体等效刚度:

$$k_e = M_e \omega_1^2 \tag{3.4-3}$$

土体等效阻尼:

$$C_e = 2D\sqrt{M_e k_e} \tag{3.4-4}$$

式中:m_i——第 i 层土层质量;

φ_i——第 i 层土的一阶振型;

ω_1——土体一阶自振圆频率;

D——土阻尼比。

(2)土-质点相互作用弹簧系数和阻尼系数

土质点相互作用弹簧系数和阻尼系数按式(3.4-5)~式(3.4-7)计算:

$$k_x = \frac{1}{\delta L}\sum_{i=1}^{n} E_i A_i \delta_i \tag{3.4-5}$$

$$k_y = \frac{1}{\delta L}\sum_{i=1}^{n} G_i A_i \delta_i \tag{3.4-6}$$

$$C_{x/y} = 2D\sqrt{M_e k_{x/y}} \tag{3.4-7}$$

式中:δ——土质点处的位移;

L——相邻土质点间的距离;

E_i——第 i 层土的弹性模量;

A_i——第 i 层土的截面面积;

δ_i——第 i 层土的变形;

G_i——第 i 层土的剪切模量。

(3)土-结构相互作用参数

①弹簧刚度

St. John 和 Zahrah(1987)基于均质各向同性的无限弹性介质(全空间)受集中荷载作用的 Kelvin 基本解推导了水平纵向和横向弹簧系数[式(3.4-8)]。

$$k_x = k_y = \frac{16\pi(1-\mu)}{3-4\mu} G \frac{B}{\lambda} \tag{3.4-8}$$

St. John 和 Zahrah(1987)利用表面荷载的半空间问题的基本解推导了竖向弹簧系数[式(3.4-9)]。

$$k_z = \frac{2\pi}{1-\mu} G \frac{B}{\lambda} \tag{3.4-9}$$

式中：μ——土泊松比，按饱和不排水土动力试验取 0.45~0.49；

G——与结构临近地层均质土体的剪切模量，$G = \rho V_s^2$；

ρ、V_s——土层的平均密度和平均剪切波速；

B——隧道宽度；

λ——入射波波长，取 4 倍地层厚度。

②阻尼系数

Gazetas(1991)推导了均质半空间中任意形状的表面式和埋入式基础的动力阻尼系数[式(3.4-10)、式(3.4-11)]。

表面式：

$$\begin{cases} C_x = \rho v_s A_b \\ C_y = (\rho v_s A_b)\tilde{c}_y \\ C_z = (\rho v_{La} A_b)\tilde{c}_z \end{cases} \tag{3.4-10}$$

埋入式：

$$\begin{cases} C_{x,emb} = C_x + 4\rho v_{La} Bd + 4\rho v_s Ld \\ C_{y,emb} = C_y + 4\rho v_s Bd + 4\rho v_{La} Ld \\ C_{z,emb} = C_z + \rho v_s A_w \end{cases} \tag{3.4-11}$$

式中：ρ——土的密度；

v_s——剪切波速；

A_b——基础面积；

$\tilde{c}_y$、$\tilde{c}_z$——水平横向和竖向阻尼系数修正系数；

v_{La}——Lysmer 模拟波速，$v_{La} = \frac{3.4}{\pi(1-\mu)} v_s$；

B——基础半宽；

d——基础厚度；

L——基础半长；

A_w——基础侧墙面积。

(4)模型的建立

采用 ABAQUS 有限元软件建立简化模型进行沉管法隧道非线性动力瞬态分析。模型模拟了包括右岸侧连续 3 节 90m 管节和其他 9 节 115m 管节在内的沉管法隧道，总长度 1305m，如图 3.4-16 所示。

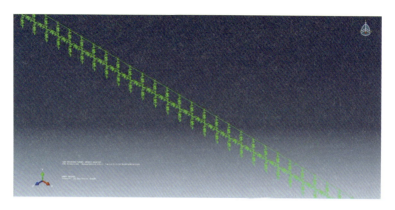

图 3.4-16 ABAQUS 有限元模型

ABAQUS 有限元模型是由土体质点-弹簧体系和通过土弹簧单元支撑在其上的一系列三维梁单元组成。土体质点-弹簧体系由一系列的土质量点单元、土弹簧和阻尼器单元组成,各单元参数通过土切片的振型分析得到。

为研究沉管法隧道在常遇地震、罕遇地震、地震横向输入和纵向输入、一致输入与行波输入等不同情况下的响应,采用了以下 4 种计算工况:

①常遇地震横向一致输入;
②罕遇地震横向一致输入;
③常遇地震横向加纵向一致输入;
④常遇地震横向行波输入。

3.4.3 接头力学模型试验

模型试验是沉管接头研究的重要手段,国内外在沉管法隧道模型试验方面有一些尝试,但基本主要集中在管节混凝土浇筑过程中的防裂研究,管节浮运、沉放、对接过程中的管节系缆力与动力响应特性研究,管节接头的水密性试验等几个方面,而在管节受力特性及剪力键作用机理方面的模型试验研究较少。

红谷隧道按照实际接头构造设计试验对象及加载工况,研制了多维多向自平衡式加载反力装置,开展大比尺接头力学性能及变形特征试验研究,研究接头水平、竖向剪力键和鼻托的受力-变形机制,揭示其受力传递机理和变形特征。下文将对模型试验的平台设计及过程设计作重点阐述。

1) 试验平台设计

试验平台设计主要包括橡胶止水带设计、管节配筋设计、混凝土剪力键设计、钢剪力键设计、鼻托梁设计和试验装置设计等。试验平台满足 1:5 模型几何比例尺的受力测试,单个模型尺寸为隧道断面长 6000mm、高 1660mm,单个管节沿轴向长度为 1800mm,物理模型材料与原型保持一致,即混凝土强度等级为 C40,主要受力钢筋为 HRB400,模型钢材为 Q235b,而反力架钢材则为 Q345 和 Q235。

(1) 混凝土管节主体结构

管节采用钢筋混凝土结构,其尺寸根据几何比尺缩尺而来,外形与原型保持一致,使用

C40混凝土和HRB400钢筋。其配筋原则是模型与原型配筋率一致。在试验过程中,管节的功能为组成接头和传递试验荷载,因此其保护层取15mm。

试验浇筑钢筋混凝土结构模型时,同批浇筑不少于6个立方体试块,并与模型试件同条件养护,并测试混凝土立方体抗压强度值。对于钢筋,应在同批钢筋中抽取,每种规格钢筋按有关标准取至少2根,以测试其屈服强度、极限强度、弹性模量和总伸长率。

隧道主体结构试验模型制作主要步骤为:①制作底模板;②安放预埋件;③绑扎钢筋;④制作侧模板;⑤混凝土浇筑;⑥拆模养护等。试验模型现场制作安装过程见图3.4-17~图3.4-20。

图3.4-17 绑扎钢筋及安放预埋件

图3.4-18 预埋件安装防线

图3.4-19 管节混凝土浇筑

图3.4-20 管节拆模

(2)GINA止水带及其预埋件设计与安装

试验中GINA止水带按照红谷隧道225-275-40型号进行设计,采用与其相似的力学参数用氯丁橡胶制作带。同时采用钢条和螺栓把GINA止水带固定在钢预埋件上,使其在受力时不发生横向和轴向滑移或者脱落。GINA止水带的横断面设计图见图3.4-21。

根据试验比例尺1:5,长度比例为1:5,而力的比例为1:25,由此可得缩尺后的GINA止水带的力学曲线,见图3.4-22。GINA止水带的断面按实际尺寸的1/5制作,总高度57mm,宽度104mm,最大可压缩量30mm。

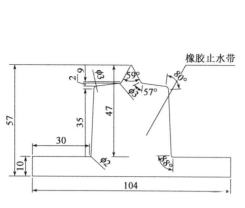

图 3.4-21　GINA 止水带横断面图(尺寸单位:mm)　　图 3.4-22　试验 GINA 止水带力学性能曲线

试验中对于 GINA 止水带的力学性能,尤其是压缩性能有较高的要求。这主要是因为管节接头在压缩/卸载和弯曲变形的过程中,仅 GINA 止水带受力,无其他构件参与受力,故 GINA 止水带的性能直接决定了管节接头的压缩/拉伸与转动能力;在正常使用情况下的压缩量也会间接对管节接头在剪切变形下的力学性能造成影响。

缩尺试验只考虑管节接头处的力学性能,并对实际接头设计进行了一定简化:

①取消原有钢端壳,简化为一块预埋钢板代替;

②将结构较为复杂的 GINA 止水带固定装置简化为螺栓加垫条的结构形式。

GINA 止水带的安装顺序:

①先将 GINA 止水带放在预设位置;

②在橡胶带翼缘上放上钢条;

③用螺栓固定钢条,夹紧 GINA 止水带。

图 3.4-23、图 3.4-24 为 GINA 止水带的安装现场图。

图 3.4-23　现场安装 GINA 止水带　　　　图 3.4-24　止水带安装完后螺栓切割加工

(3)钢剪力键

剪力键(shear key)是半刚性半柔性接头的主要构件之一。竖向剪力键的主要作用是承担接头受到的竖向荷载,防止接头产生过大的竖向错动。试验中竖向剪力键采用钢剪力键,构造复杂、尺寸特殊,国内没有相关设计计算规范,是设计难点之一。

钢剪力键采用钢材焊接结构,其尺寸采用1:5的比尺。管节1上有4个A型钢剪力键和4个B型钢剪力键;管节2上有2个A型钢剪力键和4个B型钢剪力键。钢剪力键的安装大样如图3.4-25、图3.4-26所示。剪力键结构由Q235b钢板焊接而成,焊接成形后,通过螺栓固定于预埋板上。剪力键之间安装板式橡胶支座。

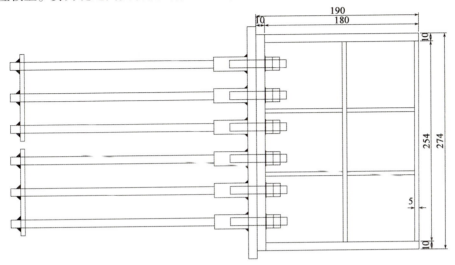

图3.4-25　钢剪力键A型大样(尺寸单位:mm)

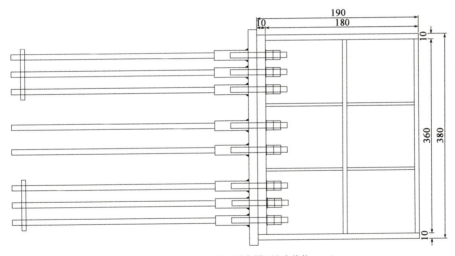

图3.4-26　钢剪力键B型大样(尺寸单位:mm)

试验中剪力键材料参数与工程实际一致,剪力键和预埋件选用Q235钢材,螺栓简化后选用C4.8级普通螺栓。试验材料参数见表3.4-3。

钢剪力键试验材料参数　　　　　　　　表3.4-3

材　料　名　称	抗压强度设计值 (MPa)	抗拉强度设计值 (MPa)	抗剪强度设计值 (MPa)
Q235	215	215	125
C4.8级普通螺栓	—	170	140

钢剪力键按照深弯梁结构,螺栓受拉强度作为剪力键控制强度,根据钢结构规范进行设计和验算。钢剪力键加工步骤如下:①钢剪力键箱体制作;②螺栓穿孔;③抛光打磨。图3.4-27、图3.4-28为钢剪力键制作及安装现场图。

图3.4-27 竖向钢剪力键制作

图3.4-28 加工完成后的竖向钢剪力键

(4)混凝土剪力键设计与加工

水平剪力键的主要作用是承担接头受到的水平荷载,防止接头产生过大水平错动,试验采用的是混凝土剪力键。

①材料参数

材料参数与工程中的材料保持一致,即混凝土强度等级为C40,钢筋采用HRB400。螺栓简化后选用C4.8级普通螺栓。试验材料参数见表3.4-4。

混凝土剪力键试验材料参数　　　　表3.4-4

材料名称	抗压强度设计值(MPa)	抗拉强度设计值(MPa)	抗剪强度设计值(MPa)
C40混凝土	19.1	1.71	—
HRB400	360	360	—

由于混凝土剪力键尺寸较小,故其配筋按照构造配置。经验算,单个剪力榫所承受的荷载值为70kN,其配筋率表见表3.4-5。

混凝土剪力键配筋表　　　　表3.4-5

项 目	截面高(mm)	间距(mm)	直径(mm)	配筋率(%)
混凝土剪力键纵向配筋率				
实际(突出处)	350	—	12/16	0.5858
实际(凹入处)	350	250	12	0.2585
模型(突出处)	350	—	8	1.596
模型(凹入处)	350	—	8	1.853
混凝土剪力键横向配筋率				
实际(突出处)	350	150	16	0.6128
实际(凹入处)	350	150	16	0.6128
模型(突出处)	350	—	8	1.436
模型(凹入处)	350	—	8	0.9574

②混凝土剪力键设计与制作

水平剪力键是接头承受水平剪力的主要构件，由凹凸榫承担剪力。管节接头中水平剪力键一共两组，每四榫剪力键与三榫剪力键作为一组，在管节对接定位好后浇筑而成，并且各榫间用橡胶支座填充。

③混凝土剪力键加工过程

混凝土剪力键加工的主要步骤为：a. 钢筋绑扎；b. 钢筋打磨安装预埋传感器；c. 支模浇筑；d. 养护拆模。图 3.4-29～图 3.4-31 为混凝土剪力键安装现场图。

图 3.4-29　混凝土剪力键钢筋打磨

图 3.4-30　混凝土剪力键钢筋预埋传感器安装

图 3.4-31　混凝土剪力键支模养护

（5）试验装置

试验装置应有足够的刚度、承载力和稳定性；加载板需提前预埋于混凝土管节中，以保证支承面与结构紧密接触；反力架与管体接触处设置圆钢支座，以限制管体在某一方向的位移，而不限制其转动；管体底部设置底座及圆钢，以减少管体水平摩擦力。反力装置连接方式为铰接，通过高强螺栓连接。

反力装置主要采用 Q235b 和 Q345 钢材。反力装置需满足试验加载要求，即轴向压力 720kN、水平剪力 450kN 和竖向剪力 1000kN。试验中需要 4 个 100t 千斤顶，6 个 50t 千斤顶。

试验反力架三维示意图如图 3.4-32 所示,试验平台管节支座润滑处理如图 3.4-33 所示。

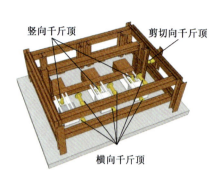

图 3.4-32　试验反力架三维示意图

图 3.4-33　试验平台管节支座润滑处理

2) 试验加载设计和结果

整个接头试验分为 9 个工况进行加载,包括轴向压缩、水平面内压弯、PC 拉索下接头双向压剪、无 PC 拉索下接头双向压剪、水平压剪、竖向压剪、鼻托梁试验等工况,具体工况信息见表 3.4-6。

试验工况信息　　　　　　　　　　　　表 3.4-6

试验顺序	试验编号	试验名称	试验内容	加载方式	说　明
1	YL-360-1260	轴向压拉刚度试验	接头轴向滞回曲线	单向	荷载位移曲线,承载能力
2	YW-360-1080-640	水平压弯试验工况	接头抗弯刚度	单向	接头弯矩-转角曲线
3	PC-360-240-70	带 PC 拉索的双向剪切刚度	双向剪切刚度	单向	接头水平竖向剪力-位移曲线
4	NOPC-360-240-70	无 PC 拉索双向剪切刚度	双向剪切刚度	单向	接头双向剪力-位移曲线
5	YJH-360-1080	水平压剪各水位弹性阶段	水平抗剪刚度	单向	接头水平剪力-位移曲线
6	YJH-360-D	水平压剪最不利水位破坏试验	水平抗剪刚度	单向	接头水平剪力-位移曲线,承载能力,剪力键破坏模式
7	YJV-360-1080	竖向压剪各水位弹性阶段试验	竖向抗剪刚度	单向	接头竖向剪力-位移曲线
8	YJV-360-D	竖向压剪最不利水位破坏试验	竖向抗剪刚度	单向	接头竖向剪力-位移曲线,承载能力,剪力键破坏模式
9	BT-D	鼻托梁试验工况	鼻托梁力学性能	单向	鼻托梁荷载-位移曲线,承载能力,破坏模式

(1) 轴向压拉刚度试验

① 试验目的

管节在水下安装对接过程中,接头将发生压缩变形;在地震波作用下,接头也会发生压缩-拉伸变形。轴向纯压刚度试验研究轴力与接头的压缩关系。

② 加载设计

轴向 6 个千斤顶同步加载,单个千斤顶以每步 30kN 的大小加载,轴向总荷载加载至最不利工况 360kN 后分 5 阶段加载至 1260kN 后分 5 个阶段卸载至 360kN,再卸载至 0,轴向纯压加载设计表见表 3.4-7,加载步如图 3.4-34 所示。

轴向纯压加载设计表　　　　　　　　　　　　　表 3.4-7

试 验 编 号	轴力加载(kN)	千 斤 顶	加 载 周 期
YL-360-1260	0-360-1260-360-0	轴向 2 组 4 个	1

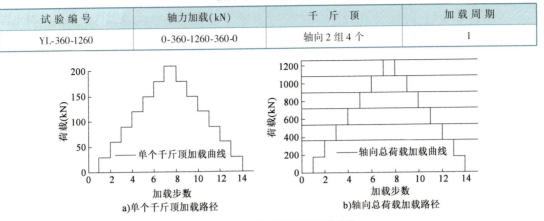

图 3.4-34　YL-360-1260 工况加载曲线

③轴向压拉刚度试验结果

加载时,管节接头的轴向压缩刚度随着轴向荷载的增大而增大;卸载时,接头变形有滞后现象,Gina 止水带压缩量随着荷载减小而变化缓慢。在设计最高水位压力下,Gina 止水带的压缩量约为 24.3mm,满足设计防水要求,荷载卸载至 0kN 时,Gina 止水带残余压缩量约为 9.5mm。接头轴向最大压缩刚度为 112.6MN/m。

(2)水平压弯试验

①试验目的

压缩-弯曲试验主要研究不同水位(轴力)管节接头在不同弯矩幅值下发生压缩-弯曲变形时接头的变形规律,包括接头的张开/压缩量、弯曲刚度等。因此在一定轴向力下,只能通过千斤顶加卸载而产生的压力差形成弯矩,以研究接头抗弯力学性能。该工况加载示意图详见图 3.4-35。

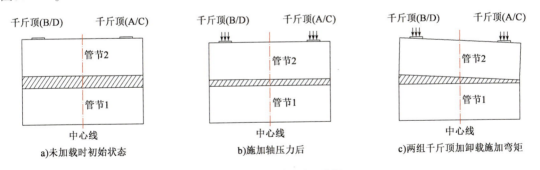

图 3.4-35　压弯荷载施加示意图

②加载设计

轴向四个千斤顶分两组不同步加载,轴向两组 1~3 步先分别以每组 60kN 加载至 180kN,4~6 步以每步 40kN 第一组千斤顶加载至 340kN、第二组千斤顶卸载至 20kN,7~14 步以每步 40kN 第一组千斤顶卸载至 20kN、第二组千斤顶加载至 340kN,15~18 步以每步 40kN 第一组千斤顶加载至 180kN、第二组千斤顶卸载至 180kN,之后以 50kN、40kN 加载至下一水位阶段的压弯工况,水平压弯加载设计表见表 3.4-8,加载步如图 3.4-36 所示。

水平压弯加载设计表　　　　　　　　　表3.4-8

试验编号	轴力加载(kN)	弯矩(kN·m)	千斤顶	加载周期
YW-360-640	360	640	轴向2组	1
YW-540-640	540	640	轴向2组	1
YW-720-640	720	640	轴向2组	1
YW-900-640	900	640	轴向2组	1
YW-1080-640	1080	640	轴向2组	1

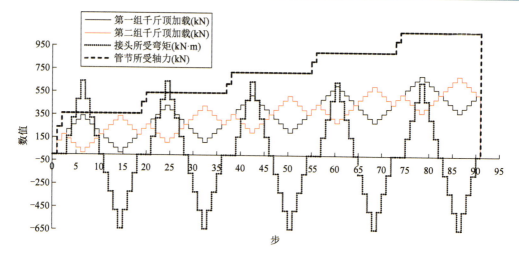

图3.4-36　接头各水位压弯连续加载

③水平压弯试验结果

轴向压力为360kN时,弯矩从0kN·m增长到±640kN·m时,接头转角基本呈线性增加,在往复弯矩加载一周期后,接头张开量约为0.2mm,接头变形有不可恢复的0.0000333rad残余转角。随着轴向压力的增大,接头的转角开始变小,且卸载产生的接头残余转角与最大转角差值也随着轴向压力的增大而缩小,720kN以上时,残余转角较大。

(3)有PC拉索与无PC拉索的双向压剪工况

①试验目的

主要研究接头有无PC拉索对接头双向剪切刚度的影响以及水平、竖向两个方向剪切作用时对接头变形刚度的相互影响。

②加载设计

轴向4个千斤顶加载至固定水压后,水平剪切千斤顶进行弹性阶段剪切加载,水平剪切千斤顶卸载后轴向千斤顶继续加载至下一阶段水位荷载,有PC拉索与无PC拉索的双向压剪加载设计表见表3.4-9,加载步如图3.4-37所示。

有PC拉索与无PC拉索的双向压剪加载设计表　　　表3.4-9

试验编号	轴力加载(kN)	千斤顶	加载周期
PC-360-240-70	360	轴向2组、水平剪切1个、竖向剪切6个	1
NOPC-360-240-70	360	轴向2组、水平剪切1个、竖向剪切6个	1

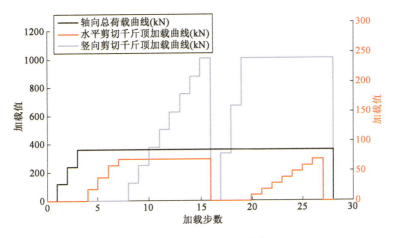

图 3.4-37 双向剪切连续加载

③试验结果

双向水平剪切工况设置 PC 拉索和不设置 PC 拉索,接头水平弹性阶段剪切刚度在 43.5～44MN/m 之间;无 PC 拉索单向水平压剪水平剪切刚度为双向剪切的 1/3 左右,在 14.5～15MN/m 之间。双向竖向剪切,在挤压橡胶支座的阶段,PC 拉索对接头压缩橡胶支座无明显影响,钢剪力键进入弹性阶段后,有 PC 拉索接头剪切刚度约为 16.4MN/m,无 PC 拉索接头剪切刚度约为 14.49MN/m,表明 PC 拉索对接头抗剪刚度提高有限。

(4) 水平压剪弹性阶段试验

①试验目的

水平各水位压剪工况主要研究隧道在正常使用状态下,各水位接头剪切刚度变化规律。

②加载设计

轴向 4 个千斤顶加载至固定水压后,水平剪切千斤顶进行弹性阶段剪切加载,水平剪切千斤顶卸载后轴向千斤顶继续加载至下一阶段水位荷载,水平压剪弹性阶段加载设计表见表 3.4-10,加载步如图 3.4-38 所示。

水平压剪弹性阶段加载设计表　　　　表 3.4-10

试验编号	轴力加载(kN)	千斤顶	加载周期
YJH-360-1080	360～1080	轴向 2 组、水平剪切 1 个	1

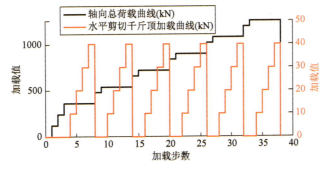

图 3.4-38 接头各水位水平剪切连续加载

③试验结果

试验设定了360kN、540kN、720kN、900kN和1080kN几组荷载,各水位接头剪力和错位量弹性阶段初期均呈线性关系,随着轴向荷载的增大,水平剪切刚度呈非线性增大,360kN时刚度值约为16.5MN/m、540kN时刚度值约为22.9MN/m、720kN时刚度值约为25.3MN/m、900kN时刚度值约为27.8MN/m、1080kN时刚度值约为28.9MN/m。

(5)竖向压剪弹性阶段试验

①试验目的

竖向各水位压剪工况主要研究隧道在正常使用状态下,各水位接头剪切刚度变化规律。

②加载设计

轴向4个千斤顶加载至固定水压后,竖向剪切千斤顶进行弹性阶段剪切加载,竖向剪切千斤顶卸载后轴向千斤顶继续加载至下一阶段水位荷载,竖向压剪弹性阶段加载设计表见表3.4-11,加载步如图3.4-39所示。

竖向压剪弹性阶段加载设计表　　　　表3.4-11

试验编号	轴力加载(kN)	千斤顶	加载周期
YJV-360-1080	360～1080	轴向2组、水平剪切6个	1

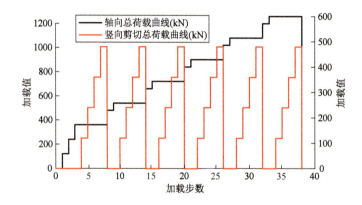

图3.4-39　接头各水位竖向剪切连续加载

③试验结果

与水平压剪工况相同,试验中轴向荷载仍然设定为360kN、540kN、720kN、900kN和1080kN几组荷载。在压缩橡胶支座阶段,接头的剪切荷载和错位量递增关系基本保持一致,而后接头的剪切荷载和错位量均呈现线性增长关系。轴力超过540kN后,接头竖向剪切刚度增长趋势明显,360kN时刚度值约为12.5MN/m、540kN时刚度值约为13.1MN/m、720kN时刚度值约为14.9MN/m、900kN时刚度值约为17.4MN/m、1080kN时刚度值约为22.3MN/m。

(6)水平压剪最不利水位破坏工况

①试验目的

水平静力破坏压剪工况主要研究隧道接头的剪切破坏全程刚度曲线、屈服承载力、极限承载能力以及混凝土剪力键破坏机制等。

②加载设计

最不利工况下轴向静水压力为360kN,轴向4个千斤顶同步分三级加载,每个千斤顶从0依次加载至30kN、60kN、90kN,最终6个千斤顶总的轴力为360kN。待轴向荷载施加完毕后,再施加剪切荷载。水平剪切设计承载力预估为330kN,水平向千斤顶(共1个)从0开始,1~2级每级加载30kN,3~20级每级加载15kN,水平压剪最不利水位破坏加载设计表见表3.4-12,最后缓慢加载至构件破坏,如图3.4-40所示。

水平压剪最不利水位破坏加载设计表　　　　表3.4-12

试验编号	轴力加载(kN)	千斤顶	加载周期
YJH-360-D	360	轴向3组、水平剪切1个	1

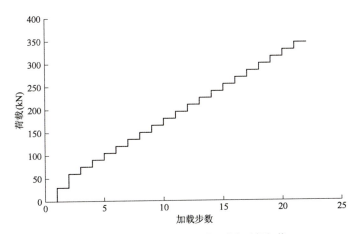

图3.4-40　接头最不利水位水平剪切破坏加载

③试验结果

管节接头水平剪力键破坏分为三阶段:第一阶段为弹性变形阶段,主要是接头抗剪键之间的橡胶垫块压缩起主导作用;第二阶段是橡胶垫块被压缩到一定阶段后,混凝土剪力键起主导作用,此时接头仍然处在弹性变形阶段;第三阶段是混凝土剪力键水平剪切屈服破坏阶段,此时水平剪切荷载超过335kN,混凝土剪力键开始出现裂缝和一定程度的破坏,裂缝在剪力键根部,角度呈30°~45°。

(7)竖向压剪最不利水位破坏工况

①试验目的

竖向静力破坏压剪工况主要研究隧道接头在最不利水位下竖向剪切破坏全程刚度、屈服承载力、极限承载能力以及钢剪力键破坏机制等。

②加载设计

最不利工况下轴向静水压力为360kN,轴向4个千斤顶同步分三级加载,每个千斤顶从0依次加载至30kN、60kN、90kN,最终4个千斤顶总的轴力为360kN。待轴向荷载施加完毕后,再施加剪切荷载。竖向剪力通过6个千斤顶均匀地施加在接头上,竖向剪切设计承载力预估为2100kN,竖向千斤顶(共6个)1~4级每个千斤顶每级加载50kN,5~8级每个千斤顶每级加载25kN,9~16级每级加载10kN,竖向压剪最不利水位破坏加载设计表见表3.4-13,最后缓慢加载至构件破坏,如图3.4-41所示。

竖向压剪最不利水位破坏加载设计表　　　　　　　　表3.4-13

试 验 编 号	轴力加载(kN)	千 斤 顶	加载周期
YJV-360-D	360	轴向2组、竖向剪切6个	1

③试验结果

接头的竖向剪切破坏也分为三个阶段：第一阶段为竖向剪力键间橡胶垫块压缩阶段；第二阶段为接头刚性剪力键起主导作用的线弹性变形阶段；第三阶段为接头刚性剪力键屈服破坏阶段，此时预埋板螺栓剪断，橡胶支座挤压破坏。测得接头抗剪的屈服承载力约为500kN，接头的极限承载力约为770kN，反推到红谷隧道工程实际，接头极限竖向承载力约为19MN。

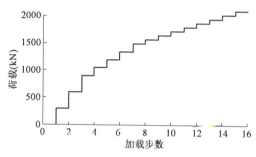

图3.4-41　接头最不利水位竖向剪切破坏加载曲线

3.4.4　小结

南昌红谷隧道尝试了对接头构件的精细化分析，先行确定接头的构件刚度作为接头单元的参数，用于后续三维实体模型的简化计算，建立了一种方便考虑管节接头的沉管法隧道数值模拟方法，能够大大减少模型单元数量和计算时间，有效提高计算效率。

建立的质点-弹簧体系与土-结构相互作用体系耦合简化模型，基于弯矩、轴力、剪力、接头张开量、土-隧道相对纵向位移等隧道结构性能指标，分析比较了常遇地震及罕遇地震、横向输入与纵向输入、一致输入与行波输入下隧道各处的地震响应及接头变形，研究结果可为开发新型沉管法隧道减震接头、推广和促进隧道抗震设计在工程实践中的应用提供理论依据和科学数据支撑。

提出的沉管法隧道大比尺管节接头力学性能及变形特征试验技术，研制的多维多向自平衡式加载反力装置，为沉管法隧道结构试验模拟提供了一套可靠、可行、科学的试验技术平台。

3.5　本章小结

本章对当前沉管法隧道结构主要计算方法的适用性及局限性进行了详细阐述，并结合实际工程应用，提出了合理建议。

针对沉管法隧道管节和接头特点，建立了接头构件精细化数值模型，得到了用于进行荷载-结构法和地层-结构法数值分析的管节接头参数，充分考虑管节接头不连续的特点，从而建立了一种可以简化管节接头的沉管法隧道数值模拟方法，能够大大减少模型单元数量和计算时间，提高计算效率。

面向沉管法隧道抗震设计的有限元建模方法与分析理论，提供了三种计算思路：一是采用等效质点-弹簧体系和土-结构相互作用体系耦合，既考虑了土层、沉管本体、接头、地震波等因素的影响，也体现了土层与隧道的整体动力响应，相对于其他简化模型，可有效地提高抗震分析的可靠性；二是对于精度要求更高的项目，充分利用超高性能计算设备，建立的三维实体有限元模型，能够获得更加真实的地震结构响应，为了提高计算效率，也可对隧道周边约束条件采用等效弹簧模型替代，将复杂的模型进行局部简化，仍能满足设计精度要求；三是通过1∶5大比尺模型试验研究管节接头在不同轴压力加载等级下和预应力拉索装置下的压弯和压剪力学性能，得到了不同轴向压力与装置下接头力学参数的变化规律。

本章所介绍的沉管法隧道计算方法和合理建议，对于类似工程有参考价值，可对今后基于性能的沉管法隧道结构计算分析实践提供借鉴和参考。考虑到各种计算简化模型适应条件和优缺点不同，今后应充分考量荷载-结构模式和地层-结构模式的差异性，兼顾管节结构、接头的受力力学性能以及土体与结构的接触效应，在确保计算精度满足要求的前提下，建立一套更为完善的沉管法隧道整体结构和地震动力响应的快速分析方法。

本章参考文献

[1] 万晓燕,管敏鑫,唐英.沉管法隧道段的结构计算与分析[J].世界隧道,1999(03):19-22.
[2] 同济大学,中铁隧道勘测设计院有限公司.广州市生物岛沉管法隧道计算分析报告[R].2004.
[3] 曹文宏,乔宗昭,金先龙,等.外环线沉管法隧道地震响应的三维数值模拟[J].中国市政工程,2006(01):81-83,94.
[4] 中铁隧道勘测设计院有限公司.复合地质条件下沉管法隧道结构变形及管段接头力学行为分析研究报告[R].2016.
[5] 原铁道部科学研究院西南分院.世界沉管法隧道技术[R].1998.
[6] (日)临港技术开发研究中心.沉管法隧道技术手册[R].1997.
[7] 胡政才,先明其,马积薪.日本多摩川沉管法隧道的设计与施工[J].世界隧道,1995(05):52-75.
[8] 陈韶章.沉管法隧道设计与施工[M].北京:科学出版社,2002.
[9] 洪代玲.日本沉管法隧道抗震设计特点[J].世界隧道,1997(03):35,53-62.
[10] 中铁隧道集团有限公司,中铁隧道集团有限公司技术中心.沉管法隧道设计与施工关键技术研究[R].2010.
[11] 丁文其,朱令,彭益成,等.基于地层-结构法的沉管法隧道三维数值分析[J].岩土工程学报,2013,35(S2):622-626.
[12] 中华人民共和国住房和城乡建设部.沉管法隧道设计标准:GB/T 51318—2019[S].北京:中国建筑工业出版社,2019.
[13] 天津市城乡建设和交通委员会.内河沉管法隧道设计、施工及验收规范:DB/T29-219—2013[S].天津:天津市建设工程技术研究所,2013.
[14] 李志军,王海龙,洪开荣,等.大流速高水差过江沉管法隧道关键技术[M].北京:科学出版社,2016.
[15] 贺维国,邢永辉,沈永芳,等.新型内河沉管法隧道修建技术实践[M].北京:人民交通出版社股份有限公司,2016.

第 4 章
基槽开挖与回填技术

4.1 概述

沉管法隧道水上施工作业的主要流程是:在水下沿河床底开挖基槽、在基槽内依次沉放管节、将沉放好的管节进行回填覆盖。

基槽开挖设计主要考虑的问题包括:基槽开挖深度及底宽的确定,基槽水下边坡坡率的确定,基槽开挖方式的选择等。基槽开挖深度与隧道设计纵断面及基础处理方式有关,槽底宽度应满足管节沉放时的作业空间要求;基槽边坡坡率应保证管节沉放期间水下边坡具有足够的稳定性,不致产生影响施工的边坡滑塌;合理的开挖方式应满足项目工期、安全以及经济等方面的要求。

基槽回填设计主要考虑回填方式及材料的要求,经过回填覆盖后沉管法隧道应具有较好的防冲刷、防锚以及防沉船等能力。隧道管节局部突出河床时,需进行相应的专题研究。

4.1.1 国外基槽开挖与回填技术

国外沉管法隧道在发展之初,水下基槽多借鉴港工、船坞等相近工程进行设计。水下边坡坡率常采用预设计方法确定,允许承包商施工时视现场情况进行调整;基槽开挖多采用吸泥船、液压式和抓斗式挖泥机;回填覆盖按管节顶部采用碎石、片石等材料,两侧采用砂石、碎石等材料的方式进行。当基槽底存在岩石开挖时,国外较少采用水下爆破方式,而多采用铣刀式真空挖泥机、铰刀式挖泥船等设备开挖。伴随多座沉管法隧道的陆续修建成功,沉管法隧道基槽边坡坡率的确定逐渐开始借鉴之前的成功案例,由经验法进行边坡设计。国外沉管法隧道边坡坡率根据其所开挖土层的不同,一般定为1:4~1:1.5(极少数情况缓于1:4),部分国外沉管法隧道基槽情况见表4.1-1。

部分国外沉管法隧道基槽边坡概况　　　　表4.1-1

隧道名称	主要开挖地层	边坡坡率
日本台场隧道	软弱的冲积黏土层	1:3
美国麦克亨利隧道	表层为海积层,下部为砂、砾石土	最底部1:1.5,中部1:2.5,上部1:4
日本川崎隧道	黏土及砂质土	黏土地层:下部1:1.5,上部1:3;砂质土:1:3
日本多摩川隧道	黏土及砂质土	黏土地层:1:1.5~1:3;砂质土:1:3
底特律—温莎隧道	黏土	1:1~1:0.5
加拿大迪斯隧道	淤泥	1:1.5
德国伦茨堡隧道	细砂	1:2.5
美国切萨皮克湾大桥隧道	砂、淤泥	1:2
荷兰科恩隧道	黏土	1:3

柏林水利工程和航运研究机构就基尔运河下的布龙斯比特尔(Brunsbuttel)公路隧道工程,研究了船只通过时对基槽边坡稳定性的影响问题,并进行了物理模型试验。研究认为,当一艘大型船舶驶过时,会引起全新世-更新世砂层的冲刷,边坡底部的冲刷可能引起边坡滑塌,

当边坡坡率缓于1:5时影响较轻微;对一般边坡可采取适当加大基槽底宽、边坡中部设置1.3~2m的平台宽度等措施。

1976年建成的日本东京港沉管法隧道,所在地质条件为均质的淤泥地层,隧道采用泵式疏浚船进行开挖与疏浚。在确定基边坡坡率时根据地质钻探数据进行了坡率为1:1.5的边坡稳定性计算,得到边坡稳定系数 $F_s=3$(大于边坡稳定性安全系数,边坡属稳定状态)。同时,隧址所在水域最大流速0.6m/s,为确定波浪和潮流造成的回淤对边坡稳定性产生的影响,日本东京港沉管法隧道在开挖前进行了试挖槽试验(图4.1-1),在槽内设置1:1.5、1:2、1:3、1:4、1:5等坡率,并观测淤泥的堆积情况及坡面的破坏情况。最终得到结论:坡面的斜率没有必要过于缓和,1:1.5可满足稳定性要求,但回淤堆积2个月达到1m,需定期清淤。

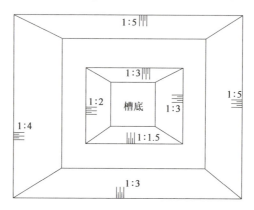

图4.1-1 日本东京港沉管法隧道试挖槽平面示意图

根据施工地点的地理条件,在日本东京港沉管法隧道基槽回填材料选择时,顶面材料须考虑对来自船舶的抛锚等起到保护隧道的作用,侧面材料必须是在地震时不能引起流动化的材料,最终综合考虑成本与环保等因素,选用砂岩作为顶面回填材料,侧面使用生产砂岩时的矿渣。

2000年建成的丹麦厄勒海峡隧道,隧道基槽长度3500m,由于基槽开挖工程量大,其开挖总方量超过220万 m^3,其中超过200万 m^3 是哥本哈根石灰岩构造的岩石,岩石最大强度达100MPa,水下边坡坡率为1:0.33(图4.1-2)。为了处理大量岩类地层的开挖,厄勒海峡隧道利用了当时世界上最大功率的绞吸式挖掘船(铰刀功率3680kW)进行液压绞吸法基槽开挖(图4.1-3),开挖效率达到400~1100m^3/h。在厄勒海峡连接线的隧道与桥梁之间修建了新的人工岛,人工岛充分利用了基槽开挖出的碴石作为填料。

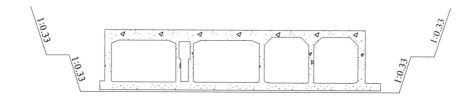

图4.1-2 厄勒海峡隧道基槽设计横断面图

图 4.1-3 厄勒海峡隧道作业的"双子星"号绞吸式挖泥船

4.1.2 国内基槽开挖与回填技术

我国沉管法隧道早期水下基槽开挖边坡坡率主要以疏浚经验为主,参照河道疏浚设计规范进行确定,但是由于沉管法隧道的基槽开挖深度往往远大于河道疏浚的深度,而且不同于河道疏浚工程,沉管法隧道基槽的边坡一般垂直于水流方向,受水动力作用影响明显,经验判别并不能完全保证工程安全。随着沉管法隧道工程案例的增多,逐步采用经验法与理论计算相结合的方法来确定水下基槽边坡坡率。当建设条件较复杂时,还应通过基槽试挖试验验证水下边坡的合理坡率。

广州珠江隧道作为我国大陆建成的首座沉管法隧道,水下基槽最大水深约20m,开挖范围内遇到基岩,基槽开挖水下边坡坡率参考类似水下工程经验确定:岩石边坡坡率取1:0.75,土质边坡坡率取1:2,见图4.1-4。

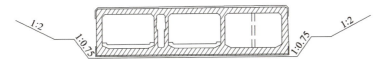

图 4.1-4 珠江隧道水下基槽横断面图

20世纪90年代,中铁第四勘察设计院在进行南京长江沉管法隧道前期研究时得出如下主要结论:基槽开挖最大水深约40m,基槽底宽较管节底宽3~6m,开挖深度为管节底板设计高程再加1m的超挖,边坡坡率通过安全系数法确定,初步计算上游边坡坡率为1:5~1:2.5,下游边坡坡率为1:3。

2003年建成的上海外环隧道,基槽最大开挖深度29m,底部挖宽47m,土层从上到下依次为淤泥质黏土、砂质黏土和黏土等软土。基槽轴线与主航道和水流方向垂直,基槽开挖采用8m³抓斗挖泥船,水下边坡坡率为1:3。E6管节采用了1000~1600m³/h的绞吸船进行基槽清淤。

2010年建成的广州仑头隧道沉管段主要穿越深厚的淤泥和粉细砂地层,基槽边坡坡度在借鉴《疏浚工程技术规范》(JTJ 319—1999)的基础上,采用极限平衡法对边坡坡度进行了稳定性验算。为了减少基槽总开挖量,设计选用了较小的边坡稳定系数,即允许施工期间在特殊情况下边坡有小范围的局部坍塌,当局部坍塌可能影响管节沉放时,需要进行清淤处理。设计采用的水下边坡坡率为:淤泥或淤泥质地层1:4,砂土、黏土地层1:3。

2017年建成的佛山东平隧道沉管段基槽开挖量90%以上为强风化~中风化泥质粉砂岩,河道受到径流与潮汐流的共同作用,水流速度大。水下边坡设计时考虑了动水渗流场的影响,最终确定水下边坡坡率为:强~中风化岩层取1:1.5,风化及土质地层为1:4。

港珠澳大桥海底隧道基槽长5600多米,底宽约42m、最大水深约42m,总开挖量超过3000万m^3,因此建设各方对于水下边坡坡率高度关注。工程建设期间进行了大量的水下边坡数值模型计算,施工期正常工况下边坡安全系数为1.1,运营期正常工况下边坡安全系数为1.5、偶然工况为1.2。为了确保边坡坡率的合理,又开展了原位试挖成槽试验。成槽试验主要研究内容包括:成槽工艺与设备功效分析、试挖槽边坡稳定分析、现场回淤实测与分析、回淤数值模拟分析等。试挖槽槽底长100m、宽21m,槽底高程−21m,采用了1:5、1:6、1:8和1:10四种坡率进行对比试验。试挖槽平面示意见图4.1-5。

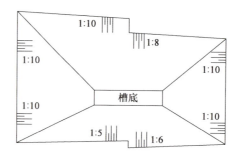

图4.1-5 港珠澳大桥海底隧道试挖槽平面示意图

根据试槽试验及计算结果,港珠澳大桥海底隧道深槽段水下基槽边坡坡率为:黏土、砂层1:2.5,淤泥与淤泥质土1:5。浅槽段槽底高程高于淤泥层时采用一级边坡,坡率为1:7(部分1:5)。为保证基槽在一段时间内的稳定性以及减少回淤,基槽两侧坡顶外各40m的表层流泥予以清除。基槽开挖采用大型耙吸挖泥船和大型抓斗船结合施工,计算总开挖量约3000万m^3。

大连湾海底隧道是我国北方海域首条沉管法隧道,沉管全长3035m,有18个管节。基槽总开挖量约390万m^3,所处海域多为岩石基础,主要由白云质灰岩与石灰岩构成,硬度较高,岩石开挖量约120万m^3。施工中投入了三艘炸礁船同步施工,利用水下钻爆船把槽底岩石进行分层爆破后再进行基槽开挖(图4.1-6)。

图4.1-6 大连湾海底隧道水下炸礁船

沉管法隧道管节沉放对接完成后,需要进行回填覆盖。基槽回填的主要目的有:①对沉管管段加以保护,使其具有较好的防冲刷、防锚、防沉船冲击等能力;②防止基础外侧形成抗地震液化薄弱区,因此管节两侧回填层应具有良好的排水性能。典型隧道回填处理示意如图4.1-7所示。

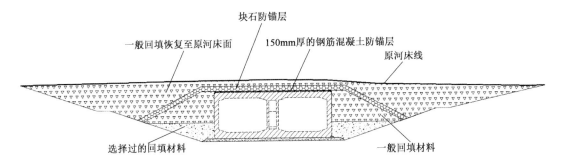

图4.1-7 典型隧道回填处理示意图

沉管法隧道顶部回填一般按填至原有河床面即可。上海外环隧道和广州仑头隧道为了减小隧道纵坡、利于两端路网衔接,分别采用了在管顶突出河床深槽3.5m、2.2m的方案。外环隧道管顶突出河床示意如图4.1-8所示。

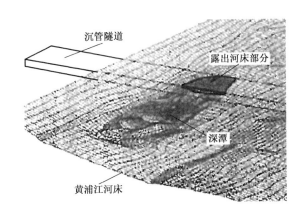

图4.1-8 上海外环隧道管顶局部高出河床示意图

广州市珠江隧道于1994年建成通车,2009年航道部门在开展附近水域航道水深测量时发现沉管顶部覆盖层异常。广州市打捞局于2009年7月3日—7月8日对隧道覆盖层进行了全面的水下探摸,发现有如下多种情况出现:①管节上游出现最大高度6.8m的深槽;②管节上、下游都成槽形,但上游槽深大于下游槽深,上游最大槽深6.8m,下游最大槽深3m;③下游出现槽形,顶板露出宽度最大9.6m;④部分地段覆盖层基本完整,局部厚度略有不同。以上四种情况分别见图4.1-9~图4.1-12。基于此,珠江隧道在水下探摸结束后,立即启动了隧道覆盖层抢险工程,对缺失的覆盖层进行修复;同时开展了河工物理模型试验研究覆盖层缺失的原因,并建立了后续定期检查覆盖层情况的运维机制。

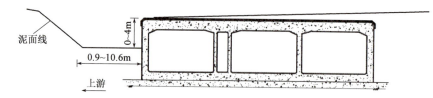

图 4.1-9 上游出现深槽示意图

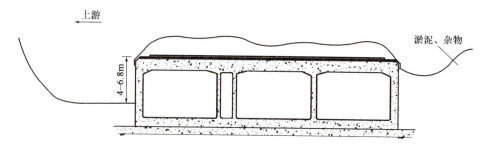

图 4.1-10 上下游都出现槽形示意图

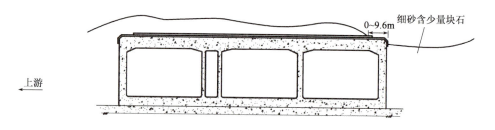

图 4.1-11 下游出现槽形示意图

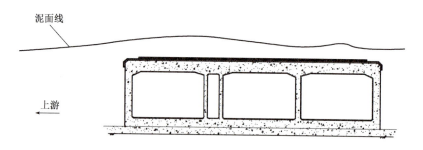

图 4.1-12 典型回填断面示意图

  港珠澳大桥海底隧道是世所罕见的深埋沉管法隧道,管顶最低点位于原河床面以下 10m 以上,按照常规的方法回填到原河床面回填量巨大,并且由于建设条件位于海洋,与内河相比基槽工程对于水文环境的影响相对较小,因此在基槽回填过程中仅在管节两侧进行锁定回填、一般碎石回填,在管节顶部进行护面层回填,保护沉管管段,余下部分靠自然回淤恢复到原河床,有效地减少了工程总量,基槽回填示意图如图 4.1-13 所示。由于是深埋隧道,运营期间还需要定期监测河床回淤情况,避免过大的回淤造成隧道结构受力过大。

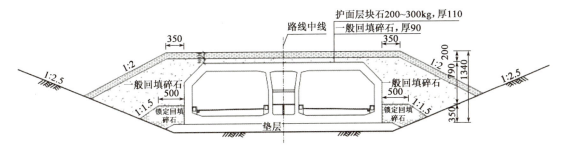

图 4.1-13 港珠澳大桥海底隧道基槽回填示意图(尺寸单位:cm)

4.2 基槽开挖与隧道回填关键技术

4.2.1 基槽开挖关键技术

沉管法隧道基槽设计内容主要有水下边坡坡率确定、基槽底宽设计、基槽深度设计、基槽开挖方式选择。

1)水下边坡坡率确定

(1)方案设计阶段

可根据现场地质条件,按《疏浚与吹填工程设计规范》(JTS 181-5—2012)的规定,参考类似工程经验确定水下边坡坡率。《疏浚与吹填工程设计规范》(JTS 181-5—2012)中规定的不同岩土水下边坡坡率见表4.2-1,我国部分已建沉管法隧道基槽水下边坡坡率见表4.2-2。

规范中不同岩土的水下边坡坡率　　　　表4.2-1

岩土类别	岩土名称	边坡坡率
淤泥土类	流泥	1:25 ~ 1:50
	淤泥	1:8 ~ 1:25
	淤泥质土	1:3 ~ 1:8
黏性土类	黏土	1:2 ~ 1:3
	粉质黏土	
	黏质粉土	1:3 ~ 1:8
砂土类	砂质粉土	1:2 ~ 1:5
	粉砂	1:2 ~ 1:10
	细砂	
	中砂	
	粗砂	
	砂砾	
岩石类	软质岩石	1:2.5 ~ 1:5
	硬质岩石	1:0.75 ~ 1:1.00

我国部分已建沉管法隧道基槽水下边坡坡率 表4.2-2

序号	名　称	地　质	坡　率
1	广州珠江隧道	砂土、黏土	1:2
		红砂岩	1:0.75
2	上海外环隧道	砂土、黏土	1:3
3	宁波甬江隧道	淤泥、淤泥质土	上级1:7,中级1:4,下级1:3
4	宁波常洪隧道	淤泥、淤泥质黏土	近两岸上级1:5,江中上级1:4,下级1:3
5	广州仑头隧道	淤泥或淤泥质地层	1:4
		砂土、黏土地层	1:3
6	广州官洲隧道	砂质黏性土、强~中风化岩	1:2
7	佛山东平隧道	砂土、黏土、淤泥、淤泥质土	1:4
		泥岩、砂岩	1:1.5
8	南昌红谷隧道	细砂	1:5
		砾砂、圆砂、卵石	1:3
		泥质粉砂岩	1:1.5
9	广州金光东隧道	淤泥、淤泥质土	1:5
		砂、黏性土	1:3
		全、强风化混合花岗岩	1:1.5
10	广州洲头咀隧道	强风化岩	1:1
11	襄阳鱼梁洲隧道	砂土、黏土	1:3
		卵石、圆砾	1:2
12	大连湾海底隧道	淤泥质土	1:7
		全风化岩	1:3
		强风化岩	1:2
		中风化岩	1:0.75
13	港珠澳大桥海底隧道	淤泥质土	1:5、1:7
		黏土	1:3
		砂土及黏土	1:2.5
14	深中通道沉管法隧道	淤泥质土	1:5、1:7
		砂土、黏土、全风化岩	1:3

（2）初步设计阶段

宜通过稳定性分析确定基槽的水下边坡坡率。相对于陆上工程边坡，水下边坡处于全饱和状态，物理力学指标值均需按饱水及浮态考虑。同时，对长时间晾槽的情况，也应考虑不利波流条件的偶然作用。

静水场中水下基槽边坡的稳定性分析一般有两种考虑方法：一种是采用土体的有效重度（浮重度）、土体在水中的力学指标，按普通地面边坡进行计算；另一种是将静水压力作为荷载作用于边坡边界上，然后采用水下土体物理力学指标，按普通地面边坡进行计算（图4.2-1）。

一般情况下,对于粉细砂基槽边坡而言,应按第一种方法计算,因为粉细砂边坡滑动面上的抗滑力主要由土体有效应力提供,而对于粉细砂而言,土体有效应力的大小与水深无关。

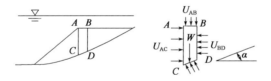

图 4.2-1　静水场水下边坡受力图

A、B、C、D-条分法土条顶点;U_{AB}、U_{AC}、U_{BD}-土条所受水压力;W-土条自身重力;$α$-边坡坡度

一般沉管法隧道基槽水下边坡实际上还应考虑河流动水压力、水流渗透力等因素的影响。海洋环境下,还应考虑波浪、地震、沉船等荷载作用对基槽边坡稳定性的影响。正常使用情况下,边坡稳定性安全系数取 1.3～1.5,边坡允许局部坍塌时还可适当降低。基槽边坡稳定性分析力学模式见图 4.2-2。

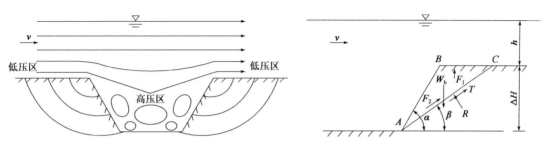

图 4.2-2　动水场水下边坡受力图

A、B、C-滑动土体顶点;W_b-有效重力量;ΔH-边坡高度;$α$、$β$-边坡坡脚及滑动面与水平线夹角;F_1-动水流速引起的土体升力;F_2-土体所受渗透压力;T-抗滑力;R-土体支撑反力;h-水深;v-水流速度

(3)施工图设计或施工阶段

对于环境条件复杂、开挖工程量巨大或者边坡稳定对工程影响特别的项目,可开展现场试挖试验确定水下边坡坡率。通过工程试挖试验确定边坡坡率可包括以下三个步骤:

①采用多波速测量,定期进行边坡状态观测,统计分析不同边坡的稳定性。

②采用双频单波速测量,校验多波速成果,并观测回淤变化。

③取用地质勘探和实际开挖土样试验数据,理论推算边坡稳定参数。

2)基槽底宽设计

基槽的设计底宽一般为管节最大外侧宽度 B 加两侧预留量 $2b$,见图4.2-3。一般 b 为 1～2.5m,根据不同的基础处理方法,b 可适当加大。《公路沉管隧道设计规范》(JTG/T 3371-01—2022)中规定,基槽设计底宽和应符合式(4.2-1)要求:

$$B = B_t + 2b + T \tag{4.2-1}$$

式中:B——基槽设计底宽(m);

B_t——管节底宽(m);

b——管节单侧预留量(m);

T——考虑基槽底水平向欠挖的预留量(m),一般可取 0～0.5m。

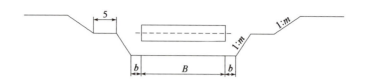

图 4.2-3　基槽开挖典型断面图(尺寸单位:m)

3)基槽深度设计

《公路沉管隧道设计规范》(JTG/T 3371-01—2022)规定,基槽设计底高程的确定应符合式(4.2-2)要求:

$$H = h_d - h_0 - h_t \tag{4.2-2}$$

式中:H——基槽设计底高程(m);

　　h_d——管节底板底面高程(m);

　　h_0——基础垫层厚度(m);

　　h_t——考虑基槽底竖向欠挖的预留量(m),一般可取 0~0.5m。

根据沉管段的纵断面,可得出任一位置的沉管底面设计高程。基槽开挖的底部设计高程原则上等于沉管段的底面设计高程,将其加上基础处理所需高度以及基槽(疏浚)的精度[一般为+(300~500)mm],如灌砂基础一般取+60mm,即可得出任一位置基槽开挖横断面的开挖深度。如遇岩层,尚需确定爆破岩层厚度。根据河(海)床基槽的地质条件进行基槽边坡稳定性分析计算,最后根据沉管段所处位置的水力学因素(潮汐、淤积和冲刷)进行修正,最终得出基槽开挖横断面。理论上,上下层和断面上下游侧坡率会由于实际情况而有所不同,但目前国内多数沉管基槽边坡的上下游坡率按相同值设计。

4)基槽开挖方式选择

河道疏浚的设备分为两类,一类是针对土质地层的耙吸、绞吸、链斗、抓斗、铲斗等挖泥船(图4.2-4~图4.2-8),另一类是针对岩石地层的水下爆破、凿岩棒、特殊设备等。

图 4.2-4　链斗挖泥船

图 4.2-5　抓斗挖泥船

图 4.2-6　铲斗挖泥船

图 4.2-7　耙吸挖泥船

图 4.2-8　绞吸挖泥船

（1）土质地层开挖

土质地层多采用挖泥船进行施工，主要有基槽表层的清理、基槽切滩、基槽粗挖和基槽精挖等几个工序，每一层开挖完成之后应准确测深，为下一层的开挖做好准备或确定基槽开挖是否已符合设计要求。精挖在临近管节沉放期间进行，可减少成形后基槽中泥沙的淤积以及清淤的工作量。

挖泥船根据工作原理可分为水力式、机械式和气动式三大类。水力式挖泥船可分为耙吸挖泥船、绞吸挖泥船、吸扬挖泥船和射流泵挖泥船等，机械式挖泥船可分为抓斗挖泥船、铲斗挖泥船和链斗挖泥船等，气动式挖泥船可分为气力提升式挖泥船和气动泵式挖泥船等。所选用的疏浚设备应根据工程规模、建设要求、现场水域条件、岩土的可挖性、管道输送适宜性、现场的自然与环境条件等影响因素进行选择。淤泥土类宜使用耙吸挖泥船或绞吸挖泥船进行挖掘和输送，也可使用斗式挖泥船进行挖掘；砂土类、黏性土类可使用各种挖泥船进行挖掘；碎石类土宜采用抓斗挖泥船或铲斗挖泥船进行挖掘，也可使用大、中型绞吸挖泥船进行挖掘；岩石在预处理后才能进行挖掘，软质岩石也可采用大型绞吸挖泥船、铲斗挖泥船或抓斗挖泥船进行挖掘，《疏浚与吹填工程设计规范》（JTS 181-5—2012）中各挖泥船对疏浚岩土的可挖性难易程度分类见表 4.2-3。

挖泥船对疏浚岩土的可挖性　　　　　　　　　　　　　　　　　　表4.2-3

岩土类别	级别	状态	耙吸 大(≥3000 m³)	耙吸 小(<3000 m³)	绞吸 大(≥2940 kW)	绞吸 小(<2940 kW)	链斗 大(≥500 m³)	链斗 小(<500 m³)	抓斗 大(≥4m³)	抓斗 小(<4m³)	铲斗 大(≥4m³)	铲斗 小(<4m³)
有机质土及泥炭	0	极软	容易	容易	容易	容易	容易	容易	容易	容易	不适合	不适合
淤泥土类	1	流态	较易	较易	容易	较易	较易	较易	不适合	不适合	不适合	不适合
淤泥土类	2	很软	容易	容易	容易	容易	容易	容易	较易	较易	较易	较易
黏性土类	3	软	容易	容易	容易	容易	容易	容易	容易	容易	容易	容易
黏性土类	4	中等	较易	尚可	较易	较易	较易	较易	较易	容易	容易	容易
黏性土类	5	硬	困难	困难	较难	较难	较难	较难	较难	尚可	尚可	尚可
黏性土类	6	坚硬	很难	困难	困难	困难	困难	困难	困难	很难	较难	较难
砂土类	7	极松	容易	容易	容易	容易	容易	容易	容易	容易	容易	容易
砂土类	8	松散	容易~较易	较易	容易	容易	容易	容易	容易	容易	容易	容易
砂土类	9	中密	尚可~较难	较易	较易	较易	较易	尚可	较易	较难	容易	较易
砂土类	10	密实	较难~困难	困难	困难	困难	较难	困难	困难	很难	尚可	尚可
碎石土类	11	松散	困难	困难	困难	困难	较易	尚可	较难	尚可	容易	较易
碎石土类	12	中密	很难	不适合	很难	不适合	困难	不适合	困难	很难	较易	尚可
碎石土类	13	密实	不适合	不适合	不适合	不适合	很难	不适合	很难	不适合	较难	困难
岩石类	14	弱	不适合	不适合	尚可	不适合	困难~很难	不适合	很难	不适合	尚可~困难	很难
岩石类	15	稍强	不适合	不适合	困难	不适合	不适合	不适合	不适合	不适合	不适合	不适合

（2）岩质地层开挖

根据《疏浚岩土分类标准》（JTJ/T 320—1996）中规定，标准贯入击数大于30的疏浚岩石，应采用水下爆破方式和击碎等方式预处理后再进行清理。目前水下岩石进行预处理的方式主要有爆破技术和凿岩棒技术。水下爆破岩石技术是一种比较成熟的技术，凿岩棒技术是这些年在世界上逐渐发展起来的新的疏浚技术，在国内也得到了广泛的应用。

①水下爆破开挖

水下工程爆破直接在水环境中进行（图4.2-9、图4.2-10），省去了昂贵的围堰、基础防渗及基坑排水费用，降低了工程造价，缩短了总工期。随着航道开发整治需求的迅速发展，水下爆破技术已经越来越广泛地应用于水下工程建设项目中。

水下爆破应用范围广泛，如新建港口、桥梁、水工建筑物、渔礁等的水下岩石基础爆破开挖；增加港湾、海峡、河流、湖泊、人工渠道、运河的水深以利通航；改善河势及河口、港口整治；在已建成的水库或天然湖泊中建造取水口工程；炸除废弃的水中建筑物；压实水下基床；利用爆破解体,打捞沉船等。水下爆破施工通常采用水下裸露药包爆破方法和水下钻孔爆破方法。此两种水下爆破施工方法的适用条件和优缺点见表4.2-4。

图4.2-9 钻探炸礁船　　　　　　　　　图4.2-10 自升式炸礁平台船

水下爆破施工方法比较　　　　　　　　　　　表4.2-4

方　法	优　点	缺　点	适　用　情　况
水下裸露药包爆破	施工方便,投入人员、设备较少	用药量大,噪声大,对环境影响较大;岩石炸碎不均匀,水中冲击波大	(1)砂质浅滩或挖掘难度大的卵石地质松动; (2)零星礁石、炸礁后残留浅点消除及大块石二次爆破; (3)破冰、冰下炸礁; (4)清除水下障碍物; (5)处理盲炮; (6)钻孔困难的施工点; (7)炸区面积小、炸层较薄者
水下钻孔爆破	用药量小,节约爆破器材,效益高,岩石炸碎均匀,水中冲击波小	工序多,投入人员较多,需采用专业的炸礁船搭载钻孔设备进行	(1)炸区面积大、炸层较厚; (2)要求岩层破碎均匀; (3)要求减少水中冲击波危害; (4)水下基槽开挖; (5)水下构筑物拆除; (6)对开挖断面形状要求较高

②凿岩棒法

随着我国沿海内河航道和码头的规划以及建设规模不断增加,其中部分水下土石方开挖工程将不可避免地遇到硬质岩石。而随着国家海洋环境管理法规的完善和对渔业养殖保护的重视,爆破开挖施工方式将越来越多地受到限制。为了解决这类问题,采用凿岩棒进行水下碎岩施工工艺应运而生(图4.2-11、图4.2-12)。凿岩棒法采用抓斗挖泥船配备凿岩棒构成凿岩系统进行疏浚施工,硬件设备包括抓斗挖泥船、凿岩棒和自航开体泥驳等,软件包括DGPS定位系统软件、Hypack测量软件、疏浚工程电子显示系统等。

图 4.2-11　抓斗挖泥船采用凿岩棒进行水下凿岩作业

　　　　a)　　　　　　　　　　b)　　　　　　　　　　c)　　　　　　　　　　d)

图 4.2-12　几种不同形状和重量凿岩棒的外观

　　这种工法在实施过程中于挖泥船的抓斗吊机上装上铸钢制造的凿岩棒,施工时将其提升到一定高度后自由落下,依靠自身的冲击力撞击海底岩石,以纵向冲击载荷破碎岩石。基床底的岩石表面受到冲击力的作用时,先在接触处产生弹性变形,随后出现微裂纹,然后逐渐形成放射裂纹,岩石表面突然破裂,最后出现体积破碎。这种方法的特点是接触应力瞬间可达极高值,应力比较集中,所以尽管岩石的动硬度要比静硬度大,但仍易产生裂纹,而且冲量越大,岩石脆性越大,有利于裂隙发育。因此用不大的冲击能,就可以破碎极坚硬的岩石。不同形状的凿岩棒,将产生不同的入射应力波形。一般而言,细长的冲锤,入射波的幅度低,作用时间长;短而粗的冲锤,入射波的幅度高,作用时间短。缓和的入射波形比陡的入射波形有较高的凿入效率,这是由于凿入起初不需要很大的力,随着凿岩棒侵深增加,所需力也增大,故缓和的波形与之相匹配。因此,改变入射波的形状,主要是改变凿岩棒的形状,可以产生不同的碎岩效果。应用本工法时可根据所在工程的具体地质条件选择合适形状和重量的凿岩棒。

　　凿岩棒法适用于具有一定起吊和制动能力的船舶配备合适的凿岩棒在内河及沿海地区进行碎岩预处理施工。在对振动和浑浊较敏感的水域进行碎岩预处理施工具有较大的优越性。尤其适用于强风化～中风化板岩、页岩及砂岩的地质状况。

4.2.2 基槽回填关键技术

沉管法隧道在管节浮运沉放完成后对已安装完成后的管节两侧及顶部进行回填处理。管节回填覆盖的目的是对已安装的沉管段加以保护，防止管体侧面的水流冲刷，防止沉船、抛锚走锚对管体造成破坏。同时也为防止在基础边缘外侧形成抗地震液化薄弱区。因此，管节回填覆盖也是非常重要的工序。

1）回填防护

基槽回填一般由锁定回填、一般回填与护面层回填三部分组成。做好管节基础的施工作业后，回填管节两侧和顶部形成的回填层应具有良好的排水能力，否则易在积水作用下发生失稳。以管节的位置和水流情况为基本参考，合理调整回填工艺参数。通常，管节两侧3m高度内所用材料均为砂石，于管节顶部自上而下依次施作防锚层和回填层。回填的组成与布置如图4.2-13所示。锁定回填位于管节两侧，为施工阶段的管节稳定提供约束。护面层回填位于管节顶部，一般回填位于锁定回填与护面层回填之间。

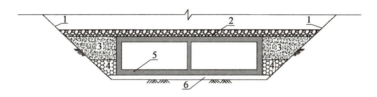

图4.2-13 回填的组成与布置
1-基槽；2-护面层回填；3-一般回填；4-锁定回填；5-管节结构；6-基础垫层

基槽回填的回填料应选用强度符合要求、取材方便、不液化、耐久无害的材料，含泥量不应大于5%。锁定回填宜选用透水性好的碎石、砾石或粗砂，高度不应小于1/3管节高度，同时，锁定回填应两侧同步、分层、对称抛填，并应结合水文条件及管节临时稳定性确定回填时序。一般回填宜选用透水性好的河（海）砂或碎石。护面层回填宜满足冲刷稳定性、防拖锚、防抛锚及管节抗浮等要求，宜选用片石、块石或预制混凝土块体等，其厚度不应小于1.5m。护面层回填顶部宽度应大于管节外包宽度，两侧各不应小于2m。同时，应根据沉管法隧道不同区域分别进行回填块石稳定性计算。护面层块石稳定所需粒径由式(4.2-3)计算求得。根据稳定所需粒径大小，结合防护用石料的密度可计算得出块石稳定重量。对水文环境复杂的沉管法隧道回填防护结构应采用物理模型试验进行验证。

$$D = \frac{U_x^2 + U_{fw}^2}{A \cdot g \cdot \psi} \tag{4.2-3}$$

式中：D——护面块石粒径(m)；

ψ——防护参数，可取为0.04；

A——块石相对密度；

g——重力加速度常数(m/s²)；

U_x——水流剪切流速(m/s)；

U_{fw}——波浪剪切流速(m/s)。

2）防撞、防冲刷构造

在通航水域管顶露出河床时，可在相应地段设置水下护坦等进行防撞、防冲刷保护。当采用水下护坦进行防撞、防冲刷保护时，护坦应不影响水面船舶航行安全。在设有水下护坦地段，应在水面设置航行警示装置。护坦范围和构造形式应结合防冲刷、防浪和防船撞分析等确定。水文环境复杂的沉管防撞护坦结构应采用物理模型试验进行验证。

沉管法隧道在两岸段埋深较浅，在管顶露出河床或河床出现移动沙丘时，应采取有效、可靠的工程措施防止失控船舶等撞击或河床冲刷淘蚀，通常做法是设置水下护坦，护坦设计应综合考虑水面航行的船舶安全、隧道结构安全等因素。加拿大迪西隧道（Deas Tunnel）、上海外环隧道、韩国釜山海底隧道、土耳其博斯普鲁斯隧道（Bosphorus Tunnel）等采取了水下石堆护坡、铰接的钢筋混凝土板、网兜法抛石、水下混凝土浇筑等防护措施。如果水下护坡或潜坝没有露出海床面，则可用希尔兹公式（Shields' Criterion）来分析防护层块石的稳定性。当水下护坡或潜坝露出海床面时，一般采用范德梅尔公式（Van der Meer's formula）判断块石的稳定性。为应对落锚，块石保护层应具有一定厚度，应达到2倍名义直径中值，且至少设置两层。块石保护层两侧应使拖锚顺利抬升至管顶上部，锚爪不得影响到管节结构。块石保护层下方应设置反滤层，一方面可使落锚等荷载均匀分布于保护层，避免集中力作用，另一方面阻止靠近隧道的回填料透过块石层发生冲蚀而流失，因此反滤层和块石保护层的级配要适当。

4.3　广州仑头隧道管顶覆盖层局部突出河床研究

官洲水道被生物岛分隔成官洲河和仑头海两汊，仑头隧道下穿其中的仑头海水道，平均河宽约310m，河床底起伏大，平均水深6～8m，局部深槽12m。为减小隧道埋深，使隧道南岸线路与生物岛规划路衔接顺畅，隧道顶需局部突出原河床，见图4.3-1。

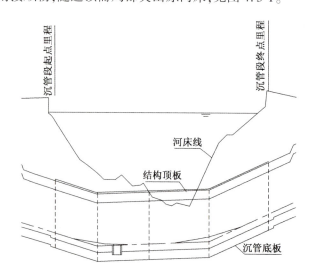

图4.3-1　仑头隧道纵断面示意图

为了确保隧顶突出河床方案的可行性,开展了该水道水文泥沙特性分析、河势及河床演变分析等研究。

4.3.1 水文泥沙特性分析

1)径流特征

官洲水道位于珠江三角洲的广州片网河区,是一条跨越河口至河口湾的潮汐水道,既受河流动力作用,又受河口湾潮流入侵的控制,洪潮混杂,水流流态复杂,洪水呈随机性变化,潮汐一般是周期性变化,具有水丰沙少和以潮流控制为主的动力特性。

2)潮汐特征

受珠江河口不规则半日潮影响,官洲水道潮汐现象明显,其上游浮标厂潮位站历年的特征洪(潮)水位变化见图4.3-2,实测最高潮水位为3.50m,最低潮水位为-1.62m。下游黄埔潮位站历年的特征洪(潮)水位变化见图4.3-3,实测最高潮水位为2.38m,最低潮水位为-1.93m,高潮位平均值0.73m,低潮位平均值-0.89m。

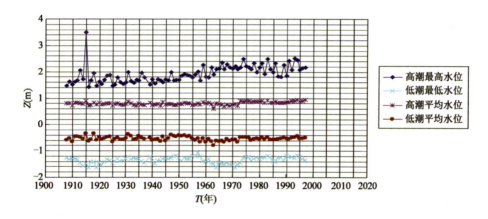

图 4.3-2　浮标厂潮位站特征潮位历年变化

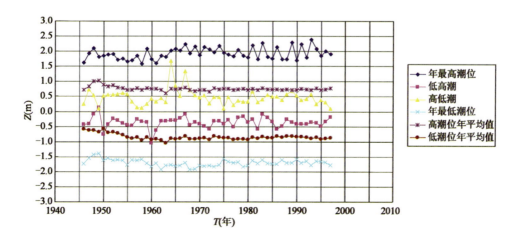

图 4.3-3　黄埔潮位站特征潮位历年变化

3) 泥沙特征

为清楚地了解官洲水道的水流运动和泥沙特性,收集了官洲水道影响区域洪水期多次的水文泥沙测验成果,黄埔附近各测点平均含沙量在 $0.05 \sim 0.10 \text{kg/m}^3$ 之间,实测最大含沙为 0.26kg/m^3,最小含沙量为 0.01kg/m^3。黄埔旧港与新沙港之间实测最小沙量为 0.023kg/m^3,最大含沙量为 0.35kg/m^3,各个取样点的平均中值粒径在 $0.020 \sim 1.513 \text{mm}$ 之间。

在枯水期对官洲水道的泥沙进行了实测,2004 年 3 月 8—10 日(大潮)、15—16 日(小潮)期间实测得最大含沙量为 0.089kg/m^3,最小测点含沙量为 0.010kg/m^3,从测量成果分析,大潮期的含沙量普遍较小,潮期含沙量大,最大粒径为 0.100mm,中值粒径在 $0.008 \sim 0.015 \text{mm}$ 之间。

4.3.2 河势及河床演变分析

研究 1955—2004 年的河床演变,并分析河道深泓线的平面和纵向变化、沿程河床平均高程变化。河床变化、深泓线、冲淤量结果见图 4.3-4 ~ 图 4.3-9。

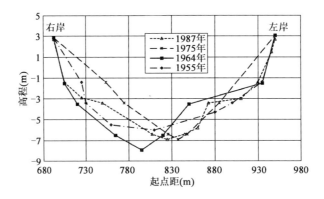

图 4.3-4 仑头水道早期河床变化比较(1955—1987 年)

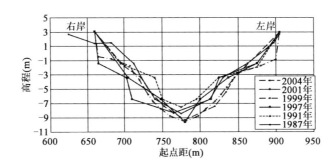

图 4.3-5 仑头水道近期河床变化比较(1987—2004 年)

从上述研究可以看出:在 1987 年以前,河床演变主要受自然演变规律的作用,仑头水道基本呈缓慢淤积的状态;1987 年以后,河道由缓慢淤积转为普遍快速下切,河床过水断面向窄深方向发展和变形,分析其原因主要是受到人为采砂、占用河道等因素的影响,以及由于这些人为影响导致珠江三角洲网河水沙分配的变化,改变了河道的原有演变趋势,加之 20 世纪 90 年代又是丰水期,连续发生的几场洪水导致河床以冲刷为主。仑头隧道所处河段近年河床明显下切,形成局部地段的深槽,深槽位置及成因具有一定的偶然性。近年来,随着河道采砂行为受到管控,原有的深槽会逐步淤积回填,因此,隧道设计在深槽部位适当突出河床也是可行的,但要结合防洪评价进一步确定突出河床的高度。

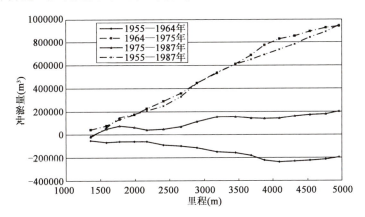

图 4.3-6　仑头水道沿程累计冲淤量(1955—1987 年)

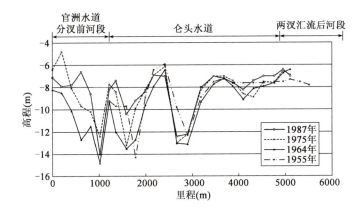

图 4.3-7　官洲水道分汊前及仑头水道深泓线纵向变化(1955—1987 年)

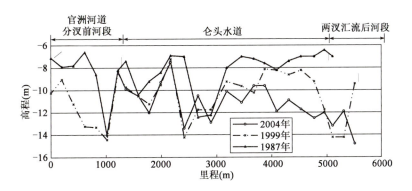

图 4.3-8　官洲水道分汊前及仑头水道深泓线纵向变化(1987—2004 年)

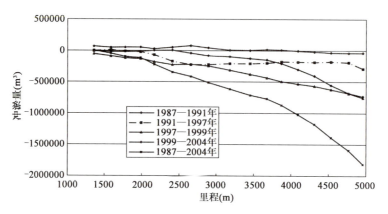

图 4.3-9 仑头水道沿程累计冲淤量(1987—2004 年)

4.3.3 隧道管顶局部突出河床高度确定

根据水文泥沙特征分析和河床演变研究结果,委托广东省水利水电科学研究院对广州仑头隧道突出河床深槽不同高度方案进行了河道行洪、排涝、纳潮影响的研究,结论如下:

(1)隧道突出河床最深处的高度不宜超过 3.5m(包含了沉管法隧道的保护层在内),或者控制其 0 水位下的阻水面积不超过 3.5% ~ 5.0%。

(2)隧道突出河床最深处的高度为 2.5m 的方案,对河道行洪水位影响的最大壅高值可在 3mm 以内,网河分流量变化的最大值小于 1.34%,对仑头水道和官山水道流速、流态和河床冲淤变化的影响也较小,对广州片网河水道排涝、纳潮的影响也较小。

此外,再结合线路设计与广州市水利局相关要求,最终确定隧道在河床深槽处顶部局部突出河床最大不超过 2.2m。

4.3.4 隧道管顶局部突出河床段回填

管节回填处理采用分层处理,做法与一般隧道类似,但对突出河床段回填措施进行了适当调整,具体如下:

(1)管节底部边缘外侧铺填碎石。
(2)管节两侧回填砂和碎石的混合料。
(3)管节局部露出河床段顶部不设回填层(管节顶部设 150mm 厚防锚层)。

仑头隧道局部突出河床基槽回填横断面图见 4.3-10。

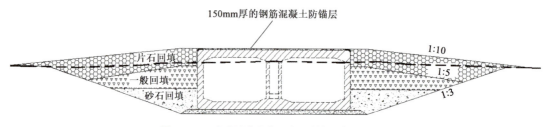

图 4.3-10 仑头隧道突出河床段基槽回填横断面图

4.4 佛山东平隧道水下爆破控制与管顶防冲刷技术研究

东平隧道所在区域基岩岩面高、周边建筑物多(图4.4-1)、航运密集、水流速度大。隧址处水面宽度约250m,水深4~13m,航道宽60~80m,全线航道可通航1000t级船队,最高峰期,每小时的船舶流量可达300艘次。洪水期最大流速达2~3m/s以上,枯水期断面最大流速在1.0m/s左右,平均流速在0.5m/s左右。隧道过江段基岩面较高,水下基槽有33.5万m³需采用爆破开挖,占总开挖量的78%。

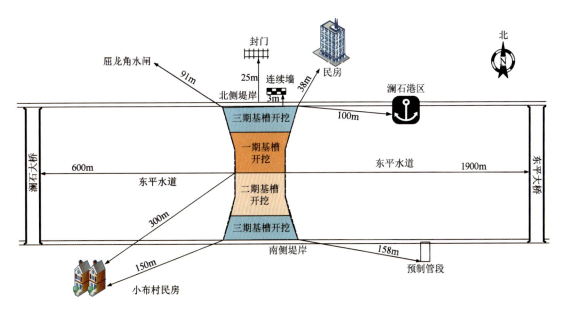

图4.4-1 隧址附近敏感建筑与基槽开挖位置关系图

复杂的建设环境使得东平隧道基槽开挖需要考虑建(构)筑物对水下爆破的要求,管节沉放后,还需考虑大流速对管顶覆盖层的冲刷影响,针对上述两个问题,工程建设中开展了水下控制爆破和管顶防冲刷影响的研究。

4.4.1 佛山东平隧道水下爆破控制技术

1)水下爆破技术

爆破安全是该工程基槽开挖的重中之重,根据《爆破安全规程》(GB 6722—2014)规定,爆破地震波大小按式(4.4-1)计算:

$$R = \left(\frac{K}{V}\right)^{\frac{1}{\alpha}} \cdot Q^{\frac{1}{3}} \tag{4.4-1}$$

式中:Q——一次起爆炸药量(kg),微差起爆时取最大一段的装药量;
R——爆破点与被保护建(构)筑物的距离(m);
V——允许爆破地震速度(cm/s);

K、α——与爆破点地形、地质等条件有关的系数和衰减指数,对中硬岩石取 $K=150$、$\alpha=1.8$。主要类型建筑物地面安全允许振动速度按表4.4-1取用。

爆破振动安全允许标准　　表4.4-1

序号	保护对象类别	安全允许振速(cm/s)		
		<10Hz	10Hz~50Hz	50Hz~100Hz
1	土窑洞、土坯房、毛石房屋[a]	0.5~1.0	0.7~1.2	1.1~1.5
2	一般砖房、非抗震的大型砌块建筑物[a]	2.0~2.5	2.3~2.8	2.7~3.0
3	钢筋混凝土结构房屋[a]	3.0~4.0	3.5~4.5	4.2~5.0
4	一般古建筑与古迹[b]	0.1~0.3	0.2~0.4	0.3~0.5
5	重力式码头	5~8		
6	水工隧道[c]	7~15		
7	交通隧道[c]	10~20		
8	矿山巷道[c]	15~30		
9	水电站及发电厂中心控制室设备	0.5		
10	新浇大体积混凝土[d] 龄期:初凝~3d 龄期:3~7d 龄期:7~28d	0~3.0 0~7.0 7.0~12.0		

注:1. 表列频率为主振频率,系指最大振幅所对应波的频率。
　2. 频率范围可根据类似工程或现场实测波形选取。选取频率时亦可参考下列数据:硐室爆破<20Hz;深孔爆破10~60Hz;浅孔爆破40~100Hz。
　a. 选取建筑物安全允许振速时,应综合考虑建筑物的重要性、建筑质量、新旧程度、自振频率、地基条件等因素。
　b. 省级以上(含省级)重点保护古建筑与古迹的安全允许振速,应经专家论证选取,并报相应文物管理部门批准。
　c. 选取隧道、巷道安全允许振速时,应综合考虑构筑物的重要性、围岩状况、断面大小、爆源方向、地震振动频率等因素。
　d. 非挡水新浇大体积混凝土的安全允许振速,可按本表给出的上限值选取。

东平隧道爆破主要考虑爆破地震对民房、堤岸、趸船码头和澜石港区码头、屈龙角水闸、连续墙护岸、封门及干坞中沉管的影响。

(1)民房安全药量与距离

按《爆破安全规程》(GB 6722—2014)标准,一般砖房、非抗震的大型砌块建筑物的安全振速为2~3cm/s。该工程对民房取安全振速为2cm/s。得出不同距离与最大段别药量的关系,见表4.4-2。

民房安全距离与最大段别药量关系表　　表4.4-2

安全距离 R (m)	最大段别装药量 Q (kg)	安全距离 R (m)	最大段别装药量 Q (kg)
25	11.7	45	68.3
30	20.2	50	93.7
35	32.1	55	124.7
38	41.1	60	161.9

（2）堤岸安全药量与距离

该工程堤岸为砌石结构，参照非抗震的大型砌块建筑物2.0~3.0cm/s安全振速，取堤岸的安全振速为2cm/s。根据以往过江隧道炸礁工程的施工经验，距离堤岸最近距离5m处的最大段别装药量3kg，可以满足2cm/s的安全振速。结合类似工程数值反推，得出不同距离与最大段别装药量的关系，见表4.4-3。

堤岸安全距离与最大段别装药量关系表　　　　　表4.4-3

安全距离 R (m)	最大段别装药量 Q (kg)	安全距离 R (m)	最大段别装药量 Q (kg)
5	3	9	6
6	3.5	10	7
7	4	12	8
8	5	15	10

（3）码头安全药量与距离

澜石港码头为高桩码头，考虑到澜石港区码头建成较久，为保护码头的安全，取安全振速为3cm/s。趸船码头为浮式码头，安全起见，同样取安全振速为3cm/s，得出不同距离与最大段别装药量的关系，见表4.4-4。

码头安全距离与最大段别装药量关系表　　　　　表4.4-4

安全距离 R (m)	最大段别装药量 Q (kg)	安全距离 R (m)	最大段别装药量 Q (kg)
50	184.2	85	905.0
60	318.3	90	1074.3
70	505.5	95	1263.4
80	754.5	100	1473.6

（4）水闸安全条药量与距离

屈龙角水闸为钢筋混凝土结构，取屈龙角水闸安全振速为2.0cm/s，得出不同距离与最大段别装药量的关系，见表4.4-5。

屈龙角水闸安全距离与最大段别装药量关系表　　　　　表4.4-5

安全距离 R (m)	最大段别装药量 Q (kg)	安全距离 R (m)	最大段别装药量 Q (kg)
50	93.7	90	546.5
60	162.0	95	642.8
70	257.2	100	749.7
80	383.9	112	1053.3

（5）护岸安全药量与距离

地下连续墙护岸为混凝土结构，取防汛墙和连续墙护岸的安全振速为3.0cm/s。根据以往类似过江隧道炸礁工程的施工经验，距离连续墙最近距离3m的最大段别装药量达到3kg时，可以满足3.0cm/s的安全振速。结合类似工程数值反推后，得出不同距离与最大段别装药量(3~15m 为工程经验装药量)的关系,见表4.4-6。

防汛墙与连续墙护岸安全距离与最大段别装药量关系表　　表4.4-6

安全距离 R（m）	最大段别装药量 Q（kg）	安全距离 R（m）	最大段别装药量 Q（kg）
3	3	8	6
4	3.5	10	7.5
5	4	12	9
6	5	15	12

(6)封门安全条件下药量与距离

南北两端暗埋段封门均为混凝土结构,厚度250mm。参照钢筋混凝土结构房屋安全振速为3~5cm/s,取封门的安全振速为3.0cm/s,得出不同距离与最大段别装药量的关系,见表4.4-7。

封门安全距离与最大段别装药量关系表　　表4.4-7

安全距离 R（m）	最大段别装药量 Q（kg）	安全距离 R（m）	最大段别装药量 Q（kg）
25	23.0	45	134.3
30	39.8	50	184.2
35	63.2	55	245.2
40	94.3	60	318.3

(7)预制管节安全药量与距离

干坞内管节距离施工区较远,但在混凝土浇筑及养护过程中需考虑爆破振动对其影响。参照新浇大体积混凝土安全振速为2.0~12.0cm/s,取管节的安全振速为2cm/s,得出不同距离与最大段别装药量的关系,见表4.4-8。

干坞内管节安全距离与最大段别装药量关系表　　表4.4-8

安全距离 R（m）	最大段别装药量 Q（kg）	安全距离 R（m）	最大段别装药量 Q（kg）
80	383.9	120	1295.5
90	546.5	130	1647.1
100	749.7	140	2057.2
110	997.9	158	2957.1

根据以上各表计算出在爆破振动安全允许范围内的炸药用量,严格控制每次起爆炸药用量。确保不会对离爆破区38m外的民房、30m外的趸船码头、91m外的屈龙角水闸、100m外的澜石港码头、3m外的连续墙护岸、25m外的封门、158m外的预制管节产生影响。

2)爆破控制技术

东平隧道基槽开挖中水下岩石爆破工程量大,施工水域周边环境复杂,航道过往船舶频繁,且满载运沙船舶较多,小布村民房位于施工区上游河道的南岸,距离一期开挖基槽最近距离约300m,距离3期基槽开挖最近距离约150m。其与基槽开挖位置示意图如4.4-2所示。因此,水下爆破施工存在较大的安全隐患,施工中采取了多项控制爆破措施。

(1)微差爆破+不耦合装药

微差爆破主要是利用相邻两排炮孔间间隔一定时间起爆,产生的爆破地震波相互干涉,减弱介质质点的振速,减少爆破对周围边坡或建筑物等的破坏(图4.4-3)。间隔时间过长则可能造成先爆孔破坏后爆孔的起爆网络;过短则后爆孔可能因先爆孔未形成新自由面而影响爆破质量。因此,微差间隔时间是影响爆破的时间因素,在很大程度上决定着微差爆破的效果。合理确定微差间隔时间,对控制爆破地震效应、提高爆破能的利用率、改善破碎质量都将十分有利。

图4.4-2 小布村民房与基槽开挖位置平面图　　图4.4-3 微差爆破示意图

应用该技术将多个内设有炸药的起爆体依次首尾连接,起爆体之间设置砂筒,堵塞物设置在起爆体非连接端的端口,设置在炸药内的导爆管雷管采用1~20个段别,段别自上而下逐级递增。孔端用砂筒封口。每段别起爆体之间用砂筒隔离防止串爆,避免爆破效果降低。设计钻孔直径115mm,为了增大不耦合系数,使用直径为90mm的药柱,不耦合系数1.44,根据计算,采用不耦合装药减震达到30%~60%。

(2)气泡帷幕

气泡帷幕就是在水下防护物与爆破点之间铺设一根或数根钢管(或塑料管),管的两侧钻有两排孔眼,工作时在管的一端或两端通入空气,大量的空气通过小孔逸出,就形成了一定厚度的水和气泡混合在一起的"气泡帷幕",当水下爆破产生的冲击波到达气泡帷幕时,冲击波大部分的能量被气泡吸收而衰减,从而减少对水下防护物的影响。

气泡帷幕防震效果好,且能人为通过供气量控制,已成为水下爆破的主要防护措施,用于防护水中及岸边建筑物、保护基岩及水中船只,实现水下定向爆破。

采用φ100mm镀锌管焊接成空气管,管口两端封口,在镀锌空气管同一水平线上均匀布孔。利用空压机提供连续压缩空气,并通过高压气胶管与镀锌管相连,放置在水中,并用直立的钢管固定,气泡帷幕管两端封堵固定由高压胶管连接至空压机,镀锌管的两端用空压机输入高压气体,大量细小气泡从小孔连续不断地向外射出,受浮力作用,气泡群由水底向水面不停运动,形成可以压缩的气泡帷幕。气泡帷幕示意图如图4.4-4所示。

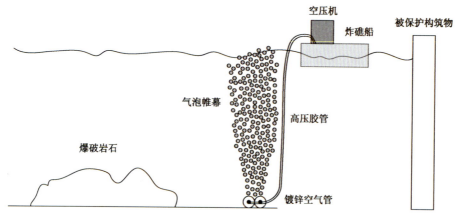

图 4.4-4 气泡帷幕示意图

(3) 减震孔

减震孔的作用是可以将因爆破引起的振动速度削减 20%~50%,有效降低震感。例如厦门港海天码头水下岩石爆破施工中(爆破区域离码头最近距离只有 5.4m),采用减震孔进行减震,经测试地震波的传播速度降低了 40%。

考虑到小布村民房距离河堤较近且为保护堤岸安全,堤岸后方不可进行打孔作业,该工程在河道南侧河堤沿岸打设减震孔,布设 2 排(每排长为 150m)共计 1500 孔(图 4.4-5),孔网参数根据钻孔设备和其他条件,取减震炮孔直径 $D=115mm$;取孔距 $a=0.2m$;排距 $b=0.2m$,钻取深度取 25m(确保大于爆破钻孔超深值),减震孔利用炸礁船(宏大钻一)进行水下钻孔,船上配有 4 台空压机和 8 台钻机,钻孔效率高。经检测,布设减震孔处比未布设减震孔处地震波传播速度降低了 46%。

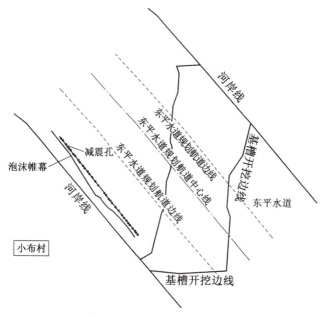

图 4.4-5 减震孔、气泡帷幕布置图

4.4.2 佛山东平隧道管顶防冲刷技术

沉管顶部覆盖层常采用抛石回填,但当水流速度大时,抛石可能会被水浪冲散,从而影响管节的抗浮与防护安全。东平隧道研究提出了采用混凝土铰链防护层应对大流速冲刷的设计方案,并将其纳入河道整治工程,保证了管节安全。

1)大流速条件下隧顶覆盖层冲刷防护方案

东平水道洪水期最大流速达 2~3m/s 以上,河床冲刷较严重,管顶回填采用了分区段设计的方法,回填平面如图4.4-6所示。

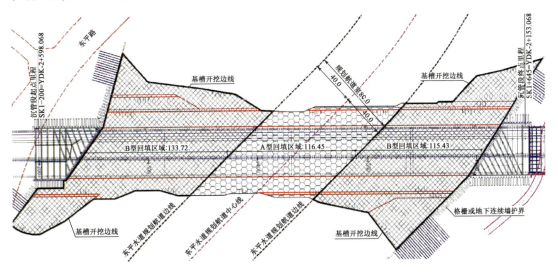

图4.4-6 基槽回填平面图(尺寸单位:m)

A 型回填为规划航道范围内基槽回填方案(图4.4-7),基槽开挖回填区域采用了混凝土铰链软体排的设计方案。顶管顶板上部回填自上而下依次为片石回填层、0.25m 混凝土铰链软体排、2.0m 碎石回填层、0.15m 防锚层。

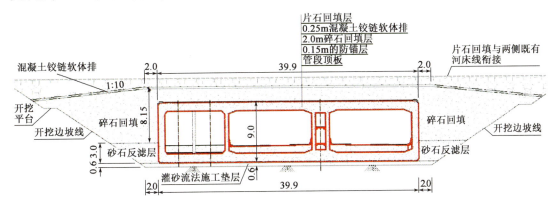

图4.4-7 A型回填断面图(尺寸单位:m)

B 型回填为规划航道范围之外至两岸范围内基槽回填(图4.4-8)。顶管顶板上部回填自上而下依次为片石回填层、2.0m 碎石回填层、0.15m 防锚层。

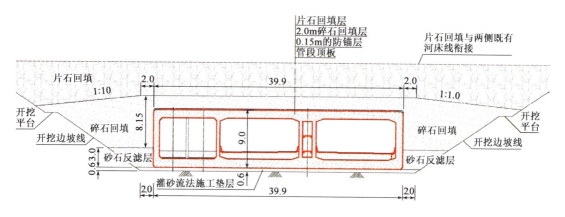

图 4.4-8 B型回填段图(尺寸单位:m)

混凝土铰链软体排具有能适应复杂水下地形变化的良好性能,以及较强的抗拉、抗磨、耐酸碱和高强度等特点,能够有效保护河床,防止河床进一步被刷深。沉排工艺虽然较复杂,但是排体雍缩较小,能够较好地紧贴河床,且搭接较容易保证,是水下工程中护底效果较好的结构措施。混凝土铰链软体排见图4.4-9。

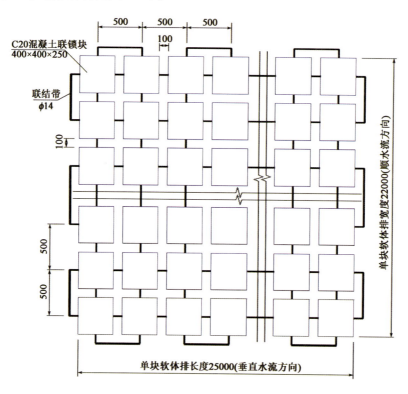

图 4.4-9 混凝土铰链软体排(尺寸单位:mm)

2)防冲刷验证模型试验

为了研究沉管覆盖层顶部设置混凝土铰链软体排的工程效果,东平隧道开展了断面局部模型和整体模型试验研究。

断面局部冲刷试验设计了 2.7m/s 和 4.0m/s 两种水流流速冲刷条件,将工程后河段最大流速处水深(低潮位时)作为冲刷试验的试验水深,根据模型缩尺计算得 0.25m。针对以上研究问题,断面模型冲刷试验设计了混凝土软体排盖板冲刷局部试验和整体试验。

(1)混凝土软体排局部试验

断面模型中采用水泥砂浆预制块体模拟"混凝土铰链软体排",块体之间采用 1mm 的胶质丝线进行连接,每个水泥砂浆块体尺寸为 10.0mm × 10.0mm × 6.3mm,块体之间间距为 2.5mm,断面模型制作的"混凝土铰链联体排"见图 4.4-10,"混凝土铰链联体排"层上抛填块石后模型试验初始状态见图 4.4-11。

图 4.4-10　断面模型制作的"混凝土铰链软体排"

在 2.7m/s 和 4.0m/流速水动力极限冲刷 2h 条件下,隧道覆盖层顶部、肩部和上、下游坡脚抛石均未见明显移动,仅有少量床沙落淤在管顶抛石区和下游斜坡,抛填块石之间的空隙部分被床沙回填,沉管覆盖层能够很好地保持整体稳定性。抛石回填层与河床交界面冲刷试验结果见图 4.4-12 和图 4.4-13。

图 4.4-11　"混凝土铰链软体排"层上抛填块石后模型试验初始状态

图 4.4-12　抛石回填层与河床交界面冲刷试验结果(流速 2.7m/s)

（2）整体模型试验研究

整体模型极限冲刷试验初始状态见图4.4-14。

4.4-13 抛石回填层与河床交界面冲刷试验结果（流速4.0m/s）

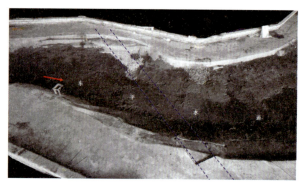

图4.4-14 整体模型极限冲刷试验初始状态

针对4种典型工况开展动床极限冲刷试验，试验组次统计见表4.4-9。现状河道工况300年一遇洪水极限冲刷结果照片见图4.4-15。

试验组次统计表　　　　表4.4-9

组次	试验内容	研究目的	水流条件
a	现状河道工况冲刷试验	研究现状河道的抗冲刷稳定性和冲淤发展趋势	"300年一遇洪水"落急、"100年一遇洪水"落急
b	礁石部分清除后冲刷试验	研究礁石部分清除后附近河道的抗冲刷稳定性和冲淤发展趋势	"300年一遇洪水"落急、"100年一遇洪水"落急
c	抛石方案冲刷试验	论证管顶覆盖层冲刷抛石防护方案能否满足抗冲刷要求，并为修复工程设计提出合理化建议	"300年一遇洪水"落急、"100年一遇洪水"落急、"090225"枯季大潮落急、"090225"枯季大潮涨急
d	澜石码头西侧堤防防护冲刷试验	确定澜石码头西侧堤防的防冲措施和防护范围，以确保河床堤脚和边坡的抗冲刷稳定性	"300年一遇洪水"落急、"100年一遇洪水"落急

现状工况下，水流对坝头和坝后均造成明显冲刷，工程所在河道形态弯曲，$P=0.33\%$设计洪水时，南侧凸岸回流区范围有所加大，淤积较为明显。现状工况的冲刷总体上表现出槽冲滩淤的特征，隧址断面右岸为凸岸，淤积较多。

礁石开挖后，相对于现状河道工况，水下礁石区潜坝高度有所降低，河道主流向北侧略偏移，礁石对水流的挑流和阻流作用有所减小，水流越坝后形成坝后环流，形成与礁石开挖边线平行的冲刷形态。炸礁工程后300年一遇极限冲刷结果见图4.4-16。

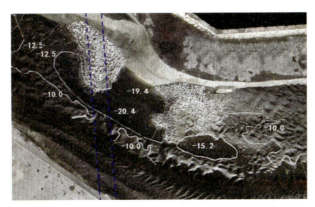

图 4.4-15　现状工况极限冲刷结果照片(单位:m,珠基高程)

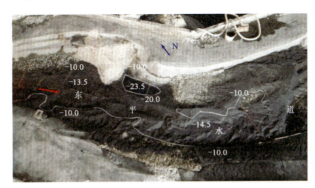

图 4.4-16　炸礁工程后极限冲刷试验结果(单位:m,珠基高程)

抛石防护方案工况下,上下游泥沙逐渐被水流带走,抛石防护层出露河床,沉管覆盖层形成水下潜坝,水流越坝后形成坝后环流,加强坝下冲刷。过坝水流形成坝后轴向环流,形成了与坝轴线平行的冲刷形态。澜石码头西侧附近堤脚及河床冲刷有所加强,沿堤岸弯段走势堤脚处及附近河床形成不同程度的带状冲刷区,见图 4.4-17、图 4.4-18。

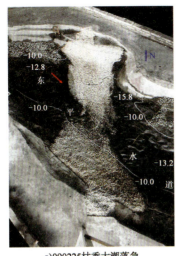
a)090225枯季大潮落急

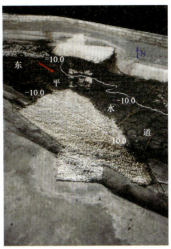
b)090225枯季大潮涨急

图 4.4-17　覆盖层竣工后极限冲刷试验结果(单位:m,珠基高程)

图 4.4-18 覆盖层竣工后极限冲刷试验结果

澜石码头西侧堤防采取抛石防护后,抛填块石基本能保持抗冲刷稳定性,推荐的抛填材料和抛填范围能有效控制水流对澜石码头西侧凹岸堤防堤脚及河床的淘刷,采用的防护工程措施以及防护范围合理、有效。

极端水流动力条件下河床局部存在高强度紊流作用、船舶机械旋桨动力以及不可预见人为因素都可能对覆盖层抛石层产生破坏,特别是抛石层与上下游河床的软硬交界带区域。因此,在大流速河道采用混凝土铰链防护层是有必要的。

4.5 本章小结

沉管法隧道工程的施工环境相对复杂,基槽开挖和回填作为沉管法隧道水下作业的起始和最终工序,拥有十分重要的地位。本章论述了国内外沉管法隧道基槽开挖与回填技术的发展历程,对基槽设计、施工过程中的关键技术进行总结归纳,包括水下边坡坡率确定、基槽底深设计、基槽深度设计、基槽开挖、回填方式选择、防冲刷设计等。并针对广州仑头隧道管顶覆盖层突出河床设计、佛山东平隧道水下爆破控制与管顶防冲刷技术两项专题进行详细分析和总结,得到如下结论:

(1)隧道在江底的埋深对整个工程的造价影响很大,若河床深度较深,隧道完全埋置在河床以下会导致隧道坡度过大,隧道长度增加,投资增大。为了减少工程造价且有利于隧道两端接线,可采用隧道局部突出河床方案减小隧道投资。

(2)采用微差爆破+不耦合装药+减震孔+气泡帷幕相结合的综合爆破控制技术,可以有效降低爆破影响,降低爆破振速,确保岩层开挖的顺利进行,同时能有效保护周边建(构)筑物的安全。

(3)传统沉管顶部覆盖层常采用抛石回填,整体性弱,抗冲刷能力差,大流速条件下可能被水流冲散,不但对管节抗浮造成影响,也易对河床河势演变造成影响。混凝土铰链软体排具有适应复杂水下地形变化的良好性能,能够有效保护河床,防止河床进一步被刷深,是水下工程中防护效果较好的结构措施。

本章参考文献

[1] 周华贵.浅谈佛山市汾江路南延线工程沉管隧道特点及关键技术[J].现代隧道技术,2012,49(5):85-90.
[2] 李志军,王秋林,陈旺,等.中国沉管法隧道典型工程实例及技术创新与展望[J].隧道建设,2018,38(6):879-894.
[3] 吕洋.沉管隧道基槽开挖和回填施工技术[J].交通世界,2020(26):106-107.
[4] 上海市建设和管理委员会科学技术委员会.外环沉管隧道工程[M].上海:上海科学技术出版社,2005.
[5] 肖明清.长江沉管隧道水下基槽边坡的稳定性与合理坡率[J].现代隧道技术,2011,38(1):42-45.
[6] 陈韶章.沉管隧道设计与施工[M].北京:科学出版社,2002.
[7] 中华人民共和国住房和城乡建设部.沉管法隧道设计标准:GB/T 51318—2019[S].北京:中国建筑工业出版社,2019.
[8] 中华人民共和国交通运输部.疏浚与吹填工程设计规范:JTS 181-5 2012[S].北京:人民交通出版社,2012.
[9] Niels,J Gimsing,Claus Iversen.厄勒沉管隧道[M].郭敬谊,韦良文,编译.北京:人民交通出版社股份有限公司,2019.
[10] 贺维国,邢永辉,等.新型内河沉管隧道工程修建技术实践[M].北京:人民交通出版社股份有限公司,2017.
[11] 中华人民共和国交通运输部.公路沉管隧道设计规范:JTG/T 3371-01—2022[S].北京:人民交通出版社股份有限公司,2022.
[12] 陈韶章,陈越.沉管隧道施工手册[M].北京:中国建筑工业出版社,2014.
[13] 中交广州航道局有限公司.港珠澳大桥沉管法隧道基槽开挖工艺及回淤观测试验研究报告[R].2009.
[14] 最上武雄,小栗良知,木村康宏.日本东京港沉管隧道设计[M].日本:社团法人土木学会,1977.

第 5 章
灌砂基础试验研究

5.1 概述

沉管法隧道需要在预先开挖的水下基槽内沉放、对接管节,然后进行回填覆盖。受设备能力或工艺水平影响,无论是采用何种方法开挖的基槽,其底面一般都有 10~50cm 不等的凹凸不平。管节若直接在未处理的基槽内沉放对接,会引起结构局部受力不均、接头对接偏差,从而造成结构破坏、接头漏水等工程事故。故处理基槽底和管节底面间不均匀的间隙是沉管法隧道重要的施工环节之一,往往通过在基槽内铺设基础垫层的方法来解决。

基础垫层可分为先铺法和后填法。先铺法是管节沉放对接前先行完成管节基础垫层施工的方法,一般通过大型专用设备(如碎石整平船、刮砂船)将碎石或砂铺设在基槽内,使基槽底平整。后填法是管节沉放对接后施工基础垫层的方法,先将管节沉放在架设有固定支点的基槽内,然后向基槽底灌砂或砂浆填充间隙。由于灌砂法对设备和工艺要求低、施工对航道影响小、精度易达到要求,同时不受隧道断面大小限制、造价低,因此国内外大多数沉管法隧道都采用灌砂法铺设基础垫层。

采用灌砂法处理管节基础时,砂水混合料从驳船中由泵砂系统的管道送入砂泵,再通过预埋管以一定速度喷入管节底板下的水中,随后砂流在基槽的底面上堆积形成砂盘,砂盘相互叠交形成砂垫层。灌砂法施工工艺见图 5.1-1,灌砂船见图 5.1-2。

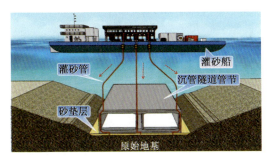

图 5.1-1 灌砂法施工工艺图

图 5.1-2 灌砂船

世界上首次采用灌砂法施工的隧道是 1975 年荷兰修建的弗拉克隧道(Vlake Tunnel),该隧道为双向六车道,管节断面宽 29.8m、高 8.02m,共有 2 个管节,每节长度 125m。1977 年荷兰建成的德雷赫特隧道(Drecht Tunnel)基础垫层也采用灌砂法,隧道为双向八车道,管节断面宽 49.04m、高 8.08m,为当时最宽的沉管法隧道。随后比利时的鲁普隧道(Ruple Tunnel)、大都会铁路隧道(Metropoliton Rail Main Tunnel),以及我国的珠江隧道、上海外环隧道、广州仑头隧道、佛山东平隧道、南昌红谷隧道等工程均采用灌砂法施工基础垫层。表 5.1-1 列出了我国部分已建、在建沉管法隧道基础形式。

国内部分已建、在建沉管法隧道基础形式统计表　　　表 5.1-1

序号	隧道名称	规模	基础形式	建成时间
1	广州珠江隧道	双向四车道+双向地铁	灌砂法	1993
2	宁波甬江隧道	单孔双车道	注浆法	1995
3	宁波常洪隧道	双向四车道	桩基础	2002
4	上海外环隧道	三孔八车道	灌砂法	2003
5	广州仑头隧道	双向四车道	灌砂法	2010
6	广州官洲隧道	双向四车道	灌砂法	2010
7	舟山沈家门海底隧道	双向人行通道	碎石整平	2014
8	广州洲头咀隧道	双向六车道	灌砂法	2015
9	天津中央大道海河隧道	双向六车道	注浆法	2015
10	佛山东平隧道	双向六车道+双向地铁	灌砂法	2017
11	南昌红谷隧道	双向六车道	灌砂法	2017
12	港珠澳大桥海底隧道	双向六车道	碎石整平	2018
13	深中通道工程	双向八车道	碎石整平	在建
14	广州金光东隧道	双向四车道	灌砂法	在建
15	广州车陂隧道	双向六车道	灌砂法	在建

5.1.1　国外沉管法隧道灌砂基础试验研究

在原铁道部科学研究院西南分院的"世界沉管隧道工程技术信息研究"课题报告中，对荷兰沉管法隧道灌砂基础试验做了相关介绍。1975年，荷兰在修建弗拉克隧道时，首先采用有机玻璃做了一些小比例模型试验，观察砂盘形成过程；随后又做了大比例模型试验，试验将10m×10m的混凝土板悬挂在水池内，模型上设有观察窗、水压表、土压计以及标贯试验孔，通过板中心的填料孔往下喷射砂水混合料，记录砂水混合料流量和含沙量；最后定量分析了砂水混合物含沙量和沿砂盘径向的压力梯度之间的关系（图5.1-3）。

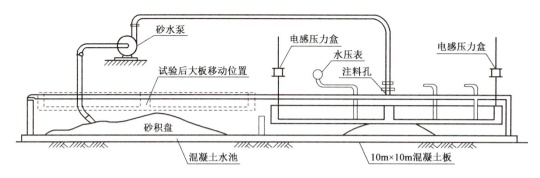

图 5.1-3　弗拉克隧道灌砂基础试验图

弗拉克隧道在工程建设中，内输料管采用 $\phi 200mm$ 的钢管，在28m水柱压力下砂水泵的输送能力约为 $300m^3/h$，输料管最大料速为3m/s，输料管间距为20m，砂盘扩散半径设计为12m，输料管底部设置止回球阀，在停止灌砂时，关闭注料孔。隧道施工时，每次灌砂以3个输料管为一组,整个隧道灌砂持续时间30d,实际灌砂量为13000m³,比理论值多2000m³,主要原因是管段侧墙两边有砂溢出。隧道建成后最大沉降为70mm,分析其原因主要是回淤未充分挤出、砂盘扩散半径过大引起灌砂密实度不够,从而导致砂垫层压缩量比较大。弗拉克隧道灌砂孔和注料孔设计见图5.1-4。

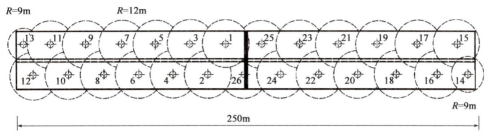

图 5.1-4 弗拉克隧道灌砂孔设计图

5.1.2 国内沉管法隧道灌砂基础试验研究

1)广州珠江隧道灌砂试验

1990年,在修建广州珠江隧道时,为指导其设计和施工,交通部原第四航务工程局科学研究所开展了灌砂模型试验研究(图5.1-5)。珠江隧道灌砂模型试验借鉴了荷兰弗拉克隧道的试验成果和经验,采用10m×10m钢筋混凝土模型,总重47t,灌砂层厚60cm,试验水深1m;采用含砾粗砂,$D_{10}=0.39$mm,$D_{50}=0.19$mm,不均匀系数6.0,砂水混合料比例为1:9~1:7。分别进行单孔灌砂试验和双孔灌砂试验,试验主要研究了选定的砂样观测砂盘发展和充满度、测定灌砂过程中灌砂口压力和砂盘扩展半径关系、测定不同加载下模型的沉降量、砂盘孔隙比和相对密实度。当灌砂完成后,卸下拉压传感器,放松千斤顶,使模型均匀落在砂盘上。然后进行分级堆砂压载,荷载分别按4.7kPa、8.3kPa、12.5kPa、16kPa、19.5kPa、23.0kPa、26.5kPa、30kPa累加8级。施加每级荷载后至少停一天时间,待沉降完全稳定后,再加下一级荷载。

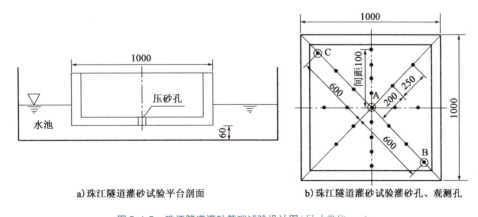

a)珠江隧道灌砂试验平台剖面   b)珠江隧道灌砂试验灌砂孔、观测孔

图 5.1-5 珠江隧道灌砂基础试验设计图(尺寸单位:cm)

注:⊙为压砂孔;●为观察孔;A孔用于单孔灌砂孔;B、C孔为双孔灌砂孔。

通过试验得知,只要灌砂压力略高于模型外部水压力,砂子就可以通过灌砂孔对隧道基础进行填充。砂盘半径扩大到模型边缘($R=5$m)时,瞬时压力最大,达到0.19MPa,随后砂从模型边缘冲出,压力随之减小,平均值为0.11 MPa;浮托力最大值为101.86kN,平均值为87.09kN;模型面积充满度为88%,体积充满度为98%;堆载荷载为30kPa时,砂盘相对密实度为0.59;在0~30kPa分级压载作用下,模型总沉降为2.16cm。这种灌砂工艺,对砂水比没有严格要求,技术上易于掌握,质量上易于保证。

以模型试验结果为指导,珠江隧道管节灌砂施工情况如下:

管节底部灌砂孔采用梅花形布置,底板布置三排灌砂孔,孔距和排距均为12m,砂盘扩散半径设计为7.5m,灌砂孔内设置单向球阀,灌砂管为150mm钢管,灌注时沿隧道横断面每3孔为一组,先灌注中间孔,后灌注边孔。珠江隧道灌砂孔设计平面图见图5.1-6。

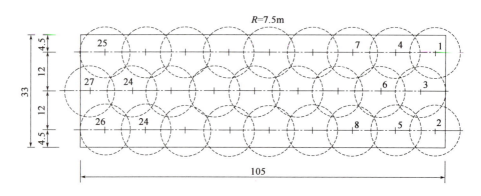

图5.1-6 珠江隧道灌砂孔设计平面图(尺寸单位:m)

隧道管节用四个垂直千斤顶支承在基槽内混凝土垫块之上,通过对垂直千斤顶的调节,把沉管管节底部的高程调节到设计高程加预留沉降量的位置,管节底部与基槽底保持60cm左右的间隙作为灌砂空间。管节预制时底板按设计扩散半径预留三排灌砂孔,灌砂孔内设有单向球阀装置,球阀能保证管节在水中浮运、沉放、对接时江水不会通过灌砂孔进入管节内部,灌砂时可以通过压力将球阀顶开而进行灌砂作业。为了确保灌砂基础能最大限度地充填饱满,在各灌砂孔扩散半径之间的接合部位预留了灌浆孔,以补充灌砂的不足和充填一些未灌注的空洞。

珠江隧道灌砂实践发现:灌砂压力为0.05MPa时管节基本上处于静止状态,当灌砂压力逐步加大到0.1MPa左右时,通过监测仪可以清楚地看到管节随着灌砂的频率而上下飘动。其原因在于:灌砂时水砂流受球阀的影响,其灌砂过程是不连续的,压力达到一定程度后才会将球阀顶开,水砂流随即通过球阀;但当水砂流将球阀顶开,泄压了一部分水砂混合体之后,灌砂管道的压力随之下降,当灌砂管道内的压力降到比外水压稍低时,球阀又自行关闭,待压力再达到一定程度后再被顶开,循环往复。当灌砂孔形成的砂盘接近饱和时,顶开球阀灌砂时需要的压力必然大于初始压力,而此时管节的负浮力基本不变,从而反映在实际施工中则是管节随着灌砂施工而上下浮动。

由于不同灌砂孔位置的基槽深浅程度不同、灌砂时灌砂距离不同,灌砂压力与水砂配合比等因素都影响灌砂的时间与灌砂量,因而用灌砂量来确定饱满度很难达到设计要求的充满度。此外,灌砂时间与灌砂量在实际施工中也呈非线性关系,因此如何检测沉管底部基础砂垫层的充满度是一个十分困难的问题。

珠江隧道在灌砂施工之前,曾考虑过多种灌砂质量效果的检测方案,比如用超声波检测、用地震波探查,或直接在灌砂孔的检查孔或灌浆孔中进行杆探。但鉴于当时的技术能力,各种间接法都难以达到预期效果。比如用地震波进行检查,不但花费很大,精度也难以达到设计要求,故最后确定通过潜水员水下检查为准。为适应检测要求,灌砂顺序先为从中间的灌砂孔开始,然后再灌注两侧的灌砂孔,中孔灌砂时在不致使管节抬升的情况下尽量多灌入一些砂料,使中孔所形成的砂盘半径尽量大一些;两侧的灌砂孔灌砂时,当灌砂压力上升接近 0.1MPa 时,潜水员再下水检查管节两侧的灌砂充满程度。实践证明,当灌砂压力上升到 0.1MPa 时,两侧的基槽边上都已经不同程度地向上翻涌约有 1m 高的砂层。

物理模型试验要求灌砂施工时水、砂配合比理论上控制在 9∶1~10∶1 的范围内,但实际施工时,水、砂比并不是一成不变,也不是恒定在某一比例上,而是根据施工过程有所调整。灌砂开始时,若砂的含量较大则易发生堵管的故障。因而现场施工采用从清水开始灌注,逐步增加砂料含量的方法,然后维持水、砂比达到 9∶1 比例持续灌注。

珠江隧道在基础灌砂完成之后,对灌砂冲击坑或未填充密实的间隙进行了灌浆处理。灌浆既要达到填充密实管节与灌砂层间隙的效果,又不能使管节上抬。施工过程中除在岸上用水平仪进行不间断的观测外,主要采用接力泵注浆法直接在孔口控制灌浆的压力,灌浆压力一般为 0.4MPa,最大为 0.6MPa。

珠江隧道基础灌砂完工后,保持管内水箱 4.5m 水深压载 12d,管节有整体均匀的沉降,最大沉降值为 53mm。通车后 14 个月内进行了 7 次观测,累计最大沉降为 15.8mm。通过珠江隧道灌砂模型试验,获得了灌砂压力、砂盘扩散半径、砂盘充满度、密实度等多项数据成果,在设计、施工中发挥了指导作用。但是由于模型尺寸较小,单孔试验砂盘后期溢出模型边缘,双孔灌砂试验孔距离模型边缘较近,导致砂料在灌砂初期就溢出模型,试验得出的砂盘扩散半径、灌砂压力等结果与实际施工存在一些差异,而且对于灌砂基础质量也没有有效的检测方法和手段。

2)上海外环隧道灌砂试验

2001 年,在中国土木工程学会隧道与地下工程分会防排水专业委员会学术交流会中,张冠军等介绍了上海外环沉管法隧道基础处理技术的试验研究。上海外环隧道采用 1/4 圆盘灌砂模型试验对国产灌砂设备性能、水泥熟料和水砂配合比、灌砂压力控制、砂盘扩散半径等问题做了一系列研究。模型试验分两次进行,第一次灌砂试验在水池内架设一个钢板平台模拟管节底板,并在池底铺上一层淤泥,模拟江底的工况条件。试验钢平台的平面尺寸为 20m×14m,试验砂流扩散半径目标定为 7.5m,起初用高压气管输出压缩空气作为水砂混合动力,发现砂的翻动范围小,气蚀现象也使得砂水泵不能长时间正常工作,随后改为高压水流作为砂水混合的动力,砂水混合效果明显改善,但由于喂料设备简易对砂与水比例控制不稳定,砂水配合比为 1∶20,不能达到 1∶10~1∶9 的要求。第一次灌砂试验获得了设备运行及砂盘扩散的基本规律,但试验中仍存在最大扩散半径局部不满足 7.5m、砂水混合浓度没有达到设计要求、砂水泵效率不高且不能连续施工作业等问题。上海外环隧道第一次灌砂模型试验砂盘边界见图 5.1-7。

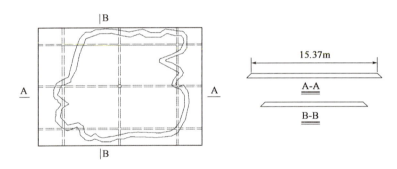

图 5.1-7　上海外环隧道第一次灌砂模型试验砂盘边界图

随后上海外环隧道又进行了第二次试验,试验场地为一个人工挖掘的试验池,取 1/4 圆盘区域进行灌砂试验,试验池尺寸为 11m×11m×0.9m。此次试验改善了送料设备和泵送设备,试验中砂水泵的工作流量、管道内介质的流速、输送介质的含沙量三个技术参数都达到了技术要求。灌砂时砂水比为 1∶9,模型压载为 3.82kPa(相当于管节抗浮安全系数为 1.04),砂水泵最大出口压力平均值为 0.1 MPa,砂盘的扩散半径超过 7.5m,平台边缘处砂盘呈均匀的 1/4 圆弧,相对密实度平均值为 0.32。

实际工程中管节横断面方向一排设 4 个压砂孔,孔距为 10.25~11.0m,分布在四道中隔墙内,每排纵向间距为 9.4~10.4m,压砂管为聚氯乙烯(PVC)管,采用灌砂船在江面灌砂。上海外环隧道管节灌砂设计见图 5.1-8。

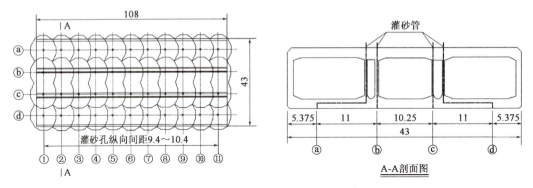

图 5.1-8　上海外环隧道管节灌砂设计(尺寸单位:m)

上海外环隧道灌砂结束到通车的近 20 个月时间内,管节的绝对沉降量和管首管尾差异沉降均较大,如 E7 管节浦西侧沉降为 310mm,浦东侧沉降为 65mm,E6-1 管节浦西侧沉降为 255mm,浦东侧沉降为 152mm。潘永仁等对上海外环隧道管节的沉降进行了分析,认为管节灌砂施工时基槽中的淤泥没有被砂积盘完全挤出,位于基础垫层和基槽原状土之间的淤泥是引起管节绝对沉降量大的主要原因。

为进一步研究在不同水域、地质环境和隧道结构宽度条件下水砂配比、灌砂压力与时间、砂盘密实度和扩散半径等影响灌砂垫层质量的关键参数之间相互关系,找到适合不同工程的沉管法隧道灌砂施工工艺,在随后修建的广州官洲隧道、佛山东平隧道、南昌红谷隧道分别开展了 1∶5 单孔和双孔方形、1∶1 单孔圆形、1∶1 全比例尺等灌砂模型试验研究,并取得了一系列研究成果。

5.2 广州官洲隧道灌砂基础试验研究

5.2.1 官洲隧道灌砂设计

官洲隧道沉管段总长 214m,分 3 个管节,管节横断面尺寸为 23m×8.7m。砂盘扩散半径设计为 5.5m,砂垫层厚度为 0.6m,灌砂管采用 PVC 管,灌砂孔孔口间距为横向 7.5m、纵向 8.0m。

官洲隧道砂盘平面布置及灌砂管剖面布置分别见图 5.2-1、图 5.2-2。

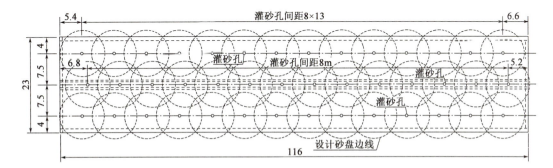

图 5.2-1 官洲隧道砂盘平面布置图(尺寸单位:m)

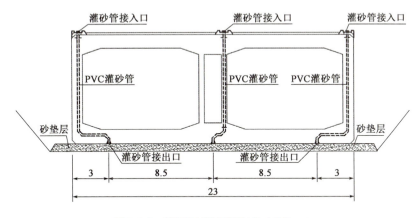

图 5.2-2 灌砂管剖面布置图(尺寸单位:m)

选择的灌砂材料应保证在Ⅶ度地震时不发生液化,并在施工及运营过程中不产生过大的沉降,砂、水配合比应保证砂料在管道内的良好的流动性,砂垫层级配组成如图 5.2-3 所示。

5.2.2 灌砂模型试验

1)灌砂模型试验设计
(1)试验模型
中铁隧道局集团有限公司(以下简称"中铁隧道局")于 2005 年开展了官洲隧道灌砂物理

模型试验研究,试验采用1:5的实物缩尺相似模型,水池尺寸为6.0m×6.0m×0.9m。管节模型为钢板,并在钢板中设计三个灌砂孔(直径为85mm)和一些观测孔(直径为35mm),通过观测孔可以了解不同时间砂盘的扩散情况。

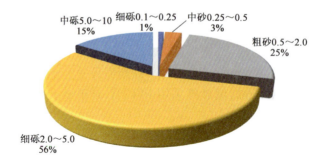

图5.2-3 官洲隧道砂垫层级配组成图(单位:mm)

试验采用的模型平面尺寸为4.6m×4.6m,模型板水槽的侧墙采用5mm厚的钢板,并与模型底板密封焊接,侧墙高度为600mm,模型不渗漏水,以满足不同试验条件与负浮力系数的模拟要求,保证在试验过程中可以合理控制浮力,并可分级加载,进行单孔(B)和双孔(A、C)灌砂两种试验。该隧道灌砂模型试验设计见图5.2-4,图5.2-5。

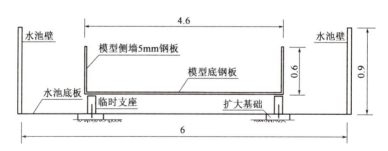

图5.2-4 官洲隧道灌砂模型试验断面图(尺寸单位:m)

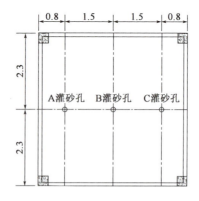

图5.2-5 官洲隧道灌砂试验孔与支座平面位置图(尺寸单位:m)

(2)试验装置

官洲隧道灌砂试验装置由砂水混合器、砂泵、压力表、灌砂管等组成,装置布置见图5.2-6。

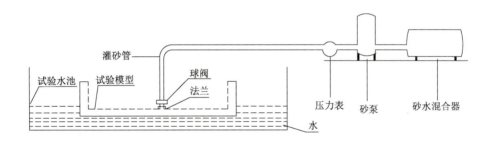

图 5.2-6　官洲隧道灌砂试验装置图

(3) 试验技术要求

① 灌砂基础的材料为砂与水泥熟料的混合物,在给定的砂与水泥熟料的配比、粒径等试验条件下,应能确保灌砂施工后的密实度。

② 灌砂材料及其配合比

a. 砂:采用中粗砂。

b. 灌砂料的配合比:砂与水泥熟料的比例为 47:3。

c. 水砂料的配合比:采用 5:1~8:1,根据模拟试验进行调整,开始灌砂前应当从清水开始,逐渐加大混合料的含量,以确保灌砂试验的正常进行。

d. 试验过程中,所有的试验材料及其参数应严格保持一致,并应确保所采用的砂与水泥熟料在形成砂基础的流动过程中不产生离析。

e. 砂、水配合比应保证砂料在管道内良好的流动性。

③ 进行试验时应确保模型不发生偏移,密切关注灌砂过程中模型板的竖向位移变化。

(4) 试验数据采集

试验拟采集灌砂量及灌砂管道压力、模型竖向位移、模型板下压力、砂盘扩展半径及冲击坑半径、砂盘孔隙比与密实度等数据。灌砂压力通过灌砂管上压力表测定、位移通过在模型板上安装百分表测定、基底压力通过模型板下压力通过土压力计测定、砂盘扩展半径及冲击坑半径通过观测孔测定、砂盘孔隙比与密实度抽取各阶段不同测试点的砂盘样品测定。其中,位移、压力测点位置分别见图 5.2-7、图 5.2-8。

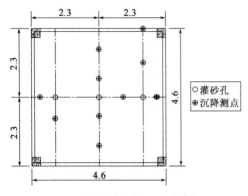

图 5.2-7　位移测点布置图(尺寸单位:m)

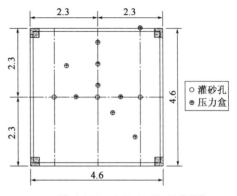

图 5.2-8　模型底板压力监测位置(尺寸单位:m)

2)试验过程与结果分析

(1)单孔灌砂试验(B孔灌砂)

①试验概况

试验开始时,在水流冲击力作用下,灌砂口处的砂向四周扩散,砂在距灌砂口一定距离处开始沉积,并向水压力比较低的外坡流动,逐渐形成环状砂丘。随着灌砂时间的增长,砂丘顶部逐渐贴着模型底面,形成环形砂盘,砂流方向沿着砂盘与模型底部相对松散的空隙不断调整,砂盘扩散半径逐渐增大,砂水混合料扩散阻力升高,灌砂压力也相应增大,砂盘对管节模型的压力也随之上升。当砂盘扩散半径足够大时,砂子从管节模型侧涌出,然后灌砂压力随之减小。官洲隧道灌砂模拟试验现场见图5.2-9。

②砂盘冲击坑半径

灌砂结束后,除模型四个角外,底部砂盘均有溢出,砂垫层表面平坦密实,在砂盘灌砂孔正中有一漏斗状的冲击坑(图5.2-10),由图5.2-11可知,冲击坑半径为29~38cm。

图5.2-9 官洲隧道灌砂模拟试验现场

图5.2-10 单孔灌砂砂盘形状

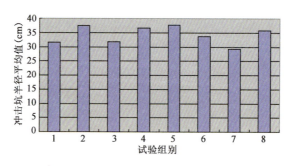

图5.2-11 冲击坑半径平均值柱形图

③砂盘扩散半径及充满度

在砂盘表面有几条明显的砂流槽,从冲击坑伸展到模型边缘,槽宽度大小不一,槽深几厘米不等。试验结果通过相似理论换算得到各组试验的结果的砂盘扩散半径见表5.2-1,可以看出,砂盘扩散半径充满度达到100%的半径为6.58~7.12m,以D3组试验为例,充满度达到85%以上的砂基础的半径为7.01~7.63m。且从其他各试验组别可以得出结论,随着砂料配比选择的不同而不同,水砂比越大,扩散半径越大。

砂盘扩散半径统计表(单位:m)　　　　　　　　　　　表 5.2-1

角度	充满度 100%			充满度 85%		
	D3	D8	D12	D3	D8	D12
0°	6.58	7.03	7.12	7.02	7.34	7.18
45°	7.04	7.01	6.88	7.25	7.22	7.63
90°	6.82	6.99	6.77	7.11	7.12	7.26
180°	6.95	6.84	6.64	7.34	7.01	7.55
270°	6.73	7.12	7.03	7.22	7.31	7.28

④灌砂压力

水砂比为 6∶1 时,灌砂压力整体平均值约 0.0485MPa,最大值达到 0.13MPa。水砂比为 8∶1 时,灌砂压力整体平均约 0.0449MPa,最大值达到 0.11MPa。

⑤砂盘对模型的反压力

官洲隧道灌砂试验其中一组砂盘反压力随时间变化关系见图 5.2-12。在灌砂过程中,砂盘对管节模型的反压力一般随砂盘的扩展而增大,当砂盘扩展到模型边缘时,大量砂子从模型与水池间的空隙涌出,这时反压力减小。

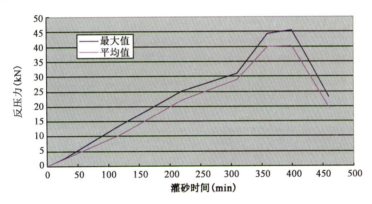

图 5.2-12　砂盘反压力随时间变化关系曲线图

⑥砂盘的孔隙比与密实度

基于试验室的测定数据,得出不同试验条件不同时间的孔隙比与相对密实度,进而分析灌砂效果以及各参数对砂基础的影响。表 5.2-2 为试验中代表样品形成的砂基础的孔隙比与密实度统计表。

代表样品形成砂基础的孔隙比与密实度　　　　　　　表 5.2-2

样品编号	取样位置(距圆心)(m)	天然(取样时)状态			相对密度
		密度(g/cm³)	干密度(g/cm³)	孔隙比	
ZS1-1.2-上	1.2	2.65	1.727	0.534	0.621
ZS1-1.2-下	1.2	2.65	1.727	0.534	0.634
ZS1-2.0-上	2.0	2.65	1.698	0.534	0.573
ZS1-2.0-下	2.0	2.65	1.698	0.534	0.580

图 5.2-13 为距离灌砂孔中心 1.2m 和 2m 处上表层取样测试的压力—基础空隙率曲线，可以看出，随着半径的增大，同样处于上表层的砂基础的 P-e 曲线变化较大。因此，在砂盘边缘处的密实度和砂基础的自身强度也降低。

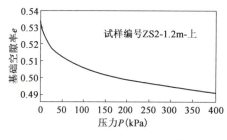
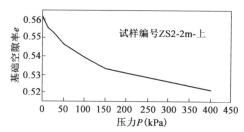

图 5.2-13　P-e 关系曲线图

（2）双孔灌砂试验（A、C 孔分别灌砂）

双孔灌砂试验按顺序先灌 A 孔，灌砂时，观察到灌砂压力与单孔灌砂类似，一般稳定在 0.03MPa 左右，只在冲击砂盘时会瞬时增大到 0.08MPa 左右。当砂盘扩展到最大时停止灌砂，这时砂子已涌到模型外（靠近 A 孔的一侧）约几十厘米。将灌砂管移到 C 孔，试验条件与 A 孔一样，继续灌砂，当灌砂到一定的砂盘半径，由于冲击坑内的水压力不足以把砂流送到砂盘外边坡，大量的砂涌到模型边缘，此时停止灌砂。将管节模型提升后，两个砂盘的表面形状如图 5.2-14 所示。可以看出，A 孔形成的砂盘比较大，冲击坑呈漏斗状，半径约 35cm，深度比 B 孔的冲击坑略浅，砂盘与模型地面接触紧密。C 孔形成的砂盘稍小，没有明显的砂流槽，在两个砂盘之间有一个凹槽。这是由于灌砂孔距离模型边缘近，冲击坑内水压力不够所致。若考虑到中间 B 孔的灌砂作用，砂盘将交接成一个整体。

图 5.2-14　双孔灌砂砂盘形状

单孔灌砂试验中，除四个角外，管节模型底部砂盘均有溢出，砂盘表面平坦密实。经过现场测试并通过相似理论换算，得到最终砂盘扩散半径可满足设计要求。双孔灌砂试验中，先灌孔部位发展相对较好，砂盘扩展充分；不同的配合比条件下砂盘的发展有所不同，同等灌砂压力下含沙量越高，扩散半径越小。砂基础承载力和密实度完全满足设计要求，但砂盘密实度由于不同的配合比有所差别，砂盘边缘处与冲击坑边缘处密实度相对较低。由于管节实际尺寸较大，灌砂基础施工过程中所受环境影响因素较多，试验中做了一定简化，还存在以下几方面的问题或不足：

①模型试验灌砂材料仅采用中粗砂进行分析，未考虑粗砂、细砂以及级配砂的不同效果；
②试验仅采用了两种砂水比进行对比分析，其结果具有一定的局限性；
③由于试验测试数据的数值难以与时间匹配，只能列举测试的整体数据，同时未能对扩散半径与灌砂量间的关系进行研究；
④试验中对砂基础的密实度检测方法具有一定的局限性，仅得出了定性的结果，未分析可

能对砂基础密实度产生影响的其他因素；

⑤双孔灌砂试验未对灌砂施工中相邻孔之间的相关影响关系进行深入研究；

⑥试验模型未考虑实际灌砂施工过程中抗浮系数的影响。

5.2.3 官洲隧道管节灌砂施工

灌砂模型试验有效地对隧道施工起到了指导作用。实际施工时，先计算理论灌砂量和灌砂压力，再结合实际灌砂过程进行调整，灌砂时由测量工程师进行管内动态测量，潜水员可以下水探摸，灌砂过程连续不间断，由专业技术人员结合各方资料判断实际灌砂结果。官洲隧道灌砂采用的水泥掺量为6%，灌砂过程中由潜水员探摸砂盘形成良好，灌砂完成后长期沉降监测表明，砂盘密实度满足设计要求。

E1管节灌砂从2008年7月13日开始灌砂到7月26日灌砂完成。根据试验结果建议，灌砂压力控制在0.07~0.1MPa间。灌砂完成后，管节整体抬高2mm，表明0.1MPa作为灌砂压力的上限控制值是合理的。灌砂完成后，实测高程高于设计高程，可为后期预留沉降量作储备。E1管节靠近E2管节侧的两排灌砂孔暂时不灌砂，管节灌砂孔累积灌砂量为3826.1m^3，灌砂结束后采用水泥浆液封堵灌砂孔，30个灌砂孔累计水泥约63.5m^3，膨胀剂约6.5m^3，膨胀率为10%。官洲隧道E1管节灌砂情况和管内高程分别见图5.2-15和表5.2-3。

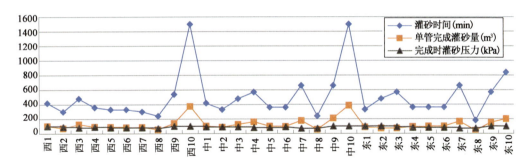

图5.2-15 E1管节灌砂情况记录

E1管节管内高程记录表 表5.2-3

测量时间	管头高程			管尾高程		
	设计值(m)	实测值(m)	差值(mm)	设计值(m)	实测值(m)	差值(mm)
2009-07-13	-9.831	-9.821	10	-13.117	-13.092	25
2009-07-14	-9.831	-9.821	10	-13.117	-13.092	25
2009-07-15	-9.831	-9.821	10	-13.117	-13.092	25
2009-07-16	-9.831	-9.823	8	-13.117	-13.092	25
2009-07-17	-9.831	-9.823	8	-13.117	-13.092	25
2009-07-18	-9.831	-9.823	8	-13.117	-13.092	25
2009-07-19	-9.831	-9.823	8	-13.117	-13.092	25
2009-07-20	-9.831	-9.823	8	-13.117	-13.092	25

续上表

测量时间	管头高程			管尾高程		
	设计值(m)	实测值(m)	差值(mm)	设计值(m)	实测值(m)	差值(mm)
2009-07-21	-9.831	-9.823	8	-13.117	-13.094	23
2009-07-22	-9.831	-9.823	8	-13.117	-13.094	23
2009-07-23	-9.831	-9.823	8	-13.117	-13.094	23
2009-07-24	-9.831	-9.823	8	-13.117	-13.094	23
2009-07-25	-9.831	-9.823	8	-13.117	-13.094	23
2009-07-26	-9.831	-9.823	8	-13.117	-13.094	23

5.3 佛山东平隧道灌砂基础试验研究

5.3.1 东平隧道灌砂设计

东平隧道沉管段总长445m,分4个管节,管节横断面尺寸为39.9m(宽)×9.0m(高)。东平隧道灌砂砂盘的扩散半径设计为7.5m,灌砂孔采用无缝钢管,底板灌砂孔孔口标准间距为横向9.5m、纵向11.0m。灌砂时水砂配合比暂定控制在7:1~9:1之间。东平隧道砂盘平面设计图和灌砂管剖面布置分别见图5.3-1、图5.3-2。

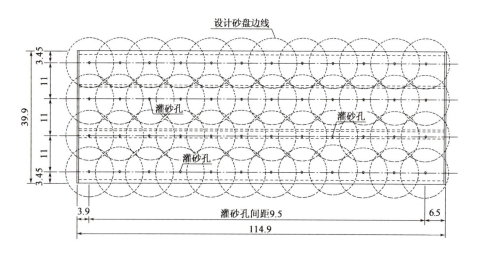

图5.3-1 东平隧道砂盘平面设计图(尺寸单位:m)

东平隧道灌砂模型试验充分汲取了广州官洲隧道的试验成果与经验,对可能影响试验结果的因素进行了适当简化,试验采用了实际施工时的灌砂设备,且模型底板与工程实际底板等厚度,混凝土强度、配筋、底钢板设计等参数与实际施工情况保持相同,开展了1:1单孔灌砂模型试验。

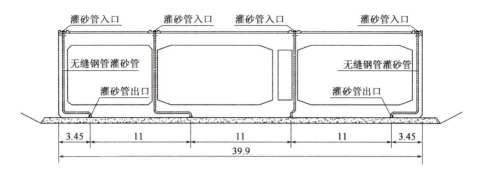

图 5.3-2　东平隧道灌砂管剖面布置图(尺寸单位:m)

5.3.2　灌砂模型试验

1)灌砂模型试验设计

(1)试验模型

试验模型底板半径 $R=6\mathrm{m}$,侧壁厚度为 0.3m,浮运设计吃水深度为 3.2m,底板距离水池底部为 0.6m,即砂盘设计厚度为 0.6m;模型下方设置四个千斤顶,千斤顶用 $2.5\mathrm{m}\times2.5\mathrm{m}$ 钢筋混凝土扩大基础,千斤顶下方铺设钢板,防止千斤顶对基础的冲剪破坏;模型上部布置四个标尺和三个百分表观测模型抬升和沉降,东平隧道灌砂模型设计见图 5.3-3。

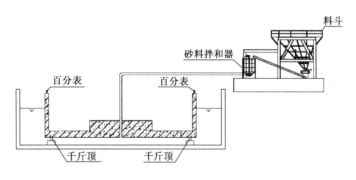

图 5.3-3　东平隧道灌砂模型设计图

①试验设备

试验设备包括灌砂设备、供砂设施、供水设备及电力设施。灌砂设备采用东平隧道实际灌砂施工设备。供砂设施由砂料传送带、料斗和装载车组成,出料口设置活动闸门控制砂流量。为保证灌砂试验过程中模型抗浮系数始终保持在 $K=1.05$ 时的模型池水深度,供水采用循环供水方式,除试验水池外另设一蓄水池,最大蓄水方为 $1200\mathrm{m}^3$。部分设备可见图 5.3-4～图 5.3-6。

②试验模型制作

灌砂模型设计为直径 12m 的圆形底板,模型底板参数设计与施工与工程实情况相同。为模拟实际沉管法隧道灌砂时抗浮系数,该次灌砂试验模型设置侧壁结构,具体施工示意分别见图 5.3-7～图 5.3-14。

图5.3-4 灌砂设备

图5.3-5 供砂设备

图5.3-6 蓄水池

图5.3-7 模型底膜铺设

图5.3-8 模型底部钢筋拼接

图5.3-9 模型钢筋施工

图5.3-10 模型模板施工

图5.3-11 模型混凝土浇筑

图 5.3-12　模型模板拆卸

图 5.3-13　模型防渗透处理

图 5.3-14　模型混凝土养护

试验水池面积为 459.12m²，满足砂盘最大扩散面积及灌砂完毕后模型浮运空间。模型浮运吃水深度为 3.2m，试验水池蓄水深度 $H \geq 3.8m$，水池设计蓄水深度为 4.3m，最大蓄水方量为 1974m³。

试验水池底为强风化泥岩，局部为全风化，为防止水池底面发生不均匀沉降，底部采用直径大于 20cm 的漂石回填 30cm，上部铺砂砾石做反滤层，碾压密实，上浇筑 C20 混凝土 15cm。模型下方四个千斤顶处采用 2.5m×2.5m 钢筋混凝土扩大基础，设计承载力为 200kPa，满足模型对水池地基产生最大荷载 141kPa 的要求。并在千斤顶下方铺设 2.5m×2.5m，厚 20mm 钢板，防止千斤顶对基础的冲剪破坏。

水池侧壁开挖采用自然放坡，护坡支挡采用砖墙，按开挖坡面逐台砌筑，护坡基础开挖至池底高程下 0.2m，采用砖墙砌筑，护坡表层采用混凝土砂浆封闭，厚 5cm。对水池原有侧壁进行防水防渗漏处理，灌砂试验场地水池基础开挖、换填及边坡支护见图 5.3-15。

（2）灌砂原料

灌砂工艺试验对粗砂、中砂分别进行 1:20、1:22、1:24、1:26、1:28、1:30 砂水比试验，考虑抗震液化要求，细砂仅进行 1:26 砂水比试验。灌砂工艺初步试验工况统计见表 5.3-1，试验过程见图 5.3-16～图 5.3-18。

图 5.3-15　灌砂试验场地水池基础开挖、换填及边坡支护

灌砂工艺初步试验工况统计表　　　　　表 5.3-1

砂 级 配	砂 水 比					
	1:20	1:22	1:24	1:26	1:28	1:30
粗砂	工况 1	工况 2	工况 3	工况 4	工况 5	工况 6
中砂	工况 7	工况 8	工况 9	工况 10	工况 11	工况 12
细砂	—	—	—	工况 13	—	—

图 5.3-16　工艺试验灌砂过程

图 5.3-17　工艺试验加载　　　　　图 5.3-18　工艺试验砂盘形状

经过对 13 个工况的灌砂工艺试验结果对比分析得到以下结论：

①相同砂级配,砂水比越小,灌砂时间越长、流畅性越好,砂盘扩散速度越小、扩散半径越

大,反之亦然;而砂水比对砂盘密实度大小影响不明显。

②相同砂水比,灌砂流畅性:粗砂最差,中砂次之,细砂最好;砂盘扩散速度:粗砂最小、中砂次之、细砂最大;砂盘扩散半径粗砂小于中砂。

③相同荷载作用下,相同砂水比,粗砂砂盘密实度整体小于中砂,且离散性较大。

故1:1单孔灌砂模型试验选中砂为灌砂原料。

(3) 砂水比

为保证等比例模型试验灌砂施工顺畅,减少灌砂时间,同时能够满足砂盘扩散半径和砂盘充满度的要求,试验以灌砂初期采用较大砂水比、后期采用较小砂水比思路。对于第一次灌砂试验,详细记录不同时间段砂水比、灌砂压力、模型高程变化、砂盘扩展情况等,灌砂完毕后记录砂盘形态特征,对砂盘进行全面密实度测试,通过对以上数据总结,分析砂盘堆积扩散机理、扩散速度变化、砂盘充满度,全面了解砂盘密实度纵向、水平方向变化规律。在第一次灌砂试验基础上,采用相同砂级配,调整砂水比进行第二次对比灌砂试验,从灌砂时间和砂盘沉降量两个方面与首次灌砂试验进行对比分析。

(4) 试验测试仪器、设施

试验按照设计方案配备四个液压千斤顶,每个千斤顶最大量程为320t,为保证四个千斤顶同步加压,采用统一加压方式,由一个加压泵同时给四个千斤顶加压。

为测量在灌砂试验过程中模型的抬升情况和灌砂完毕后预抬升量试验模型沉降观测,在模型侧壁布置四个标尺和三个百分表,如图5.3-19、图5.3-20所示。

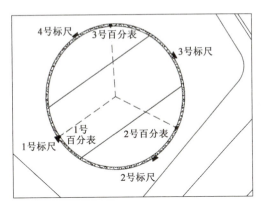

图 5.3-19 百分表、标尺布置平面示意图

图 5.3-20 百分表、标尺现场布置图

千斤顶抬升至设计高度60cm,水位调节至抗浮系数$K=1.05$时,模型吃水深度为2.96m,供电设施、供水设施、灌砂泵正常工作。

为充分了解砂盘密实度变化情况,该次灌砂等比例模型试验对砂盘密实度进场实测,试验采用环刀法取样,将砂盘分为上、中、下三层,每层取样厚度20cm。每层取样点布置如图5.3-21所示。

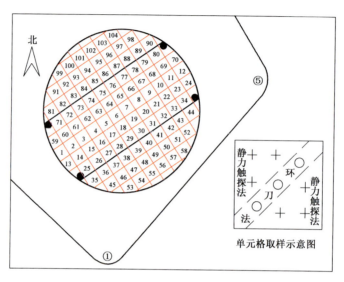

图 5.3-21 砂盘密实度试验取样布点

每个单元格环刀取样三个,预埋装置贯入试验三次。取样前对环刀进行编号,并进行体积标定;对烘碗进行编号,并进行质量标定。

取样时按照先上层、再中层、最后下层的顺序,每层按取样布置图从砂盘一侧开始,逐步推进。取样过程中详细记录取样层号、取样处的布点编号、环刀编号等数据。取样过程中在砂盘表面铺设正方形木板作为工作面,所有人员严禁直接踩踏砂盘。每层取样完毕后,按设计取样厚度将该层砂清除,再进行下一层取样工作。

2）试验过程、结果分析

（1）灌砂时间、压力与模型高程变化

灌砂过程详细记录不同时间段砂水比、灌砂压力、灌砂泵转速、模型高程变化等数据,等比例模型试验第一次灌砂试验记录见表5.3-2。根据首次灌砂试验结果,第2次灌砂试验前期砂水比仍采用首次灌砂试验砂水比1:10,而将后期砂水比调整为1:20(表5.3-3)。灌砂过程砂水比调节时间节点根据砂盘实际扩散情况来确定,当砂盘扩散半径达到模型半径后调节砂水比。

等比例模型试验第一次灌砂试验记录表　　　　表5.3-2

时间 (min)	砂水比	压砂压力 (MPa)	压砂泵转 (r/min)	模型高程变化(mm)				
				1号	2号	3号	4号	平均抬升量
0	开始注水	0	540	0	0	0	0	0
10	开始加砂	0	595	0	0	0	0	0
25	1:10	0.01	630	0	0	0	0	0
40	1:10	0.01	652	0	0	0	0	0

续上表

时间(min)	砂水比	压砂压力(MPa)	压砂泵转(r/min)	模型高程变化(mm)				
				1号	2号	3号	4号	平均抬升量
60	1∶10	0.02	663	0	0	0	0	0
80	1∶10	0.02	675	0	0	0	0	0
100	1∶10	0.02	686	0	0	0.5	0	0.1
130	1∶10	0.02	686	0	−0.5	1	2	0.6
160	1∶10	0.02	686	0	−0.5	1	2.5	0.8
190	1∶10	0.02	698	1	−0.5	1	2.5	1
220	1∶10	0.02	698	1	−1.5	2	5.5	1.8
250	1∶10	0.02	698	1.5	−2	2	5.5	1.8
280	1∶10	0.02	698	2	−3	3	7	2.3
310	1∶10	0.02	697	2	−4.5	3	11	2.9
340	1∶10	0.02	685	2	−6	4.5	14	3.6
370	1∶30	0.02	654	2.5	−6.5	4.5	15	3.9
400	1∶30	0.02	654	2.5	−6	5	14	3.9
430	1∶30	0.02	654	3	−6.5	5.5	14.5	4.1
460	1∶30	0.02	654	2.5	−5.5	5.5	14.5	4.3
490	1∶30	0.02	654	2.5	−6	5.5	14.5	4.1
520	1∶30	0.02	654	2.5	−6	4.5	13	3.5
550	1∶30	0.02	654	2.5	−6	5	13.5	3.8
580	1∶30	0.02	654	2.5	−5.5	5.5	13	3.9
600	1∶30	0.02	654	4	−6	7	15.5	5.1

注：表中模型高程变化，正数代表模型抬升，负数代表模型下降。

第二次灌砂试验统计表　　　　　　　　　　　　　　　表5.3-3

时间(min)	砂水比	压砂压力(MPa)	压砂泵转速(r/min)
0	开始注水	0	540
10	开始加砂	0	590
20	1∶10	0.01	642
60	1∶10	0.02	663
120	1∶10	0.02	695
180	1∶10	0.02	695
240	1∶10	0.02	701
300	1∶10	0.02	698
360	1∶20	0.02	673
420	1∶20	0.02	667
480	1∶20	0.02	667
540	1∶20	0.02	667
570	1∶20	0.02	667

从表 5.3-2、表 5.3-3 可以看出第二次灌砂试验后期砂水比由第一次试验的 1∶30 提高至 1∶20，灌砂时间减少 30min。灌砂过程中砂泵转速的变化情况见图 5.3-22。

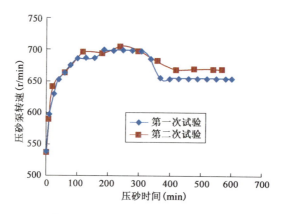

图 5.3-22　灌砂过程砂泵转速变化曲线

砂泵转速即砂泵输出功率，从图 5.3-22 可以看出在灌砂初始阶段（即 0~100min），随着砂水比达到 1∶10，砂盘不断堆积扩散，砂泵输出功率迅速增大，灌砂 100min 后砂泵转速趋于稳定。砂水比减少后转速略有下降并趋于稳定。对比两次灌砂试验可知，砂水比越小砂泵转速越大，即输出功率越大。

图 5.3-23 是灌砂过程中模型抬升量随灌砂时间的变化情况，在整个灌砂过程中始终保持灌砂开始时 $K=1.05$ 水头高度，即由模型自重产生的砂盘附加荷载保持不变，所以模型抬升量变化又反映了灌砂过程中浮托力的变化情况。

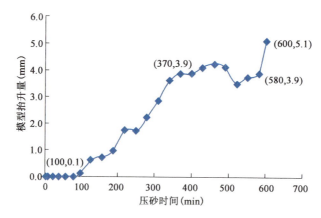

图 5.3-23　灌砂过程中模型抬升量变化曲线

此外还可以进一步分析砂盘形成扩散过程，根据抬升量的变化情况将砂盘的堆积扩散分为四个阶段：

①第一阶段

从灌砂开始至 100min，模型未发生抬升现象，该阶段内砂盘扩散堆积阻力最小，所以扩散速度最大，但此时还未形成圆台形态的砂盘，是砂盘以冲击坑为圆心向四周均匀扩散，堆积厚度逐步接近模型底板的过程，如图 5.3-24 所示。

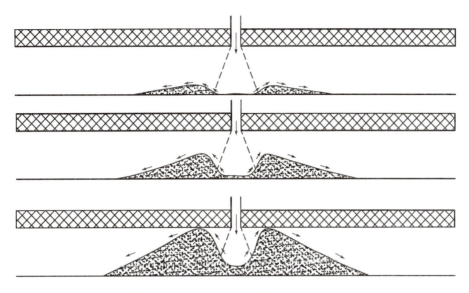

图 5.3-24　第一阶段砂积盘扩散堆积过程示意图

②第二阶段

100~370min,砂盘顶部基本接近模型底板,并以圆台形态逐步扩大,浮托力随着砂盘半径的扩大逐步增大,在此过程中砂盘顶部半径相对较小,对水流冲击阻力较小,砂盘仍以冲击坑为圆心向四周均匀扩散堆积为主。如图 5.3-25 所示。

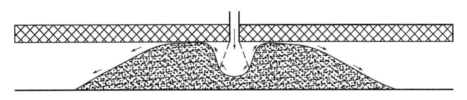

图 5.3-25　第二阶段砂盘扩散堆积过程示意图

③第三阶段

370~580min,随着砂盘不断扩大,顶面半径逐步接近模型底板半径,对水流冲击产生较大阻力,此时冲击坑内压力已不足以使砂水混合体向冲击坑周围同时扩散,而是会选择径流阻力较小路径或环形砂盘薄弱处冲开扩散,当该路径扩散达到一定程度,摩擦阻力增大,经过一段时间后,砂盘又在其他处冲开扩散,如图 5.3-26 所示。这个阶段模型抬升量的波动现象应是由砂盘不均匀扩散引起的。

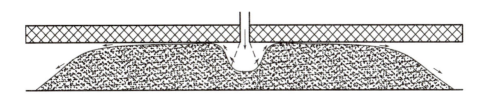

图 5.3-26　第三阶段砂积盘扩散堆积过程示意图

④第四阶段

580min 至灌砂结束,该阶段内砂盘底部扩散半径均大于7m,且顶部半径已超出模型底板,并在模型侧壁处不断隆起,模型底部预留空间已被砂盘充满,此时贯入阻力最大,从图5.3-27可以看出580min 后模型抬升量突增,浮托力达到最大。

图 5.3-27　第四阶段砂积盘扩散堆积过程示意图

(2)砂盘扩展情况

灌砂过程中,记录探尺探测砂积盘扩散情况和探测时间。第一次等比例模型试验砂积盘扩展记录见表5.3-4,砂盘不同时间点底面扩散半径平面示意见图5.3-28,等比例模型砂盘底部扩散半径时程见图5.3-29。

第一次等比例模型试验砂积盘扩展记录表　　　　　表 5.3-4

压砂时间(min)	砂盘底面扩展半径(m)				
	Ⅰ号	Ⅱ号	Ⅲ号	Ⅳ号	平均值
20	3.0	3.0	3.0	<3.0	3.0
180	4.2	4.0	4.2	4.0	4.1
240	5.0	4.8	4.6	5.0	4.9
300	5.8	5.5	5.0	5.5	5.5
360	6.4	6.1	5.5	5.8	6.0
420	6.8	6.5	6.3	6.3	6.5
480	7.1	6.9	6.5	6.3	6.9
540	7.3	7.1	6.9	7.0	7.1
600	7.4	7.2	7.0	7.3	7.2

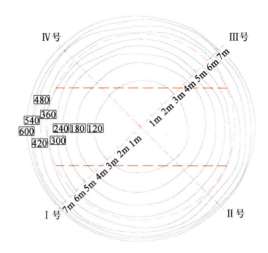

图 5.3-28　砂盘不同时间点底面扩散半径平面示意图

图 5.3-28、图 5.3-29 表明砂盘扩散速度随着灌砂时间增大逐渐变小。模型边缘砂盘堆积隆起见图 5.3-30。

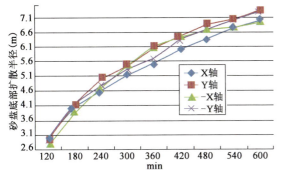

图 5.3-29　等比例模型砂盘底部扩散半径时程图　　　　图 5.3-30　模型边缘砂盘堆积隆起

（3）砂盘充满度

等比例模型试验灌砂完毕后，将模型浮运至砂盘外侧，实测砂盘形态主要参数：砂盘最大扩散半径、冲击坑尺寸、堆积倾角并计算砂盘充满度。等比例模型第一次试验砂盘形态见表 5.3-5。

等比例模型第一次试验砂盘形态表　　　　表 5.3-5

扩散半径（m）				冲击坑（cm）		堆积倾角（°）			
1	2	3	平均值	直径	深度	1	2	3	平均值
7.36	7.38	7.47	7.39	130	42	31°	33°	28°	30.7°

模型底部四周均有堆积隆起现象，所以模型底面积充满度可达到 100%，砂盘整体形态呈圆台形，顶面平整，呈现以冲击坑为圆心向四周放射性扩展流动痕迹，无明显沟槽，印证了模型底板为圆形设计的优点。根据实测数据计算砂盘体积充满度，体积充满度为［砂盘总体积—冲击坑体积—砂流槽体积)/砂盘总体积］，其中，灌砂试验砂盘总体积约为 $89.5m^3$，冲击坑体积约 $0.35m^3$，砂盘体积充满度达到 99.6%。等比例模型砂盘形态见图 5.3-31。

图 5.3-31　等比例模型砂盘形态

（4）砂盘密实度

密实度是砂盘最关键的一个参数，砂盘密实度大小直接影响砂垫层的抗液化能力及沉管法隧道沉降量大小。东平隧道工程设计要求砂盘密实度不小于0.6。等比例模型试验砂盘密实度实测试验按照预定方案共取样942件，对试验数据进行统计分析，除了测试砂盘整体密实度，还对砂盘密实度的空间变化规律进行分析研究，砂盘密实度分层统计见表5.3-6。

砂盘密实度分层统计表　　　　　　　表5.3-6

统计参数	层号		
	上层	中层	下层
最大值	0.813	0.873	0.937
最小值	0.298	0.394	0.304
平均值	0.573	0.608	0.632
均方差	0.087	0.098	0.124

根据表5.3-6中砂盘各层密实度平均值可以得出，砂盘密实度随砂盘深度增加而增大，上层密实度最小，中层次之，下层最大。均方差表征数据的离散程度，在此代表各层砂盘密实度的均匀性，所以就均匀性而言，砂盘上层均匀性最好，中层次之，下层最差。

东平隧道灌砂试验第一次试验用时为610min，二次试验用时575min，灌砂量约为89.5m^3，两次试验在灌砂材料的选择、砂水比的控制以及试验本身的合理性等方面得到了大量试验数据。通过对该数据进行对比分析研究，有效地弥补了广州官洲隧道工程砂基础模型试验中的不足，同时在沉管法隧道方案设计以及施工工艺方面取得了长足的进步。根据现场灌砂施工和监测的实际情况分析，各管段灌砂情况良好，隧道两侧砂盘溢出均匀，灌砂期间隧道无明显抬升现象，灌砂和管段回填覆盖后，接头间不均匀沉降控制良好，并且得出以下结论：

①灌砂试验砂盘最大扩散半径达到7.5m，平均扩散半径为7.4m，砂盘顶面均匀平整，整体形态接近圆台形，平均密实度为0.604。模型底部四周均有堆积隆起现象，模型底面砂积盘充满度达100%，砂盘体积充满度达到99.6%。

②整个灌砂过程中始终保持模型自重产生的砂盘附加荷载不变，所以模型抬升量变化可反映灌砂过程中浮托力的变化情况，据此进一步分析砂盘扩散堆积过程。

③砂盘密实度随深度增大而增大，密实度沿砂盘半径扩展方向由小变大，冲击坑处密实度最小，随后沿扩展方向密实度迅速增大，并趋于稳定，但不同深度处变化趋势略有差异。

5.3.3　东平隧道灌砂垫层抗液化研究

国内结构工程的抗震设计主要以《建筑抗震设计规范》（GB 50011）为基础，抗震设计规范采用标准贯入法对最大埋深不超过20m的地层液化性进行了判别，但不适用于埋深超过20m的隧道工程。东平隧道建设之初，关于沉管法隧道工程的地震作用计算，国内并没有明确的规定，抗震设计规范规定的底部剪力法、振型分解反应谱法、时程分析法等方法也仅适用于房屋建筑结构。对于位于深厚软弱土层中的沉管法隧道，其液化判别、地震作用的计算等问题，还需要另行深入研究。

砂土的动强度特性、液化特性和动应力应变特性是土的重要动力工程性质，也是工程场地地震分析不可缺少的基础性资料。东平隧道抗震研究主要的研究内容为0.6m的后填砂垫层是否会产生液化。因此,可通过动液化强度试验,得到土样液化或破坏时,动剪应力比、孔压与振次的关系曲线,从而确定土样在不同震级下的动应力强度;通过砂土的动模量阻尼比试验,得到土样动模量、动阻尼比参数与动应力、动应变水平的关系曲线;运用有限元软件的非线性动力分析程序,建立沉管及基础相互作用的三维数值计算模型,研究不同物理力学参数的基础砂在地震波作用下结构周围土体中最大动剪切应变率、孔压比等沉管法隧道的地震响应。将求得的地震作用剪应力与抗液化强度相比较,得到以下结论:

(1)动强度试验表明,密实度越小的砂样越易发生破坏或液化,建议砂垫层设计相对密实度不宜小于0.6。

(2)在土体震动的情况下,对于隧道竖向的剪力影响不大,由于土体的回弹,这种影响可能还会减小。

(3)地震对砂基础中的剪应力影响很大,动剪切应变率最大值可达到0.25。

(4)在震动过程中,孔压不断累积,砂基础中间部位,尤其是在隧道中线10m左右范围内的砂样存在液化的可能。液化造成的最大位移量约15.46mm,但位移值与60cm砂垫层厚度相比较小,基本不影响使用。

5.3.4 东平隧道管节灌砂施工

东平隧道标准管节沿隧道横向设置4排灌砂孔,从2015年5月开始灌砂。为确保灌砂垫层质量,并且不影响管节间顺利对接,灌砂原则如下:

(1)对接端预留1~2排灌砂孔,待下节管节对接完成后再灌砂。
(2)先在支撑千斤顶附近灌砂,后沿管节纵坡从高往低灌砂。
(3)先向中间孔灌砂,后向两侧孔灌砂。

以E1管节为例,第一批先灌注B、C轴和8~10轴中孔,即千斤顶附近灌砂孔,然后再灌注A、D轴和8~10轴边孔;第二批灌注B、C轴和1~4轴中孔,然后再灌注A、D轴和1~4轴边孔;第三批灌注剩余部分的中孔和边孔。东平隧道管节灌砂孔平面布置见图5.3-32。

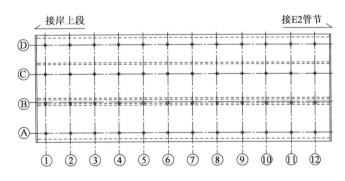

图5.3-32 东平隧道E1管节灌砂孔平面布置图

按管底两侧砂盘水平溢出2m,管外砂盘堆积体高出管节底面0.3m为灌砂完成标准,同时实时监控灌砂压力和灌砂量。完成灌砂时压力控制在0.06~0.08MPa之间,当灌砂压力大于1.0MPa,但灌砂量为0时,可判断灌砂孔被相邻孔的灌砂砂盘填满,停止该孔灌砂作业。

东平隧道 E1 管节各孔灌砂压力和灌砂量监测结果分别见图 5.3-33、图 5.3-34。

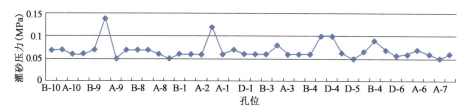

图 5.3-33　东平隧道 E1 管节各孔灌砂压力图

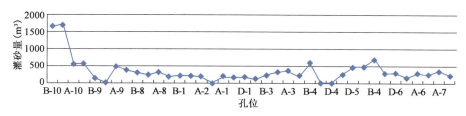

图 5.3-34　东平隧道 E1 管节单孔灌砂量

管节沉放安装和灌砂时间为 2015 年 5 月至 2016 年 2 月,与管节结构作业有关的工序有压载水箱拆除、压重层混凝土浇筑、鼻托拆除、千斤顶拆除和管外基槽回填等,这些工序都影响管节对接后的不均匀沉降,需对管节沉降进行观测。东平隧道各管节沉降观测点的布置见图 5.3-35。

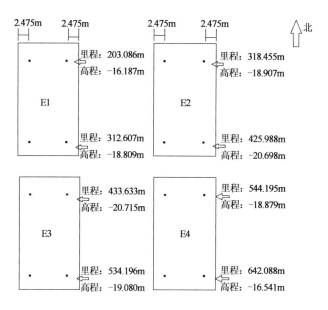

图 5.3-35　东平隧道各管节沉降观测点的布置示意图

截至 2016 年 1 月底,沉管加载及换载已完成超过 95%,管节沉降趋于稳定,变形没有继续扩大,且变形速率没有加快,趋于稳定,这一阶段主要是内部二次结构施工和管外回填。沉降监测持续到 2 月底,管节接头部位不均匀沉降均控制在 0~10mm 范围内,能满足轨道交通对不均匀沉降的要求,这表明各管节间接头结构和控制不均匀沉降的措施合理可行,东平隧道

E1 和 E2 管节接头沉降观测结果见图 5.3-36,灌砂与管外回填期监测成果见表 5.3-7。

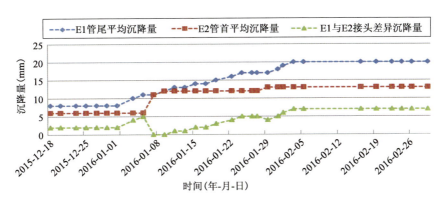

图 5.3-36 东平隧道 E1 和 E2 管节接头沉降实测结果

东平隧道灌砂与管外回填期监测成果汇总表　　　　表 5.3-7

观测部位			2016年2月29日实测高程（m）	2015年12月沉降量（mm）	2016年1月沉降量（mm）	2016年2月沉降量（mm）	累计沉降量（mm）	接头平均差异沉降（mm）	备注
E1	管头	东孔	-16.201	8	1	0	9	—	2015-12-18 拆 E1 鼻托
		西孔	-16.224	8	4	10	22		
	管尾	东孔	-18.819	8	10	2	20	7.5	2015-05-19 拆 E1 千斤顶
		西孔	-18.832	8	10	1	19		
E2	管头	东孔	-18.913	6	7	0	13		2016-01-11 拆 E2 鼻托
		西孔	-18.916	6	7	0	13		
	管尾	东孔	-20.642	6	7	0	13	2.5	2015-09-17 拆 E1 千斤顶
		西孔	-20.640	6	7	0	13		
E3	管头	东孔	-20.665	8	6	0	14		2016-01-11 拆 E3 鼻托
		西孔	-20.682	11	5	1	17		
	管尾	东孔	-19.066	39	12	2	53	3	2015-11-18 松 E3 千斤顶
		西孔	-19.088	41	11	7	59		
E4	管头	东孔	-16.553	23	0	0	23		2016-01-05 拆 E4 鼻托
		西孔	-16.571	22	5	0	27		
	管尾	东孔	-18.866	36	16	2	54		2015-12-17 拆 E4 千斤顶

由于模型试验采取了一系列的简化措施,与实际情况并不能完全一致,因此后续还可以对灌砂以下方面做进一步的研究：

(1)试验仅对单一灌砂孔进行相关参数的对比试验分析,未根据实际情况考虑其他工况灌砂过程中的相互影响作用。

(2)由于灌砂过程中灌砂压力的作用,管节底板会出现不同程度的抬升,试验仅对灌砂出孔压力与底板抬升量进行了分析,未对灌砂孔周边基础底板各处的压力变化过程进行分析。

(3)隧道管节形状通常为长方形,试验所采取的模型为圆形结构,主要针对单个灌砂孔进行研究,较实际的砂基础扩散形态有所差异。

(4)灌砂孔在灌砂压力作用下,最终在孔心部位会形成冲击坑,冲击坑密实度最小,造成局部基础灌砂未满的现象,试验阶段未对该问题进行更进一步的研究。

5.4 南昌红谷隧道灌砂基础试验研究

5.4.1 红谷隧道灌砂设计

红谷隧道全长2650m,沉管段总长1329m,分12个管节,管节横断面尺寸为30m×8.3m。红谷隧道灌砂砂盘扩散半径设计为7.5m,灌砂孔采用φ160mm无缝钢管,底板灌砂孔孔口标准间距为横向11m,纵向9.5m。红谷隧道管节灌砂孔平面布置及剖面分别见图5.4-1和图5.4-2。

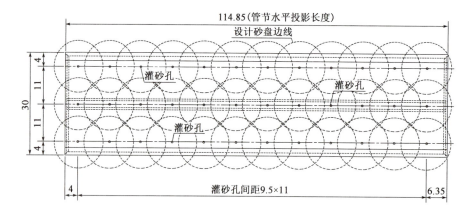

图5.4-1 红谷隧道管节灌砂孔平面布置图(尺寸单位:m)

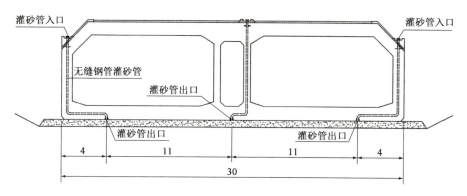

图5.4-2 红谷隧道管节灌砂孔剖面图(尺寸单位:m)

为解决佛山东平隧道灌砂试验未考虑实际砂盘为多孔灌砂叠合的问题,红谷隧道灌砂试验选取了1:1的灌砂试验模型,采取了与实际情况相符的结构尺寸以及灌砂条件进行分析研究,并通过冲击映像法和全波长无损检测法对灌砂质量进行了检测。

5.4.2 灌砂模型试验

1)灌砂模型试验设计

(1)灌砂试验平台及其组成

灌砂模型试验包括1个大型水池,架设1个平面尺寸为25m×23.5m的钢筋混凝土结构平台,其四周封闭。钢筋混凝土结构平台模拟管段底板,需满足抗浮系数及结构刚度要求,在整个平台四周设置数根钢支撑,底板按矩形布置A、B、C、D共4个灌砂孔。沿各灌砂孔径向90°等间隔布置灌砂扩散观察窗,观察窗采用预埋条状高强有机玻璃设置以观察灌砂扩散;同时,在模型底板沿各灌砂孔径向45°等间距布置压力盒,监测灌砂扩散时的灌砂压力,以便建立扩散半径与灌砂压力之间的关系。平台底面与池底的距离为0.6m,与实际江底管节与基槽底部的距离一致。

在现场开挖为52m×30m×2m的水池,模拟基槽边坡1:2,在水池中制作模型平台,通过调节水池水位可使得模型上浮及下沉。灌砂过程中对灌砂效果进行无损检测,并通过观察窗测量灌砂扩散情况,水池排水后对砂基盘进行取样检测。水池及试验平台模型示意图见图5.4-3。

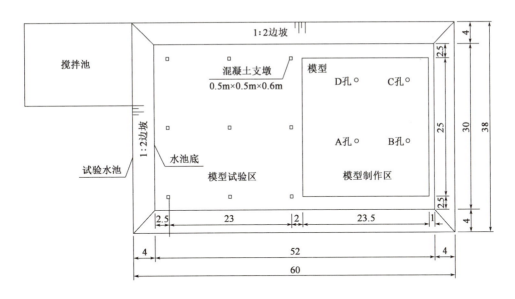

图5.4-3 试验水池及试验平台模型示意图(尺寸单位:m)

(2)试验平台的设计方案

试验平台底板尺寸为25m×23.5m,厚0.3m,上翻挡土墙高预设为0.7m,墙厚为0.3m,墙顶另设高0.3m、厚0.15m挡水板,混凝土等级同管段混凝土。

试验水池的深度需满足垫层高度与试验平台浮运要求,考虑浮运高度为0.8m,富余高度为0.3m,水池蓄水深度应达1.9m;水池底垫层设置0.2m碎石层与0.1m素混凝土垫层。水池1:2放坡开挖,池底平面尺寸为52m×30m,以满足试验平台预制、浮运、试验的要求。试验平台在试验池预制区预制完毕后放水浮运至混凝土支墩上安置。

砂盘扩散观察窗位置处预埋通长钢结构,混凝土浇捣完成后在钢结构上安装高强有机玻璃板,完成观察窗的密封。

试验水池及模型制作完成后的现场状况见图5.4-4。

(3)场地设置

场地各部分的具体设置情况如下:

①试验水池:尺寸为 52m×30m×2m。

②搅拌池:与试验水池相邻,砂与水泥熟料经搅拌机搅拌后倒入池中与水混合,利用砂泵将搅拌池中的砂水抽出,实施灌砂作业。

③储水库:利用场地附近干坞通过水泵供水。

④泵:水泵2台,砂泵1台,分别用于将水抽进水池内、给搅拌池注水,以及将搅拌池中砂水混合体注入模型底部。

⑤模型:采用钢筋混凝土板模拟隧道管底。试验模型底板安装有机玻璃板用以观察砂盘扩散情况。试验时,模型支撑于其底板下的9个混凝土柱上。

(4)试验观测设计

①灌砂孔A和B及C和D间距均为9.5m,灌砂孔A和D及B和C间距均为11m,试验中取砂盘扩散半径为7.5m。考虑灌砂过程中砂盘需要达到一定的交汇,试验扩散半径的目标按最大值10m设计。对于单个孔灌砂,重点考察A孔;考虑先后、相邻孔灌砂影响时,考察A孔和B孔、B孔和C孔、C孔和D孔以及D孔和A孔。

②利用预埋的压力盒组成底部压力测试系统以观测板底压力的变化。该系统由预埋的压力盒、多通道数据采集仪及外接计算机组成。压力盒布置方式为同心放射状,以灌砂孔为中心,沿观察窗方向布置在临近观察窗处,共布置4层,距灌砂孔距离分别为2m、4m、6m、8m。

③利用观察窗观测灌砂中的砂流状况,进而确定砂盘充满程度、扩散半径以及相邻灌砂孔间的影响。压力盒和观察窗布置现场见图5.4-5。

④运用全波场无损检测法、冲击映像法相结合的方式,全过程实时动态跟踪灌砂过程砂流动状态。

图5.4-4 制作完成的试验水池及模型

图5.4-5 压力盒与观察窗布置现场

(5)主要设备

灌砂设备由喂料系统和分料系统两大部分组成,由施工单位负责提供并组织安装与使用。

①喂料系统

喂料系统包括水泵、砂泵、铲车、软管及压力表等。水泵用于将水抽进(或排出)水池内以及向搅拌池内注水;砂泵采用专用灌砂泵,用于将搅拌桶中砂水混合料灌入模型底部;铲车用于运送砂料和水泥熟料;根据砂泵进出口以及灌砂管情况,配备相应软管,并与灌砂管连接;在砂泵出口及灌砂出口处安装压力表,在灌砂过程中读取灌砂压力。各设备的数量及规格如下:

a. 水泵:2台,流量为335m^3/h,管径为6英寸(1英寸=0.0254m)。

b. 砂泵:1台,为专用灌砂泵,输入口径为8英寸、输出口径为6英寸,额定功率为260kW,转速为2000r/min,流量为180~480m^3/h。

c. 软管:ϕ150mm。

d. 压力表:2只,量程分别为4MPa和1MPa。

②分料系统

分料系统包括混凝土搅拌机及配套拌料器具。按规定比例将砂和水泥熟料倒入搅拌机进料斗,经过搅拌后即可下料至搅拌池与水混合,通过控制砂泵入口的位置调控砂水混合比。

(6)灌砂材料及其用量

灌砂料选用符合《建设用砂》(GB/T 14684—2011)天然砂分区标准的中砂。砂密度为1.5t/m^3,水泥熟料密度为1.2t/m^3,水泥熟料按砂质量的掺入比例按6%计。

灌砂方量估算为:

$$Q = 30 \times 26 \times 0.6 \times 1.2 = 561.6 m^3$$

水泥熟料质量约为:

$$P = Q \times 1.5 \times 0.06 \approx 50.5 t$$

(7)试验工况

按顺序依次进行4组灌砂测试,试验工况见表5.4-1。

试验工况 表5.4-1

试验顺序	灌 砂 孔	水泥熟料按砂质量掺入比(%)
1	A	4
2	D	6
3	C	8
4	B	6

(8)试验步骤与测试方案

每组测试均按以下步骤进行:

①试验前准备

对所有灌砂试验和检测仪器设备进行调试、标定及其他准备工作,包括软硬件的准备。

②灌砂前测试

开展各类检测的预试验,并拍摄试验前各项准备工作的照片。

③灌砂过程中的测试

按设计配比进行灌砂,灌砂顺序应按先中间后两侧的原则进行,以免托起管节。在灌砂过程中,进行无损检测以及压力和水位检测,并通过预埋观察窗测量灌砂扩散情况。同时通过全场波无损检测和冲击映像法相结合的方法对各灌砂孔状况实施无损检测。每隔一定时间,记录各类监测数据,并填写灌砂过程中的各类数据记录表,必要时拍摄相关照片。当模型底板距灌砂孔最近边缘出现溢砂,且通过观察窗观测到砂盘扩散半径达7.5m以上时,停止灌砂。

④灌砂完成后测试

灌砂施工完成后,实施无损检测,其现场测线布置及试验操作与灌砂施工前相同。通过对砂盘形成位置、灌砂冲击坑及砂盘密实度的检测,对灌砂效果进行评价,做好相关记录并拍摄照片。

当灌砂测试完成后,通过拉环绳索将模型移至模型制作区并完成试验水池抽水。抽水完成后,进行原位取样检测(以灌砂孔为中心,横向纵向均每隔2m原位取样),共取样40组,每组按20cm深度间距取样,分别测试砂盘的密实度。

2)试验过程、结果分析

模型试验开展了四种工况下灌砂过程中的砂泵压力、砂水比、底板压力及无损检测等项目的测试,四种工况下灌砂的基本情况为:

①灌砂孔A孔

灌砂起止时间:2015年5月8日11:00—12:15,15:45—次日1:15;净灌砂时间:10h45min。水泥熟料配比:4%;总灌砂量:216.3m³;水泥熟料量:12.98t。

②灌砂孔D孔

灌砂起止时间:2015年5月9日9:15—13:25,5月10日0:05—1:35。净灌砂时间:5h40min。水泥熟料配比:6%;总灌砂量:108.5m³;水泥熟料量:9.77t。

③灌砂孔C孔

灌砂起止时间:2015年5月10日19:00—24:00。净灌砂时间:5h。水泥熟料配比:8%;总灌砂量:117.6m³;水泥熟料量:14.11t。

④灌砂孔B孔

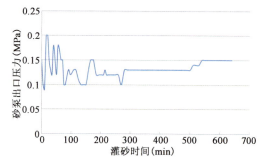

图5.4-6 A孔在灌砂过程中的砂泵压力

灌砂起止时间:2015年11日10:25—12:00;13:05—15:00。净灌砂时间:3h30min。水泥熟料配比:6%;总灌砂量:100.8m³;水泥熟料量:9.07t。

灌砂施工试验的总灌砂量:543.2m³;水泥熟料量:45.93t。

(1)灌砂过程中砂泵压力及砂水比量测

①灌砂孔A孔

A孔在灌砂过程中的砂泵压力见图5.4-6。

在灌砂过程中,对灌砂管入口进行随机取样,获得相应的砂水比。A 孔在灌砂过程中的砂水比量测记录见表 5.4-2。

A 孔灌砂过程中砂水比观测记录表　　　　　　　表 5.4-2

组别	检测时间	灌砂时间	水砂量(mL)	砂量(mL)	砂水比	备注
1	11:25	0:25	2200	460	1:13.78	
			2000	610	1:12.28	
2	11:55	0:55	2050	600	1:12.42	
			2100	200	1:9.50	
3	15:55	1:25	2030	300	1:5.77	取样位置过高
			2200	680	1:2.24	
4	16:00	1:30	1980	50	1:38.60	
			2000	80	1:24.00	
5	16:05	1:35	2100	170	1:11.35	
			2150	270	1:6.96	
6	16:40	2:10	2010	320	1:9.28	
			2100	400	1:10.25	
7	17:10	2:40	2100	220	1:8.55	
			2200	350	1:12.29	

②灌砂孔 D 孔

D 孔在灌砂过程中的砂泵压力见图 5.4-7,砂水比见表 5.4-3。

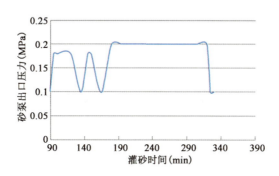

图 5.4-7　D 孔在灌砂过程中的砂泵压力

D 孔灌砂过程中砂水比观测记录表　　　　　　　表 5.4-3

组　别	检测时间	灌砂时间	水砂量(mL)	砂量(mL)	砂　水　比
1	10:55	1:40	2050	110	1:17.64
			2100	150	1:13.00

③灌砂孔 C 孔

C 孔在灌砂过程中的砂泵压力见图 5.4-8,砂水比见表 5.4-4。

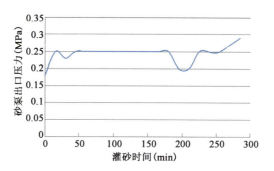

图 5.4-8　C 孔在灌砂过程中的砂泵压力

C 孔灌砂过程中砂水比观测记录表　　　　表 5.4-4

组　　别	检 测 时 间	灌 砂 时 间	水砂量(mL)	砂量(mL)	砂　水　比
1	19:30	0:30	2050	100	1:19.50
			2100	270	1:6.78
2	20:15	1:15	1850	160	1:10.56
			2000	80	1:24.00
3	21:35	2:35	2020	470	1:3.30
			2100	490	1:3.29
4	22:40	3:40	2000	110	1:17.18
			2100	350	1:5.00

④灌砂孔 B 孔

B 孔在灌砂过程中的砂泵压力见图 5.4-9,砂水比见表 5.4-5。

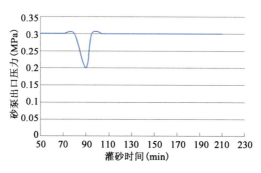

图 5.4-9　B 孔在灌砂过程中的砂泵压力

B 孔灌砂过程中砂水比观测记录表　　　　表 5.4-5

组　　别	检 测 时 间	灌 砂 时 间	水砂量(mL)	砂量(mL)	砂　水　比
1	11:50	1:25	2080	350	1:4.94
			2080	230	1:8.04

从以上各孔的砂泵出口压力观测结果可看出,灌砂时砂泵出口压力在 0.1~0.3MPa 之间。其中,C 孔因灌砂过程中其砂泵出口压力基本稳定在 0.25MPa、B 孔灌砂时砂泵出口压力基本控制在 0.3MPa,砂泵提供的灌砂压力大,灌砂效率高;而 A 孔灌砂时砂泵出口压力变化

幅度大,灌砂效率相对较低。

从各孔灌砂过程中砂水比观测记录表中可以看出,灌砂中砂水比在 1:20～1:5 之间,其变化幅度较大的原因除砂水混合不均匀外主要在于取样位置的随机性。

(2)灌砂过程中砂盘状况

通过观察窗及自制带刻度标杆,对灌砂过程中砂盘扩散状况及模型外沿砂盘的高度进行量测,灌砂过程中砂盘扩散状况及模型外沿砂盘的高度观测结果分别见图 5.4-10～图 5.4-17。图 5.4-14 中,测点 D0 为模型外沿位于 D 孔正东方向,距 D 孔中心 4m;D-1～D-6 为模型外沿 D0 正北方向,距 D0 分别为 1m,2m,…,6m;D-1～D-6 为模型外沿 D0 正南方向,距 D0 分别为 1m,2m,…,6m。图 5.4-15 中,C0 为模型外沿位于 C 孔正东方向,距 C 孔中心 4m;C-1～C-6 为模型外沿 C0 正北方向,距 C0 分别为 1m,2m,…,6m;C1～C4 为模型外沿 C0 正南方向,距 C0 分别为 1m、2m、3m、4m。

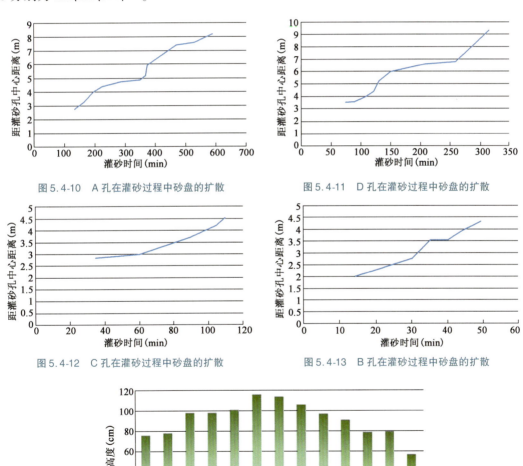

图 5.4-10　A 孔在灌砂过程中砂盘的扩散

图 5.4-11　D 孔在灌砂过程中砂盘的扩散

图 5.4-12　C 孔在灌砂过程中砂盘的扩散

图 5.4-13　B 孔在灌砂过程中砂盘的扩散

图 5.4-14　D 孔灌砂后模型东外沿砂盘扩散的最终高度示意图

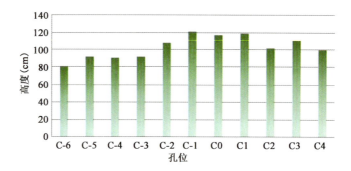

图 5.4-15　C 孔灌砂后模型东外沿砂盘扩散的最终高度示意图

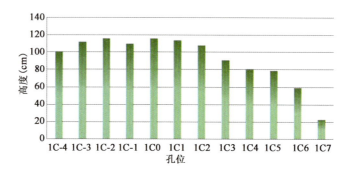

图 5.4-16　C 孔灌砂后模型南外沿砂盘扩散的最终高度示意图

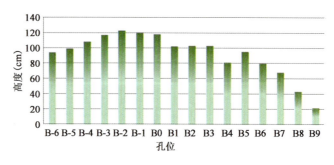

图 5.4-17　B 孔灌砂后模型东南沿砂盘扩散的最终高度示意图

从图 5.4-10～图 5.4-17 的观测结果可以看出：在灌砂过程中，砂盘扩散半径随灌砂压力及灌砂时间持续不断增大，多数达到 7.5m，最大扩散半径达 9.3m。A 孔砂盘大体向各个方向同步扩散，而其他孔砂盘扩散受先灌孔的影响，扩散具有明显的特定方向性。B、C 孔模型外沿部分区域砂盘堆积高度超过 1m。

(3) 灌砂过程中模型底板压力监测

利用预埋在模型底板中的压力盒对灌砂过程中的底板压力实施了监测。压力盒为 FS-TY 系列（FS-TY02 和 FS-TY04）振弦式土压力盒，是一种埋入式压力传感器，主要用于监测土石坝体、路堤边坡挡土墙隧道衬砌以及基坑围堰等结构物内部或表面土体应力。FS-TY 系列振弦式土压力盒直接输出频率信号，具有抗干扰能力强、受电参数影响小、零点漂移温度影响小、性能稳定可靠等特点。模型底板压力监测现场见图 5.4-18。

通过对采集的压力盒数据整理分析,可得到灌砂过程中模型底板压力的变化状况。A孔灌砂过程中距各孔孔心为2m、4m、6m及8m的底板压力随灌砂时间的变化关系曲线分别见图5.4-19~图5.4-37。

第一个灌砂孔(A孔)在灌砂过程中底板各方位压力变化规律类似,随着砂盘的形成和半径的扩大,底板压力呈波浪形起伏,其原因为砂盘半径动态变化,砂流沿着压力小的方位流动堆积,有随机性,导致压力波动。先期形成的砂盘对后期的灌砂压力影响明显,导致底板压力变化复杂、波动范围大。灌砂孔附近的压力变化频繁,灌砂孔远端压力变化幅度逐渐减小。

图5.4-18 模型底板压力监测现场

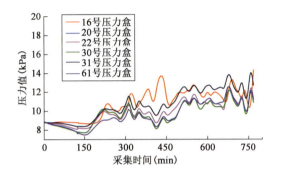

图5.4-19 距离A孔2m处压力的变化曲线

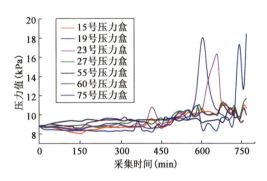

图5.4-20 距离A孔4m处压力的变化曲线

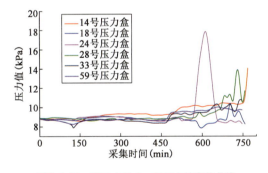

图5.4-21 距离A孔6m处压力的变化曲线

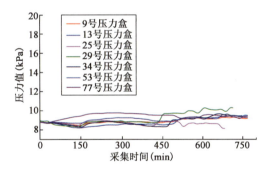

图5.4-22 距离A孔8m处压力的变化曲线

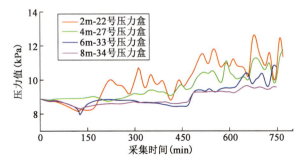

图5.4-23 距A孔孔心不同距离处底板压力随灌砂时间的变化关系

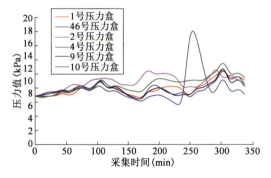

图 5.4-24　距离 D 孔 2m 处压力的变化曲线

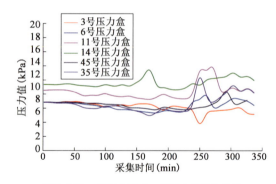

图 5.4-25　距离 D 孔 4m 处压力的变化曲线

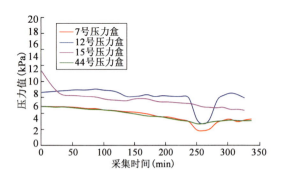

图 5.4-26　距离 D 孔 6m 处压力的变化曲线

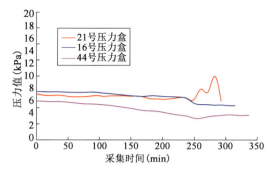

图 5.4-27　距离 D 孔 8m 处压力的变化曲线

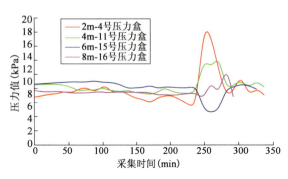

图 5.4-28　距 D 孔孔心不同距离处底板压力随灌砂时间的变化关系

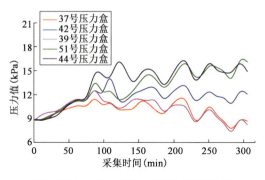

图 5.4-29　距离 C 孔 2m 处压力的变化曲线

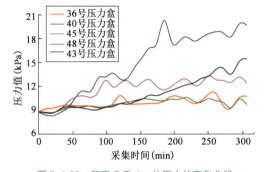

图 5.4-30　距离 C 孔 4m 处压力的变化曲线

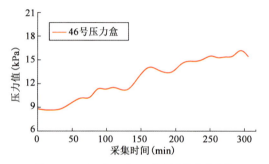

图 5.4-31　距离 C 孔 6m 处压力的变化曲线

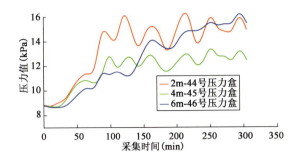

图 5.4-32 距 C 孔孔心不同距离处底板压力随灌砂时间的变化关系

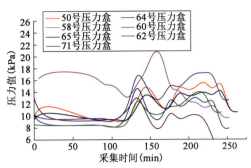

图 5.4-33 距离 B 孔 2m 处压力的变化曲线

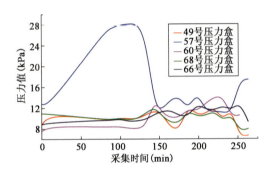

图 5.4-34 距离 B 孔 4m 处压力的变化曲线

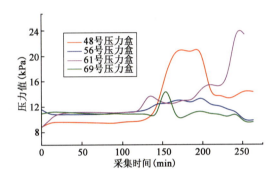

图 5.4-35 距离 B 孔 6m 处压力的变化曲线

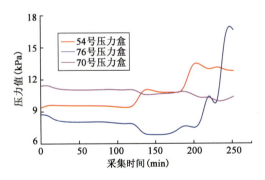

图 5.4-36 距离 B 孔 8m 处压力的变化曲线

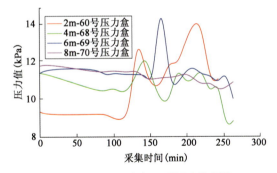

图 5.4-37 距 B 孔孔心不同距离处底板压力随灌砂时间的变化关系

(4)灌砂后模型的外观形态

试验水池水位为 0.8m,灌砂后,模型东侧、南侧砂盘溢出水面,西侧和北侧两方向砂盘未溢出水面。红谷隧道试验模型灌砂后现场见图 5.4-38。

(5)砂盘的扩展状况

灌砂后模型整体出现上抬,且呈现南高北低和东高西低的状态,各方位的上抬量见表 5.4-6。

a) 模型东南侧

b) 模型西北侧

图 5.4-38　红谷隧道试验模型灌砂后现场图

灌砂后模型各方位的上抬量　　　　　　　　　表 5.4-6

方位	东南角 C 孔	西南角 B 孔	东北角 D 孔	西北角 A 孔
上抬量(cm)	17.5	7.8	7.0	1.0

灌砂后各灌砂孔所形成冲击坑表观形态见图 5.4-39。其中 A 孔受 D 孔和 B 孔的灌砂挤压，原先形成的冲击坑已被填平；B 孔因最后灌砂，其灌砂形成的冲击坑的平面基本呈圆形；C 孔稍受 B 孔灌砂的影响，呈不标准圆形；D 孔受 C 孔和 B 孔灌砂的影响，其冲击坑呈月牙形。

a) A 孔　　　　b) B 孔　　　　c) C 孔　　　　d) D 孔

图 5.4-39　各灌砂孔所形成冲击坑的形态

各灌砂孔所对应的最终砂盘扩散半径及冲击坑量测结果分别见表 5.4-7 ~ 表 5.4-10。

A 孔灌砂后砂盘形态检测记录表　　　　　　　　　表 5.4-7

砂盘顶面扩散半径(m)			冲击坑形态		
量测值	最大值	平均值	直径(m)	深度(m)	平均堆积倾角(°)
8.25			—		
9.26	9.26	8.24	—		
7.20			—		

B 孔灌砂后砂盘形态检测记录表　　　　　　　　　　　　　　　　　　表 5.4-8

砂盘顶面扩散半径(m)			冲击坑形态		
量测值	最大值	平均值	直径(m)	深度(m)	平均堆积倾角(°)
9.05	9.05	8.81	1.55	0.27	18.832
8.55			1.60		
8.83			1.60		

C 孔灌砂后砂盘形态检测记录表　　　　　　　　　　　　　　　　　　表 5.4-9

砂盘顶面扩散半径(m)			冲击坑形态		
量测值	最大值	平均值	直径(m)	深度(m)	平均堆积倾角(°)
6.30	6.83	6.55	1.37	0.33	24.082
6.52			1.46		
6.83			1.60		

D 孔灌砂后砂盘形态检测记录表　　　　　　　　　　　　　　　　　　表 5.4-10

砂盘顶面扩散半径(m)			冲击坑形态		
量测值	最大值	平均值	直径(m)	深度(m)	平均堆积倾角(°)
7.17	7.83	7.53	1.58	0.18	12.835
7.60			0.94(南北向)		
7.83			—		

根据量测结果,计算出最后灌砂的 B 孔所形成的冲击坑的体积约为 0.18m³。

(6)砂盘的密实度检测与分析

为确定基础灌砂的密实度,采用环刀法对砂盘进行饱和状态下的现场取样,取样点布置及样点编号如图 5.4-40 所示,砂盘环刀法取样现场见图 5.4-41。

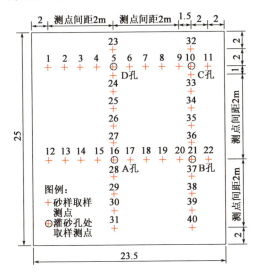

图 5.4-40　灌砂模型试验砂盘取样点布置图
(尺寸单位:m)

图 5.4-41　灌砂模型试验砂盘环刀法取样现场

砂盘各采点的相对密实度计算公式见式(5.4-1),检测结果见表5.4-11:

$$D_r = \frac{(\rho_d - \rho_{dmin})\rho_{dmax}}{(\rho_{dmax} - \rho_{dmin})\rho_d} \quad (5.4\text{-}1)$$

式中:D_r——相对密实度;

ρ_d——现场环刀试验实测干密度(g/cm³);

ρ_{dmin}——室内试验测得的最小干密度(g/cm³);

ρ_{dmax}——室内击实试验测得的最大干密度(g/cm³)。

灌砂后环刀法取样所得砂盘检测结果统计表   表5.4-11

采点编号	试样编号	质量(g)	试样密度(g/cm³)	含水率(%)	干密度(g/cm³)	最大干密度(g/cm³)	最小干密度(g/cm³)	相对密实度	平均相对密实度
1	1-1	497.41	2.04	47.25	1.69	1.81	1.5910	0.48	0.48
	1-2	474.77	2.07	40.20	1.69	1.81	1.5910	0.49	
	1-3	472.70	2.07	40.02	1.69	1.81	1.5910	0.47	
2	2-1	443.54	2.12	30.06	1.70	1.81	1.5910	0.55	0.52
	2-2	436.25	2.06	29.10	1.69	1.81	1.5910	0.48	
	2-3	443.46	2.13	30.24	1.70	1.81	1.5910	0.54	
3	3-1	420.59	2.10	22.27	1.72	1.81	1.5910	0.62	0.67
	3-2	421.45	2.11	22.15	1.72	1.81	1.5910	0.64	
	3-3	425.14	2.12	21.45	1.75	1.81	1.5910	0.75	
4	4-1	475.49	2.03	37.83	1.72	1.81	1.5910	0.64	0.68
	4-2	472.09	2.03	34.88	1.75	1.81	1.5910	0.75	
	4-3	458.19	2.03	32.32	1.73	1.81	1.5910	0.67	
5	5-1	494.05	2.17	42.15	1.74	1.81	1.5910	0.69	0.70
	5-2	459.74	2.10	31.74	1.74	1.81	1.5910	0.72	
	5-3	476.40	2.13	37.35	1.73	1.81	1.5910	0.68	
6	6-1	423.57	2.12	21.86	1.74	1.81	1.5910	0.69	0.72
	6-2	425.69	2.13	23.13	1.73	1.81	1.5910	0.65	
	6-3	426.75	2.13	21.11	1.76	1.81	1.5910	0.8	
7	7-1	390.34	2.02	12.49	1.73	1.81	1.5910	0.68	0.70
	7-2	388.84	2.04	12.26	1.73	1.81	1.5910	0.67	
	7-3	389.75	2.07	11.43	1.75	1.81	1.5910	0.74	
8	8-1	485.75	2.08	39.41	1.74	1.80	1.5905	0.74	0.74
	8-2	490.37	2.00	41.32	1.73	1.80	1.5905	0.71	
	8-3	497.35	2.04	42.20	1.75	1.80	1.5905	0.77	
9	9-1	424.12	2.12	21.79	1.74	1.80	1.5905	0.74	0.75
	9-2	428.08	2.09	22.26	1.75	1.80	1.5905	0.78	
	9-3	421.35	2.06	20.96	1.74	1.80	1.5905	0.74	

续上表

采点编号	试样编号	质量（g）	试样密度（g/cm³）	含水率（%）	干密度（g/cm³）	最大干密度（g/cm³）	最小干密度（g/cm³）	相对密实度	平均相对密实度
10	10-1	423.74	2.02	21.89	1.74	1.80	1.5905	0.73	0.79
	10-2	440.64	2.05	25.98	1.75	1.80	1.5905	0.77	
	10-3	435.75	2.03	22.91	1.77	1.80	1.5905	0.88	
11	11-1	419.52	2.04	21.88	1.72	1.80	1.5905	0.65	0.74
	11-2	409.13	2.22	17.22	1.74	1.80	1.5905	0.76	
	11-3	422.06	2.13	19.91	1.76	1.80	1.5905	0.82	
12	12-1	419.97	2.05	24.16	1.69	1.83	1.5960	0.44	0.46
	12-2	422.81	2.03	23.91	1.71	1.83	1.5960	0.50	
	12-3	414.23	2.07	22.38	1.69	1.83	1.5960	0.44	
13	13-1	423.54	2.09	23.05	1.72	1.83	1.5960	0.56	0.56
	13-2	433.35	2.03	26.46	1.71	1.83	1.596	0.53	
	13-3	434.34	2.13	26.07	1.72	1.83	1.5960	0.57	
14	14-1	427.92	2.07	23.25	1.73	1.83	1.5960	0.63	0.66
	14-2	432.61	2.08	23.03	1.76	1.83	1.5960	0.72	
	14-3	432.29	2.09	24.10	1.74	1.83	1.5960	0.65	
15	15-1	453.25	2.02	27.11	1.78	1.83	1.5960	0.82	0.78
	15-2	439.48	2.20	23.09	1.78	1.83	1.5960	0.82	
	15-3	431.53	2.11	23.25	1.75	1.83	1.5960	0.69	
16	16-1	430.37	2.11	22.04	1.76	1.83	1.5960	0.74	0.69
	16-2	429.10	2.04	23.29	1.74	1.83	1.5960	0.64	
	16-3	435.49	2.02	24.67	1.75	1.83	1.5960	0.68	
17	17-1	438.35	2.09	23.90	1.77	1.83	1.5960	0.76	0.69
	17-2	435.65	1.98	25.71	1.73	1.83	1.5960	0.61	
	17-3	436.28	2.04	24.64	1.75	1.83	1.5960	0.69	
18	18-1	432.75	2.06	23.80	1.75	1.83	1.5960	0.67	0.76
	18-2	440.21	2.10	22.56	1.79	1.83	1.5960	0.87	
	18-3	430.32	2.15	21.95	1.76	1.83	1.5960	0.74	
19	19-1	433.47	2.17	23.50	1.75	1.81	1.5910	0.77	0.71
	19-2	427.91	2.14	23.25	1.73	1.81	1.5910	0.69	
	19-3	427.86	2.14	23.64	1.73	1.81	1.5910	0.66	
20	20-1	422.50	2.11	20.72	1.75	1.81	1.5910	0.75	0.72
	20-2	428.65	2.09	22.23	1.75	1.81	1.5910	0.76	
	20-3	420.52	2.10	21.82	1.73	1.81	1.5910	0.64	

续上表

采点编号	试样编号	质量（g）	试样密度（g/cm³）	含水率（%）	干密度（g/cm³）	最大干密度（g/cm³）	最小干密度（g/cm³）	相对密实度	平均相对密实度
21	21-1	433.13	2.04	23.84	1.75	1.81	1.5910	0.74	0.66
	21-2	427.95	2.09	24.61	1.72	1.81	1.5910	0.60	
	21-3	424.65	2.12	23.27	1.72	1.81	1.5910	0.63	
22	22-1	415.23	1.97	18.78	1.75	1.81	1.5910	0.74	0.66
	22-2	410.24	2.05	18.99	1.72	1.81	1.5910	0.63	
	22-3	417.31	2.04	21.38	1.72	1.81	1.5910	0.61	
23	23-1	414.33	2.12	17.85	1.76	1.81	1.5910	0.78	0.70
	23-2	421.64	2.01	20.92	1.74	1.81	1.5910	0.72	
	23-3	415.95	2.08	21.23	1.71	1.81	1.5910	0.60	
24	24-1	434.62	2.02	23.59	1.76	1.81	1.5910	0.78	0.66
	24-2	419.16	2.09	22.36	1.71	1.81	1.5910	0.58	
	24-3	422.75	2.06	22.74	1.72	1.81	1.5910	0.62	
25	25-1	432.05	2.01	24.67	1.73	1.81	1.5910	0.67	0.73
	25-2	440.54	2.00	26.71	1.74	1.81	1.5910	0.70	
	25-3	441.79	2.06	24.86	1.77	1.81	1.5910	0.83	
26	26-1	430.10	2.05	23.14	1.75	1.83	1.5960	0.67	0.65
	26-2	434.25	2.02	24.81	1.74	1.83	1.5960	0.64	
	26-3	430.07	2.05	23.58	1.74	1.83	1.5960	0.64	
27	27-1	425.43	2.13	20.73	1.76	1.83	1.5960	0.73	0.68
	27-2	426.40	2.08	22.39	1.74	1.83	1.5960	0.65	
	27-3	429.27	2.05	23.02	1.74	1.83	1.5960	0.66	
28	28-1	435.78	2.08	23.06	1.77	1.83	1.5960	0.77	0.70
	28-2	429.98	2.10	22.79	1.75	1.83	1.5960	0.69	
	28-3	425.36	2.08	22.29	1.74	1.83	1.5960	0.64	
29	29-1	426.24	2.08	23.12	1.73	1.83	1.5960	0.61	0.68
	29-2	454.64	2.07	29.82	1.75	1.83	1.5960	0.69	
	29-3	412.06	2.06	16.78	1.76	1.83	1.5960	0.74	
30	30-1	419.82	2.05	22.77	1.71	1.83	1.5960	0.52	0.56
	30-2	409.91	2.05	19.40	1.72	1.83	1.5960	0.54	
	30-3	411.49	2.06	18.53	1.73	1.83	1.5960	0.63	
31	31-1	425.70	2.03	25.76	1.69	1.83	1.5960	0.44	0.51
	31-2	428.94	2.04	25.01	1.71	1.83	1.5960	0.54	
	31-3	426.90	2.03	24.63	1.71	1.83	1.5960	0.53	

续上表

采点编号	试样编号	质量（g）	试样密度（g/cm³）	含水率（%）	干密度（g/cm³）	最大干密度（g/cm³）	最小干密度（g/cm³）	相对密实度	平均相对密实度
32	32-1	416.35	2.13	19.36	1.74	1.81	1.5910	0.72	0.72
	32-2	426.02	2.05	23.35	1.73	1.81	1.5910	0.65	
	32-3	438.15	2.04	24.60	1.76	1.81	1.5910	0.78	
33	33-1	410.05	2.14	18.72	1.73	1.81	1.5910	0.65	0.67
	33-2	425.50	2.08	21.96	1.74	1.81	1.5910	0.72	
	33-3	416.90	2.08	20.95	1.72	1.81	1.5910	0.63	
34	34-1	426.92	1.98	22.19	1.75	1.81	1.5910	0.73	0.72
	34-2	419.20	2.04	21.06	1.73	1.81	1.5910	0.67	
	34-3	428.75	2.04	22.41	1.75	1.81	1.5910	0.75	
35	35-1	430.45	2.06	23.05	1.75	1.81	1.5910	0.74	0.71
	35-2	406.78	2.08	16.37	1.75	1.81	1.5910	0.74	
	35-3	439.58	2.13	27.29	1.73	1.81	1.5910	0.64	
36	36-1	436.97	2.03	24.24	1.76	1.81	1.5910	0.78	0.74
	36-2	429.77	2.10	22.71	1.75	1.81	1.5910	0.75	
	36-3	415.96	2.18	19.72	1.74	1.81	1.5910	0.69	
37	37-1	432.62	2.01	23.99	1.74	1.81	1.5910	0.72	0.67
	37-2	431.97	2.01	24.22	1.74	1.81	1.5910	0.70	
	37-3	425.64	2.03	24.27	1.71	1.81	1.5910	0.58	
38	38-1	413.45	2.07	19.57	1.73	1.81	1.5910	0.66	0.57
	38-2	426.16	2.03	24.68	1.71	1.81	1.5910	0.57	
	38-3	413.51	2.07	22.08	1.69	1.81	1.5910	0.50	
39	39-1	408.21	1.99	18.83	1.72	1.81	1.5910	0.60	0.53
	39-2	422.34	2.01	24.61	1.69	1.81	1.5910	0.51	
	39-3	416.37	2.08	23.13	1.69	1.81	1.5910	0.48	
40	40-1	414.98	2.07	21.69	1.70	1.81	1.5910	0.55	0.52
	40-2	419.52	2.05	22.80	1.71	1.81	1.5910	0.56	
	40-3	406.15	2.13	20.66	1.68	1.81	1.5910	0.45	

注：采点号后的 -1，-2 及 -3 分别对应该采点的上层、中层和下层。环刀体积和质量分别为 200.1cm³ 和 162.65g。

从表 5.4-11 可看出，砂盘各采点的平均相对密实度在 0.46~0.79 之间，平均密实度为 0.66。其中灌砂孔之间采点的相对密实度均在 0.60 以上，完全达到密实度超过 0.60 的设计要求。各组采点中，其上层、中层和下层所对应相对密实度差异不大，大多数情况是下层的相对密实度更大。对照采样区域，C 孔临近区域（模型西南区域）砂盘密实度较大，而在 A、D 孔部分区域（模型偏北及偏东区域）砂盘密实度较小。此外，距灌砂孔越近砂盘一般密实度越大。红谷隧道灌砂试验总结如下：

①根据灌砂前与灌砂过程中波形、冲击响应能量分布、频谱分布的变化,综合判断砂盘扩散半径、充满程度。充满是指砂盘密实且顶部与底板密切接触;欠充满是指砂盘密实但其顶部与隧道底板下表面间存在约 1~2cm 的砂水混合层,砂水混合层类似于饱和土的状态,具有一定的流动性。灌砂充满度是指灌砂充满区域面积与砂积盘总面积的比率。由于边孔只有一条测线,无法判断面积比例,因此充满度只针对中孔。根据模型试验结果,底板下砂盘分为充满和欠充满两种状态。

②判断标准的确定:针对中孔采用三个等级,合格——扩散半径达到 7.5~9m,且欠充满度不超过 15%(充满度达 85%);基本合格——扩散半径达到 7.5~9m,欠充满度在 15%~35% 范围(充满度达 65%~85%);不合格——扩散半径未达到 7.5m,充满度小于 65%。对于边孔,由于水箱的存在,测线大部分在中孔扩散半径内,因此对边孔的判断只能作为灌砂继续与否的参考条件,最终结合水下探摸共同判断。即灌砂孔砂溢出管段壁且与上一个灌砂孔溢出管段壁的砂融合,管节内无损监测同时达到要求,可判别边孔的灌砂效果是否合格。

③所有孔的灌砂结果都显示,即使灌砂量、泵压以及升降量显示已经灌满,砂盘半径仍有可能小于 7.5m 或充满度不达标,故需要开发一种灌砂质量监测的有效方法。

④灌砂过程中发现,如果个别孔所形成的砂盘过大,超过了相邻灌砂孔,邻孔会出现阻塞现象,因此灌砂过程中砂积盘最大半径不允许超过 9m。如果出现由于各种条件影响,砂盘在未灌砂一侧已经接近邻孔,而在已灌砂一侧还不能和前孔的砂盘很好融合的情况,应调整该孔的灌砂方案以保证砂盘的融合以及不阻塞邻孔。

⑤灌砂施工是个复杂的过程,需要根据各方信息,包括灌砂状况、测量信息、千斤顶支撑力以及灌砂压力的变化和现场实时监测结果综合判断是否停泵,特别是由于水箱的存在,测线大部分在中孔扩散半径内,实施监测结果只能作为判断是否停泵的参考数据。

5.4.3 红谷隧道管节灌砂施工

前期通过灌砂模型试验得出相应施工参数,确定压力值控制范围(0~0.1MPa),能确保砂盘扩散半径,充满度能达到设计要求;确定相应砂水比(现场实际采取砂水比 1:9.5)以利于施工质量及进度控制等;现场检查灌砂船履带机带机线速度、沙漏斗尺寸、熟料斗尺寸;计算校核所得参数是否满足砂水比 1:9.5 及设计熟料含量为 8% 的要求。红谷隧道从 E1 管节开始灌砂,灌砂孔 10 排,每排 3 个,共计 30 孔。灌砂船采用 3 个泵机,2 个正常使用,1 个备用。

E1 管节的灌砂顺序、过程控制、灌砂作业时间、灌浆封孔时间分别如下:

整体灌砂顺序:为防止垫块受力损坏或产生沉降,应首先对垫块附近的灌砂管进行灌砂。灌砂从管节尾端起第三排开始,先灌中间灌砂管,再灌两侧管。尾端起第三、四排灌砂管灌砂完成后,再进行其他灌砂孔灌砂。顺序按隧道纵坡考虑,由低处向高处进行灌注。灌注完成后回收临时支撑千斤顶,然后对尾部第二排管灌砂。管节尾端起第一排孔不灌,待与后一节管节对接完成后再灌注,可避免砂料流至未沉放管节基槽内。

单个孔的灌砂程序:灌砂管驳接—开潜水泵—开搅拌器—开砂泵—开皮带输送机—开链带输送机。灌砂前,先灌清水几分钟,以疏通管道;灌砂结束后,用清水再灌几分钟,以清理灌砂管中的余砂。灌砂过程的质量管控主要措施如下:

(1)开潜水泵灌水清理灌砂管中余砂,挤出管底回淤浮浆;

（2）压力在0.06MPa开始灌砂，持续关注灌砂压力变化，记录灌砂时间、灌砂量；

（3）采用实际灌砂量、灌砂时间参照单孔灌砂量约为212m^3、每孔设计灌砂时间为9.35h，对比初步判断是否满足要求；

（4）关注灌砂压力是否超过0.1MPa；

（5）监测管节是否有1~3mm垂直跳动；

（6）潜水员探摸管节两侧是否有砂溢出；

（7）采用无损检测技术判断灌砂半径和充满度是否达到设计要求。

灌砂作业时间：2015年6月27日—2015年7月8日；灌浆封孔时间：2015年7月9日—2015年7月15日。

红谷隧道E1管节灌砂量统计见表5.4-12。

E1管节基础灌砂量统计表　　　　　　　　　　表5.4-12

孔号	方量(m^3)	时长(h)	孔号	方量(m^3)	时长(h)	孔号	方量(m^3)	时长(h)
C1	202.39	8.90	S1	34.11	1.50	N1	98.92	4.35
C2	185.71	8.17	S2	102.33	4.50	N2	105.36	4.63
C3	38.65	1.70	S3	25.01	1.10	N3	69.74	3.07
C4	136.82	6.02	S4	109.91	4.83	N4	109.91	4.83
C5	87.55	3.85	S5	136.43	6.00	N5	138.30	6.08
C6	126.97	5.58	S6	97.78	4.30	N6	0.00	0.00
C7	73.15	3.22	S7	130.76	5.75	N7	169.79	7.47
C8	104.23	4.58	S8	23.70	1.04	N8	9.47	0.42
C9	269.46	11.85	S9	288.41	12.68	N9	139.28	6.12
C10	248.25	10.92	S10	477.12	20.98	N10	506.72	22.28
C11	255.85	11.25	S11	0.00	0.00	N11	200.87	8.83
C12	596.92	26.25	S12	312.68	13.75	N12	153.48	6.75
总计	灌砂总量：5766.03m^3，灌砂总时长：253.55h							

注：1. 砂水配合比：1:8~1:9；水泥熟料：8%；砂流量：22.74m^3/h。

2. 灌砂顺序：C9和C10→S10和N10→S9和N9→C1和C2→S1和N1→S2和N2→C3和C4→S3和N3→S4和N4→C5和C6→S5和N5→S6和N6→C7和C8→S7和N7→S8和N8→（C11和C12两排孔留至E2管节基础灌砂工作进行）。

3. 方量为0的灌砂孔为堵孔。

4. E1管节灌砂起止时间：2015年6月27日—2015年7月8日。

红谷隧道E1~E12管节基础灌砂量汇总统计见表5.4-13。

E1~E12管节基础灌砂总量统计表　　　　　　　　　　表5.4-13

管号	单节管灌砂方量(m^3)	灌砂时长(h)	砂流量(m^3/h)
E1	5766.03	253.55	22.74
E2	7024.46	308.90	22.74
E3	8874.19	390.25	22.74

续上表

管 号	单节管灌砂方量(m³)	灌砂时长(h)	砂流量(m³/h)
E4	7630.09	335.54	22.74
E5	8379.88	368.51	22.74
E6	7272.33	322.52	22.74
E7	8733.15	345.59	25.27
E8	10376.13	410.61	25.27
E9	9110.73	360.54	25.27
E10	6700.28	265.15	25.27
E11	9277.99	367.15	25.27
E12	6860.81	271.50	25.27
总计	灌砂量:96006.07m³;灌砂时长:3999.81h		

注:1.砂水配合比:1:8~1:9。
2.水泥熟料:8%(E1)、6%(E2~E12)。
3.砂流量:22.74m³/h(E1~E6)、25.27m³/h(E7~E12&最终接头)。

红谷隧道通过1:1等比例模型试验,揭示了灌砂过程中砂泵压力、砂水比、底板压力、砂盘形态、砂盘密实度等关键参数指标,弥补了缩尺模型试验和1:1等比例单孔灌砂模型试验的不足,有效指导了工程现场施工。

根据现场验证,灌砂压力在0.1MPa内,基本能使砂盘扩散半径满足7.5m的设计要求,砂盘顶和隧道底板基本充满,无空隙;每孔平均砂流量为24m³/h;单个管节平均灌砂时长为333h,平均灌砂方量约为8000m³。

5.5 灌砂基础质量检测技术研究

蒙庆辉等研究表明,5cm的差异沉降已能使整体管段产生横向裂缝。一般来说,灌砂基础压缩量是隧道沉降的主要来源,因此准确评判灌砂基础质量,对沉管法隧道的沉降控制意义重大。

1975年荷兰弗拉克隧道模型试验中,试验人员通过在底板设置观察小孔,通过打开观察口观测填充程度,但效果不理想;实际施工中,通过设置检查孔进行标贯测定,但此做法工艺复杂,也不利于结构防水。1993年,我国修建珠江隧道时尝试用超声波、地震波等多种方法探查基础砂垫层的充满度,受制于测试精度,未能达到设计要求;通过模型试验可以得到灌砂压力等施工技术参数,但砂盘扩散半径、充满度、密实度等均缺乏有效的直观检测手段,也难以事后验证。1995年建成的宁波甬江隧道提出利用S波的测强技术进行隧道基础注浆质量检测,但该方法采集及数据分析过于复杂、专业性高,工程实际应用中普及推广较为困难。很长一段时间对沉管法隧道灌砂效果的检测大都以砂量控制、压力监测、位移测量和潜水探摸等间接方法为主,但这些方法未考虑水流影响、灌砂孔周围压力衰减、砂盘充满度等影响,存在一定局限性。

(1) 砂量控制

根据基槽深度及沉放后管节底部高程估算灌砂量作为砂量的控制标准并不完全可靠,其原因主要在于:由于水流的影响,一部分砂会被水流带走,而这部分砂量是难于估算的;此外,基槽形状的差异性对砂量的控制也会产生较大影响。

(2) 压力监测

在灌砂过程中监测砂泵出口压力,当压力值超过某一限值(如0.1MPa)时,认为管节处于临界抬高状态。由于砂泵出口压力限制在灌砂孔附近,而对于砂盘是否接触到管节底部,该指标可作为辅助判断指标。

(3) 位移测量

在管内测量管节高程的变化,当管节达到一定的抬高量时认为灌砂充满度达到要求。由于砂在空隙中并非均匀分布,管节高程的变化无法全面地反映基槽与管节底面间砂的充满程度。

(4) 潜水探摸

由潜水员下水探摸砂盘的形成及周围砂孔的充砂情况。显然,潜水员探摸范围仅局限于管节四周,且探测精度不高,对于管节中间的部位填充情况无法探得。

综上,对于沉管法隧道灌砂基础施工后的检测,现有的常规检测方法具有适用范围小、检测受影响度高、缺乏判别标准等局限。佛山东平隧道和南昌红谷隧道均开展了灌砂基础的检测技术研究。

5.5.1 佛山东平隧道灌砂基础检测研究

东平隧道在灌砂模型试验基础上,由中铁科学研究院有限公司牵头组织项目设计、施工等单位开展了灌砂基础质量检测的研究,研究采取弹性波映像法和瑞雷面波法作为主要检测方法,并且将检测结果与试验取样测试结果进行了对比验证。

(1) 弹性波映像法

弹性波映像法的原理是基于由地下介质的局部变化引起的波动场变化,沿测线以一定的间隔和偏移距,接受人工激发的振动信号,通过波形处理等方法,从其偏移距剖面图上推断地下构造的变化。由于测线上各点的激发和接受参数相同,如果地下构造没有变化,在各点接收到的振动波信号也应该维持不变。如果地下构造产生变化,将引起波动场的变化,这时记录下的弹性波信号也将随之变化。因此,从其偏移距剖面上可直接发现地下构造的变化,如图5.5-1所示。

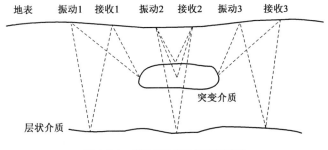

图5.5-1 弹性波映像法原理示意图

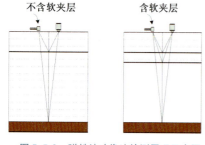

图 5.5-2 弹性波映像法检测原理示意图

弹性波映像法应用于岩土工程检测时,震源在介质表面激发后,会产生弹性波(包括纵波、横波和面波)。弹性波沿地表传递至地下介质的过程中,遇到两种不同介质的界面后会在该处产生反射,反射的强弱可以反映地下介质构造的情况。当界面两侧的介质构造差别较小时,形成弱反射界面,反射波相对较弱;相反地,当界面两侧的介质构造相差较大时,形成强反射面,所反射的弹性波就很强,如图 5.5-2 所示。因此,通过分析反射波的强弱,可以推测地下介质构造情况,特别是多层介质中间夹杂饱和土一类的软弱层或孔洞的情况。

与地球物探中传统的地震勘探不同,隧道底板等深度只有 1.3~1.4m,与地层相比非常薄,而弹性波的传播速度却高达 3000m/s,弹性波在介质中传播所需要的时间非常短,震源激发时产生的面波、纵波直达波、纵波反射波、横波—纵波转换波等各种波相互混合在一起,凭观察无法将其区别开来。因此,弹性波映像法在沉管法隧道砂基础密实度无损检测中应用时,需要高精度的数据处理手段进行分析。

(2)瑞雷面波法

瑞雷面波在层状介质中传播时具有频散特性,面波在多层介质中传播时,其速度会随着频率的不同而有所变化,面波的频散特性是进行面波测试的基础及测试分析的主要依据。

面波只在介质的表面传播,但其传播速度却与地下构造有着密切的关系。所谓只在介质的表面传播,这个"表面"是有一定的厚度的,而且这个"厚度"与面波的波长有关。如图 5.5-3 所示,其振幅从介质表面沿深度方向快速衰减,大约在半个波长内集中了全部能量的 70% 以上,在一个波长以内则集中了全部能量的 90% 以上。所以瑞雷面波的传播速度主要由从介质的表面到半个波长的深度范围内的介质决定,而与一个波长以外的介质几乎无关。显而易见,高频面波波长较短,只能穿透介质表面附近很浅的范围内的介质,因而其传播速度只反映浅层情况;低频面波波长较长,能穿透从表面到深处的介质,因而其传播速度能反映从表面到深部的介质的综合影响。如果能得到从高频到低频的瑞雷面波的传播速度,也就得到了反映整个介质情况的信息,用数学的方法按深度把这些信息分离开来,就掌握了整个的介质内部构造,这就是瑞雷面波法的原理。

 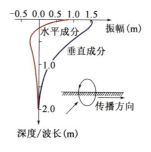

图 5.5-3 瑞雷面波勘探原理示意图

(3)模型测区及测线具体布置方案设计

东平隧道试验模型采用构建无顶盖圆柱形钢筋混凝土,为尽量避免测试的边界、试验场地所能承受载力等影响,将圆柱体底部设计成内嵌式矩形凸台结构,并将测区设计为长10.0m、宽5.0m、高1.3m的混凝土凸台。模型按照实际管节底板1∶1构建,底模采用薄钢板拼接而成,厚度为6mm,整个模型先用四个千斤顶顶升支撑,待压砂完毕后,卸载千斤顶,整个模型浸没在水池中,砂盘的厚度为0.6m。测试模型及砂基础密实度检测测区示意图(蓝色矩形内)分别如图5.5-4、图5.5-5所示。

图5.5-4 测试模型图　　　　　　图5.5-5 砂基础密实度检测测区示意图

为了真实反映混凝土凸台下方砂基础的密实情况,测线布置避开两边自由边界、侧壁及压砂孔的影响纵向平行布置6条测线和现场检测,如图5.5-6所示。

图5.5-6 弹性波映像法现场检测图

5.5.2 南昌红谷隧道灌砂基础检测研究

红谷隧道在灌砂模型试验的基础上,进一步开展了灌砂基础质量的检测研究,检测采用冲击映像法和全波场地震勘探法相结合的方法,研究工作由上海交通大学等单位联合开展。

(1)冲击映像法

冲击映像法是基于反射波法中的最佳偏移距技术的浅层地震勘探技术,基本原理是利用纵波反射波同相轴技术判断地下土层的情况。纵波从地表向下传播,遇到不同介质界面时,产生界面反射,反映在信号中为衰减波幅突然增大。据此原理可以连续采集地点反射信号中的同相轴,即同一反射波到达时间点附近波幅突变的信号点,这些突变点相连接就形成了映像中的同相轴,可以反映地下不同介质层的分界面。当同一相轴界面发生断层或突变凹陷时,可以判定此时介质面发生向下塌陷;当同一相轴界面发生突变凸起时,且形成明显半圆,可以判定此时的介质面上方已形成空洞。随着电子技术的发展和其他学科先进成果的应用,冲击映像法的勘探方法、技术和仪器设备也得到了迅速的发展。

在沉管法隧道灌砂基础检测中,当敲击沉管法隧道的底板表面时,会产生弹性波。弹性波遇到沉管法隧道底板底面和灌砂结合面会产生反射,反射波的强弱可以很好地反映灌砂充填情况。当砂与沉管底板紧密结合时,边界两侧介质物理参数差别较小,形成弱反射界面;当砂与沉管底面之间有间隙时,间隙内介质为水,边界两侧为水和混凝土底板,物理参数差别很大,形成强反射面,接收到的弹性波很强,能量较大,如图 5.5-7 所示。因此,通过分析反射波的强弱,就能推测沉管法隧道底板与灌砂的结合情况。混凝土底板与地层相比非常薄,而弹性波的传播速度大,传播所需时间很短,激发产生的弹性波中的面波、纵波直达波、纵波反射波、横波-纵波转换波等相互混合在一起,需要高精度的数据处理手段进行分析和处理。

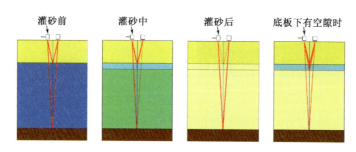

图 5.5-7 各工况示意图

(2)全波场地震勘探法

全波场地震勘探是指利用纵波震源激发,利用三分量检波器接受地震纵波(P 波)、横波(S 波,包括快 S 波、慢 S 波)/转换波,全方位地记录和采集波形信息,从而更加丰富了野外现场采集的数据信息,为确定缺陷病害提供更全面的信息,增加检测结果的准确性。全波场地震勘探采集频带宽、保真程度高,是一个全新的研究领域,也是被看好的未来地震勘探的前端技术。目前国内外还没有全波场勘探实例,但是多波多分量地震探测技术、数字三分量地震探测等边缘技术的发展特别迅速。

根据波动理论,在介质表面进行垂直激励时,激发获得的弹性波主要会产生瑞雷面波、横波和纵波,如图 5.5-8 所示。其中,反射纵波只有垂直成分,仅存在于由垂直方向传感器接收的数据中;瑞雷面波虽然有垂直和水平 2 个成分,但振幅大、速度低,可以通过速度滤波或时窗处理把瑞雷面波和纵波分离开来。由于纵波、横波的介质振动方式不

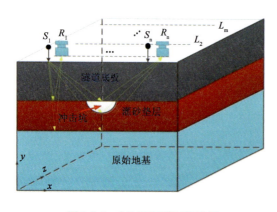

图 5.5-8 全波场检测原理示意图

同,通过极化滤波就可以有效地进行波场分离,分离出纵波反射波和横波反射波,然后分别进行分析和成像,最后再利用拓扑学原理,把这些结果叠加在一起,并进行后处理。

研究表明,激发获得的各种波中,P波能量最大,横向偏振横波(SH波)最敏感,即与测线及敲击方向相垂直的波形分量最为敏感。对于圆柱形震源(较重的钢锭),当施加横向激励时,激发获得主要为SH波。如图5.5-9所示,当沿①、③方向敲击时,②、④方向分量的波最为敏感。采用三分量检波器,接收得到②、④方向的横波,对横波进行后处理,可以很好地推测介质界面的结合情况。

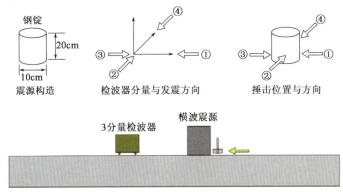

图 5.5-9 全波场无损检测法示意图

(3) 模型测区及测线具体布置方案设计

红谷隧道检测系统由数字地震仪、主电缆、检波器、激发器等组成,灌砂过程中每条测线按照0.25m间隔布置检波器位置,激发偏移距0.25m,数据采集试验现场见图5.5-10。数据采集时,按逐条测线开展。在灌砂施工前后,采用冲击映像法和全波场地震勘探法(图5.5-11)进行数据采集;在灌砂施工过程中,采用冲击映像法进行数据采集。采用冲击映像法时,使用单分量检波器;采用全波场地震勘探法时,采用三分量检波器。

图 5.5-10 数据采集试验现场

图 5.5-11 冲击映像(左)与全波场地震勘探(右)试验现场测试

5.6 本章小结

采用灌砂法填充基槽和隧道底板之间的空隙,是沉管法隧道处理基础的主流工法之一,该工法具有对设备和工艺要求低、精度易达到要求、不受断面大小限制、作业时间短、造价低等诸多优点。但其施工质量的把控技术难度大,对隧道后期结构和运营安全影响大。广州官洲隧道、佛山东平隧道、南昌红谷隧道在广州珠江隧道和上海外环隧道的基础上,又先后开展了三次灌砂基础物理模型试验研究工作,取得了丰硕成果。三次物理模型试验参数对比见表5.6-1。

沉管法隧道灌砂基础模型试验参数对比表　　　　表5.6-1

工程名称	广州官洲隧道	佛山东平隧道	南昌红谷隧道
水池尺寸(m)（长×宽×高）	6.0×6.0×0.9	18.0×18.0×4.3	52.0×30.0×2.0
模型尺寸(m)（长×宽×砂垫层厚）	4.6×4.6×0.6	$D=12\times0.6$	25.0×23.5×0.6
充满度	85%	99.6%	99%
砂盘最大/平均扩散半径(m)	7.63/6.58	7.5/7.4	8.5/9.3
砂水比	1∶6~1∶8	1∶30~1∶10	1∶5~1∶20
喷砂口压力(MPa)	0.01~0.13	0.05~0.1	0.07~0.12
砂盘平均密实度	0.602	0.604	0.66

三次模型试验取得的主要研究成果如下:

(1)施工中灌砂压力和砂水比对灌砂效率有直接影响。灌砂压力大、砂水比小,灌砂效率高,但控制砂水比和灌砂压力对砂盘形成与扩散以及砂盘密实度的影响不大。

(2)先灌孔的砂盘扩散方式呈孔心向外辐射状,后灌孔的砂盘扩散方式受前期灌砂或边界的影响具有特定的方向性,并且砂盘更易形成、扩展也更快,砂盘扩散半径与灌砂持续时间密切相关,在砂水比一定的条件下,持续时间越长所获得的砂盘扩散半径越大。

(3)模型上抬量较大区域砂盘密实度较大,而在模型上抬量较小区域砂盘密实度较小;距灌砂孔越近砂盘一般密实度越大。管节上抬量可以作为一种灌砂扩散半径的参考指标,但不能作为满足灌砂扩散半径的验收条件。以南昌红谷隧道为例,灌砂压力在0.1~0.15MPa的情况下,扩散半径最大,且灌砂区域的上抬量最小。

(4)灌砂过程是个动态的变化过程,与观察窗的结果相比较,可以看到随着灌砂量的增大,首先在3m左右形成砂盘,然后向5m处扩散,最后向外、向内进行填充,不同方向的扩展情况有一定差别,与边界条件、约束条件相关。随着灌入时间的增加,扩散半径从3~5m开始,而后随机扩散至7.5m或更大。

(5)佛山东平隧道、南昌红谷隧道在灌砂试验基础上,分别采用弹性波映像法、瑞雷面波法与冲击映像法、全波场地震勘探法对灌砂基础的质量检测技术进行了研究,取得了一定效果。

本章参考文献

[1] 贺维国,邢永辉,沈永芳,等.新型内河沉管隧道工程修建技术实践[M].北京:人民交通出版社股份有限公司,2017.

[2] 陈韶章.沉管隧道设计与施工[M].北京:科学出版社,2002.

[3] 铁道部科学研究院西南分院.世界沉管隧道技术(第一期)[R].1997.

[4] 上海市建设和管理委员会科学技术委员会,上海城建(集团)公司.外环沉管隧道工程[M].上海:上海科学技术出版社,2005.

[5] 中铁西南科学研究院有限公司,等.汾江路南延线沉管隧道工程砂基础关键技术研究报告[R].2014.

[6] 李志军,王海龙,洪开荣,等.大流速高位差过江沉管隧道关键技术[M].北京:科学出版社,2016.

[7] 车爱兰,黄醒春,郭强,等.利用表面波勘探检测沉管隧道压浆法的充填效果[J].上海交通大学学报,2011,45(05):648-652+658.

[8] 郭强,梁志伟.沉管浮运检测和监测系统构建[J].上海交通大学学报,2013,47(10):1606-1610.

[9] 吴刚,沈永芳,吴鹏飞,等.天津海河沉管隧道工程水中管段对接的检测研究[J].水利学报,2015,46(S1):90-94.

[10] 奚笑舟.水下检测与监测技术在沉管隧道工程中的应用[J].现代隧道技术,2015,52(06):36-42.

[11] 陈润.沉管隧道砂基础密实度无损检测方法研究[J].现代隧道技术,2016,53(03):131-136+156.

[12] 张腾瑜,车爱兰,惠祥宇,等.基于横波传播特性的无损检测方法及在沉管隧道基础灌砂检测中的应用[J].振动与冲击,2017,36(20):30-36.

[13] 贺维国,吕洋,宋超业.公铁合建超大型内河沉管隧道——佛山东平隧道[J].隧道建设(中英文),2018,38(02):329-336.

[14] 陈韶章,任孝思,陈越.珠江沉管隧道基础处理技术[J].世界隧道,1996(06):34-39.

[15] 黎志均.珠江隧道工程基础灌砂试验研究[J].中国港湾建设,2001(01):18-20.

[16] 诸岩,徐炜家,张鹏,等.上海市外环沉管隧道基础处理技术研究[J].城市道桥与防洪,2008(11):105-107.

[17] 王光辉,李治国,程晓明,等.生物岛—大学城沉管隧道灌砂试验及结果分析[J].隧道建设,2009,29(02):176-180.

[18] 郑爱元,谭忠盛,李治国.沉管隧道基础灌砂模拟试验[J].中国工程科学,2009,11(07):81-85.

[19] 莫海鸿,黎伟,房营光,等.沉管隧道底板面材质对砂流法地基影响的模型试验研究[J].岩石力学与工程学报,2012,31(07):1452-1461.

[20] 房营光,黎伟,莫海鸿,等.沉管隧道地基砂流法处理的砂盘扩展规律试验与分析[J].岩石力学与工程学报,2012,31(01):206-216.

[21] 潘永仁,彭俊,Naotake Saito.上海外环沉管隧道管段基础压砂法施工技术[J].现代隧道技术,2004,41(01):41-45.

第6章

沉管法隧道水下检测技术

6.1 概述

水下检测是指对港口码头、水库大坝、隧道桥梁、水闸等工程水下结构状态及其水下环境进行的检查、测量和量测作业。目前,水下检测技术在国内外各类水下工程中已经得到广泛应用,水下检测技术已经成为集潜水技术、声学成像技术、光学成像技术、环境科学等多学科的综合性学科技术。

6.1.1 国内外水下检测技术的发展

国外水下检测技术体系发展较早,20 世纪 70 年代,英国、挪威等国提出了在海洋平台中开展水下检测工作,由于海洋石油开展的热潮越来越高,海洋平台数量呈现爆炸式增长,从而带动了相关水下检测技术的快速发展。20 世纪 80 年代,美国交通管理部门针对桥梁基础冲刷发布了水下检测评估标准,将水下检测按方法分为三类:Ⅰ类检测,又称绿色检测,指检测人员通过目视、探摸或者携带水下摄像设备对水下待检测结构进行外观检查,通常是最基础的检测方式;Ⅱ类检测,又称蓝色检测,详细的目视检查,指具有检测资质的检查人员对相应部位进行详细的检查,待检部位通常是作业方案中规划的检测部位或者是在Ⅰ类检测中发现缺陷的部位;Ⅲ类检测,又称红色检测,是指水下无损检测,主要有水下声呐探测、交流磁场法探测、电场特征法检测等。目前,目视检测仍然是国内外水下最常用的检测手段,通常借助潜水员目视或携带摄像设备对结构物拍照、录像,能够直观显示结构外观缺陷及损伤情况。

20 世纪 90 年代以后,我国海上油气开发和生产十分迅速,海洋石油结构的检测维修技术受到高度关注,相关技术也得到了较大的发展。但总体上来说,国内检测技术相对落后,检测的智能化、自动化程度较低,检测精度相对较低,检测结果难以数字化等问题都比较突出。此外,近年来我国水利工程中也广泛开展了以水下地形为主要测量目标的水下检测工作。

水下检测按检测内容可分为水下结构缺陷检测、水下成像和水深测量。其中,水下结构缺陷检测对缺陷信号的分析、判定、识别和评估有较高要求,当前国内外常规水下结构缺陷无损检测方法有目视检测、磁粉检测、超声检测、涡流检测、磁漏检测技术。水下成像手段主要有侧扫声呐、合成孔径声呐、干涉合成孔径声呐、扇形扫描声呐、水下摄影、海底电视等,解决水下图像降质问题是水下成像技术发展的关键。水深测量最早用一端带有重物的绳索测量水深,但是当流速或水深较大时这种方法并不适用。20 世纪 20 年代发明了回声测深仪,它是利用水深换能器垂直向下发射和接收回波,并根据波束的往返时间以及声速确定水深。20 世纪 70 年代出现了多波束测深系统,在一个与航迹垂直的平面内一次能够给出上百个深度,获得一条一定深度的全覆盖水深条带,所以它能够精确快速地测出沿航线一定宽度水下目标的大小、形状和位置高低变化,从而比较可靠地描绘出海底地形地貌。其他测深手段还有激光测深、卫星遥感测深、雷达测深以及利用垂直梯度数据推算深度等。

6.1.2 沉管法隧道水下检测技术的发展

沉管隧道施工中有大量的关键工序在水下实施,如基槽开挖、管节浮运、沉放对接、基础处理、水下最终接头、覆盖回填等。这些水下工序属于暗箱式的隐蔽工程，且容易受瞬息变幻的水下环境影响。在我国早期建造的上海外环隧道、广州珠江隧道、宁波常洪隧道等几座沉管隧道中，由于受水下检测技术水平不高、水下检测体系不全及缺少相应检测标准规范等因素的限制，水下施工缺乏有效质量控制手段，出现了管节对接失败、浮运搁浅、对接误差大、覆盖层缺失等重大安全和质量问题。

2007 年广州仑头隧道率先在沉管法隧道修建中采用了水下检测技术，经广州仑头隧道及随后开建的广州官洲隧道的实践，初步建立了以水下地形测量、水下录像、水下探摸、管节姿态监测、水下倾斜测量、水重度及淤泥重度测定为主的沉管法隧道水下检测体系。在天津海河隧道工程建设中，增加了基础注浆监测与检测内容，沉管法隧道水下检测技术和体系得到完善，水下检测技术纳入了 2013 年发布的我国首座沉管法隧道技术标准——天津市地方标准《内河沉管法隧道设计、施工及验收规范》(DB/T29-219—2013)，该规范规定了沉管法隧道水下检测的对象、内容、方法及程序等。在佛山东平隧道和广州洲头咀隧道的建设中，进一步实践应用了沉管法隧道水下检测技术和体系，并被建设各方广泛认可。在 2014 年开工建设的南昌红谷隧道中，随着新增的灌砂基础监测与检测技术、最终接头水下量测技术、管节浮运及沉放对接监测技术的相继应用，沉管法隧道水下检测技术已趋于成熟。为规范沉管法隧道工程水下检测工作，统一技术标准，广东省于 2019 年 1 月 1 日发布了地方标准《内河沉管隧道水下检测技术规范》(DBJ/T 15-146—2018)，该规范包含了基槽与浮运航道、管节浮运、管节寄放、管节沉放对接、基础垫层、水下最终接头、回填、水下堰体结构、数据处理与信息反馈等相关技术要求，形成了标准化和规范化的沉管法隧道水下检测体系。

6.2 佛山东平隧道水下检测技术

佛山东平隧道水下检测范围包括：基槽一条，长度为 445m，底宽度为 43.9m，微风化、中风化、强风化岩坡比为 1∶1.5，全风化岩、黏性土、砂土、淤泥质土坡比为 1∶4；4 条管节沉放对接（接头 5 个）；基础灌砂状态及回填；支撑垫块 4 组（8 个）；永久航道及临时航道（含改迁），管节拖航、掉头区域；南北岸提及围堰范围。佛山东平隧道水下检测项目、内容、数量和方法见表 6.2-1。

佛山东平隧道水下检测项目、内容、数量和方法　　　　　表 6.2-1

检测项目	内　　容	数量	方　　法
基槽	基槽开挖完成后水下地形检测	4	水下声呐扫测
浮运航道	浮运航道开挖完成后水下地形检测	4	水下声呐扫测
围堰(坞门)拆除	端头围堰拆除后水下地形检测	2	水下声呐扫测
临时支撑垫块	临时支撑垫块水下安装平整度检测	8	水下倾斜测量
管节沉放对接	对接前检查 GINA 止水带情况是否符合对接要求	4	水下探摸、水下录像
管节沉放对接	对接完成后检查管节和 GINA 止水带对接是否符合要求	4	水下探摸、水下录像
管节沉放对接	最终接头模板水下检测	1	水下探摸、水下录像

续上表

检测项目	内　　容	数量	方　　法
回填	分层完成回填后,检测每个分层回填高程、宽度等	4	水下声呐扫测
基础灌砂	灌砂基础密实度检测	4	弹性波映像法、瑞雷面波法

6.2.1　水下结构和环境检测

水下探摸、水下录像和水下倾斜测量是沉管法隧道基础的检测项目。本节通过佛山东平隧道 E1 管节对接前北岸端头钢端壳水下探摸和录像、E1 管节东侧垫块水下倾斜测量两个项目,介绍水下录像、水下探摸和水下倾斜测量技术在沉管法隧道水下检测过程中的具体应用。

1)E1 管节对接前北岸端头钢端壳水下探摸与录像

(1)检测设备

水下探摸与录像都是通过潜水员在水下进行检测,检测设备都与潜水相关,见表 6.2-2。

水下探摸与录像主要仪器设备　　　　表 6.2-2

序号	仪器设备	数　量
1	潜水装具(含潜水头盔、潜水气管、潜水服等)	1 套
2	SCOM-IV 型水下测量电视系统	1 套

SCOM-IV 型水下测量电视系统是我国自主研发的集微型计算机、电视等多项高新技术于一体、基于电视图像的非接触式水下测量系统,如图 6.2-1 所示。该潜水测量电视不同于其他常规水下闭路电视,它设计有微型计算机控制的数据处理和字符、图形叠加功能,整个系统结构紧凑、观测效果好,而且还具有独特的深度、宽度测量显示功能,是一种能够同时进行定量测量和实时观察的新型水下观察测量设备。

图 6.2-1　SCOM-IV 型水下测量电视

(2)水下探摸

水下探摸是通过潜水员的触感和观感判断水下被检测物状况的方法。探摸检测的次序为潜水员由 E1 管节东侧上角向下,经下角沿底部向西侧对钢端壳进行水下探摸。再由

管节西侧下角向上,经西侧上角沿顶部向东侧对钢端壳进行水下探摸。水下探摸检测的结果为:

钢端壳密封面整体表面光滑,有轻微锈斑,少量垃圾已清理,未发现其他异常;底板整体约有20cm的垃圾和碎石;钢端壳东侧与西侧均距离两侧挡墙间距约70cm,钢端壳底部距离底板的垃圾约20cm;鼻托外表完好,有轻微锈斑,鼻托表面有少量浮泥,未发现其他异常。

(3)水下录像

水下录像检测次序为潜水员由E1管节东侧上角向下,经下角沿底部向西侧对钢端壳进行水下录像检测。再由管节西侧下角向上,经西侧上角沿顶部向东侧对钢端壳进行录像检测。水下录像检测的结果如下:

钢端壳密封面整体表面光滑,有轻微锈斑,未发现其他异常;底板表面整体有约20cm的垃圾和碎石;鼻托外表完好,有轻微锈斑,鼻托表面有少量浮泥,未发现其他异常。水下录像检测部分截图如图6.2-2所示。

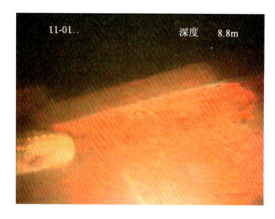

a)北岸暗埋段顶部钢端壳

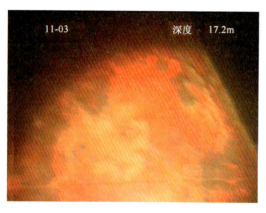

b)北岸暗埋段底部钢端壳

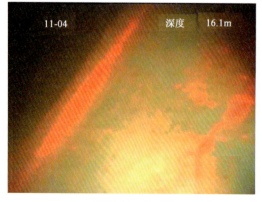

c)北岸暗埋段西侧钢端壳

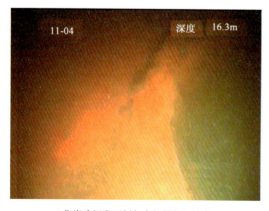

d)北岸暗埋段西侧与底部拐角钢端壳

图 6.2-2

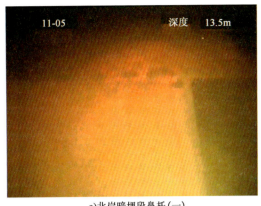
e)北岸暗埋段鼻托(一)

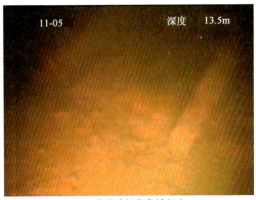
f)北岸暗埋段鼻托(二)

图 6.2-2 水下录像检测部分截图

2)E1 管节东侧垫块水下倾斜测量

水下倾斜检测是通过倾斜传感器测量水下结构物倾角的方法。主要针对水下临时支承垫块的平整度进行检测。

(1)检测设备

QXY-15 型水下倾斜测量仪如图 6.2-3 所示,作业水深为 50m,能在支承垫块倾斜角不大于 15°时对其进行测量。其工作原理是利用地球重力原理,当倾角单元倾斜时,地球重力在相应的摆锤上会产生重力的分量,相应的电容量会变化,通过对电容量处理放大、滤波、转换之后得出倾角。QXY-15 型水下倾斜测量仪主要性能指标见表 6.2-3。

a)

b)

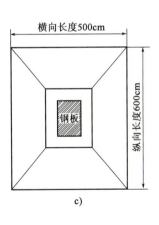
c)

图 6.2-3 水下倾斜测量系统

水下倾斜仪性能指标　　　　　　　　　　表 6.2-3

项　　目	参　　数
最大工作水深(m)	50
测量分辨率(°)	0.001

续上表

项 目	参 数
测量精度(°)	±0.01
测量范围(°)	双轴±15

(2)检测方法

潜水员按照设计路线将水下倾斜仪放到支承垫块上。放置前,先将垫块支承面的异物清理干净,然后将倾斜仪成垂直放置,并沿水平转动,分别与管节轴线平行和垂直,测量支承垫块沿管节轴线及垂直于管节轴线方向的水平保持状况。E1管节东侧垫块水下平整度检测结果见表6.2-4。

E1 管节东侧垫块水下平整度检测结果　　　　　　表6.2-4

测量时间	测量点号	横向倾斜角(°)	纵向倾斜角(°)
10:50:15	1	0.322	0.413
10:50:20	1	0.323	0.413
10:50:25	1	0.323	0.414
10:50:30	1	0.322	0.413
10:50:35	1	0.323	0.413
10:52:11	2	0.324	0.414
10:52:16	2	0.326	0.415
10:52:21	2	0.324	0.414
10:52:26	2	0.326	0.415
10:52:31	2	0.325	0.415
10:54:03	3	0.323	0.413
10:54:08	3	0.322	0.414
10:54:13	3	0.322	0.415
10:54:18	3	0.323	0.415
10:54:23	3	0.322	0.414
算术平均值	—	0.323	0.414

注:横向东高为正,纵向南高为正,测量时间2015年4月23日。

将测量结果的最大值及最小值去掉,然后对每个方向的测量值取平均值作为本次检测的测量结果。东侧垫块横向(垂直于管节轴线方向)倾斜为0.323°,纵向(沿管节轴线方向)倾斜为0.414°。

6.2.2 灌砂基础质量检测

采用弹性波映像法及瑞雷面波法检测沉管法隧道压砂法基础密实度,探究波形变化、频谱特征、能量阻尼衰减与介质之间的关系,对弹性波映像法和瑞雷面波法在沉管法隧道砂基础密实度检测中的适用性及效果进行评价。

1)仪器设备

(1)地震记录仪

采用 Geod 数字地震仪,相关参数为记录通道:24 道;模数转换:24bit;高截频:20000Hz;低截频:1.75Hz;最小采样间隔:25μs。弹性波映像法和瑞雷面波法均采用此地震仪,检测设置采样周期为 0.5ms,采样总点数为 1024。

(2)检波器

由于砂基础在钢筋混凝土底板和底钢板的下方,要想达到检测目的,需要同时接收到经过高频的钢筋混凝土及钢板层和通过水砂混合物低频层的信号,频带宽度为 10~2000Hz。

(3)激震器

震源是用来产生瑞雷波的激发系统,检测的深度范围为 1.4~2.0m,选用 500g 的手锤加钢金属垫片。

2)检测方案

采用试验模型进行现场模拟测试。

(1)弹性波映像法测点布置

为了压制干扰波,提高对目标体的检测精度,采用单端激振法和测点间距移动排列的方法。

(2)瑞雷面波法测点布置

为了把反射波和面波分开,从而达到更好的分层效果,采用固定检波器,移动激发位置来模拟一次激发超多道接收,每次激发移动 0.1m。

(3)模型预制缺陷布置

为了检测砂基础中的空洞或局部不密实区域,通过对预先在模型底板距离侧壁 2.0m 处布设 0.3m×0.2m×0.2m 的含水空洞和压砂过程形成的冲击坑进行试验判识。

(4)检测阶段设计

为了检测砂基础密实度的变化,可分以下几个阶段进行:压砂完毕后砂盘处于松散状态,第一级加载至 5kPa、第二级加载至 10kPa、第三级加载至 30kPa、第四级加载至 40kPa,使砂盘处于密实状态。通过实测波形对比找出不同密实度下弹性波映像法和瑞雷面波法曲线的规律,定性评判砂基础的密实度。同时,需要对预设的含水空洞和压砂冲击坑进行准确识别。

3)检测成果分析

(1)预埋缺陷和含水空洞的定位

①瑞雷面波信号分析

当加载至 40kPa 荷载时,将测线的时域面波信号进行预处理并提取频散曲线形成整体剖面,如图 6.2-4 所示。图中 0~-1.4m 是从橙色渐变到浅黄色,代表钢筋混凝土层及钢板层的综合波速反应;-1.4~-2.0m 是从浅黄色渐变到浅蓝色,代表水下砂基础层的综合波速反应;-2.0~-2.4m 是浅蓝色渐变到绿色,代表地基层。由于大体积钢筋混凝土整体浇筑及高压荷载,整个结构分层处于相对均匀状态。

从图 6.2-4 中可看出,纵向测线面波的信号都能够有效分离钢筋混凝土底板及底钢板高频层和水下砂基础低频层。当加载至 40kPa 时,砂盘处于较密实阶段,测线的分层综合反应变化较小,但都能清晰地分辨出 -1.3m 钢筋混凝土层和 -0.6m 的砂基础层。

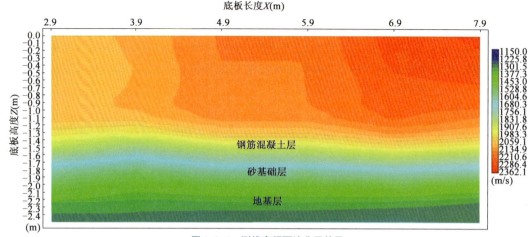

图 6.2-4　测线高频面波分层效果

②弹性波映像法信号分析

当加载至 40kPa 荷载时,将代表测线的弹性波映像法时域信号进行预处理并形成整体剖面,如图 6.2-5 所示。

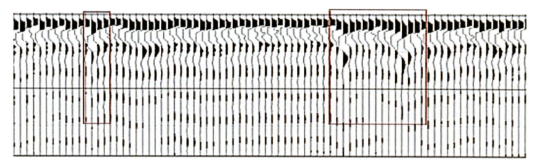

图 6.2-5　测线弹性波映像法预埋缺陷和含水空洞定位效果

由图 6.2-5 可知,距离基准点 2.0m 左右位置有宽 0.3m 的同相轴波形异常(红色方框区域)及距离基准点 5.2~6.5m 位置有宽 1.3m 的同相轴波形异常(红色方框区域)。与此前预埋缺陷设计基本吻合,而宽 1.3m 的波形异常也对应于实际模型砂盘冲击坑。

(2)不同密实度的数据分析

①不同密实度时域波形分析

灌砂完毕后砂盘处于松散状态,加载至 5kPa、10kPa、30kPa 及 40kPa 五个阶段,逐级检测压砂基础密实度的变化,分析不同密实度下弹性波映像法时域波形变化规律,定性评判砂基础密实度。各个阶段检测波形如图 6.2-6~图 6.2-10 所示。

从图 6.2-6~图 6.2-10 中波形的对比可看出,压完砂后形成砂盘,具有一定的阻抗变化,但砂基础处于松散状态,对于预设的含水空洞和冲击坑识别并不明显;随着荷载量的增大,砂盘越来越密实,含水空洞和冲击坑波形特征逐渐明显,直至第四阶段加载至 40kPa,此时砂盘处于密实状态,含水空洞和冲击坑最为明显。进而初步判定当砂基础密实度逐渐增大时,密实砂基础层与非密实层砂基础的阻抗差会增大,含水空洞和冲击坑等不密实体就会从信号中逐渐反映出来。

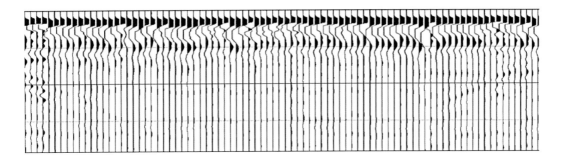

图 6.2-6　压砂完毕后砂盘处在松散状态检测波形

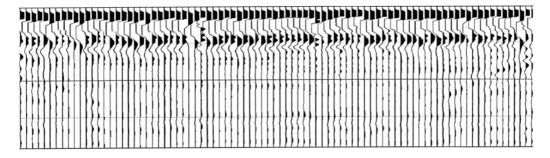

图 6.2-7　第一阶段加载至 5kPa 检测波形

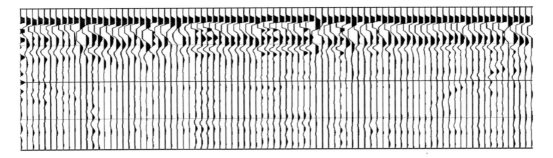

图 6.2-8　第二阶段加载至 10kPa 检测波形

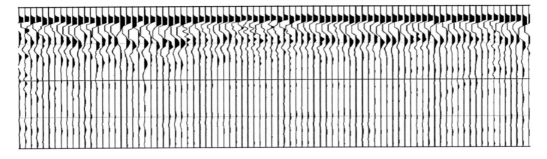

图 6.2-9　第三阶段加载至 30kPa 检测波形

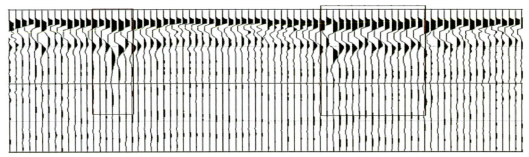

图6.2-10 第四阶段加载至40kPa检测波形

②不同密实度弹性波映像法 R 值分析

压砂完毕后砂盘处于松散状态,加载至5kPa、10kPa、30kPa及40kPa五个阶段逐级对弹性波映像法测试信号进行频域分析,并且运用阻尼衰减因子 R 与主频和频带宽度的关系计算出各测点的 R 值,如图6.2-11所示。

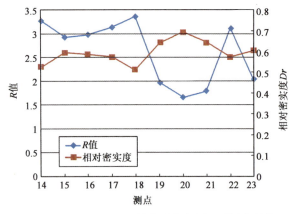

图6.2-11 测线2不同测点相对密实度与 R 值变化趋势

从图6.2-11对比可看出,压砂完毕后砂基础处于松散状态,R 值较大,随着加载量增大,砂基础越变密实,R 值反而越小,从而初步定性评判砂基础密实度与 R 因子变化成反比。因此,实际检测中,可先利用瑞雷面波法进行有效介质分层,进而利用 R 因子来定性评判隧道砂基础密实度。

(3)弹性波映像及瑞雷面波检测综合法与环刀法密实度检测法对比分析

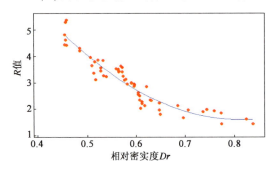

图6.2-12 Dr 与 R 值变化关系

为了进一步研究沉管法隧道砂基础密实度与阻尼衰减因子 R 的关系,在无损检测线对应区域对砂基础进行环刀法检测。提取所有测线的弹性波映像法阻尼衰减因子 R 与环刀法密实度数据进行对比并建立关系,测点相对密实度 Dr 与 R 值变化关系如图6.2-12所示。

从图6.2-12中可看出,R 值随着 Dr 的增大而减小,R 值与 Dr 值的关系式为:

$$R = 25.09Dr^2 - 40.73Dr + 18.2 \quad (0 < Dr < 1)$$

通过以上分析,对于沉管法隧道砂基础密实度无损检测可采用瑞雷面波和弹性波映像法综合评判,通过介质有效分层、利用波形同相轴异常分析和阻尼衰减因子 R 进行定性评价。

6.3 天津海河隧道水下检测技术

天津海河隧道水下检测与监测范围包括:基槽一条,长度为243.8m,宽度为40.6m,深度(城建高程)为 $-18.427 \sim -22.209$m,坡比为1:4;3节管节对接沉放(接头4个);沉管基础压浆状态及回填;支撑垫块3组(6个);端头拆除清渣情况2项;试验槽段一个;水下水重度检测;管节浮运沉放姿态监测。天津海河隧道水下检测项目、内容、数量和方法见表6.3-1。

天津海河隧道水下检测项目、内容、数量和方法   表6.3-1

检测项目	内容	数量	方法
基槽	原始河床面水下地形检测	1	水下声呐扫测
	基槽初挖成形后的检测	3	
	精挖后沉放前的基槽检测	3	
	碎石基础整平后检测	3	
端头(钢管桩)	端头(钢管桩)拆除后水下地形检测	2	水下声呐扫测
	端头(钢管桩)拆除后水下探摸	2	水下探摸
临时支撑垫块	水下临时支撑垫块安装平整度检测	6	水下倾斜测量
	水下临时支撑垫块安装状态录像	6	水下录像
	水下临时支撑垫块安装状态探摸	6	水下探摸
浮运沉放对接	管节浮运姿态监测	3	姿态监测
	管节沉放对接姿态监测	3	
管节沉放对接	对接前GINA止水带和钢端壳检测	3	水下探摸、水下录像
	对接前水重度检测	3	原位取样及重度测定
	对接完成后GINA止水带检测	3	水下探摸、水下录像
	抛石锁定检测	3	水下探摸、水下录像
二次围堰	水下模板安装情况检测	1	水下探摸、水下录像
回填	分层回填完成后检测	3	水下声呐扫测

续上表

检测项目	内容	数量	方法
临时航道	临时航道检测	1	水下声呐扫测
试验槽段	试验基槽开挖完成后检测	3	水下声呐扫测
基础灌浆	注浆过程中基础充填状态的实时监测	3	全波场弹性波法

6.3.1 水下结构和环境检测

本节通过天津海河隧道 E1 管节沉放过程姿态监测和 E2 管节东侧水下水体取样及重度测定两个项目,介绍姿态监测和水重度测量在沉管法隧道水下检测过程中的具体应用。

1)E1 管节沉放过程姿态监测

天津海河隧道 E1 管节沉放自 2011 年 11 月 14 日上午 8 点开始,当天晚上 9 点沉放到位。对管节沉放全过程进行了实时三维可视化监测,取得了相应监测数据,并经局域网实时传输至工程控制管理部门办公室终端计算机。监测过程典型视图如图 6.3-1～图 6.3-3 所示。

图 6.3-1 管节沉放初始位置示意图

图 6.3-2 管节沉放过程位置示意图

为了更加直接得到沉放过程中的管节位置情况,监测系统中对 5 个对接点的距离信息进行查看与分析。暗埋段对接点位置示意如图 6.3-4 所示,与之相对应,在 E1 管节上将 5 个对接点的距离信息设置完成后,理论上应该重合的对接点为 A'、B'、C'、D'、E',随时可以查看其沉放的位置信息,见表 6.3-2～表 6.3-4。

图 6.3-3 管节沉放到位示意图

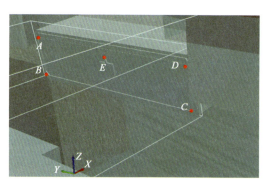

图 6.3-4 暗埋段对接点位置示意图

沉放开始时对接点详细信息　　　　　　　　　　　　　　　　表6.3-2

对接点名称	对接点距离(m)	X方向分量(m)	Y方向分量(m)	Z方向分量(m)
A-A'	32.802	30.444	6.485	10.348
B-B'	33.264	30.948	6.482	10.330
C-C'	33.491	31.180	6.488	10.361
D-D'	33.400	31.076	6.490	10.380
E-E'	33.130	30.794	6.486	10.356

管节将要全部沉入水下时对接点详细信息　　　　　　　　　　　表6.3-3

对接点名称	对接点距离(m)	X方向分量(m)	Y方向分量(m)	Z方向分量(m)
A-A'	6.951	3.724	0.030	5.869
B-B'	7.182	4.169	0.042	5.848
C-C'	6.680	3.225	0.039	5.850
D-D'	6.677	3.180	0.028	5.871
E-E'	6.812	3.471	0.035	5.862

E1管节沉放到位完成对接时对接点详细信息　　　　　　　　　表6.3-4

对接点名称	对接点距离(m)	X方向分量(m)	Y方向分量(m)	Z方向分量(m)
A-A'	0.250	0.085	0.232	0.040
B-B'	0.256	0.127	0.221	0.025
C-C'	0.271	0.122	0.239	0.038
D-D'	0.264	0.066	0.250	0.053
E-E'	0.246	0.053	0.236	0.041

2）E2管节东侧水体取样及重度测定

水重度的影响无处不在,从水流阻力的计算到管节抗浮的计算,水重度都作为重要参数,尤其在沉管管节浮运、沉放过程中,干舷高度的计算、水箱注水量控制,均与水重度密切相关。对沉管法隧道而言,水重度的变化对工程施工和质量控制产生很大的影响。

（1）取样位置及取样

待E2管节浮运就位、临时系泊完成后,在位于E2管节东侧的基槽底部取样,水体采样点位置如图6.3-5所示。首先在E2管节东侧里程约K28+622处开始,自基槽底开始在采样点1处取样,取样品1个。然后按照同样方式依次向南在采样点2、采样点3处分别取样,总共取样品3个,如图6.3-6所示。

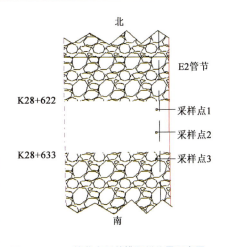

图6.3-5　E2管节东侧基槽取样位置示意图
注:粉色点划线为基槽中心线。

 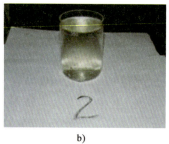 

a)   b)   c)

图 6.3-6 采样点水体样品

（2）检测过程

在室内利用 FA2104J 电子天平对所采试样进行重度检测，对每个样品分别进行 3 次测量，然后取平均值。

（3）检测结果

E2 管节东侧基槽底部水体取样重度汇总见表 6.3-5。

E2 管节东侧基槽底部水体取样重度汇总表（单位：g/cm^3）   表 6.3-5

位　　置	第1次	第2次	第3次	平均值
采样点1	1.0152	1.0151	1.0149	1.0151
采样点2	1.0147	1.0146	1.0148	1.0147
采样点3	1.0144	1.0147	1.0146	1.0146

从表 6.3-5 可以分析出，E2 管节东侧基槽底部处水体重度由北向南逐渐减小，最大处为 $1.0152g/cm^3$，最小处为 $1.0144g/cm^3$。

6.3.2 基础注浆实时监测

天津海河隧道是我国长江以北的第一条沉管法隧道，采用不易地震液化的水泥砂浆基础。在施工过程中首次采用了基于全波场弹性波测试理论的基础注浆监测，实现了注浆过程中基础充填状态的实时监测，为注浆施工的质量与进度提供了重要评判依据。

1）仪器设备

高密度面波法及冲击映像法检测和监测采用同一套采集系统，由激发装置（小锤）、地震仪、记录装置（检波器、笔记本电脑）等组成。

（1）地震仪

Geod 数字地震仪，记录通道：24 道；模数转换：24bit；高截频：20000Hz；低截频：1.75Hz。

高分辨地震仪，记录通道：24 道；模数转换：24bit；频率响应：0.1~4000Hz。

（2）检波器

采用 4 组动圈式垂直成分速度型检波器，每组 12 个，共计 48 个，固有频率：4.5Hz。检测时，为保证检波器和地面的耦合，加工了检波器与地面连接的混凝土墩，面积 10cm×10cm，由 3 个螺钉与地面连接。注浆过程实时监测时，为及时给出监测结果，两台地震仪同时进行，每台地震仪配备 2 组检波器，可在每次监测时布置 2 条测线。

(3)激发装置

采用常见的1.5P小圆头锤。激发时,为了实现监测过程的实时性,采用人工敲击的方式激发。

2)采集参数及方法

(1)检波器间距:0.5m;排列长:5.5m;激发方式:重锤敲击。

(2)震源偏移距:冲击映像法为0.5m,高密度表面波法为2m。

(3)道数:12道;采样间隔:62.5μs,记录长度:256ms;勘探点密度:1点/0.5m。

数据采集操作步骤如下:

(1)现场准备:检查测试仪器是否齐全完好,并对需要进行测试的场地进行清理。

(2)检波器设置:以确定的勘测点为基准点,每间隔0.5m布置一个检波器,将检波器及加工的连接部分平整放置于底板上。

(3)激发:使用重锤了敲击结构底板作为震源。

3)冲击映像法数据处理结果

以E3管节西侧前、后"34～35.5测线"为例介绍冲击映像法数据处理过程,主要分为波形罗列、波形可视化处理和综合评价3个方面。

(1)波形罗列

根据数据记录连接测线上所有测点上的有效数据,并进行波形罗列,如图6.3-7、图6.3-8所示,从波形上可以看到振幅增大或减小的波形。

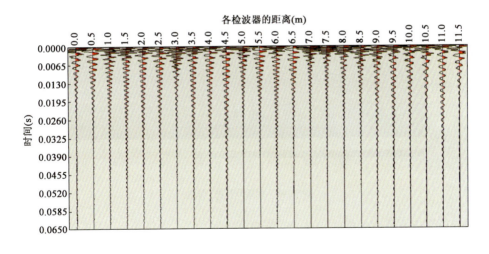

图6.3-7 波形处理前

(2)波形可视化处理

波形可视化处理分为频谱分析(图6.3-9、图6.3-10)和时频分析(图6.3-11、图6.3-12)。频谱分析图中颜色表示振幅的大小制成弹性波强度剖面,对比注浆前、后的频谱分析结果可以看到,由于浆液的灌入,波形有明显的提升,可以判断注浆程度。

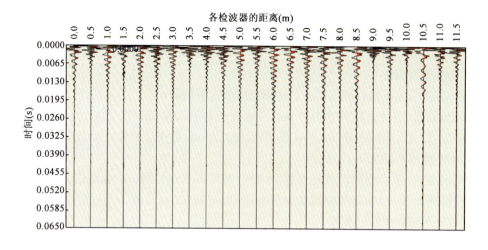

图 6.3-8 波形处理后

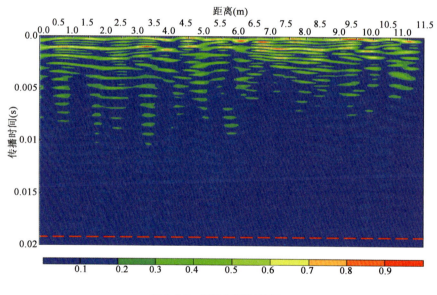

图 6.3-9 频谱分析图(前期)

时频分析图中颜色表示振幅的大小,波的混响时间(s)为纵坐标,距离频率(Hz)为横坐标,从图中可以看出明显的混响效应。对照测试剖面注浆前和注浆后的混响效应变化,并对混响效应进行分类,可以判断注浆效果。

(3)综合评价

根据注浆前后频率分析结果,可以看到波形的频率成分向高频域集中,如图 6.3-13 所示,低频成分发生明显变化,可以认为混凝土下部松软介质发生变化。

对比各注浆阶段时频分析结果,如图 6.3-14 所示,将时频分析小波数据分为三个等级,A 级表示浆液密实;B 级表示灌入浆液,但不密实;C 级表示未灌入浆液。

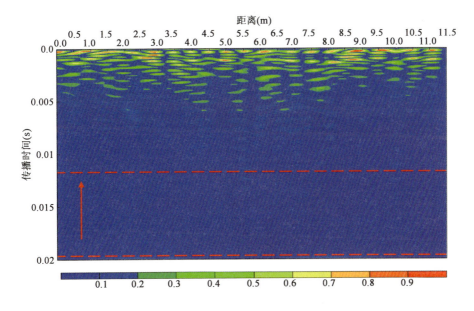

图 6.3-10 频谱分析图（后期）

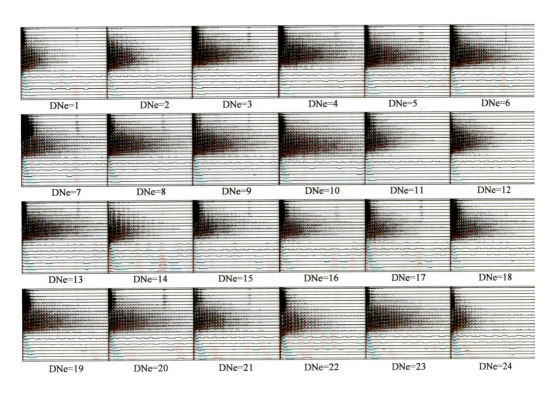

图 6.3-11 时频分析结果图（前期）

注：DNe=1～DNe=24 为测点名称。

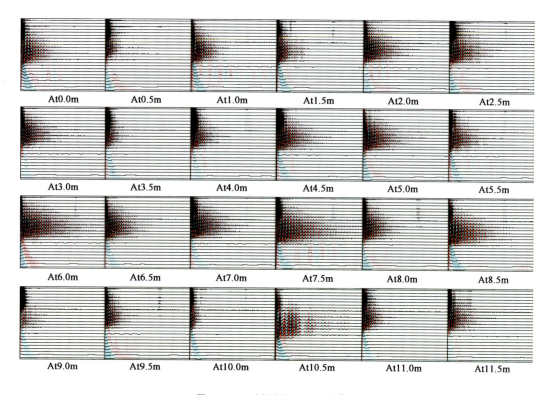

图 6.3-12 时频分析结果图(后期)

注:At0.0～At11.5m 为测点名称。

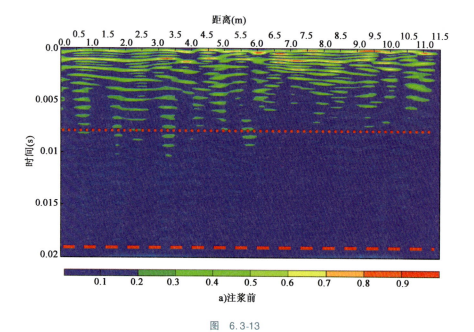

a)注浆前

图 6.3-13

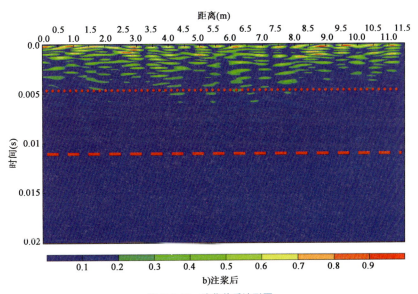

b)注浆后

图 6.3-13 注浆前后波形图

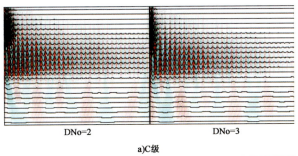

a)C级

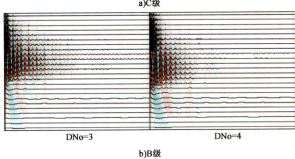

b)B级

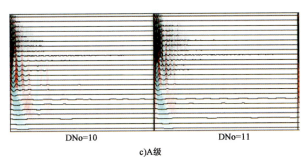

c)A级

图 6.3-14 各注浆阶段时频图

4）高密度面波数据处理结果

图 6.3-15 和图 6.3-16 是西侧管节的两段高密度面波拟剪切波速度分布。对比注浆前、后的剖面拟剪切波速度可以看出，注浆前结构分为混凝土、饱和土、碎石、淤泥层；注浆后混凝土上下部饱和土、碎石波速明显提高。结合冲击映像法结果，可以认为注浆效果整体达到良好。

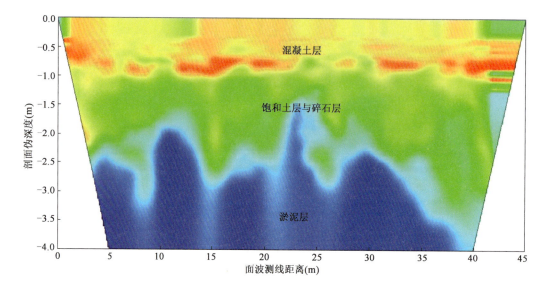

图 6.3-15　剖面拟剪切波图（注浆前）

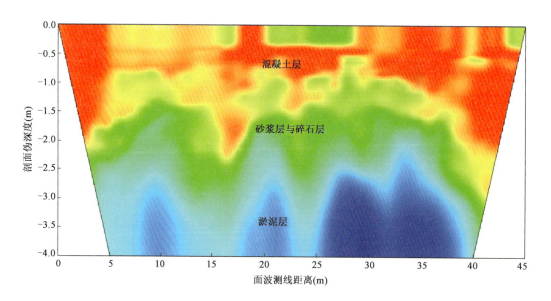

图 6.3-16　剖面拟剪切波图（注浆后）

6.4 南昌红谷隧道水下检测技术

南昌红谷隧道全长约2650m,沉管段设计里程为 NK1+325~NK2+630,共12个管节,其中9节每节长度约为115m,3节每节长度约为90m,沉管段全长1305m,沉管段横断面宽30m、高8.3m。采用独立大型分离式干坞,管节预制完成后自坞口浮运至隧址沉放对接。管节对接采用水力压接法,最终接头设在 E9 与 E10 管节间。基槽采用抓斗挖泥和水下爆破结合的方式,浮运航道及临时航道采用挖泥的方式。南昌红谷隧道水下检测项目、内容、数量和方法见表 6.4-1。

南昌红谷隧道水下检测项目、内容、数量和方法　　　　表 6.4-1

检测项目	内容	数量	方法
基槽与航道	原始河床面水下地形检测	1	水下声呐扫测
	基槽精挖水下地形检测	11	水下声呐扫测
	基槽精挖水下淤泥检测	11	淤泥取样及重度测定
	接口段围堰钢管桩拆除检测	2	水下探摸
	坞门拆除水下地形检测	1	水下声呐扫测
管节浮运	浮运航道水下地形检测	11	水下声呐扫测
	临时支撑块安装水下倾斜检测	22	水下倾斜检测
	临时支撑块水下探摸	22	水下探摸
	临时支撑块水下录像	22	水下录像
	管节浮运姿态监测	11	姿态监测
灌砂基础	灌砂基础水重度检测与监测	11	水下录像
管节沉放对接	对接前 GINA 止水带水下探摸	11	水下探摸
	对接前 GINA 止水带水下录像	11	水下录像
	对接前钢端壳水下探摸	11	水下探摸
	对接前钢端壳水下录像	11	水下录像
	对接前鼻托检测	11	水下探摸
	对接前进排水孔检测	11	水下探摸
	沉放前水重度检测	11	重度测定
	沉放对接过程中水重度检测	11	重度测定
	对接完成后接头形状水下探摸	11	水下探摸
	对接完成后接头形状水下录像	11	水下录像
	抛石锁定检测	11	水下探摸
	管节沉放姿态监测	11	姿态监测

续上表

检测项目	内 容	数量	方 法
最终接头	水下模板安装水下探摸	1	水下探摸
	水下模板安装水下录像	1	水下录像
	止推梁安装水下探摸	1	水下探摸
	止推梁安装水下录像	11	水下录像
回填	分段分层回填检测	11	水下声呐扫测
	最终回填检测	1	水下声呐扫测
基础灌砂	基础灌砂充填过程和充填结果监测及检测	11	冲击映像法、全波场法

6.4.1 水下结构和环境检测

本节通过南昌红谷隧道 E1 基槽精挖后水下地形检测和 E7 基槽精挖完成后回淤检测两个项目,介绍多波束水下地形测量和基槽回淤检测技术在沉管法隧道水下检测过程中的具体应用。

1) E1 基槽精挖完成后多波束水下地形检测

多波束测深系统组成及原理如图 6.4-1 所示,相对于单波束而言,多波束具有质的飞跃,它通过一个 Ping 即可完成一个条带上几十、几百甚至上千个点的水深精确测量,通过两两叠加后形成一定数量的波束脚印。

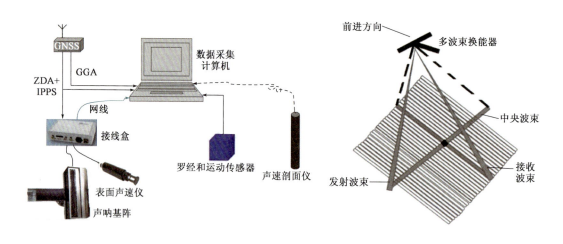

图 6.4-1 多波束测深系统组成及原理图

(1) 系统主要设备

多波束测深系统主要设备见表 6.4-2。

多波束系统水下检测设备　　　　　表 6.4-2

序号	仪 器 设 备	数量
1	R2 SONIC2024 多波束仪	1 套
2	高精度测量型 Trimble GPS 定位系统	1 套
3	姿态传感器 + 光纤罗经	1 套
4	表面声速仪	1 套
5	声速剖面仪	1 套
6	EIVA 多波束采集软件	1 套
7	CARISHIPS 后处理软件	1 套
8	测量船	1 艘

（2）检测流程

采用多波束测深系统测量水下地形，一般包括定位导航、设备安装、水位高程引测、水位观测、声速剖面采集、水深测量、仪器设备安装校正、数据后处理等一系列步骤。

（3）检测成果

检测成果包括水下地形三维图、等高线图和横断面图，如图 6.4-2 ~ 图 6.4-4 所示。

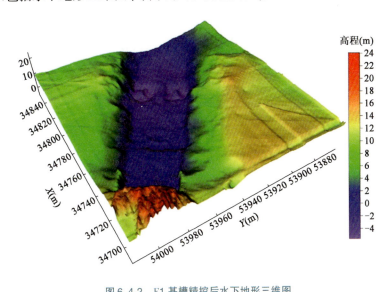

图 6.4-2　E1 基槽精挖后水下地形三维图

根据检测结果判断：E1 基槽底部局部、两侧坡脚和边坡局部存在欠挖；基槽可能存在较大回淤。建议对 E1 基槽浅点继续清除，对两侧坡脚进行处理，检查回淤情况。对 NK1 + 355 ~ NK1 + 365、NK1 + 435 ~ NK1 + 440 浅点部分排查清除，该部分浅点疑似回淤严重。

2）淤泥取样与重度测定

回淤检测项目主要是各基槽精挖完成后及最终接头施工前的水下淤泥检测。

（1）检测设备

水下淤泥取样器是根据沉管法隧道工程特点设计制造的淤泥取样装置，如图 6.4-5 所示，可采集底部以上沿深度每10cm梯度、共85cm的淤泥的水样。淤泥取样器共设置8个球阀，间距10cm，分为2列，最下方的阀门距取样器底部15cm。

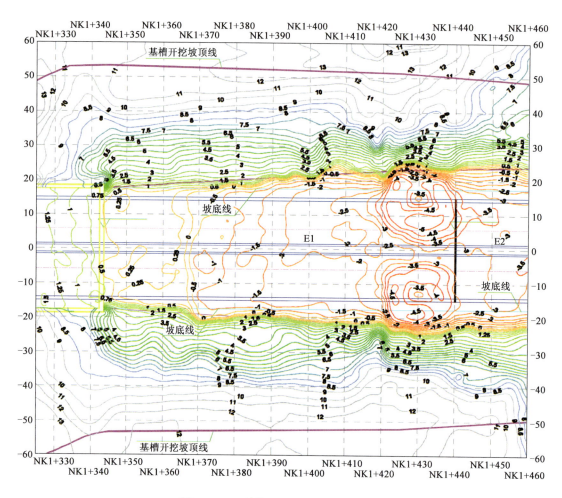

图6.4-3 E1基槽精挖后水下地形等高线图

（2）检测位置

根据对基槽的地形检测结果以及施工方的自检结果，结合管节沉放位置基槽高度等，确定对E7基槽设置三个取样点，如图6.4-6所示。

其中取样点A位于E7基槽轴线北侧，距基槽西端约20m；取样点B位于E7基槽轴线附近，距基槽西端约60m；取样点C位于E7基槽轴线南侧，距基槽东端约20m。

（3）检测过程

①潜水探摸检测

为检查基槽的回淤情况，由潜水员进行水下探摸检测。潜水员沿管节轴线位置下水，至基槽底探摸，沿管节轴线探摸。水下探摸指挥与潜水员通过潜水通信系统联系，由潜水员对淤泥层的水下探摸观感或钢尺读数判断回淤厚度，并报数记录。

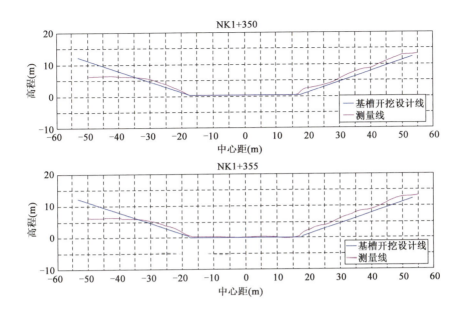

图 6.4-4　E1 基槽精挖后水下地形典型断面图

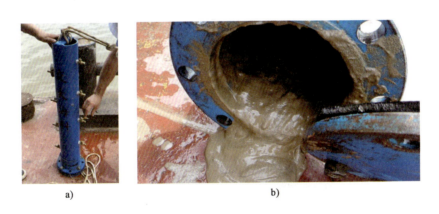

图 6.4-5　淤泥取样器和取样点淤泥形态

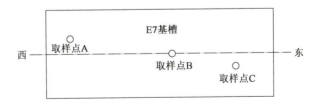

图 6.4-6　E7 基槽淤泥取样位置示意图

②潜水淤泥取样

在潜水母船上打开取样器底的法兰，在放样得到的取样点位置吊放淤泥取样器至基槽底，潜水员将取样器竖直放置在基槽底部，按压至无法下沉，水下关闭取样器底的法兰，取样完成。

之后通知探摸指挥,将取样器吊回母船。

③水样处理

淤泥采样后,待检测样品完全静止沉淀不少于30min后测定重度。将样品按深度梯度,每0.10m取水样,倒入测重专用装置,利用高精度电子天平,测定混合物重度。当混合物重度大于11.0kN/m³可认为是淤泥混合物。

(4)检测成果

潜水员对A点进行水下探摸及淤泥取样,潜水员水下探摸手感为泥砂混合物,厚度约20cm,下为碎石,硬底;取样显示,基槽底部为泥砂混合物,厚约20cm。取样点A淤泥重度测定结果见表6.4-3,取样器底部泥砂混合物形态如图6.4-7所示。

取样点A淤泥重度测定结果(单位:g/cm³)　　　表6.4-3

序号	距基槽底高度(cm)	测样1	测样2	测样3	平均值
A1	85	0.9998	0.9998	—	0.9998
A2	75	0.9994	0.9998	0.9997	0.9986
A3	65	0.9998	0.9996	0.9994	0.9996
A4	55	1.0002	1.0000	1.0002	1.0001
A5	45	1.0001	1.0002	1.0000	1.0001
A6	35	1.0002	1.0005	1.0003	1.0003
A7	25	1.0006	1.0005	1.0010	1.0007
A8	15	1.0446	—	—	1.0446
A9	0	—	—	—	—

图6.4-7　取样点A基槽底淤泥形态

根据水下探摸和淤泥取样检测结果,取样点A基槽为碎石,上有泥砂混合物,厚度约为20cm。

根据对基槽内两点的水下淤泥检测和对 E7 基槽西端的水下探摸检测结果可以得出:E7 基槽存在回淤,基槽西端 5m 范围内淤积较厚,局部高处管底设计高程 15~20cm,需要对 E7 基槽西端 5m 范围进行清淤。

6.4.2 基础灌砂监测与检测

南昌红谷隧道管节基础采用灌砂法施工。灌砂砂盘的扩散半径设计为 7.5m;灌砂孔采用 $\phi 160mm$ 无缝钢管;底板灌砂孔孔口标准间距:横向 11m,纵向 9.5m;水、砂配合比控制在 7:1~9:1;灌砂前压力为 0~0.05MPa,灌砂后最终压力不大于 0.1MPa;基础平均厚度 0.6m,管节基槽为炸礁基槽,边坡坡度为 1:2。

1) 基础灌砂实时监测

灌砂施工需要充分考虑流量和压力对施工过程的影响,将压力控制在合理的范围内可以防止管节发生浮托,并保证砂盘的均匀性。同时,砂盘的形成还受水流方向、流速以及基槽平整情况的影响。

监测工作主要考虑实际施工环境、施工速度及操作的可行性,采用冲击映像法对管节的灌砂过程进行实时评价。红谷隧道各管节监测工作结果见表 6.4-4。

红谷隧道各管节监测工作结果 表6.4-4

管 节	灌砂孔数	测线数	平均监测次数	平均充盈率(%)	堵孔孔号
E1	36	68	4.8	92	
E2	36	68	5.2	91	
E3	39	74	4.8	90	S2/N2/S5/S8
E4	36	68	5.3	91	N2/N8/S8/C11
E5	36	68	5.0	89	N6/S6/N4/C8
E6	39	74	4.3	89	N11/S11/N3/S3/S8/N9/C1
E7	36	68	5.3	91	S6/N11/S12
E8	36	68	5.7	89	S3
E9	39	74	5.7	90.7	S1/S8/S3/N3/N13
E10	24	46	4.8	91.1	N5/S5
E11	30	58	5.0	86.8	N3/S3/N8/S8/S5/C8
E12	30	56	6.0	91.5	N9
最终接头	12	24	6.5	89.6	
合计(平均)	429	814	(5.3)	(90.1)	

灌砂过程中,如果个别孔所形成的砂盘过大,超过相邻灌砂孔,邻孔会出现阻塞现象,因此砂盘最大半径不允许超过 9m。如果出现砂盘在未灌砂一侧已经接近邻孔,而在已灌砂一侧还不能和前孔的砂盘很好融合的情况,应调整该孔的灌砂方案以保证砂盘的融合以及不阻塞邻孔。

灌砂施工监测是个复杂的过程,需要根据各方信息,包括灌砂状况、测量信息、千斤顶支撑力变化以及灌砂压力的变化、现场实时监测结果综合判断是否停泵。由于水箱的存在,测线大部分布置在中孔扩散半径内。

2）基础灌砂质量检测

各管节开展灌砂效果检测分为灌砂前、后两个阶段。灌砂前的检测工作是为后续工作提供基础和分析依据；灌砂后的检测工作是对砂盘的充填效果进行综合评价。在前期模型试验研究成果的基础上，考虑实际施工环境及操作的可行性，采用冲击映像法与全波场法相结合的方式，对灌砂充填效果进行检测与综合评价。南昌红谷隧道各管节灌砂质量检测结果见表6.4-5。

南昌红谷隧道各管节灌砂质量检测结果　　　　表6.4-5

管 节	测 线 数	测线总数（m）	相对密实区域（%）			不密实区域（%）
			75~85	60~75	45~60	
E1	42	4620	54	37	7.2	1.8
E2	42	4620	55	36	8.11	0.89
E3	42	4620	53	40	5.4	1.6
E4	42	4620	58	36	5.2	0.8
E5	42	4620	57	35	7.4	0.6
E6	42	4620	60	31	8.32	0.68
E7	54	5940	71.4	24	4	0.6
E8	54	5940	74.3	22	3	0.7
E9	54	5940	69	24.5	6	0.5
E10	54	4860	75	20.5	5	0.5
E11	54	5940	72	20	7	0.6
E12	54	4320	76.6	18	5	0.4
最终接头	54	2700	70	23	6.3	0.7

根据前期研究的模型试验获取的响应能量与密实度关系，采用灌砂后检测均一化响应能量值来评价灌砂后的密实程度。将密实程度分为四个等级：A级，密实度0.75以上；B级，密实度在0.6~0.75；C级，密实度0.45~0.6；D级，与底板存在较大空隙。

E1~E12以及最终接头灌砂填充状况相对密实度在45%~85%之间，虽有局部不均匀的现象，但总体灌砂处于较密实状态。E1~E12以及最终接头相对密实度75%~85%的区域占比在53%~76.6%之间，评价占65%；相对密实度60%~75%的区域占比在18%~40%之间，平均占28.2%；相对密实度45%~60%的区域占比在3%~8.3%之间，平均占6%；不密实区域在0.4%~1.8%之间，平均占比仅为0.8%。

6.5　本章小结

通过在佛山东平隧道、天津海河隧道、南昌红谷隧道建设过程中水下检测的实践应用，沉管法隧道水下检测体系逐渐完善，形成了基于基槽与浮运航道、管节浮运、管节寄放、管节沉放对接、基础垫层、水下最终接头、回填、水下堰体结构等沉管法隧道水下施工全过程的检测技术体系。未来水下检测技术有望在以下几个方面取得进展：

（1）水下检测精细化和智能化技术的发展，如高清的水下录像、毫米级的水下地形测量、全覆盖淤泥厚度检测、实时动态水重度监测等。

（2）水下检测技术将应用于运营期沉管法隧道的检测与监测中，形成从施工到运营期沉管法隧道水下检测体系和标准。

（3）水下检测技术可扩展应用于其他形式过江通道建设中，促进水下检测学科的发展。

本章参考文献

[1] 沈永芳,吴刚,赵强.广州仑头—生物岛隧道工程基槽的水下检测[J].地下空间与工程学报,2011,7(05):983-988.

[2] 车爱兰,黄醒春,郭强,等.利用表面波勘探检测沉管隧道压浆法的充填效果[J].上海交通大学学报,2011,45(05):648-652,658.

[3] 郭强,梁志伟.沉管浮运检测和监测系统构建[J].上海交通大学学报,2013,47(10):1606-1610.

[4] 吴刚,沈永芳,吴鹏飞,等.天津海河沉管隧道工程水中管段对接的检测研究[J].水利学报,2015,46(S1):90-94.

[5] 奚笑舟.水下检测与监测技术在沉管隧道工程中的应用[J].现代隧道技术,2015,52(06):36-42.

[6] 陈润.沉管隧道砂基础密实度无损检测方法研究[J].现代隧道技术,2016,53(03):131-136,156.

[7] 张腾瑜,车爱兰,惠祥宇,等.基于横波传播特性的无损检测方法及在沉管隧道基础灌砂检测中的应用[J].振动与冲击,2017,36(20):30-36.

[8] Wang H,Che A,Feng S. Quantitative investigation on grouting quality of immersed tube tunnel foundation base using full waveform inversion method[J]. Geotechnical Testing Journal,2017,40(5):20160186.

[9] 贺维国,吕洋,宋超业.公铁合建超大型内河沉管隧道——佛山东平隧道[J].隧道建设(中英文),2018,38(02):329-336.

[10] 广东省住房和城乡建设厅.内河沉管隧道水下检测技术规范：DBJ/T 15-146—2018[S].北京:中国建筑工业出版社,2018.

[11] 黄继荣,沈永芳,周小蓉,等.沉管法隧道水下检测技术标准化研究[J].中国标准化,2021(04):125-129.

第 7 章
管节浮运、沉放与对接技术

7.1 概述

沉管法隧道管节预制完成后,需将管节从预制场地转移至隧址位置,由于管节重量大,一般需将管节两侧封闭成空箱体,在水中浮运至隧址处,到达隧址位置后通过增加管节内水箱的蓄水量,使其下沉,从而完成管节的沉放对接,沉管法隧道浮运沉放示意如图 7.1-1 所示。管节的浮运、沉放对接受气象、河道水文流速等影响大,是沉管法隧道修建过程中最有工法特色,且最关键、最危险的工序之一。

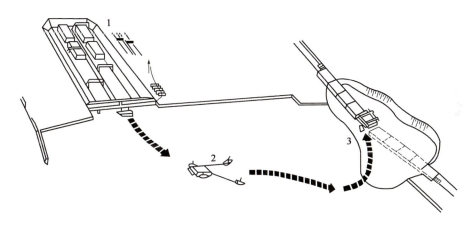

图 7.1-1 沉管法隧道浮运沉放示意图
1-管节制作;2-浮运;3-沉放

7.1.1 国外沉管法隧道管节浮运、沉放对接技术

国外沉管法隧道建造技术发展至今已有一百多年,在沉管法隧道浮运、沉放对接领域已积累了丰富的经验。国外的沉管法隧道大多在外海或海域修建,浮运距离较远,管节浮运最常用的有拖轮浮运法及可潜式驳船运输两种,常用的管节沉放方式有浮吊法(起重船沉吊法)、浮箱沉吊法、扛吊法及骑吊法等。

1)国外沉管法隧道管节浮运技术

(1)厄勒海峡隧道管节浮运技术

厄勒海峡隧道于 2000 年建成,是一座连接瑞典马尔默与丹麦哥本哈根两地的公路、铁路两用海底沉管法隧道。隧道干坞距离管节沉放位置约 15km,考虑到气象、水文及距离等因素的影响,采用拖轮浮运法。采用 4 艘 5000 马力(约 370kW)的拖轮,两艘布置在管节前方进行牵引,为主力拖轮,两艘拖轮在管节后方为辅助拖轮,控制管节浮运姿态及转弯,如图 7.1-2 所示。为保证管节在运输过程中的稳定性,拖轮浮运速度控制在 1.5n mile/h 以内。该方案是国外沉管法隧道常用的浮运方案,已建成的韩国釜山—巨济沉管法隧道、土耳其博斯普鲁斯海峡沉管法隧道即采用此方案。

图 7.1-2　四拖轮管节浮运法

(2) 日本京叶线台场隧道管节浮运技术

日本京叶线台场隧道下穿东京航道,是一条铁路双线隧道。隧道全长 5.7km,其中沉管段总长 750m,管节为钢壳混凝土结构,断面形式为椭圆形。管节采用拖轮浮运法,但不同于厄勒海峡隧道 4 拖轮管节浮运方式,由于日本京叶线台场隧道所处水道水流流速不大,拖运采用 3 艘拖船拖运,两艘拖船处于管节前方控制拖运方向及速度,管节后方配备一艘拖船用于转换方向、调整管节姿态及控制停止,如图 7.1-3 所示。该浮运拖轮组合适用于水位、流速变化不大的内陆湖泊中。

图 7.1-3　三拖轮管节浮运法

(3) 第二闸市区隧道浮运技术

第二闸市区隧道位于美国弗吉尼亚州诺福克市,横跨伊丽莎白河,为双层钢壳马蹄形单孔隧道。管节预制场位于得克萨斯州墨西哥湾附近的科珀斯克里斯蒂造船厂中,该船厂与隧道位置相距较远,需要经过上千公里航行,穿过海湾、佛罗里达才能抵达诺福克隧址处。为减小浮运过程风险,采用可潜式驳船进行运输,如图 7.1-4 所示。

可潜式驳船运输为一种管节不涉水的运输方式,管节在预制完毕后,用可潜式驳船运输至隧址位置,进行管节沉放。可潜式驳船运输相较于传统拖轮运输管节不涉水,避免了运输过程中水流速度对管节的影响,降低了狂风、暴雨等气象变化的危害,同时降低了运输规模,减少了对航道的影响。但可潜式驳船的载重及尺寸有限,对于大断面、长管节的沉管法隧道不适合,若管节采用吊装方式上下驳船难度较大,且管节自身会产生较大的纵向弯矩,增加了裂缝产生的风险。

图 7.1-4　管节驳船运输

2)国外沉管法隧道管节沉放对接技术

(1)荷兰博特莱克(Botlek)隧道沉放对接技术

荷兰博特莱克(Botlek)隧道是鹿特丹市连接默兹(Meuse)河两岸重要的公路沉管法隧道,隧道管节沉放采用浮吊法(又称"起重船沉吊法")。管节到位后,通过 2~4 艘起重船将管节提吊至设计位置,然后逐渐压载将管节缓慢沉放到已开挖好的基槽位置,如图 7.1-5 所示。浮吊法无需其他沉放设备,相对其他施工方法操作简单便利,同时起重船租赁方便、费用低、工期短。但该方法稳定性稍差,且受限于起重船的起重能力,适合用于规模较小、管节较轻的沉管法隧道。

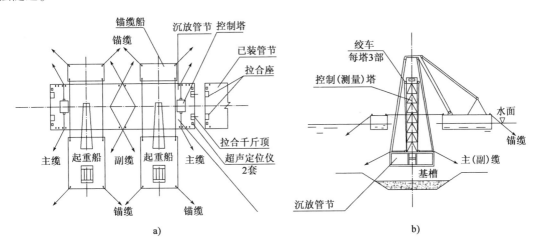

图 7.1-5　起重船沉吊法管节沉放示意图

(2)荷兰柯恩隧道及陪纳勒克斯隧道沉放对接技术

荷兰柯恩隧道及陪纳勒克斯隧道于 20 世纪 60 年代建造,采用了管节浮箱沉吊法,该法采用4只方形浮箱,两只一组前后布置,浮箱通过钢桁架连接成一个整体,再通过吊索与管节相连,浮箱上设置吊放管节和自身定位用卷扬机,用以提供管节沉放时所需负浮力的水面支撑,如图7.1-6所示。

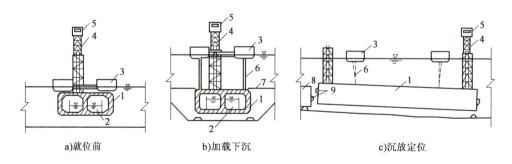

图7.1-6　浮箱吊沉法管节沉放示意图

1-沉放管节;2-压载水箱;3-浮箱;4-定位塔;5-指挥室;6-吊索;7-定位索;8-既放管节;9-鼻式托座

该方法设备简单,成本较低,适用于各类大型沉管,在国内外应用较广,但该方法需要起重船将浮箱吊装至管节顶面,对测量塔的刚度要求较高,管节沉放精度相对较低。

(3)厄勒海峡隧道沉放对接技术

厄勒海峡沉管法隧道采用专门设计的双体船式沉放趸船进行管节沉放,属于扛吊法一种。两艘双体趸船通过中间甲板进行连接形成"扛梁",甲板上设有4个60t的锚泊绞车和两个35t的沉放绞车分别用于固定船体及管节沉放,通过控制趸船上绞车速度实现管节的精准沉放对接安装,如图7.1-7所示。该隧道在每个沉放点设置了数字荷载指示器显示船体吃水,为沉放控制提供依据。

图7.1-7　扛吊法施工示意图

(4)日本京叶线台场隧道沉放对接技术

日本京叶线台场隧道管节沉放采用固定作业平台法(又称"骑吊法"或"升降平台法")。该方法相比驳船式和浮动式,不需要大范围的钢缆锚固施工,可大大降低航道占用率,降低对航道的影响。该隧道所处东京航道本身是一条繁忙的主要航线,过往船只较多,为降低对航道影响,采用固定作业平台法进行管节沉放作业。

固定作业平台法的主要施工设备是自动式升降平台,升降平台由四根柱脚及一个钢浮箱组成。管节沉放时,平台移动至管节位置上方,下放柱脚并在重力及液压千斤顶的作用下,将柱脚固定在河床上。位置固定后,平台上升至水面以上,将沉放钢缆与管节连接然后开始管节沉放作业,沉放完成后,平台下降至水面,并通过钢浮箱排水产生的浮力拔出固定在河床的柱脚,之后钢浮箱继续向下一管节位置移动进行沉放作业,如图7.1-8所示。该方法稳定性好,占用水域面积小,适宜在交通繁忙水域使用。

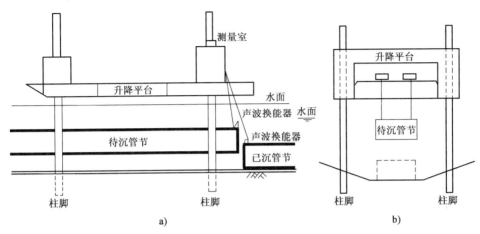

图7.1-8 升降平台法管节沉放示意图

7.1.2 国内沉管法隧道管节浮运、沉放对接技术

我国沉管法隧道发展较晚,1994年才建成内地首座沉管法隧道——广州珠江隧道。但最近二十年来,我国已建成十多座沉管法隧道,还有十多座区在建设中,与世界发达国家之间的技术差距迅速缩小。我国常用的管节浮运技术有拖轮浮运法、拖轮结合绞车浮运法及半潜驳干拖法。常用的管节沉放技术有分吊法、扛吊法及骑吊法,分吊法又分浮吊法(起重船沉吊法)、浮箱沉吊法两种。

1)国内沉管法隧道管节浮运技术

(1)珠江隧道管节浮运技术

广州珠江隧道公铁合建水下隧道,位于广州市西南的白鹅潭以西,是芳村区连接珠江北岸市中心的一条交通要道。隧道全长1238.5m,其中沉管段总长457m,共5个管节,采用轴线干坞进行管节预制,干坞位于芳村侧隧道暗埋段。隧道所在河道常水位宽度为400~500m,水深3~12m,航运繁忙。

管节浮运采用拖轮结合绞车拖运法,在管节接头前方设置一艘方驳,方驳上安装一台液压绞车用钢缆拖动管节向前移动,轴线干坞岸边设置两台液压绞车在管节后方提供制动力,浮运时,安排三艘拖轮在管节侧边顶推协助,同时配备一艘备用拖轮,防止顶推轮出现故障或避免因突发气候灾害等原因导致横向水流阻力加大时的锚固力不足,如图7.1-9所示。该方法步骤简单,施工时间短,解决了珠江航道交通繁忙不易长时间占用的问题。

(2)宁波甬江隧道管节浮运技术

宁波甬江隧道是一条跨越甬江的公路沉管法隧道,沉管段长420m,共分5个管节,采用轴线干坞进行管节预制。隧址距离入海口约2km,位于河道拐弯处,河道宽度约为330m,航道宽8m,河道水流速度快。

隧道采用专门设计的一种4点吊运钢浮箱作为浮运、沉放一体式工作船。管节浮运前,将吊运钢浮箱与管节在干坞内组成一个整体,管节预先压载落位在组合基础上,吊运钢浮箱在灌高一定高度后移动至管节上方,将浮箱钢缆与管节吊点连接并收紧,组合后管节没有干舷值,钢浮箱与管节组合体在高平潮条件下浮运出坞,浮运牵引力由设置在对岸的绞车提供,管节尾部与干坞系泊缆连接,确保纵向上管节移动轨迹平稳,为保证管节横向定位精度,在河道中配有4艘方驳,方驳上设有绞车,与浮运管节通过钢绳连接以抵消横向水流阻力,如图7.1-10所示。

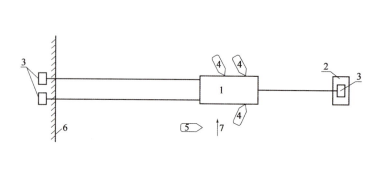

图 7.1-9 绞车与拖轮配合管节浮运案例图   图 7.1-10 甬江隧道管节浮运示意图

1-管节;2-方驳;3-液压绞车;4-顶推拖轮;5-备用拖轮;6-河岸;7-水流

(3)宁波常洪隧道

宁波常洪隧道工程是宁波东外环线穿越甬江的关键工程及贯通南北的重要通道。隧道呈南北向穿越甬江,隧道全长3266.85m,为双向四车道,其中江中沉管段长395m,分4个管节。管节预制干坞设置在隧道轴线处,4个管节在干坞内一次性预制完成。隧道所处河道宽度约为370m,靠近岸边处的水深较浅,施工船只活动空间有限,且大量泥沙与垃圾自上游冲刷而下,河道淤积严重。

管节浮运采取岸控绞车拖运管节方案,该方案在南北两岸设置多台卷扬机控制管节移动(南岸5台,北岸4台)。管节浮运安排在一天中河水流速最慢的时间段,浮运时通过收紧北岸2台卷扬机钢缆,同时松动南岸3台卷扬机钢缆,拖动管节沿轴线向前移动,两岸其余4台卷扬机配合完成浮运作业。管节浮运过程中易受河流横向冲刷阻力的影响,因此在江中停泊的工作驳设置卷扬机连接管节抵消河道水流横向阻力,保证管节不偏离轴线,如图7.1-11所示。

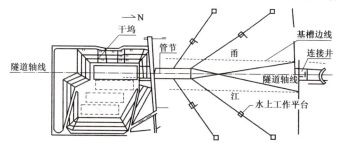

图 7.1-11 常洪隧道管节浮运示意图

(4)上海外环隧道

上海外环隧道是上海首次采用沉管法施工的过江通道,距离长江入海口、黄浦江吴淞口内2km处,隧道全长2880m,其中沉管段长736m,共分7个管节,双向八车道,设计速度80km/h。两座干坞分列隧道南北两侧,位于浦东新堤东面。

管节浮运采用拖轮浮运,浮运时共采用4艘拖轮,其中两艘拖轮在管节前方提供牵引力,拖轮艏向与水流方向成45°角,同时管节尾部采用两艘拖轮收紧拖吊系缆保证管节平衡,控制浮运速度,确保整体匀速移动至管节沉放位置。由于首个管节端头靠近岸边,浮运拖轮无法进入,需要依靠岸上绞车进行绞移到位,到位后,进行管节系泊缆连接并收紧,完成管节浮运,如图7.1-12所示。

2)国内沉管法隧道管节沉放对接技术

(1)珠江隧道沉放对接技术

珠江隧道水域具有航运繁忙,水流流速平缓,河道宽阔等特点,选择起重船沉吊法进行管节沉放作业。起重船沉吊法主要由起重船吊放系统与管节纵横调节系统组成。

管节浮运到位后,首先将管节与纵横调节系统及起重船的钢缆连接,然后进行管节沉放调试。前期准备工作完成后,管节由压载水箱提供的负浮力作为下沉动力,起重船控制管节缓慢下沉,管节纵横调节系统控制管节平面位置,防止管节受水流横向阻力影响发生偏移,如图7.1-13所示。起重船沉吊法施工占用水域面积小、施工操作简单且技术成熟。但起重船沉吊法的稳定性较其他方法差,且起重船的起吊能力有限,适用于规模较小、质量较轻的管节。

(2)宁波甬江隧道沉放对接技术

宁波甬江隧道采用扛吊法进行沉放作业,沉放工作船由4艘小方驳组成,以4点吊沉钢浮箱作为管节沉放作业的主体,横向上两组方驳采用钢梁连接,作为受力结构承受管节下沉的负浮力,纵向上前后两组方驳采用钢桁架连接。

沉放作业时,沉放工作船通过4组吊挂系统与管节吊点连接,在压载水箱提供的负浮力及沉放船绞车的控制下管节缓慢下沉,并调整管节下沉姿态。同时采用8点锚泊定位系统对沉管进行定位,该系统分为4组横向调节缆和4组纵向调节缆与管节连接,如图7.1-14所示。

(3)上海外环隧道沉放对接技术

上海外环隧道沉管采用浮箱沉吊施工。管节采用两只钢浮箱进行沉放作业,在管节出坞起浮时组装完成,钢浮箱位于管节顶部。管节浮运到位后,通过双三角形锚碇系统对管节进行定位。管节在内部的压载水箱注水加载后开始沉放,管节顶部两只钢浮箱共设有4台液压绞车与管节吊点相连,通过绞车提拉,控制管节匀速缓慢下沉。管节采用钢缆与锚碇系统相连,抵抗横向河道水流阻力,并调整管节平面位置避免管节偏移隧道轴线,如图7.1-15所示。

浮箱沉吊法设备简单、成本较低,适用于各类大型沉管法隧道,在国内外应用较广,如宁波常洪隧道。该方法需要将浮箱吊装至管节顶面,对测量塔的刚度要求较大,管节沉放精度相对较低。

a)

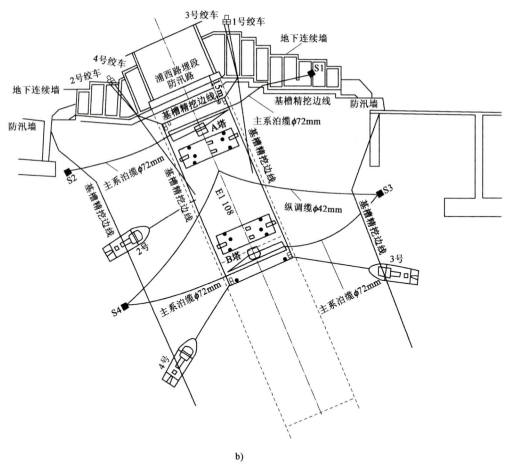

b)

图 7.1-12 上海外环隧道管节浮运

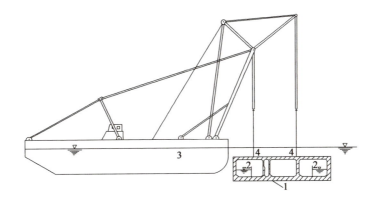

图 7.1-13　珠江隧道起重船沉吊法施工示意图
1-沉管;2-压载水箱;3-起重船;4-吊点

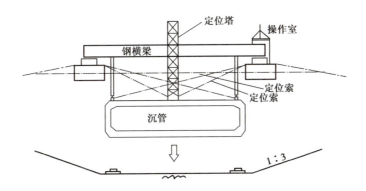

图 7.1-14　甬江隧道扛吊法沉放施工示意图

图 7.1-15　上海外环隧道管节沉放

(4)港珠澳大桥及深中通道沉管法隧道沉放对接技术

2017年建成的港珠澳大桥沉管法隧道为了提高管节沉放效率,专门研发了专用的沉放船,此船没有动力,需在干坞内吊放在管节上方,然后与管节一起用拖轮拖运到隧址后进行沉放作业,提高了沉放作业效率,但对提高沉放精度并没有特别的作用。沉放船与管节一起浮运时,浮运航道设计宽度为270m,海事环境影响大,如图7.1-16所示。在建的深中通道沉管法隧道管节更宽,达到46m,港珠澳大桥沉管法隧道既有的沉放船尺寸不足,因此重新研发了更为先进的运输安装一体船"一航津安1",该船是世界上第一艘集沉管浮运、定位、沉放和安装等功能于一体的、具有船舶动力定位和循迹功能的专用沉管安装船,管节浮运航道线路控制更为精准,浮运航道设计宽度缩小到200m,管节浮运距离超过50km。该船主船体采用双体船船型设计,船长190.4m,船宽75m,型深14.7m,管节浮运时吃水深8.8m,如图7.1-17所示。因此,尽管此运安一体船具有诸多优点,但由于其船体大、吃水深,只适用于水面宽、水深大的海洋环境,无法在较为狭窄的内河航道中航行和使用。

图7.1-16 港珠澳大桥沉管法隧道管节沉放

图7.1-17 深中通道运输安装一体船"一航津安1"

7.1.3 内河沉管法隧道管节浮运、沉放特点

管节浮运沉放是沉管法隧道的关键工序,其成功与否与河道水位、流速、周边环境等边界条件密切相关。相对海洋环境,在内河河道进行管节的浮运沉放具有以下显著特点。

1) 水流速度大,管节浮运、沉放风险高

海洋环境水流主要体现为潮汐现象,每天都有两个高潮、两个低潮,涨、落潮时水流速度相对较大,但在涨落潮间的高平潮或低平潮时水流速度较小,管节浮运一般尽量选择水流速度较小的平潮期进行,海水流速一般按 0.6~0.8m/s 考虑。内河河道潮汐现象较弱,当位于河道中上游时,主要体现为径流现象,水流速度随季节变化差异大,大多数时间水流速度较大,选择管节浮运窗口期时无法采用海洋环境的水流控制标准。如佛山东平沉管法隧道所处的东平水道为典型内河河道,河道弯曲、航道窄,其常年最大水流速度达 2.7m/s,历史最大水流速度达 3.0m/s。

国家标准《沉管法隧道设计标准》(GB/T 51318—2019)规定:管节浮运时水流流速应小于 1.0m/s,管节沉放时水流速度不大于 0.6m/s。

天津市地方标准《内河沉管法隧道设计、施工及验收规范》(DB/T29-219—2013)规定:管节浮运过程中水流速宜小于 1.5m/s,管节沉放作业应在水文、气象条件良好时进行,水流宜小于 1.0m/s,风速宜小于 5m/s,平均浪高宜小于 0.5m,管节沉放时应匀速下沉,下沉速度不宜大于 0.5m/min。

从上述规范或地方标准能够看出,水流速度对于沉管法隧道的浮运与沉放影响巨大。考虑到内河条件的苛刻性,内河沉管法隧道对于浮运水流的要求比一般沉管法隧道宽松些,由 1.0m/s 放宽到了 1.5m/s。水流速度变大后,管节的浮运沉放过程将存在更高的风险。

2) 水位落差大,管节浮运、沉放要求高,接头止水难度大

内河水位具有明显的季节性变化,洪水期与枯水期的水位高差很大。例如红谷隧道所处的赣江河道:4—6 月为主汛期,涨水较为频繁;7—9 月为顶托期,碰到降雨时,该河段水位易出现 20m 左右的洪水;枯水期一般从 10 月开始至次年 2 月,水位较低。2010—2012 年,近 3 年内日最高水位为 21.85m,日最低水位为 10.05m,最大高差接近 12m。在高水差情况下进行管节沉放作业时,管节接头 GINA 止水带将经历反复的压缩-回弹过程,可能因 GINA 止水带压缩量不满足止水要求,从而出现接头漏水情况。

3) 内河受潮汐、季节性双重影响,浮运、沉放窗口期短

内河中下游河道常呈明显的内河潮汐或季节性变化双层作用叠加现象,如佛山东平沉管法隧道,根据珠江水利委员会珠江水利科学研究院编制的《汾江路南延线过江隧道工程水文计算与分析报告》,东平水道水流洪水季潮汐现象相对较弱、以径流为主,此时河道流量较大、水位高;枯水季潮汐现象增强、径流现象变弱,河道水流由洪转潮、流量小,水位具有明显的涨、落周期性变化。所以,洪水季不宜进行沉管沉放、对接等工序,每年仅 10 至次年 4 月份基本具备管节出坞条件,可利用的浮运沉放窗口期仅 6 个月时间。

而红谷隧道所处的赣江流域为典型内河中上游季节性河道,枯水期水位过低,不能满足管节浮运要求,其浮运时间宜选择在 4—10 月间,总计 6 个月,还需避开其间的汛期洪峰时间。

由于浮运窗口期短,施工过程一旦遇到特殊情况耽误一节管节浮运沉放,将对整条隧道的施工工期、造价等造成极大的影响。

4) 内河水中建(构)筑物多,管节浮运姿态控制要求高

内河河道相对海洋环境水下环境复杂,不仅河道狭窄,河道内还常存在各种水中建(构)筑物,如桥梁、水闸、堤坝和水下暗桩等,而浮运不可避免需穿越桥梁及避开水下构筑物,当桥

梁净跨很小或距离水下构筑物较近时,浮运过程将有管节撞击桥墩及水下构筑物的风险,带来灾难性后果,因此相对在海洋空旷环境的浮运,内河河道对浮运姿态的控制精度要求极高。

内河河道上述特点给沉管法隧道的浮运、沉放作业带来了极大的挑战。佛山东平隧道和南昌红谷隧道都针对内河浮运沉放特点开展了多项关键技术研究,通过研究,解决了内河河道管节浮运、沉放存在的技术难题,为工程的顺利建成提供了技术保障,成功指导了隧道管节的浮运与沉放,同时节省了工程的投资成本,对提升我国沉管法隧道的修建技术水平、打破沉管法修建隧道的边界限制条件及推动沉管法工法发展具有重要意义。

7.2 佛山东平隧道大流速管节浮运、沉放对接技术研究

佛山东平隧道所处东平河道属于内河河道,宽度仅 300m 左右,常年最大水流速度达 2.7m/s,历史最大水流速度达 3.0m/s 以上,隧址位置平面呈快速 S 形转弯,最小转弯半径仅 480m,隧道轴线与两岸成 43°斜交,管节浮运、沉放对接风险极大。佛山东平隧道总平面如图 7.2-1 所示。

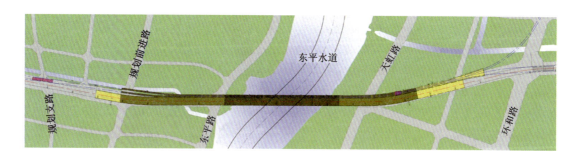

图 7.2-1 佛山东平隧道总平面图

为确保管节浮运、沉放对接施工的顺利实施和水上施工的质量与安全,针对东平隧道大流速条件下沉管管节在浮运、沉放对接等施工过程存在的安全和质量等风险,开展了大流速条件下管节浮运、沉放对接的关键技术研究。

7.2.1 大流速管节浮运技术研究

管节浮运分为出坞浮运及拖航。在干坞内的出坞浮运,水流对管节影响较小,自身运动产生的水动力对管节航态影响较小。而出坞的管节拖航,会受到迎流、横向水流、S 形航道紊流等的影响,外部水流、管节拖航的自身水动力、航道水流及水深、S 形航道紊流对拖航影响较大,需要对安全性进行评估,并研究浮运过程中管节以及管节与驳船组合体的拖航阻力及管节的操控性问题。

东平隧道针对管节浮运过程开展了模型试验和数值模拟研究,以探求管节在不同干舷、不同航向与不同流速水流作用下的水动力性能、浮运运动及稳性等特性,为大流速条件下管节浮运方案提供参考。

1) 管节浮运阻力特性及其水动力性能研究

(1) 数值模拟分析

考虑到管节在水面运动时其周边会产生行波,尤其管节的尾流比较复杂,计算域的选取如下:

①管节的尺寸为 $L \times B \times H = 115\mathrm{m} \times 39.9\mathrm{m} \times 9.08\mathrm{m}$。

②沿管节浮运前进方向延伸约一个管节长度(即120m),沿管节浮运前进的反方向延伸约两个管节长度(240m)。

③纵拖时,在与管节浮运方向垂直的方向上取水域宽178m,横拖时取水域宽335m。

④铅垂剖面的几何尺寸按照实际情况选取,水面上方取12m高度充满空气的计算域。

纵拖、横拖和斜拖的几何模型如图7.2-2～图7.2-4所示,图中的箭头代表水流方向。d 为管节的吃水深度。

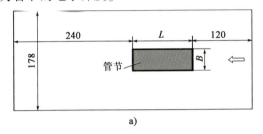 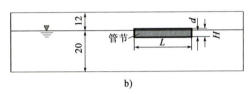

图7.2-2 纵拖几何模型(尺寸单位:m)

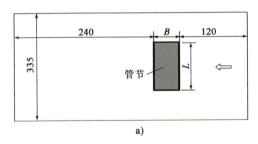 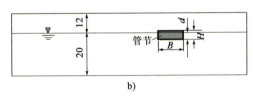

图7.2-3 横拖几何模型(尺寸单位:m)

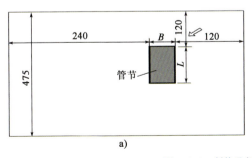 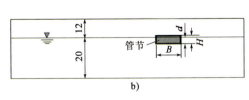

图7.2-4 斜拖几何模型(尺寸单位:m)

在软件 STAR-CCM 中所建的几何模型如图7.2-5所示。

根据实际水文情况和计算要求,考虑非定常流动,并将水和空气都视为常密度流体。因为涉及自由水面等自然条件,故选用流体体积(Volume of Fluid,VOF)、紊流等。

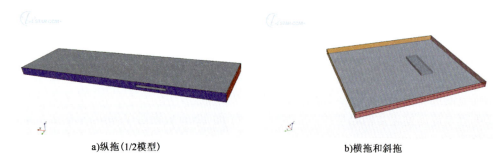

a) 纵拖(1/2模型)   b) 横拖和斜拖

图 7.2-5   STAR-CCM 计算几何模型

在所设定的计算模块中,定义水面的位置,使管节具有给定的干舷值。具体计算时,采用相对运动处理管节在流水中的运动,即假设管节不动,水以管节拖速和实际水流速度的相对值沿某方向流动,所以本节中的流速均为相对速度。由于拖速较低、干舷较小,且在内河浮运,故不考虑风和浪的影响。

依据资料中的结果及经验,纵拖选用通用的 k-ε 湍流模型,横拖和斜拖选用 k-ω 模型。由于横拖时,管节的迎流面加大,绕流的长度、涡流的强度都会增加,所以计算时适当提高了湍流强度、湍流黏性率。

根据实际浮运情况,设置了各计算工况,见表 7.2-1。干舷为 0.33m 的情况属于坞内起浮状态,一次舾装后的干舷值小于此值,浮运过程分别考虑干舷为 0.11m 和 0.22m 两种工况。

管节浮运计算工况   表 7.2-1

干舷值(m)	流速(m/s)	流向角(°)	干舷值(m)	流速(m/s)	流向角(°)
0.11	0.5	0	0.22	0.5	0
		30			30
		60			60
		90			90
	1.0	0		1.0	0
		30			30
		60			60
		90			90
	1.5	0		1.5	0
		30			30
		60			60
		90			90
	2.0	0		2.0	0
		30			30
		60			60
		90			90
	2.5	0		2.5	0
		30			30
		60			60
		90			90

干舷取 0.11m 和 0.22m 时,不同流速和不同流向角下的总阻力如图 7.2-6 ~ 图 7.2-9 所示。由计算结果可知,浮运阻力随着浮运速度的增加而快速增大。干舷值增大,相应的浮运阻力减小。

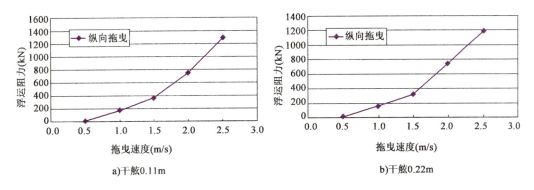

图 7.2-6　纵拖时沉管管节阻力曲线

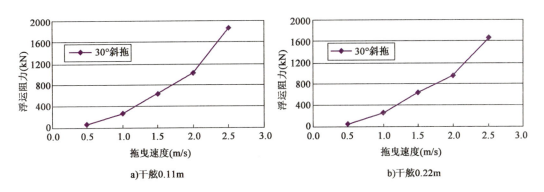

图 7.2-7　30°斜拖时沉管管节阻力曲线

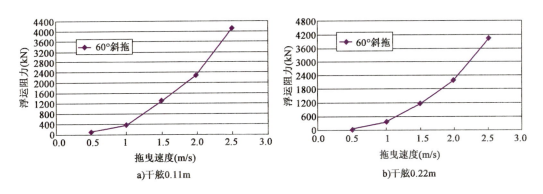

图 7.2-8　60°斜拖时沉管管节阻力曲线

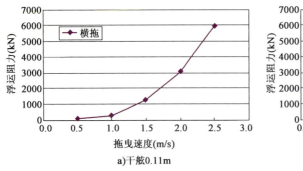
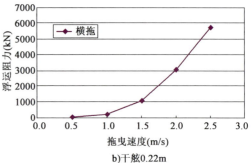

a) 干舷0.11m   b) 干舷0.22m

图 7.2-9　横拖时沉管管节阻力曲线

(2) 物理模型试验

物理模型试验在上海交通大学海洋工程国家重点实验室试验水池中进行,如图 7.2-10 所示。水池的尺度为 50m×30m×6m,可以模拟风、浪、流等各种海洋环境条件,并能根据试验要求改变水深。

图 7.2-10　上海交通大学海洋工程实验室试验水池

模型试验满足相似准则,即保持管节实体与模型之间的几何相似、运动相似、惯量相似、Froude 数和 Strouhal 数相等。根据相似法则,模型与管节实体各种物理量之间的转换关系如表 7.2-2 所示。表中:λ 为模型线性缩尺比,γ 则表示水的相对密度(本试验采用淡水 $\gamma = 1$)。

模型与实际浮体各种物理量之间的转换关系　　表 7.2-2

项　目	符　号	缩 尺 比
线尺度	L_s/L_m	λ
线速度	v_s/v_m	$\lambda^{1/2}$
线加速度	a_s/a_m	1

续上表

项 目	符 号	缩 尺 比
角度	ϕ_s/ϕ_m	1
角速度	ϕ'_s/ϕ'_m	$\lambda^{-1/2}$
周期	T_s/T_m	$\lambda^{1/2}$
面积	A_s/A_m	λ^2
体积	∇_s/∇_m	λ^3
惯性矩	I_s/I_m	λ^5
力	F_s/F_m	$\gamma\lambda^3$

注:表中下角标 s 为模型物理量,下角标 m 为实际浮体物理量。

模型试验采用缩尺比 $\lambda=1:50$ 模型,其几何外形的主要参数见表 7.2-3,沉管隧道管节模型如图 7.2-11 所示。

E1 管节几何外形的主要参数   表 7.2-3

尺 寸 项	长(m)	宽(m)	高(m)
实物尺寸	114.88	39.9	9.08
模型尺寸	2.2976	0.7980	0.1816

图 7.2-11　沉管法隧道管节模型

①静水衰减试验

静水衰减试验的目的是获得管节在不同载况下的横摇、纵摇固有周期、阻尼系数等水动力学参数。共测试 3 种不同的吃水状态下的衰减参数,具体工况见表 7.2-4。

静 水 试 验 工 况   表 7.2-4

试验编号	内　容	吃水深度(m)	载　况
A001	横摇衰减试验	8.97(干舷0.11m)	a
A002	纵摇衰减试验	8.97(干舷0.11m)	a
A003	升沉衰减试验	8.97(干舷0.11m)	a

续上表

试验编号	内　容	吃水深度(m)	载　况
A004	横摇衰减试验	8.86(干舷0.22m)	b
A005	纵摇衰减试验	8.86(干舷0.22m)	b
A006	升沉衰减试验	8.86(干舷0.22m)	b
A007	横摇衰减试验	8.75(干舷0.33m)	c(系泊)
A008	纵摇衰减试验	8.75(干舷0.33m)	c(系泊)
A009	升沉衰减试验	8.75(干舷0.33m)	c(系泊)

衰减试验包括模型横摇衰减试验、纵摇衰减试验和垂荡衰减试验。由于该沉管模型干舷很小，在开展垂荡试验时，发生水线面积消失的情况，因而无法测量出垂荡运动性能。因此试验结果中仅包含横摇衰减和纵摇衰减试验的结果。

各工况下的衰减运动阻尼和平均过零周期，见表7.2-5。

衰减运动阻尼和平均过零周期　　　　表7.2-5

试验编号	内　容	吃水深度(m)	载况	平均过零周期(s)	阻尼系数
A001	横摇衰减试验	8.97(干舷0.11m)	a	8.471	0.055
A002	纵摇衰减试验	8.97(干舷0.11m)	a	10.317	0.0458
A004	横摇衰减试验	8.86(干舷0.22m)	b	8.634	0.0499
A005	纵摇衰减试验	8.86(干舷0.22m)	b	9.136	0.1298
A007	横摇衰减试验	8.75(干舷0.33m)	c(系泊)	8.91	0.0935
A008	纵摇衰减试验	8.75(干舷0.33m)	c(系泊)	9.334	0.3323

②阻力试验

阻力载荷试验的目的主要是获得管节在不同流速、不同方向、不同吃水下的阻力载荷。试验结果可与数值计算结果做比较。

a.试验工况

阻力试验共测试5种流速(0.5m/s、1.0m/s、1.5m/s、2.0m/s、2.5m/s)、4种流向角(0°、30°、60°、90°)、3种吃水深度(8.97m、8.86m、8.75m)，共60种状态。

b.试验过程

阻力试验中的沉管模型如图7.2-12、图7.2-13所示。

图7.2-12　阻力试验中90°布置的沉管模型

图7.2-13　阻力试验中30°布置的沉管模型

c. 试验结果及分析

阻力试验包括 0°、30°、60°和 90°共 4 种流向角,由每组试验测得管节的阻力值和阻力系数值。同一水流方向下不同吃水深度管节的阻力和阻力系数比较如图 7.2-14 所示,同一吃水深度条件下不同流向角管节的阻力与阻力系数关系曲线如图 7.2-15 所示。

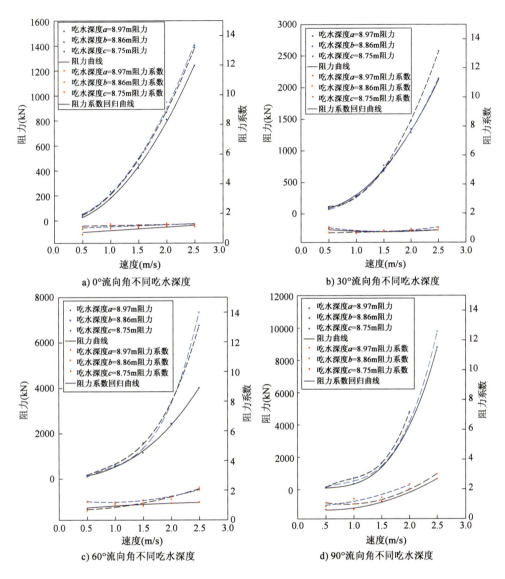

图 7.2-14 同一水流方向下不同吃水深度管节阻力与阻力系数比较

根据上述各阻力图,可以看出:
a) 总体趋势上,吃水深度增加,阻力增加;流速增加,阻力也增加。
b) 由于流速增加到一定程度后,因为干舷小而发生沉管模型埋首现象,给阻力带来一定影响,会发生变化。

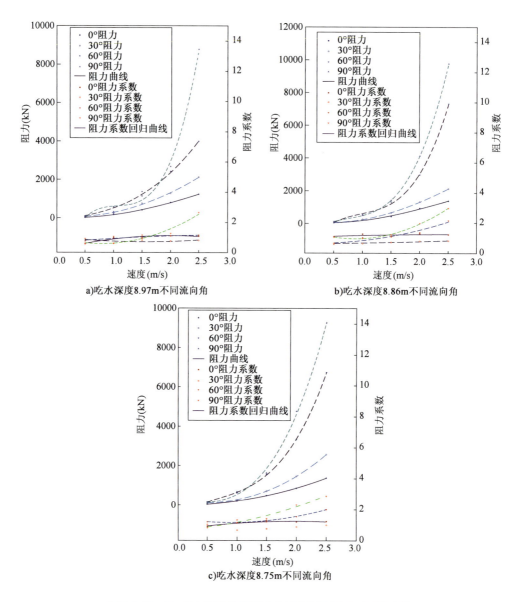

图 7.2-15 同一吃水条件下不同流向角管节的阻力与阻力系数比较

c）在 0°和 30°流向角情况下阻力系数变化并不明显，而在 60°和 90°流向角情况下系数增加显著。尤其是在 90°情况下，阻力系数随流速增加的情况非常明显，这表明若在 90°拖航情况下增加拖航速度，阻力会随着流速的增加急剧增加。

d）阻力试验中观察到沉管在水流作用下会产生较为明显的漩涡。这些漩涡的存在，会一定程度上增加沉管所受的阻力。水流速度越大、漩涡越明显，阻力增加也越明显。

（3）物理模型试验与数值模拟结果的对比

现将不同干舷下 E1 管节浮运阻力的物理模型与数值模拟结果进行对比，如图 7.2-16、图 7.2-17 所示。

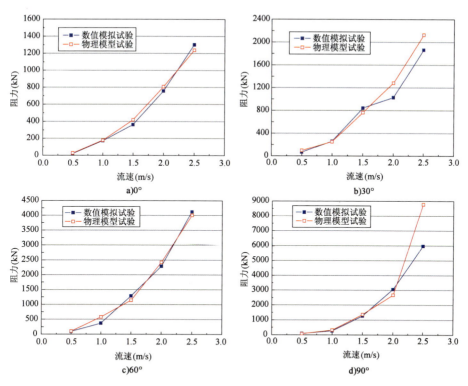

图 7.2-16 干舷为 0.11m 时不同水流流向下管节浮运阻力的对比

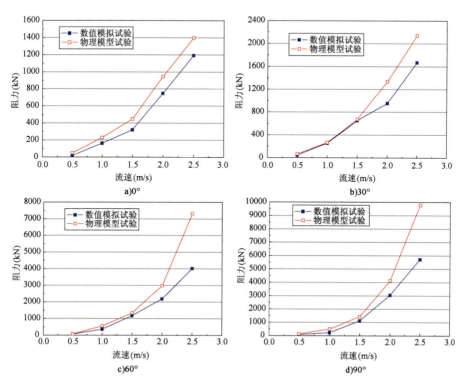

图 7.2-17 干舷为 0.22m 时不同水流流向下管节浮运阻力的对比

从对比结果可知,物理模型与数值模拟结果变化趋势一致,其数值也较为接近。相比较而言,两类浮运阻力结果在干舷为0.11m时(除流速2.5m/s外)更为接近;两种干舷下浮运阻力在流速2.5m/s时横拖(90°)物理模型的浮运阻力与数值模拟结果差异较大,且物理模型试验值均大于数模计算值。

根据浮运物理模型试验与数值模拟的分析结果,可得出如下结论:

①管节浮运阻力在0°时最小,90°时最大。管节浮运阻力呈现随角度增加而逐渐增大的规律。

②管节浮运阻力随水流流速的增加而增大,尤其是在大流速条件下随流速增加阻力增长幅度较明显。浮运阻力与浮运相对速度之间呈抛物线关系,即随着浮运速度的增加浮运阻力快速增大。

③管节浮运阶段水阻力系数在流向角为0°和30°时随流速变化并不明显,而在60°和90°时随流速增加显著。这表明若在流向角为90°拖航时增加拖航速度,则浮运阻力将随流速的增加而急剧增加。

④干舷值增大,相应的浮运阻力减小;3种吃水深度条件下的阻力值差距不明显。两种干舷值情况(0.11m,0.22m)下,对浮运阻力最大的影响比小于1.5。

⑤由于沉管管节干舷低,在高流速情况下容易发生埋首现象。当流速达到2.5m/s时,会发生埋首现象,即沉管整体埋入水中,使阻力发生较大变化。因此在流速达2.0m/s以上进行管节浮运施工时须特别加以注意。

2)管节浮运运动与稳性分析

管节在干坞内起浮后,由拖船和绞车浮运出坞并浮运至沉放区预定位置。通过对管节浮运过程中的运动性能、运动稳定性及姿态稳性进行数值计算,将为管节的安全浮运提供理论依据,具有重要的参考价值。因管节浮运属低速运动,故假定管节只做水面内的运动,即首摇、横荡和纵荡运动,忽略横摇、纵摇和垂荡对运动的影响。

(1)管节浮运运动模型

为了描述管节的运动,建立两个右手坐标系,选取固定在地球地理位置的参考坐标系$OXYZ$,其原点位置O与初始时刻管节的重心位置一致,XY平面位于静水平面内,Z轴向上为正。另选取固连于管节的随动坐标系$GX_GY_GZ_G$,其中坐标系原点G选在管节重心处。X_G轴沿管节纵向,指向管节首端为正;Y_G轴沿管节横向,Z_G轴垂直于水线面向上。因管节运动是拖船和绞车通过弹性缆绳拖曳所引起,其数学模型如图7.2-18所示。

设管节长度为L,宽度为B,T为拖缆张力的水平分量,管节首向角为Ψ,漂角为β。研究采用分离式的MMG(Manoeuvring Model Group)方法。将管节视为刚体,即其形状、尺寸、质量及质量分布均不随时间变化。

(2)管节浮运运动计算结果

本节的计算主要是考察浮运管节的过程是否稳定,因此仅考虑拖曳缆绳作用于管节,而不考虑定位缆绳。并假定沿x方向由单根拖缆拖曳管节,拖缆系在管节首端上部的几何中心。管节浮运运动通过连续的常微分方程来描述,采用Runge-Kutta方法进行数值计算,对于方程中的积分项采用梯形法。拖缆张力方程采用牛顿法进行迭代求解。

E1管节计算时,取干舷值 $d=11\mathrm{cm}$;拖缆用 $\phi 28\mathrm{mm}$ 的金属绳芯钢丝绳,破断负荷为 $339\mathrm{kN}$;假定沿正 X 向浮运,浮运速度 $v=0.25\mathrm{m/s}$。

①静水中浮运

首先考虑在静水中浮运管节,假定拖缆长度为 $L_c=450\mathrm{m}$,为进行比较,选择速度及位移分别为 $(u_0,v_0,r_0,\psi_0,x_0,y_0)=(0,0,0,2°,0,0)$ 和 $(u_0,v_0,r_0,\psi_0,x_0,y_0)=(0,0,0,1°,0,0)$ 的两种初始条件。图7.2-19及图7.2-20给出了两种初始条件下管节的横荡及首摇随无因次时间变化的曲线,图7.2-21为前一种初始条件下管节运动的轨迹。

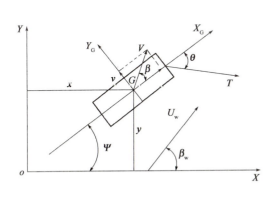

图7.2-18 管节运动数学模型

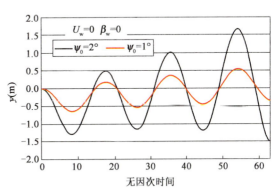

图7.2-19 静水中浮运时管节横荡的历时曲线

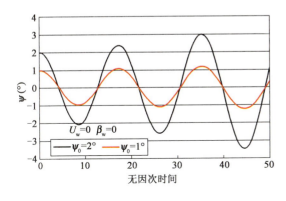

图7.2-20 静水中浮运时管节首摇的历时曲线

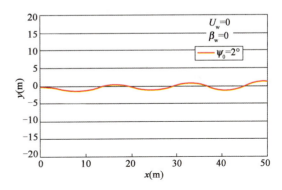

图7.2-21 静水中浮运时管节的运动轨迹

从图中可以看出,受到外界扰动后,被拖管节会绕预定航线(沿 X 正向)做周期性的摆动,扰动量越大,摆动的幅值也越大;随着拖缆张力降低,导致摆幅随着时间的增大逐渐增大。摆幅逐渐增大主要是没有考虑拖船的运动(因实际上采用的是绞车收缆浮运)。由图7.2-20可知,尽管管节受到扰动,但经过一段时间浮运后,能够回到预定航线附近做对称摆动。

②流水中不同流速下浮运

不同流速下的计算,假定拖缆长度 $L_c=500\mathrm{m}$,迎流浮运,初始给定位移及速度 $(u_0,v_0,r_0,\psi_0,x_0,y_0)=(0,0,0,0,0,2\mathrm{m})$。图7.2-22及图7.2-23给出了初始条件下、流速分别取 $U_w=$

$-0.5\mathrm{m/s}$、$U_w=-1.0\mathrm{m/s}$、$U_w=-2.0\mathrm{m/s}$ 及 $U_w=-2.5\mathrm{m/s}$ 时管节的横荡及首摇随无因次时间变化曲线,图7.2-24为初始条件下、$U_w=-2.5\mathrm{m/s}$ 时管节运动轨迹。

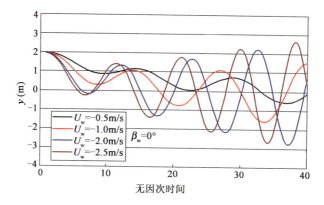

图7.2-22　不同流速下浮运时管节横荡的历时曲线

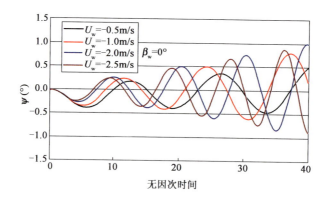

图7.2-23　不同流速下浮运时管节首摇的历时曲线

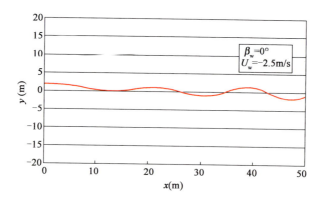

图7.2-24　$U_w=-2.5\mathrm{m/s}$ 时浮运时管节的运动轨迹

由图7.2-22及图7.2-23可知:对于横荡,随着流速的增大,即水流阻力加大,一定程度上减弱了与拖缆力的合成作用,从而使得摆动幅值增大;但流速越大,使初始有横向位移扰动的管节运动回到预定航线的时间明显缩短。对于首摇,由于考虑迎流,对作用在管节上的即时转动力矩有影响,因此,流速对其摆动幅值的影响也较为明显。从图中还可以看出,流速越大,横荡及首摇摆动得越激烈。

从图7.2-24可以看出,经过一段时间浮运后,受到横向位移扰动的管节仍能够回到预定航线(沿X正向)附近做对称摆动,其他流速下的运动轨迹类似。

③流水中不同流向角下浮运

当考虑不同流向角时,仍假定拖缆长度$L_c = 500m$,初始给定位移及速度$(u_0, v_0, r_0, \psi_0, x_0, y_0) = (0,0,0,0,0,2m)$,流速取$U_w = -2.0m/s$。初始条件下,流向角分别取$\beta_w = 0°$、$\beta_w = 30°$、$\beta_w = 60°$、$\beta_w = 80°$及$\beta_w = 90°$时管节的横荡及首摇随无因次时间变化的曲线如图7.2-25及图7.2-26所示,图7.2-27给出了初始条件下、$\beta_w = 60°$时管节运动的轨迹,其他流向角下的运动轨迹类似。

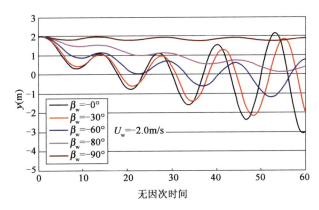

图7.2-25 不同流向角下浮运时管节横荡的历时曲线

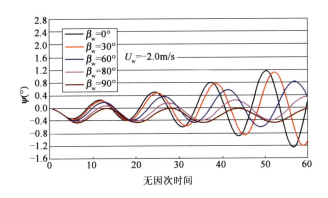

图7.2-26 不同流向角下浮运时管节首摇的历时曲线

分析比较不同流向角下的运动历时曲线,可以知道:流向角大小不同,对管节横荡及首摇摆动幅值的抑制不同,流向角越大,抑制结果越明显,即幅值越小;但流向角越大,使初始有横向位移扰动时管节的横荡运动回到预定航线的时间显著增长,特别是$\beta_w = 90°$时,回到预定航线需要很长时间(图7.2-27)。

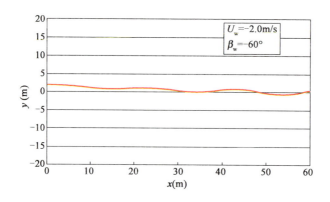

图 7.2-27 $\beta_w = -60°$ 时浮运时管节的运动轨迹

由图 7.2-26 可看出,横流时($\beta_w = 90°$),使管节的首摇摆动中心线明显沿横流方向偏移,也就是说,偏离了预定的航线(沿 X 正向)。通过比较还知,流向角越大,管节横荡及首摇摆动的频率越低。

由图 7.2-27 可以看出,流向角小于 90°时,经过一段时间浮运后,受到横向位移扰动的管节仍能够回到预定航线(沿 X 正向)附近做对称摆动。

④流水中不同拖缆初始长度下浮运

拖缆初始长度的不同,产生的张力差别也很大,拖缆较长时,悬链的悬垂度较大,所受的张力就越大。为此,研究不同初始拖缆长度对管节浮运时运动的影响是必要的。假定迎流浮运,流速 $U_w = -2.0 \text{m/s}$,给定初始横向位移扰动,即初始给定位移及速度 $(u_0, v_0, r_0, \psi_0, x_0, y_0) = (0,0,0,0,0,2\text{m})$。

为了比较,图 7.2-28 及图 7.2-29 给出了初始条件下、拖缆长度分别取 $L_c = 450\text{m}$、$L_c = 500\text{m}$、$L_c = 550\text{m}$ 及 $L_c = 600\text{m}$ 时管节的横荡及首摇随无因次时间变化的曲线,从图中可以看出:拖缆越长,管节横荡摆动的幅值越大,但对管节首摇摆动的幅值几乎没有影响。较长的拖缆,使得管节横荡及首摇的摆动频率变缓。

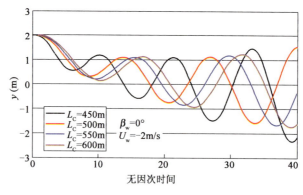

图 7.2-28 不同拖缆长度下浮运时管节横荡的历时曲线

根据计算结果分析,管节浮运时明显受水流速度、水流方向及拖缆长度的影响,其运动以及拖缆的张力具有以下的变化规律:

a. 初始给定一定的运动扰动时,在拖缆张力、水流力及其水动力组合作用下,管节的运动会产生摆动现象,即其横荡和首摇会在预定航线附近产生周期性偏荡。

b. 初始给定一定的横向位移(或首向角)扰动时,经一段时间的拖曳,横荡(首摇)摆动中心线会回到预定航线上,表明浮运是稳定的。

c. 水流速度和流向角对浮运时管节的横荡和首摇摆动幅值和频率均有明显的影响。故应尽量在低流速迎流的情况下进行浮运,另外尽量避免在横流情况下浮运,因为横流会使首摇摆动中心线偏移预定航线以及使得消除初始扰动影响的速度变缓,尽管横流可使横荡和首摇摆动幅值降低。

d. 拖缆初始长度主要对管节横荡的摆幅以及运动的摆动频率有明显影响,这是因为拖缆长度不同,相应的张力不同所致。拖缆初始长度 $L_c=600m$ 时,浮运初始最大的拖缆张力达到了 2228kN,因此,拖缆长度选择应适当。

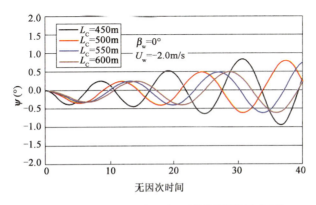

图 7.2-29　不同拖缆长度下浮运时管节首摇的历时曲线

7.2.2　大流速管节沉放对接技术研究

管节沉放对接过程中,需要通过控制定位系泊系统,调整和修正管节平面位置,通过管内灌水和沉放船系统,控制和调整修正管节高程。在管节沉放对接过程中,水流及沉放速度对管节缆力和水动力影响较大,同时,缆力和水动力直接影响管节沉放过程中的运动和稳定性。

采用通用 CFD 商业软件 FLUENT 对沉管沉放过程中的水动力特性进行数值计算,通过管节沉放水工模型试验来模拟管节沉放过程,以获得管节在不同沉放阶段的水动力(阻力、升力、力矩等),以及各定位缆索的拉力,并对管节在下沉过程中的负浮力、下沉速度及其稳定性(如沿流向漂移,倾斜等)等进行了研究。

1)管节沉放数值模拟分析

(1)管节沉放水动力数值模拟研究

沉放水域的尺寸相对于管节而言比较大,为了节省计算时间,在管节周围仅取有限水域作为计算域。根据经验,在迎流侧取一倍多点的管长尺寸,在背流侧取两倍以上的管长尺寸,具体计算域的详细几何模型如图 7.2-30 所示,图中的箭头代表水流方向,h 为沉放深度。

考虑负浮力大小为 4000kN,低潮位水深的情况。根据实际隧址水流情况制定计算工况,见表 7.2-6。

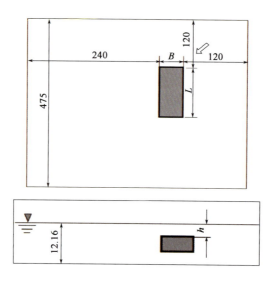

图 7.2-30　管节沉放计算域模型(尺寸单位:m)

沉放水动力计算工况　　　　　　　表 7.2-6

流速(m/s)	0.5	1.0	1.5	2.0	2.5
流向角 (°)	30	30	30	30	30
	45	45	45	45	45
	60	60	60	60	60
	75	75	75	75	75
	90	90	90	90	90

计算发现,不同沉放深度下的水流力和力矩随流速、流向角和沉放深度的变化规律对应基本相似。另外相对于水流速度,一般沉放速度非常低,所以计算设定的恒定沉放速度结果相差甚微。因此,下面仅给出沉放速度 0.00075m/s、沉放深度为 2m 的结果。

①管节纵、横向水流力及力矩与水流流速和流向角关系

FLUENT 计算结果如图 7.2-31～图 7.2-34 所示。

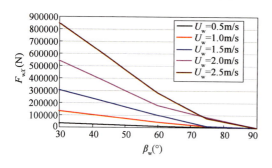

图 7.2-31　纵向水流力 F_{wX} 变化曲线

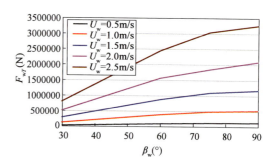

图 7.2-32　横向水流力 F_{wY} 变化曲线

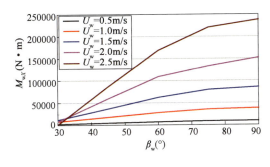
图 7.2-33 水流力矩 M_{wX} 变化曲线

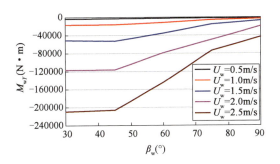
图 7.2-34 水流力矩 M_{wY} 变化曲线

比较计算结果发现,各沉放深度下,纵向和横向水流力及力矩随水流速度的增加而非线性地增加。纵向流力和纵摇流力矩随流向角的增大而降低,横向力和横摇流力矩随流向角的增大而增大。

②管节下沉力、横、纵摇流力矩与水流流速和沉放深度关系

管节下沉过程中,管节上有下沉力的产生。这是因为水流方向为水平,相对于管节而言,水流从斜下方作用于其上,在管节的上表面和背流面由于边界层的分离而导致尾流现象产生,从而产生绕流阻力。

图 7.2-35 为沉放深度 10m 时的速度矢量。计算结果表明,下沉力值随沉放深度的增大而减小,初始减小较快,而后接近线性减小;各沉放深度下,下沉力值随水流速度的增加而增加,但基本不随流向角不同而变化。为了比较,图 7.2-36 给出了不同沉放深度下下沉力随水流速度的变化规律。

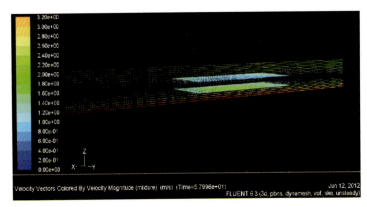

图 7.2-35 流速 2.5m/s,流向角 45°,沉放深度 10m 时,$x=139.95$mm 处的速度矢量

不同沉放深度下,纵向和横向水流力基本不变,其合成水平水流力随沉放深度增大,略有降低。纵摇和横摇流力矩变化较为复杂,纵摇流力矩在沉放深度较小且流速较大时,有明显的变化,但随沉放深度的增大基本保持不变。流向角为 45° 时的结果比较如图 7.2-37 所示。

不同沉放深度下,横摇流力矩则随沉放深度的增加而增大。流向角为 45° 时的结果比较如图 7.2-38 所示。

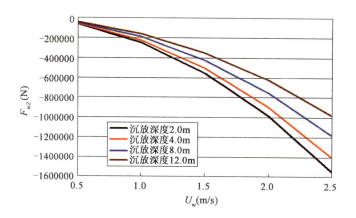

图 7.2-36　下沉力随流速和沉放深度的变化曲线

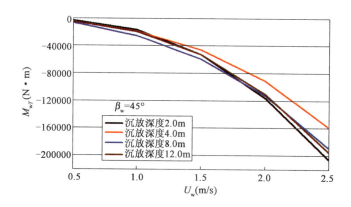

图 7.2-37　纵摇流力矩随流速和沉放深度的变化曲线

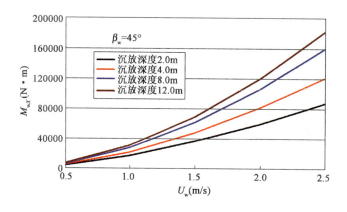

图 7.2-38　横摇流力矩随流速和沉放深度的变化曲线

为了进行各工况下计算结果的比较，表 7.2-7 汇总了流速为 $U_w=0.5\text{m/s}$、$U_w=1.0\text{m/s}$、$U_w=1.5\text{m/s}$、$U_w=2.0\text{m/s}$ 和 $U_w=2.5\text{m/s}$、不同沉放深度时所产生的最大水流力的变化范围及对应的流向角。

不同沉放深度流速 $U_w = 0.5 \sim 2.5$m/s 下管节最大水流力范围及对应流向角　　表 7.2-7

水流速度(m/s)		0.5	1	1.5	2	2.5
沉放深度 2m	水流力范围 (kN)	F_{wX} 33.9～849.5	F_{wY} 130.5～3263.1	F_{wZ} －61.8～－1545.7	M_{wX} 9.5～237.9	M_{wY} －3.7～－209.2
	流向角(°)	0	90	0～90	90	0
沉放深度 4m	水流力范围 (kN)	F_{wX} 33.9～849.5	F_{wY} 130.5～3263.1	F_{wZ} －55.9～－1399.6	M_{wX} 11.4～284.4	M_{wY} －6.8～－194.4
	流向角(°)	0	90	0～90	90	0
沉放深度 8m	水流力范围 (kN)	F_{wX} 33.9～849.6	F_{wY} 130.5～3263.1	F_{wZ} －47.2～－1180.4	M_{wX} 11.2～354.7	M_{wY} －9.1～－252.2
	流向角(°)	0	90	0～90	90	0
沉放深度 12m	水流力范围 (kN)	F_{wX} 33.9～849.6	F_{wY} 130.5～3263.1	F_{wZ} －39.1～－978.0	M_{wX} 15.7～391.9	M_{wY} －6.4～－224.2
	流向角(°)	0	90	0～90	90	0

(2) 管节沉放运动数值模拟分析

① 计算模型及计算工况

东平隧道采用双浮箱（36m×10.8m×2.6m，单浮箱起升载荷 3000kN）骑吊沉放系统，如图 7.2-39 所示。两只浮箱是管节沉放过程中负浮力的主要承担者，管节下沉的负浮力由注入管节内的压载水提供。四根吊放缆绳上端和浮箱相连，下端对称地与管节相连，动力驱动吊放缆绳使管节下沉的速度得到控制。沉放阶段，通过实时测定测量塔（5.5m×4.5m×25m）上两个棱镜的坐标，计算并显示水下管节的几何状态，指挥沉放操作。

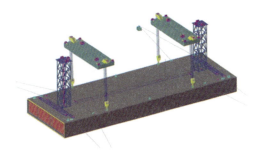

图 7.2-39　双浮箱沉放系统示意图

管节沉放过程中的姿态控制主要通过管节顶面布置的 8 根锚泊缆绳的调节实现，如图 7.2-40 所示。管节四角的①、②、③和④号 4 根缆绳（主锚缆）是管节基本平衡力的提供者，而布置于管节中部的 4 根缆绳⑤、⑥、⑦和⑧号（副锚缆）主要控制沉放过程中纵向的位置偏移。另外⑨、⑩、⑪和⑫号为 4 根承重吊缆。

作用于管节上与管节运动有关的外力主要有流体动力（即辐射力）以及沉放系统缆绳的作用力等，求得这些力后，根据牛顿第二定律建立起管节的运动微分方程，求解获得管节在水流中的运动。实际工程中管节沉放系统缆绳的张力-变形通常呈非线性关系，而且在管节运动的过程中，有时会出现缆绳松弛的现象，因此，管节的运动一般也呈非线性运动，通常情况，需要采用时域内的求解。

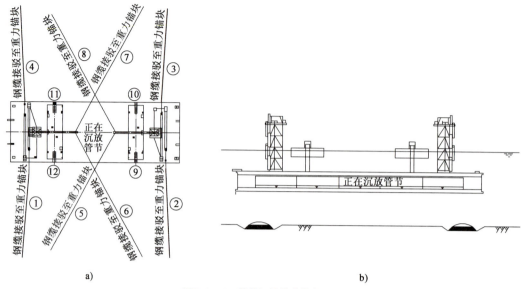

图 7.2-40　管节沉放锚泊缆布置图
①～⑫-缆绳编号

由于管节在内河沉放,不计波浪力的影响,沉放速度较低,可将其视为准定常运动,即无因次运动速度对时间的所有高阶导数都比速度和加速度小得多。因此假定加速度随时间的变化率很小,其极限运动为恒定加速度的运动。可以证明,做准定常运动的物体,所受的水动力只与运动的当时状态(瞬时速度和瞬时加速度)有关,而和运动的历程无关,可大大简化管节水动力的确定。

由于管节沉放非常缓慢,接近恒速地进行,不考虑浮箱的运动。因此忽略管节运动中非线性耦合的过程。基于此,求解管节在各种外力作用下的平衡位置,即取管节处于最大位移量时的极限位置状态进行受力分析和移位分析,此时管节沉放系统处于短暂的平衡状态。

管节所受到的外力包括锚泊和吊缆缆力 F_{TX}、F_{TY}、F_{TZ} 及缆力产生的力矩 M_{TX}、M_{TY}、M_{TZ},水动力 F_{wX}、F_{wY}、F_{wZ} 和相应的力矩 M_{wX}、M_{wY}、M_{wZ},以及负浮力 F_f。

在选定的坐标系下,瞬时平衡方程可表示如下:

$$\begin{cases} F_{wX} + \sum_{i=1}^{12} F_{TXi} = 0 \\ F_{wY} + \sum_{i=1}^{12} F_{TYi} = 0 \\ F_{wZ} + \sum_{i=1}^{12} F_{TZi} - F_f = 0 \\ M_{wX} + \sum_{i=1}^{12} M_{TXi} = 0 \\ M_{wY} + \sum_{i=1}^{12} M_{TYi} = 0 \\ M_{wZ} + \sum_{i=1}^{12} M_{TZi} = 0 \end{cases} \quad (7.2\text{-}1)$$

方程中的缆绳张力计算模型仍然采用悬链线方程。通常理论上的运动计算,多采用六自由度的刚体运动学方程,其中的水动力多采用泰勒展开的水动力导数表示。由于缺乏关于水动力导数的试验结果,考虑到管节沉放的速度和加速度都非常低,其位移值较小,采用了简化的计算模型,即考虑管节极限位移位置时的瞬时平衡状态来求解运动。在指定的沉放深度处,将"管节沉放水动力分析"中对应沉深处的水流作用力施加到管节上来处理水流的作用。

沉放计算的目的主要是考察在不同流速、不同流向角及不同沉深条件下,管节沉放时的系泊力和运动响应特性,以研究确定在各种环境条件下管节沉放的性态。根据河道断面流速的情况,选用的计算工况见表7.2-8。

管节沉放计算工况(负浮力取4000kN)　　　　表7.2-8

来流速度(m/s)	来流角度(°)	沉放深度(m)
0	0~90	2,4,6,8,10,12
1.0	0~90	2,4,6,8,10,12
1.5	0~90	2,4,6,8,10,12
2.0	0~90	2,4,6,8,10,12
2.5	0~90	2,4,6,8,10,12

②计算结果

a. 位移和缆绳张力随流速和流向角的变化规律

由于沉深2~12m时的变化规律也相近。因此,下面仅给出4m沉放深度下的相关计算结果,具体计算结果如图7.2-41和图7.2-42所示。

从以上计算结果可以看出,各位移分量的大小(绝对值)随着流速的增大均增大;随流向角的增大,纵荡、垂荡和纵摇的大小单调减小,而横荡和横摇的大小则单调增大;对于首摇,在35°~40°内大小有极值产生,流速不同,极值对应的流向角也不同,流速越高,极值对应的流向角越小。

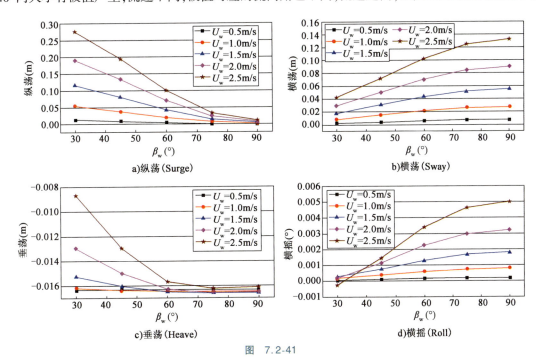

图 7.2-41

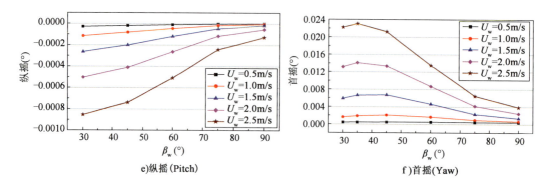

图 7.2-41 沉放深度 4m 时不同流速、不同流向下管节的运动

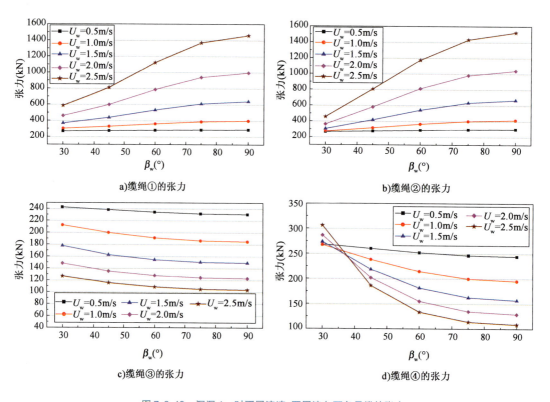

图 7.2-42 沉深 4m 时不同流速、不同流向下各吊缆的张力

各沉深下管节各锚泊缆张力受流速和流向角的影响规律相同。对于迎流侧的锚泊缆,张力的大小随流速的增大而增大;随流向角的增大,两根主缆的张力均增大;对于背流面一侧的锚泊缆,张力大小随流速的增大而单调减小,两根主缆的张力随流向角的增大均减小。

各沉深下管节各承重吊缆张力受流速和流向角的影响规律也相同。流速越大,张力也越大;流向角越大,迎流侧两根吊缆的张力就越大,而背流侧两根吊缆的张力则相对小些。这是由于管节向迎流侧产生侧倾所造成。随沉放深度的增大,纵荡值、横摇值和首摇值均有所提高,横荡值和垂荡值则稍降低,纵摇值先降低后基本不变。

b. 位移量及缆力随沉深的变化

为获得管节各位移量及缆力随沉深的变化规律,绘制出各类位移及缆力参量与沉放深度的关系曲线如图7.2-43~图7.2-45所示。

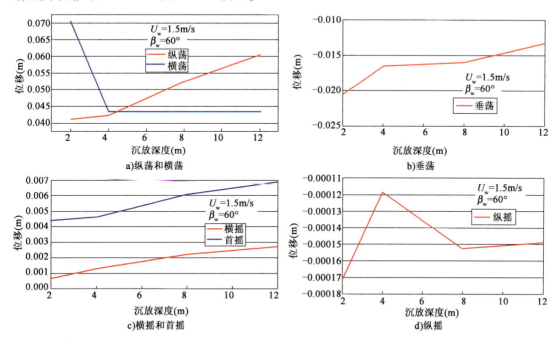

图7.2-43 指定流速和流向角下管节运动随沉放深度的变化曲线

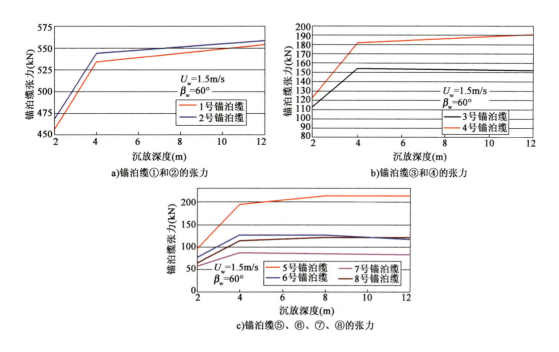

图7.2-44 指定流速和流向角下管节锚泊缆张力随沉放深度的变化曲线

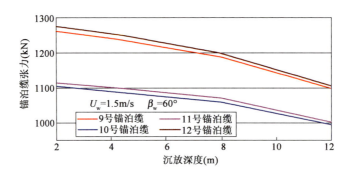

图 7.2-45 指定流速和流向角下管节承重吊缆张力随沉放深度的变化曲线

通过比较可看出,当管节沉放深度较小时,位移和锚泊缆张力的变化较为剧烈;随沉放深度增加,纵荡、横摇和首摇值均逐渐升高,而横荡、垂荡和纵摇值则减小。各锚泊缆的张力均随沉放深度的增加而增大,在沉放深度较小时($\leqslant 4m$)时增大较快,而后两根约束正纵荡副缆的张力基本不变。承重吊缆张力随沉放深度的增加而缓慢减小。

③沉放稳性分析

沉放开始时,即管节刚好完全没水,其总体外轮廓体积为41496.1735m³,即为最大排水体积。管节总质量(含双测量塔及其他顶板舾装件)为40572.2998t。如此,为保证管节满足下沉的条件,即平衡干舷,最少需要的压载水质量为923t。如此,根据在MSCPATRAN前后处理软件中所建E1管节的实体模型,采用MSCNASTRAN软件计算,可获得沉放开始时管节水线面对其水线面倾斜轴的惯性矩等参数,进一步根据公式计算得到管节的稳性高,相关参数列于表7.2-9中。

沉放时 E1 管节的水线面惯性矩等参数　　　　　表7.2-9

干舷(m)	项　目	符号	单位	实际值	稳性高 (GM_1, m)
0.00	管节水线面惯性矩	I_T	m⁴	581693.546	13.96
	总体外轮廓体积	V	m³	41496.1735	
	管节排水体积	∇	m³	41496.1735	
	水的密度	ρ	kg/m³	1000	
	管节排水量	Δ	N	406662500	
	水箱内水密度	ρ_s	kg/m³	1010	
	水箱内水高度	h	m	0.7127	
	自由液面惯性矩(各水箱内相等)	IT	m⁴	382.466	
	重心—浮心距离	$\overline{BG}$	m	-0.153	

2)管节沉放模型试验研究

管节沉放模型试验的目的主要是测定在流速条件下,管节沉放时的系泊力和运动响应特性,以研究确定在各种环境条件下管节沉放的性能。

(1) 试验工况

沉管沉放模型试验,工况测试3种流速(0.5m/s、1.0m/s、1.5m/s),4种流向角(45°、60°、75°、90°),4种沉放深度(0m、4m、8m、12m),共计48种工况。

(2) 试验过程

管节沉放至预定位置的精度直接关系到隧道的建造质量,也是本试验项目的关键。

在每一个正式试验测量之前,需将锚泊的管节置于正确的位置和深度,并需要记录的各测试数据归零。在水池中造出规定的潮流,记录4根吊放缆上的拉力及定位缆上的张力,亦即作用在管节上所需的纠偏力。每个试验的时间为3min,试验记录由计算机采集,采样速度为每秒20个数据,其信号由A/D转换器将模拟量转换为数值量,各项测量数据由不同的通道进行记录。

沉放试验中的沉管模型如图7.2-46~图7.2-48所示。

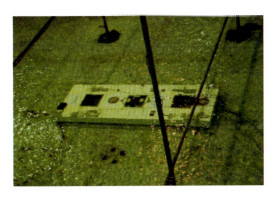 

图7.2-46 沉放试验中的沉管模型(-4m)　　　图7.2-47 沉放试验中的沉管模型(-8m)

图7.2-48 沉放试验中的沉管模型(-12m)

(3) 模型试验结果及分析

各个工况下系泊缆所承受的最大载荷统计见表7.2-10。

沉放工况下系泊缆最大载荷统计 表7.2-10

工况号	系泊缆最大载荷(kN)	系泊缆号	角度(°)	来流速度(m/s)
D1	895.7	3	45	0.5
D2	834.8	5	45	1.0
D3	1169.0	5	45	1.5
D4	719.8	1	60	0.5
D5	1051.0	1	60	1.0
D6	1469.0	1	60	1.5
D7	802.1	3	75	0.5
D8	746.5	1	75	1.0
D9	1218.0	1	75	1.5
D10	743.7	3	90	0.5
D11	842.3	2	90	1.0
D12	1250.0	1	90	1.5
D13	554.8	3	45	0.5
D14	667.8	5	45	1.0
D15	1240.0	5	45	1.5
D16	466.8	3	60	0.5
D17	805.3	1	60	1.0
D18	1404.0	1	60	1.5
D19	369.0	3	75	0.5
D20	638.9	1	75	1.0
D21	1119.0	1	75	1.5
D22	515.4	1	90	0.5
D23	700.3	1	90	1.0
D24	1194.0	1	90	1.5
D25	492.5	3	45	0.5
D26	680.9	5	45	1.0
D27	1145.0	5	45	1.5
D28	440.7	3	60	0.5
D29	657.4	1	60	1.0
D30	1124.0	1	60	1.5
D31	425.8	3	75	0.5
D32	468.2	2	75	1.0
D33	1025.0	1	75	1.5
D34	438.4	3	90	0.5
D35	710.4	1	90	1.0

续上表

工况号	系泊缆最大载荷(kN)	系泊缆号	角度(°)	来流速度(m/s)
D36	1020.0	1	90	1.5
D37	515.7	3	45	0.5
D38	619.9	5	45	1.0
D39	992.1	5	45	1.5
D40	537.1	3	60	0.5
D41	1194.0	1	60	1.0
D42	1678.0	1	60	1.5
D43	1146.0	3	75	0.5
D44	1153.0	1	75	1.0
D45	1622.0	1	75	1.5
D46	871.8	3	90	0.5
D47	1306.0	2	90	1.0
D48	1621.0	1	90	1.5

根据表 7.2-10 中的数据，我们可以发现以下规律：

①承载较大的系泊缆主要为①、②、③和⑤号 4 根系泊缆。其中，①、②、③号为主系泊缆，⑤号为副系泊缆。

②与系泊工况不同，在沉放工况中，①号系泊缆经常承受最大荷载。即使①号系泊缆不是承受载荷最大的系泊缆，也往往是承受荷载次大的系泊缆。

③当 90°水流方向时，主要是①和②号系泊缆承受主要荷载，其余系泊缆承受的荷载不大。

④当水流方向为 75°、60°和 45°时，主要是①号和⑤号系泊缆承受较大荷载，尤其是⑤号系泊缆，虽然是副系泊缆，但是经常承受最大荷载。这一点与系泊工况类似。

⑤从数值上看，当流速增加到 1.5m/s 时，主系泊缆上的最大荷载约为 1400kN，小于系泊缆破断力。但是⑤号系泊缆，承受的最大荷载超过 1000kN，最大的到达 1240kN，超过了许用荷载。这个特点也和系泊工况类似。不过，⑤号系泊缆承受的荷载超过许用荷载的幅度不如系泊工况下明显。表 2-38 中红色标志⑤号缆超过许用荷载的情况。

⑥水深对系泊缆上承受的荷载极值影响不大。

吊放缆⑨~⑫上所承受的总力均值总结见表 7.2-11。

垂向缆所承受的总力均值 表 7.2-11

工 况 号	总垂向力(kN)	方向(°)	来流速度(m/s)
D13	3858	45	0.5
D14	4219	45	1.0
D15	4895	45	1.5
D16	4352	60	0.5
D17	5249	60	1.0

续上表

工 况 号	总垂向力(kN)	方向(°)	来流速度(m/s)
D18	6418	60	1.5
D19	4773	75	0.5
D20	6449	75	1.0
D21	7155	75	1.5
D22	5135	90	0.5
D23	5657	90	1.0
D24	6461	90	1.5
D25	5375	45	0.5
D26	5445	45	1.0
D27	5613	45	1.5
D28	5734	60	0.5
D29	5933	60	1.0
D30	6282	60	1.5
D31	5992	75	0.5
D32	6093	75	1.0
D33	6188	75	1.5
D34	6770	90	0.5
D35	6908	90	1.0
D36	7058	90	1.5
D37	6455	45	0.5
D38	6178	45	1.0
D39	5750	45	1.5
D40	6737	60	0.5
D41	6231	60	1.0
D42	5297	60	1.5
D43	6786	75	0.5
D44	6228	75	1.0
D45	5055	75	1.5
D46	7407	90	0.5
D47	6889	90	1.0
D48	5902	90	1.5

根据表7.2-11数据可知,由于水流经过管节上下表面的流速不同,且往往下表面的流速大于上表面的流速,因而产生负压,使管节承受向下的压力,从而导致4根吊缆上的荷载总和大于管节的4000kN负浮力,最大负浮力可以达到7500kN左右。

图7.2-49~图7.2-51给出了吊缆合力随着角度和流速变化的情况。同时由于沉管姿态

的改变，某些吊缆上会承担较其他吊缆更大的张力。

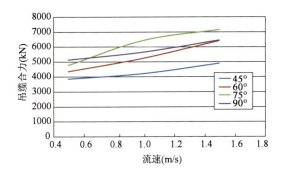

图7.2-49　4m水深沉放吊缆合力变化

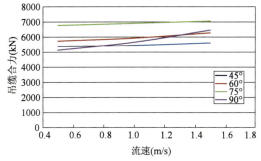

图7.2-50　8m水深沉放吊缆合力变化

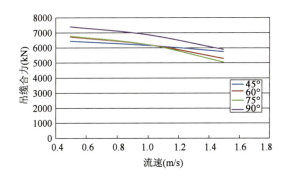

图7.2-51　12m水深沉放吊缆合力随流向角和流速的变化

3）管节沉放物理模型试验与数值模拟结果的对比

对沉放深度4m、8m和12m，流向角为45°、60°、75°和90°，流速为0.5m/s、1.0m/s和1.5m/s等不同工况，对比研究了管节沉放物理模型试验与数值模拟的相关结果。

(1)管节运动

由于不同沉放深度变化规律较一致，故图7.2-52仅展示管节在沉放状态下沉放深度为4m时，不同流速、不同流向下其物理模型试验与数值模拟的运动对比。

由图7.2-52可知，管节在物模试验与数值模拟中的运动趋势基本一致；在不同流速和流向角下数值模拟所得结果的规律性较强，物模试验结果除具规律性外其数值较模拟计算值更大。

(2)各锚泊缆绳的张力

图7.2-53展示了沉放深度4m时不同流速、不同流向管节沉放物理模型试验与数值模拟各锚泊缆绳张力的对比。

结果表明，在不同流速和流向角下管节各锚泊缆绳张力在物模试验与数值模拟中的变化趋势一致；各工况下数值模拟中各系泊缆绳的张力变化的规律性较强；各工况下物模试验中①、②、③、⑤和⑥号系泊缆绳的张力较模拟计算的更大，而④、⑦和⑧号系泊缆绳的张力比模拟计算的更小。

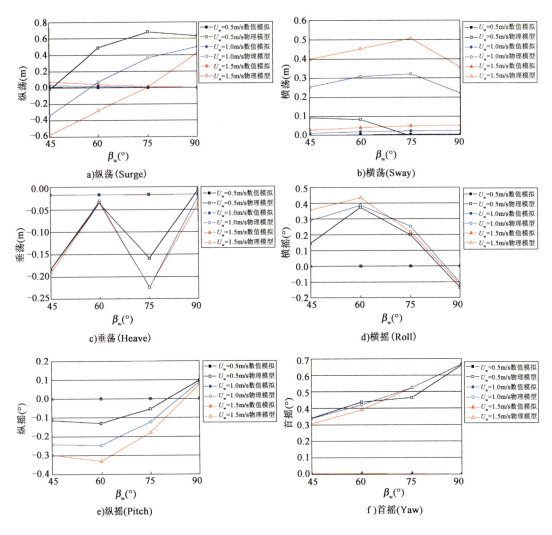

图 7.2-52　沉放深度 4m 时不同流速、不同流向下管节的运动对比

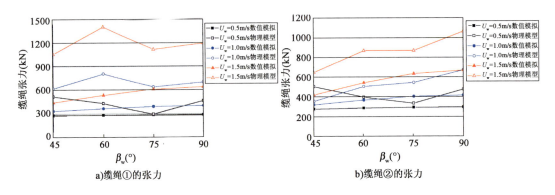

图 7.2-53

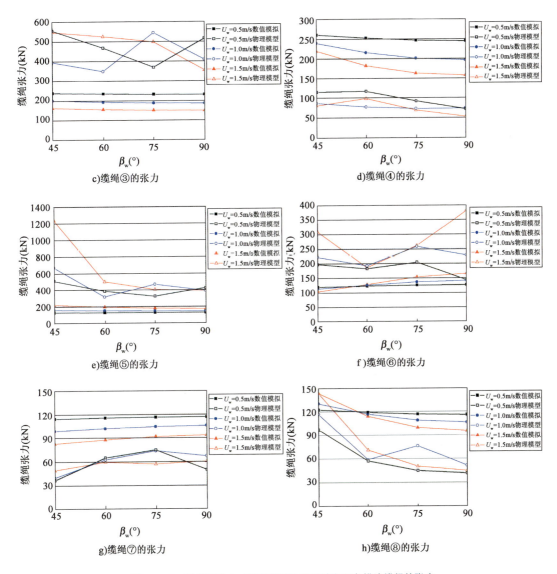

图 7.2-53 沉放深度 4m 时不同流速、不同流向下各锚泊缆绳的张力

(3)各吊缆的张力

图 7.2-54 展示了沉放深度 4m 时不同流速、不同流向下管节沉放物理模型试验与数值模拟中各吊缆张力的对比。

由图可看出,在不同流速和流向角下管节各吊缆张力在物模试验与数值模拟中的变化趋势类似;各工况下吊缆张力的变化具有规律性,但数值较模拟计算的更大,并且更具离散性,其突出体现在⑫号缆绳的张力变化上。

7.2.3 大流速管节沉放安装高精度测控技术

管节沉放对接过程中主要采用全球定位系统(GPS)、全站仪通过实时测定测量塔上两个棱镜的坐标,计算并推导管节在水下的几何状态,据此来指挥沉放操作。传统测量方案精度满足沉放要求，但需人工不停跟踪沉放姿态，烦琐且易出错。为了对管节对接端头进行高精度测量和远程监测，东平隧道提出了一种水下超声阵列测量方法，通过布置在控制点上的水下声波传感器测量相互之间的距离，并通过其几何关系反推管节的相对位置，同时采用全站仪测量结果对超声阵列测量结果进行验证，将两种方法的测量结果转化到固定的控制点上，分别对三维坐标进行比较，得出不同距离时的坐标值偏离程度。

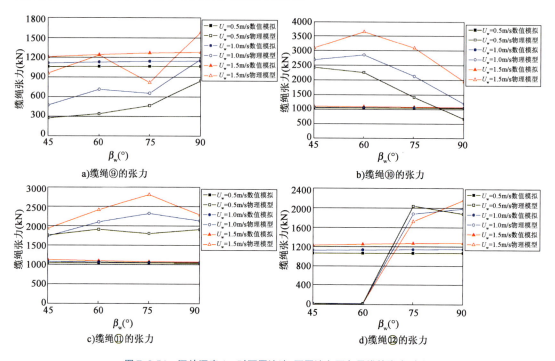

图7.2-54 沉放深度4m时不同流速、不同流向下各吊缆的张力对比

1）超声阵列测量方法原理

该方法是一种相对定位测量方法，其测量结果是待沉管节与已沉管节对接端头间的相对空间位置，当管节距离较近时，该方法具有很高的定位精度。其测量仪器的布置如图7.2-55所示，每个对接面两侧各布置3组高精度测距声波传感器，每组传感器包含1个发射端和4个接收端，通过测量传感器之间的距离反算管节的空间相对位置。

在测量前，首先在对接面左右两侧（即管头和管尾）安装相应的发射或接收传感器（必须保证在沉放过程中，传感器中心位移波动幅度不超过1mm），然后采用高精度全站仪对传感器中心点进行标定，标定内容为同一坐标系下传感器中心的空间坐标和管节结构上标志点的坐标，通过这些坐标点的换算即可得到传感器测量中心与管节结构的相对空间位置关系（全站仪的测量精度不得低于5mm）。

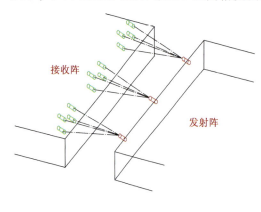

图7.2-55 水下声呐定位方式示意图

测量过程中,采用工控机控制传感器同步收发,得到每组阵列中发射传感器测量中心到接收传感器测量中心的声波走时,进一步根据实测水体声速计算得到两点之间的距离,每组阵列可测量得到4个空间距离,由于接收端4个传感器的测量中心坐标已经准确标定,通过上面测量得到的任意3个距离值即可反算出发射端的空间坐标。以此类推,测量得到了3个发射端子的中心坐标。由于发射传感器与安装管节结构在沉放过程中保持固定相对位置,因此可以通过这3个测量坐标得到对接面上所有控制点的坐标。

根据以上步骤,即得到了统一坐标系下两个对接面上所有控制点的坐标,通过控制点的比较和分析即可确定管节之间的空间位置关系,进而达到对管节沉放对接的准确测量和监控。

由于声波在水中具有良好的传播特性,声呐阵列测量法中,超声波发射和接收传感器完全位于水下,避免了风浪流对测量精度的影响,同时取消了传统的测量塔,解决了测量塔变形和多次传递影响定位测量精度的问题。声呐法测量的是已沉管节与待沉管节的相对位置,不需要测量控制点,所以该方法的测量精度完全不受隧道长度的影响。另外,该方法测量环境不受水深限制,可用于深水测量。国内外以往隧道建设过程中,都曾出现过由于执着于采用通过测量控制点测量绝对坐标的方法而导致测量精度不足并致使相邻管节沉放产生过大的相对误差(甚至大错台)的现象。

2)超声阵列方法的测量过程

(1)测量中心及控制点的标定

超声阵列测量系统在工作前,需要对传感器中心和管节对接面上的控制点进行标定,标定精度不得低于5mm,传感器等设备预埋完成,且混凝土养护完成后开始标定。工程中采用高精度(测角0.5″以上)全站仪进行标定测量,通过标定获得传感器中心与控制点相互之间的空间关系。在预埋件受到外界撞击或者管节结构受损后,要重新进行标定复检。需要指出的是,由于标定精度要求较高,因此必须在干坞注水前完成,否则管节起浮后,标定精度将不能满足测量需要。

管节预制时需要在干坞内建立独立坐标系,该坐标系的控制范围较小,因此测量精度较高。超声阵列测量系统的标定也采用该坐标系,不仅有利于精度的提高,而且有利于与施工和第三方测量单位对比测量结果。

如图7.2-56所示,测量内容包括所有收/发传感器测量中心以及管节上的控制点坐标。控制点选择管节对接面上的拐角点,便于在测量时准确识别、定位和观测。

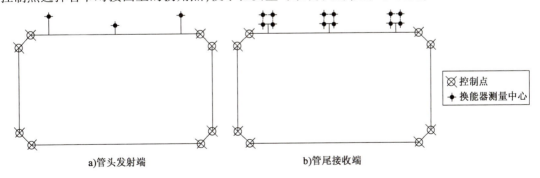

图7.2-56 换能器测量中心及管节对接面控制点示意图

（2）声速动态测量

水下声呐系统的测量精度与声速测量精度密切相关，施工过程中声波的传播速度随着泥沙的搅动可能会变化，所以应采取动态测量方法进行校正。采用动态测量声速的方法具体过程如下：在待沉放管节的管头位置安装声速仪，沉放对接测量过程中，按照一定时间间隔对区域声速进行跟踪监测。采用该方法能够很好地解决沉放对接测量中因声速变化引起的测量误差，保证测量结果的准确性。

（3）倾斜测量

管节倾斜姿态可以通过横倾角、纵倾角来描述，横倾角和纵倾角采用专门的倾斜传感器进行测量，精度可达到 $0.001°$，换算成对应的横向和纵向弧线长测量精度为分别为 0.7mm 和 2mm。

测量系统包括两台倾斜仪，一台安装在已沉放管节的管尾（Q_1），另一台安装在待沉放管节的管头（Q_2）。管节内地面平整度达不到设计要求时应处理后再安装倾斜仪平台，该项目中，在管节中部 $1\text{m} \times 1\text{m}$ 的区域选择相对水平的位置安装设备。

沉放对接测量前，首先从暗埋段钢封门进入管内读取 Q_1 读数，由于已沉放管节的姿态在短时间内改变很小，因此可以假定该值在测量过程中不发生变化。测量过程中，按一定的频次不间断地读取 Q_2 测量值，并与 Q_1 比较得出两个管节的相对横倾和纵倾值作为两个管节的相对姿态值。

（4）测量中心坐标计算

超声阵列测量采用了后方交会的原理，已知沉放管节尾部超声接收换能器测量中心的坐标和发射传感器中心到其对应的各个接收传感器中心的空间距离，然后计算发射传感器的空间坐标。

根据已经具备的数学条件，有两种计算方法：一种是代数方法，即求解联立方程组，通过其中 3 个交会的三元二次方程组联解得到发射传感器中心坐标；另一种是空间立体几何求解方法，即通过 4 个点的空间几何关系求解坐标。代数方法涉及多元高次方程的求解，过程复杂且难度很大，而 4 个点的空间关系相对清晰，推荐采用空间几何求解的方法。

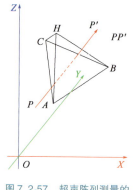

图 7.2-57 超声阵列测量的单点坐标计算

超声阵列测量系统根据空间距离还原测点坐标，首先采用全站仪标定方式获取 3 个参照点的空间三维坐标，然后采用声学测量待测点到 3 个参照点的空间距离，采用数学计算方式得到待测点的空间坐标。如图 7.2-57 所示，参照点由互不重合且不在一条直线上的 A、B、C 三点组成，已知空间坐标分别为 (x_1, y_1, z_1)、(x_2, y_2, z_2)、(x_3, y_3, z_3)，H 为待测点。那么根据计算模型的原理，通过水声测量得到了 H 到 A、B、C 三点的空间距离分别为 L_1、L_2、L_3。由三个参照点构成的三角形法线为 $\overrightarrow{PP'}$，其直线向量表达式为：$\overrightarrow{PP'} = ai + bj + cj$，过任意点 (x_0, y_0, z_0) 的平面方程代数表达式为：$a(x - x_0) + b(y - y_0) + c(z - z_0) = 0$。

采用计算机图形变换和三维几何解析方法求解待测点 H 的空间坐标。求解流程分为以下几个步骤：

①将过 A、B、C、H 点组成的三棱锥模型 $HABC$ 的角点 A 平移$(\Delta x, \Delta y, \Delta z)$到坐标系原点 O;

②求解 ΔABC 的法线向量$\overrightarrow{PP'}$,以及向量与 x、y、z 坐标轴的欧勒角 α、β、γ;

③绕 x 轴旋转 α,绕 Y 轴旋转 β,绕 Z 轴旋转 γ,此时,ΔABC 与坐标系平面 XOY 重合,在此基础上继续绕旋转 Z 轴旋转 φ,使得 AB 边与 X 轴重合;

④经过上面变换步骤后,得到了旋转后 A、B、C 新的点坐标(x'_1, y'_1, z'_1)、(x'_2, y'_2, z'_2)、(x'_3, y'_3, z'_3);

⑤采用立体几何方法解析 H 点坐标;

⑥绕 Z 轴旋转 $-(\gamma + \varphi)$,绕 Y 轴旋转 $-\beta$,绕 X 轴旋转 $-\alpha$ 角度;

⑦模型平移$(-\Delta x, -\Delta y, -\Delta z)$,至此得到了 H 点的空间坐标。

3)超声阵列测量系统组成

超声阵列测量系统结合了沉管法隧道工程的特点和对接测量的要求,硬件系统包含超声传感器阵列、控制系统、通信系统、计算机终端,如图 7.2-58 所示。

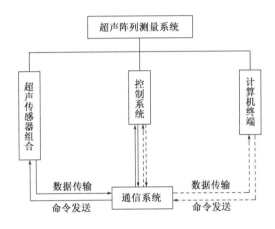

图 7.2-58　超声阵列测量系统组成结构图

多组收/发传感器分别安装在对接管节两侧对称位置,具体根据实际情况进行调整,只要满足空间坐标反演的数学条件即可。控制系统实现对测量传感器的收发控制、采集参数设定、采集进程控制、采集模式调整、数据传输控制等。通信系统实现测量终端与计算机终端之间的数据和命令交换,该系统中包含了无线和有线两种模式。计算机终端是整个系统的大脑,指挥整个系统有序工作,同时接受测量终端发回的测量数据并处理、反演出对接管节的相对空间坐标,在此基础上构建可视化空间模型并展示测量结果。

4)管节沉放超声阵列测量物模试验研究

(1)试验概况

该测量系统的试验条件比较特殊,需要满足以下几方面要求:

①模拟的水域范围应有足够的空间尺寸(包括平面和深度两方面),能够进行一定范围内拖航的模拟;

②具备有效模拟拖航和对接过程的设施;

③具备测量构件标定和过程中坐标测量条件。

综合考虑以上因素,最终将试验场地选择在上海交大海洋水下工程科学研究院有限公司的深水试验池内,水池的尺寸为28m(长)×15m(宽)×10m(深),如图7.2-59所示。水池为钢筋混凝土结构,水池所在厂房顶部安装有吊装行车,主要用于重型设备的起吊。水池周边为混凝土地面的走廊或设备临时堆放点。采用行车来模拟待沉放的管节,通过行车的移动模拟对接过程中的运动;通过水池一侧的池壁模拟已沉放管节;在水池周边的过道内设站,采用高精度全站仪对超声阵列设备进行标定和对接过程测量。

a)传感器历时30日长期防渗漏试验

b)沉放对接模拟试验

图7.2-59 室内试验

(2)试验设备

试验设备采用自行研发的超声阵列系统,包括专门定制生产的超声传感器及配套电缆、控制器、终端计算机、安装架及高精度全站仪,主要部件如图7.2-60所示。

a)超声控制仪

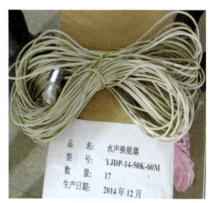
b)超声传感器

图7.2-60 超声阵列系统主要部件

①超声传感器与控制器

试验中采用的超声测距传感器外观为圆柱+喇叭口形,圆柱直径30mm,长37mm;喇叭口最大直径30mm,最小直径10mm;主震频率为46.7kHz。

超声信号的控制与采集采用专门开发的工控机,在常规工控机的基础上,进行了二次开发,增加了高压电脉冲信号发射和采集功能,其具体的工作参数见表7.2-12。

超声阵列控制仪技术参数　　　　　　　表7.2-12

序号	技术指标	技术参数
1	最高采样率	10M
2	采样通道	16道并行采样
3	发射电压	1000V
4	发射脉宽	0~999US
5	击震方式	连续击发>5次/s,多次叠加与平滑
6	击震频率	50K
7	幅度分辨率	1/256
8	接收灵敏度	≥30uv
9	显示方式	12.1TFTLCD彩色液晶显示器
10	数据输出	BMP及EXECL格式文件存盘;打印量化波形及报表
11	发射通道	4道同步或异步
12	接收通道	16道同步或异步
13	测量稳定性	同一测试条件下小于2游标
14	仪器使用环境 电源适应能力	0~40℃;相对湿度<95%;AC200~240V; DC10.1~14.0V;镍氢电池组供电时间>1h

②高精度全站仪

试验中采用徕卡TM50型高精度全站仪测量结果对超声阵列系统的测量结果进行比较和评价,设备的具体参数见表7.2-13。

徕卡TM50型全站仪　　　　　　　表7.2-13

序号	技术指标	技术参数
1	测角精度	0.5″
2	角度测量方法	绝对编码,连续、四重角度探测,比对径测量精度提高30%
3	测距精度	0.6mm+1ppm
4	无棱镜测距	测程1000m、精度2mm+2ppm
5	ATR作业距离	最大1000m,一般天气及环境达700m
6	ATR精度	基本精度1mm,1000m精度2mm
7	小视场技术	9.6′,100m分辨棱镜最小距离0.3m,1000m分辨距离为3m
8	旋转180°定位	仅用2.3″
9	数字影像功能	有
10	监测软件配置	无,尤其全自动远程控制不具备相应控制软件及系统
11	超级搜索功能	300m范围自动搜索棱镜
12	操作界面	彩色触摸屏、全中文界面操作、无线蓝牙
13	电源功耗	功耗低,锂电池,可测距4000次

③安装架的加工与标定

根据现场条件,加工了超声阵列传感器的安装架,其设计结构如图7.2-61所示,共有两种类型,即Ⅰ型和Ⅱ型。Ⅰ型中,每个发射支架上安装有1个传感器,总高度1.5m;每个接收支架上安装有4个传感器,上部为"丁"字形结构,下部为正方形框架结构,框架中心高度1.5m,边长0.7m。Ⅱ型中,每个发射支架上安装有1个传感器,总高度1m;每个接收支架上安装有4个传感器,上部为"丁"字形结构,下部为正方形框架结构,框架中心高度1m,边长1m。

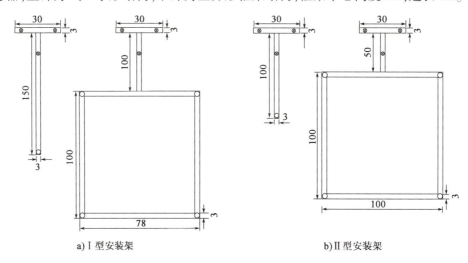

图7.2-61 超声传感器安装架结构设计图(尺寸单位:cm)

试验过程中,设备安装位置以及传感器、标记点的位置如图7.2-62所示。

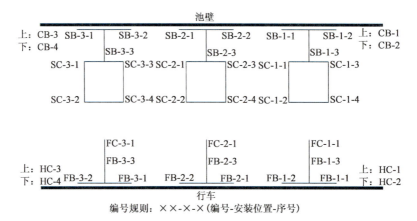

图7.2-62 传感器、标记点位置示意图
FB-发射架标定点;FC-发射传感器中心;HB-行车标定点;CB-池壁标定点;SB-接收架标定点;SC-接收传感器中心

(3)测量方案

整个试验过程按照前期准备、设备安装、标定、水下测量、全站仪测量、数据采集、结果分析等步骤进行,其流程如图7.2-63所示。试验中采用自建独立直角坐标系,坐标系遵循右手螺

旋法则,坐标原点设在水池东北角,沿水池宽度方向为 X,长度方向为 Y,Z 轴方向垂直向上。

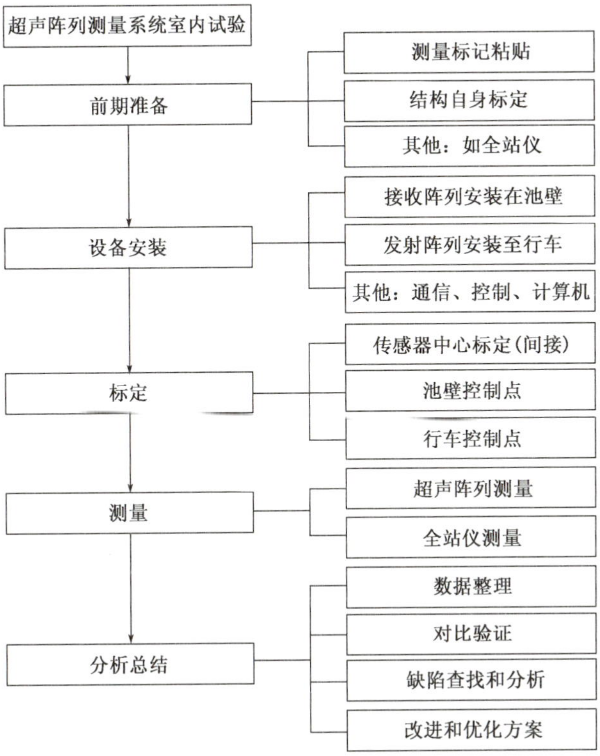

图 7.2-63　超声阵列测量系统室内试验步骤流程图

试验过程每个步骤的具体实施方案细节如下:

①前期准备

包括测量标记的粘贴和设备自身结构的标定。这里的标定跟下一个环节的标定有本质的区别。受试验条件限制,设备安装后将全部淹没在水下(实际沉管法隧道工程中,注水起浮前可以直接测量),如果要直接标定就必须将水池内的水排出至安装高度。因此采用了特殊设计,将安装架设计为部分露出水面形式,通过对水上部分的测量,计算出水下部分的准确坐标。

②设备安装

完成前期准备后,将超声发射传感器测量架按照编号顺序逐个安装到行车上相应位置,为了保证构件在模拟运行过程中不发生松动滑移,采用螺栓固定的方式;将超声接收传感器测量架按照编号逐个安装到池壁上,为了保证构件在试验过程中不发生松动滑移,采用膨胀螺栓固定的方式;传感器阵列安装完成后,全部连接至控制机对应编号的接口;架设全站仪,并调整到坐标测量状态。

③标定

即控制点和传感器中心的坐标测量,采用全站仪光学测量方法,由于不具备棱镜使用条件,因此采用了无棱镜测量方式(精度 2mm)。采用坐标测量方式逐个测量每个安装架、池壁和行车上标记的坐标并记录在册,反算出所有传感器中心的坐标以及行车、池壁结构的控制点坐标。

④测量

连接通信和控制终端设备,并最终开启软件,检查并调试测量系统到正常运行状态。行车移至距离池壁5.5m的位置,开始超声阵列系统的测量。行车基本保持3cm/s的速度向池壁方向移动,在此过程中按1次/5s的频次连续进行测量。同时,每隔0.1m停止移动,然后采用高精度全站仪测量一次发射传感器安装架上标记的三维坐标并分批次按照时间节点记录。

⑤结果分析

分别整理全站仪和超声阵列系统的测量结果,将全站仪测量得到的标记点坐标转换到发射传感器和行车、池壁的控制点坐标,并与超声阵列系统测量得到的控制点坐标进行比较,分析符合性及精度指标。在此基础上对试验全程进行分析,对其可行性、可靠性进行分析,并就过程当中的问题和缺陷进行分析,结合实际运用的要求制定下一步改进提高的建议。

(4)试验过程

根据以上方案进行了超声阵列测量系统的室内模拟试验,具体过程描述如下:

①安装架采用了刚度高、变形小的圆钢管焊接结构,利用抱箍将超声传感器紧固到安装架上。

②按照标定方案对安装好的测量架逐个进行了初始状态标定,标定采用了0.5″级的TM50型全站仪,在测量架悬吊静止条件下,测量出所有标记点和传感器中心的空间坐标。所有点标定共实施3个测回,取平均值。

③标定完成后,按照预定的方案将发射和接收阵列分别安装在行车和池壁上,安装完成后逐个检查结构的稳定性。具体方法为:采用全站仪观测方法,分别测量标记点2h前后的坐标,比较坐标值是否发生了变化,以此判断安装结构的稳固性。在此过程中,为了模拟试验过程中的水流环境,不间断地搅动水体。

④连接整个测量系统,包括传感器、工控机、终端笔记本的供电和通信线路,并调试确认正常。行车停靠到距离池壁约5.5m的位置。

⑤开始测量试验,启动行车并向离开池壁的方向移动,速度基本保持3cm/s,期间设定以间隔5s采集一次的频次进行测量,即大约15cm采集一次数据。最后实际运行长度为5.0m,共采集到93组有效数据。同时每隔约0.5m,停止运行,采用全站仪测量得到了所有发射传感器安装架上标记点和行车控制标记点的坐标,前后共记录12组数据。

⑥数据处理和分析,共剔除波形紊乱的数据2组,首波不明确的数据6组,有效数据87组。

⑦将全站仪测量得到的标记点坐标转换为发射传感器中心坐标,并与水下超声阵列的实测值进行了比较,得到二者之间的差值分布和统计数据。

⑧根据试验过程记录和测量结果分析了系统的性能,结合隧道特点提出了适应性试验方案。

(5)试验过程及结果分析

①测量架标定结果统计

采用0.5″级高精度徕卡TM50型全站仪对安装架进行了标定,标定结果为安装架静放条件下的标记点和传感器测量中心的三维坐标,具体见表7.2-14。安装架采用刚性材料,确保在试验过程中不发生弯折和扭曲等变形,即测量点的空间相对位置是固定不变的。

室内试验中测量架标定结果统计表 表 7.2-14

编号	1 测回			2 测回			3 测回			最终取值		
	X	Y	Z	X	Y	Z	X	Y	Z	X	Y	Z
FB-1-1	6.705	13.514	3.322	6.704	13.514	3.322	6.705	13.514	3.321	6.705	13.514	3.322
FB-1-2	6.244	13.598	3.316	6.244	13.598	3.316	6.244	13.598	3.317	6.244	13.598	3.316
FB-1-3	6.470	13.543	2.636	6.470	13.544	2.636	6.471	13.543	2.636	6.470	13.543	2.636
FC-1-1	6.491	13.488	0.301	6.491	13.488	0.301	6.491	13.489	0.302	6.491	13.488	0.301
FB-2-1	5.925	13.475	4.291	5.926	13.475	4.291	5.925	13.475	4.290	5.925	13.475	4.291
FB-2-2	5.456	13.504	4.289	5.457	13.504	4.288	5.456	13.504	4.289	5.456	13.504	4.289
FB-2-3	5.682	13.480	3.578	5.682	13.480	3.579	5.681	13.480	3.578	5.682	13.480	3.578
FC-2-1	5.693	13.433	1.278	5.694	13.433	1.279	5.693	13.434	1.278	5.693	13.433	1.278
FB-3-1	4.726	13.456	3.573	4.725	13.456	3.574	4.725	13.456	3.574	4.725	13.456	3.574
FB-3-2	4.251	13.424	3.579	4.252	13.425	3.579	4.251	13.425	3.579	4.251	13.425	3.579
FB-3-3	4.470	13.426	2.991	4.471	13.425	2.991	4.470	13.426	2.991	4.470	13.426	2.991
FC-3-1	4.436	13.375	0.574	4.435	13.376	0.574	4.436	13.375	0.575	4.436	13.375	0.574
SB-1-1	5.760	16.179	3.619	5.761	16.179	3.618	5.760	16.179	3.618	5.760	16.179	3.618
SB-1-2	5.505	16.186	3.632	5.504	16.186	3.633	5.505	16.186	3.633	5.505	16.186	3.633
SB-1-3	5.590	16.191	2.964	5.589	16.190	2.963	5.590	16.190	2.964	5.590	16.190	2.964
SC-1-1	6.014	16.110	2.088	6.013	16.109	2.087	6.014	16.110	2.088	6.014	16.110	2.088
SC-1-2	5.021	16.145	2.181	5.020	16.146	2.181	5.020	16.145	2.181	5.020	16.145	2.181
SC-1-3	4.936	16.151	1.182	4.935	16.152	1.183	4.936	16.151	1.183	4.936	16.151	1.183
SC-1-4	5.928	16.129	1.091	5.929	16.128	1.091	5.928	16.128	1.091	5.928	16.128	1.091
SB-2-1	4.523	15.532	3.255	4.522	15.532	3.256	4.524	15.532	3.256	4.523	15.532	3.256
SB-2-2	4.269	15.504	3.255	4.268	15.505	3.255	4.269	15.504	3.255	4.269	15.504	3.255
SB-2-3	4.399	15.526	2.677	4.398	15.526	2.676	4.398	15.526	2.677	4.398	15.526	2.677
SC-2-1	4.901	15.510	1.754	4.901	15.510	1.754	4.900	15.510	1.754	4.901	15.510	1.754
SC-2-2	4.894	15.521	0.749	4.895	15.520	0.749	4.895	15.521	0.749	4.895	15.521	0.749
SC-2-3	3.909	15.393	1.757	3.910	15.392	1.758	3.910	15.393	1.757	3.910	15.393	1.757
SC-2-4	3.909	15.406	0.761	3.908	15.406	0.761	3.909	15.406	0.761	3.909	15.406	0.761
SB-3-1	7.232	15.520	3.208	7.233	15.521	3.208	7.232	15.521	3.208	7.232	15.521	3.208
SB-3-2	7.000	15.411	3.203	6.999	15.412	3.202	7.000	15.412	3.203	7.000	15.412	3.203
SB-3-3	7.134	15.501	2.544	7.133	15.502	2.544	7.134	15.501	2.544	7.134	15.501	2.544
SC-3-1	7.598	15.621	1.702	7.598	15.621	1.702	7.598	15.620	1.702	7.598	15.621	1.702
SC-3-2	7.586	15.634	0.701	7.587	15.635	0.701	7.586	15.634	0.701	7.586	15.634	0.701
SC-3-3	6.691	15.202	1.717	6.692	15.201	1.716	6.691	15.202	1.717	6.691	15.202	1.717
SC-3-4	6.684	15.203	0.715	6.685	15.204	0.715	6.684	15.204	0.716	6.684	15.204	0.715

②测量架的初始安装状态测量和稳定性验证

按照预定方案将测量架和标记物安装至相应的位置,并对初始安装状态进行了测量,为了保证整个测量系统稳定可靠,采用了监测测量的方法,分别测量了各个安装架上标记点在1h、2h、3h的空间坐标。在此过程中不间断地随机搅动池水,形成水流对安装架的冲击力。测量统计结果见表7.2-15,由测量结果可知,在监测过程中,各测点三轴方向上坐标的最大互差为3mm,最小为0,绝大部分不超过1mm,可见整个测量结构的安装是稳固可靠的。测量系统的初始坐标值取4次结果的平均值。

③试验过程及测量成果分析

试验中通过移动行车模拟管节对接的过程,在水池边以安装接收架的池壁为起点,沿长度方向(Y方向)每隔0.5m做一处标记,行车初始停在5.5m的位置,即收/发传感器阵列在初始状态时,相距约0.5m。

另外在与行车上所有标记点通视的位置设全站仪观测站,行车每运行约0.5m,对所有标记点进行一次测量,并根据初始标定结果计算得出发射传感器的测量中心坐标。

准备工作就绪后,启动行车,设定以1cm/s的速度匀速移动。同时启动超声阵列测量系统,以1次/5s的频次采集数据并自动计算出发射传感器的测量中心坐标。

行车每隔约0.5m暂停一次运行,并记录此时全站仪和超声阵列系统的坐标测量值。这两个坐标测量值都反映了同一点的空间位置,对二者进行对比分析,利用全站仪测量得到的高精度坐标值对超声阵列测量系统的技术性能进行验证和评价。全站仪测量对比值的点测量值统计和分析成果见表7.2-16。另外,绘制了三轴方向上坐标差值与空间距离的关系曲线图,如图7.2-64所示。

由以上图表可知,坐标差随着距离的靠近而递减,二者之间具有较好的一致性;三轴方向上的差值不完全相同,但变化趋势基本一致;当收/发阵列间距在2m以内时(静态测量),差值在±3cm以内。

④室内试验总结

通过室内试验,达到了对超声阵列测量系统可行性验证和性能评价的目的。将超声阵列系统的测量结果与高精度全站仪实测结果进行对比可知,在室内条件下,在收发距离2m以内,其各个方向上坐标分量的测量精度大致相同,优于±3.0cm。但室内试验与现场试验在测量条件和环境方面有很大的区别,根据对各主要因素的分析,得出了详细的统计结果,见表7.2-17。

5)佛山东平隧道高精度测控技术

管节沉放与对接安装主要包括管节初步对接、安装拉合装置、管节拉合及检测、水压接、管节检测验收、管节稳定压载等内容,管节沉放步骤如图7.2-65所示。

管节浮运、沉放与对接技术/第7章

表 7.2-15 安装架稳定性检测结果统计表

测点编号	初始状态			1h 后			2h 后			3h 后			最大互差（Max-Min）			最终取值		
	X	Y	Z	X	Y	Z	X	Y	Z	X	Y	Z	X	Y	Z	X	Y	Z
SB-1-1	1.487	13.907	0.567	1.488	13.907	0.567	1.488	13.906	0.568	1.486	13.906	0.567	0.002	0.001	0.001	1.487	13.907	0.567
SB-1-2	1.488	14.165	0.564	1.488	14.165	0.565	1.486	14.165	0.564	1.488	14.165	0.563	0.002	0.000	0.002	1.488	14.165	0.564
SB-1-3	1.482	14.028	−0.098	1.481	14.028	−0.098	1.482	14.029	−0.098	1.483	14.026	−0.098	0.002	0.003	0.000	1.482	14.028	−0.098
SB-2-1	1.473	8.435	0.569	1.473	8.436	0.570	1.475	8.435	0.569	1.473	8.435	0.568	0.002	0.001	0.002	1.474	8.435	0.569
SB-2-2	1.477	8.691	0.567	1.477	8.691	0.567	1.478	8.690	0.567	1.478	8.690	0.566	0.001	0.001	0.001	1.478	8.691	0.567
SB-2-3	1.474	8.559	−0.011	1.475	8.559	−0.010	1.474	8.559	−0.011	1.474	8.559	−0.011	0.001	0.000	0.001	1.474	8.559	−0.011
SB-3-1	1.462	2.928	0.551	1.462	2.927	0.551	1.460	2.927	0.551	1.461	2.928	0.550	0.002	0.001	0.001	1.461	2.928	0.551
SB-3-2	1.487	3.184	0.549	1.488	3.184	0.548	1.487	3.183	0.549	1.487	3.183	0.549	0.001	0.001	0.001	1.487	3.184	0.549
SB-3-3	1.468	3.048	−0.004	1.468	3.047	−0.004	1.468	3.047	−0.004	1.468	3.047	−0.003	0.000	0.001	0.001	1.468	3.047	−0.004
CB-1	1.362	14.910	0.028	1.362	14.911	0.029	1.364	14.911	0.028	1.363	14.910	0.028	0.002	0.001	0.001	1.363	14.911	0.028
CB-2	1.373	14.918	0.457	1.374	14.918	0.457	1.371	14.918	0.457	1.373	14.919	0.457	0.003	0.001	0.000	1.373	14.918	0.457
CB-3	1.357	2.707	0.439	1.357	2.706	0.438	1.357	2.708	0.439	1.357	2.707	0.438	0.000	0.002	0.001	1.357	2.707	0.439
CB-4	1.358	2.706	0.143	1.359	2.706	0.143	1.360	2.706	0.143	1.358	2.706	0.142	0.002	0.000	0.001	1.359	2.706	0.143

注：SB-接收安装架标记点；CB-水池壁。

表 7.2-16 发射传感器中心的测量结果对比统计表（实测声速 1473.299m/s）

点号	收发间距（粗测）(m)	数据来源	FC-1-1 X	FC-1-1 Y	FC-1-1 Z	SQ-C (m)	FC-2-1 X	FC-2-1 Y	FC-2-1 Z	SQ-C (m)	FC-3-1 X	FC-3-1 Y	FC-3-1 Z	SQ-C (m)
1	0.5	C	13.817	0.794	−0.908	0.017	8.972	0.810	−1.246	0.017	3.813	0.812	−0.922	0.018
		Q	13.834	0.812	−0.924		8.955	0.794	−1.264		3.794	0.794	−0.938	
		|Q-C|	0.017	0.018	0.016		0.017	0.016	0.018		0.019	0.018	0.016	
2	1.0	C	13.846	1.166	−0.904	0.019	8.930	1.184	−1.285	0.019	3.770	1.145	−0.922	0.019
		Q	13.828	1.147	−0.925		8.951	1.166	−1.266		3.790	1.166	−0.939	
		|Q-C|	0.018	0.019	0.021		0.021	0.018	0.019		0.020	0.021	0.017	
3	1.5	C	13.807	1.452	−0.945	0.023	8.976	1.430	−1.238	0.024	3.769	1.474	−0.962	0.023
		Q	13.831	1.430	−0.923		8.951	1.452	−1.262		3.790	1.452	−0.937	
		|Q-C|	0.024	0.022	0.022		0.025	0.022	0.024		0.021	0.022	0.025	
4	2.0	C	13.810	2.095	−0.896	0.027	8.931	2.068	−1.291	0.027	3.770	2.121	−0.912	0.026
		Q	13.837	2.120	−0.924		8.958	2.095	−1.263		3.796	2.095	−0.938	
		|Q-C|	0.027	0.025	0.028		0.027	0.027	0.028		0.026	0.026	0.026	
5	2.5	C	13.865	2.745	−0.895	0.030	8.986	2.776	−1.295	0.031	3.825	2.715	−0.969	0.031
		Q	13.834	2.714	−0.924		8.956	2.745	−1.264		3.794	2.745	−0.938	
		|Q-C|	0.031	0.031	0.029		0.030	0.031	0.031		0.031	0.030	0.031	
6	3.0	C	13.860	3.109	−0.958	0.033	8.980	3.076	−1.234	0.033	3.819	3.141	−0.975	0.033
		Q	13.825	3.142	−0.926		8.948	3.109	−1.267		3.788	3.109	−0.940	
		|Q-C|	0.035	0.033	0.032		0.032	0.033	0.033		0.031	0.032	0.035	
7	3.5	C	13.793	3.428	−0.961	0.036	8.914	3.391	−1.301	0.037	3.751	3.391	−0.902	0.037
		Q	13.830	3.393	−0.924		8.950	3.428	−1.263		3.788	3.428	−0.938	
		|Q-C|	0.037	0.035	0.037		0.036	0.037	0.038		0.037	0.037	0.036	

续上表

点号	收发间距(粗测)(m)	数据来源	FC-1-1 X	FC-1-1 Y	FC-1-1 Z	SQ-C (m)	FC-2-1 X	FC-2-1 Y	FC-2-1 Z	SQ-C (m)	FC-3-1 X	FC-3-1 Y	FC-3-1 Z	SQ-C (m)
8	4.0	C	13.793	4.146	−0.963		8.993	4.109	−1.304		3.750	4.107	−0.977	
		Q	13.832	4.187	−0.924	0.040	8.953	4.146	−1.264	0.039	3.791	4.146	−0.938	0.040
		|Q−C|	0.039	0.041	0.039		0.040	0.037	0.040		0.041	0.039	0.039	
9	4.5	C	13.870	4.514	−0.881		8.991	4.556	−1.224		3.829	4.557	−0.895	
		Q	13.828	4.471	−0.924	0.043	8.948	4.514	−1.264	0.042	3.786	4.514	−0.938	0.043
		|Q−C|	0.042	0.043	0.043		0.043	0.042	0.040		0.043	0.043	0.043	
10	5.5	C	13.781	5.381	−0.970		8.900	5.427	−1.309		3.737	5.337	−0.893	
		Q	13.826	5.334	−0.924	0.046	8.947	5.381	−1.263	0.046	3.783	5.381	−0.938	0.045
		|Q−C|	0.045	0.047	0.046		0.047	0.046	0.046		0.046	0.044	0.045	

差值统计：

S_{Q-C}：最大值46mm，最小值17mm，平均值31.5mm；
$X_{|Q-C|}$：最大值47mm，最小值17mm，平均值31.6mm；
$Y_{|Q-C|}$：最大值47mm，最小值16mm，平均值31.2mm；
$Z_{|Q-C|}$：最大值46mm，最小值16mm，平均值31.4mm；

收发间距2m以内时：
S_{Q-C}：最大值24mm，最小值17mm，平均值21.6mm；
$X_{|Q-C|}$：最大值27mm，最小值17mm，平均值21.8mm；
$Y_{|Q-C|}$：最大值27mm，最小值16mm，平均值21.2mm；
$Z_{|Q-C|}$：最大值28mm，最小值16mm，平均值21.7mm

注：1. C-超声阵测量结果；Q-高精度全站仪测量换算结果；
2. $|Q-C|$-二者差值绝对值；$S_{Q-C}=\sqrt{(X^2_{|Q-C|}+Y^2_{|Q-C|}+Z^2_{|Q-C|})/3}$。

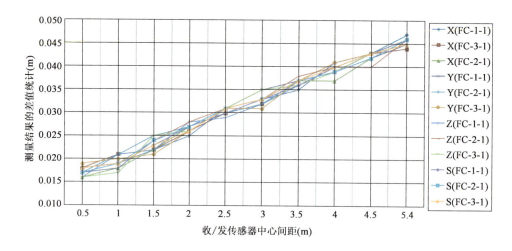

图 7.2-64 超声阵列系统测量过程中各指标的变化统计图

超声阵列系统的室内和现场试验优缺点对比统计表

表 7.2-17

序号	内容	室内试验	现场试验
1	试验条件	(1)试验条件相对宽松；(2)模拟实际应用环境，能够达到对原理、技术的可行性检验和对设备、方案的初步检验	(1)试验条件严格；(2)试验条件为实际应用环境，不仅可以达到对原理和技术可行性的验证，而且可以达到对设备、方案的全面检验
2	干扰因素	试验期间，干扰因素基本不存在	干扰因素多，与管节制作、浮运、沉放、潜水、回填作业等各个环节均有一定的交叉干扰
3	可重复性	可重复性强，有利于通过试验发现系统存在的问题并排错	关键内容不可重复
4	实验效果	受条件限制，达不到全面检验系统性能指标的目的	所得数据和结论能够全面准确反映设备的可行性、可靠性以及精度等等重要的性能指标
5	结果的可信度	为理想条件结果，相关的性能指标可能与实际工程应用存在较大的差别	测量结果能够全面准确反映真实条件下的设备性能指标
6	设备的设计加工	室内试验中，设备不会受到环境因素破坏，因此没有必要采取过多的保护措施，只需保证足够的结构刚度即可	测量过程跨越至少数月甚至更长的时间，与其他施工作业交叉，预埋件安装在管节的管头或管尾等敏感位置，易受到影响甚至破坏。因此要考虑长期防腐措施和安全防护措施
7	设备安装	安装过程简单	安装过程复杂，而且必须做好防护结构
8	标定	标定过程比较简单，且由于全站仪测距距离较短（10m 之内），精度较高	(1)标定工作量大，现场情况相对复杂，全站仪需要多次设站才能完成测量；(2)全站仪测距距离在 200m 以内，精度略差，为 ±2mm 左右
9	测量前准备	工作量很少，仅有设备的连接和调试	工作量较大，沉放前要对整个系统进行调试

续上表

序号	内容	室内试验	现场试验
10	水下测量	仅能模拟水平运动,测量过程耗时较短,过程中基本不会存在异常情况,单次3~5min	(1)管节沉放对接过程不确定因素多,测量时间长,且存在过程中破坏的可能; (2)受水流、水质和泥沙的影响,测量效果和精度具有一定的不确定性

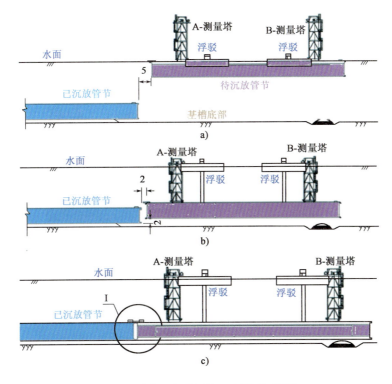

图 7.2-65 管节沉放对接过程示意图(尺寸单位:m)

沉放采用双浮驳骑吊方案,管节底设 2 个支撑点,每个支撑点布置 1 台 800t 的千斤顶支撑,选择的千斤顶有效行程应满足工程需要。

管节沉放的定位控制标准:平面轴线偏差不超过 ±35mm,高程偏差不超过 ±35mm。在测量定位系统的严格监控及潜水员水下检测配合下,操作管节的 2 只专用吊驳及管节的纵、横调节系统,将管节逐级进行沉放,并适时地调整管节的纵坡,当管节底部离设计高程为 1.0m 时,进行管节的初步对接。具体操作如下:

①操作纵、横调节系统,将管节绞移至前距已装管节 0.7m 位置。
②操作专用吊驳,沉放管节至管底设计高程以下 0.6m。
③在测量系统的严格监控下,调整管节的轴线偏差。
④潜水员检查 GINA 止水带状况,清除杂物,详细检查测量两条管节的相对位置。
⑤沉放管节时,中钢剪切键与已安装管节的下钢剪切键鼻托连接,使尾部垂直千斤顶支承在临时支承垫块上,并承受 50% 的负荷。

⑥测量系统及潜水员检查报告。

⑦管节初步对接完成。

⑧完成了初步对接后,潜水员水下将拉杆及拉合挡块安装在已装管节尾部拉合座上。

⑨操作拉合千斤顶进行拉合作业。

⑩水力压接是两节管节封门之间通过 GINA 止水带形成一个相对水密空间之后,将封门之间的水排出去,利用待安装管节尾部的水压力将向已装管节方向压接,随着排水进程的推进,管节间距离越来越小直至完成对接。

现场试验选择 E1-E2 接头和 E2-E3 接头作为研究对象,共进行了两次现场测量(图7.2-66),从设备加工、构件预埋、标定、安装、水下测量到最终结果分析历时 20 个月。

a)测量设备安装

b)测量设备安装后　　　　　　c)沉放开始阶段

d)沉放过程中　　　　　　e)沉放过程中测量设备即将入水

图 7.2-66

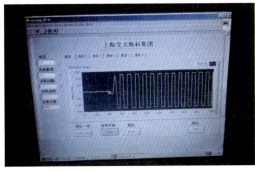
f) 部分超声波时程曲线

g) 浮驳上测量阵列控制

图 7.2-66　现场试验实照

(1) 试验方案

如图 7.2-67 所示,整个试验过程按照前期准备、设备安装、标定、水下测量、全站仪测量、数据采集、结果分析等几个步骤进行。

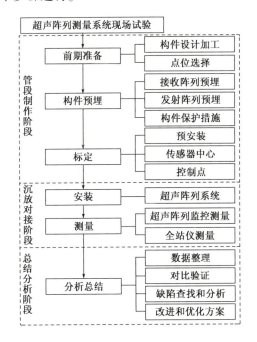

图 7.2-67　超声阵列测量系统现场试验步骤流程图

试验过程每个步骤的具体实施细节如下:

① 前期准备

构件设计加工、点位选择及预处理。构件属于非标设备,包括三部分:预埋件、支架和传感器底座。综合考虑整个测量过程,为保证足够的强度和刚度,主体结构采用无缝圆钢管,分上下两部分,中间接头采用法兰盘+螺栓连接。传感器安装底座采用高精度机床加工,机床上采用自动对中卡盘,对中误差不大于 ±0.001mm。管节顶面共安装 3 组传感器阵列,为了避免传感器阵列间的相互干扰,根据管节顶面结构尺寸和其他作业工序的特点,阵列间距设置为10.2m,距离端头0.6m。阵列结构和安装位置见图7.2-68~图7.2-70。

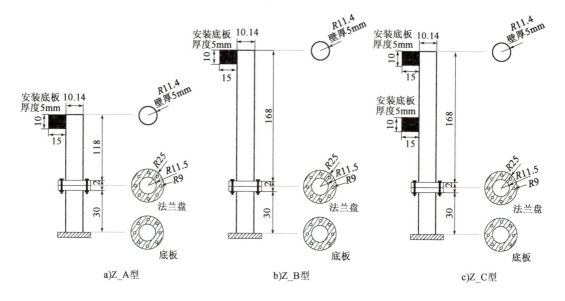

图7.2-68 传感器安装支架结构设计图(尺寸单位:cm)

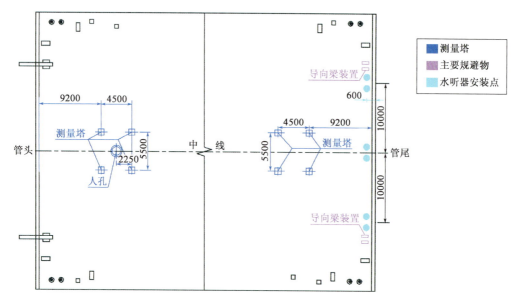

图7.2-69 E1管节顶面超声接收阵列设计安装点位图(尺寸单位:mm)

②构件预埋

包括管节制作过程中相关构件的预埋和保护。预埋件为带有底座的无缝圆钢管,安装过程中,首先将底座调平并焊接到钢筋架上,然后再开始浇筑混凝土,浇筑过程中要防止输送管撞击到底座结构或者混凝土浆液灌入钢管中,底座周边浇筑时配合人工摊铺。防锚层浇筑完成后,在底座周边构筑混凝土挡墙,高度基本与底座持平,目的是防止后续作业中底座被钢缆破坏。

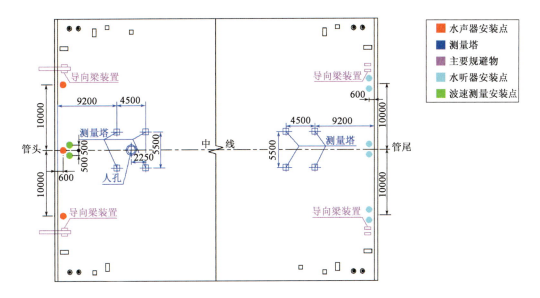

图 7.2-70　E2 管节顶面超声接收阵列设计安装点位图(尺寸单位:mm)

③标定

即控制点和传感器中心的坐标测量,控制点选择管节断面上转角的位置。根据东平隧道结构特点,每个端面选择 6 个控制点。标定设备采用 0.5″级徕卡 TM50 型超高精度全站仪,干坞四周布设多个平面高程控制点。干坞内环境复杂,站点选择比较困难,因此采用自由设站的方法,首先通过后方交会的方式确定站点坐标,然后再测量控制点及传感器中心坐标。场地内的控制点以及全站仪设站点布置方案如图 7.2-71 所示。标定完成后,做好记录或标记,并拆卸设备,传感器阵列的点位布置如图 7.2-72 所示。

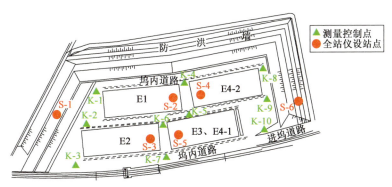

图 7.2-71　测量控制点与全站仪设站点位置示意图

④测量前安装和准备工作

管节浮运到位后开始设备的安装,分水下水上两部分,水上部分直接安装,水下采用潜水安装。水上部分安装难度较小,直接按照编号安装到对应的预埋座上即可。水下部分的安装相对复杂,潜水员首先下水并对预埋件进行定位,将浮漂标记系好;然后将测量构件吊装入水,由潜水员顺着浮漂绳索定位到相应的预埋底座并完成安装。最后将所有的编号后的电缆沿着管节顶面，最终集中连接到浮舶上的控制箱接口。开始沉放后，随着管节的下沉不断松放电缆，传感器入水并正确接收到数据后开始跟踪信号，待正常后开始测量，最终管节的姿态直接反映到终端计算机上。此外，在南北两岸选择与管节测量塔上棱镜全程通视的站点，在对接过程中详细记录测点坐标数据。

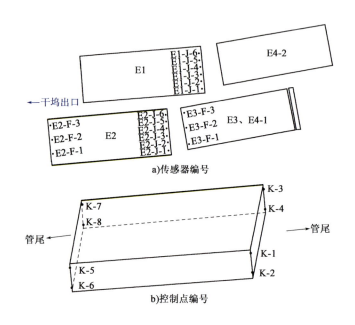

图 7.2-72　超声阵列传感器及控制点编号图
E-F-管段发射传感器；E-J-管段接收传感器

⑤结果分析

分别整理全站仪和超声阵列系统的测量结果。利用全站仪测量得到的两个控制塔上测点的坐标计算得出对接端面上控制点的坐标，并与超声阵列系统测量得到的控制点坐标进行比较，分析相关性能指标。

（2）测量过程

通过室内试验验证了该方法和设备的可行性和可靠性，为了对其工程应用效果进行检验，又进行了超声阵列测量系统的现场试验。现场试验共进行了两次，分别在 E2 和 E3&E4-1 沉放期间（E4-1 为短管节，与 E3 在坞内拉合后一起浮运沉放），对接端面分别为 E1-E2 间和 E2-E3 和 E4-1 间。下面详细介绍和分析两次试验过程。

2014 年 10 月期间，按照设计方案完成了超声阵列系统构建的加工、防腐蚀处理和预埋件的安装，12 月 12 日至 16 日间，先后连续 5 天对控制点和超声传感器测量中心进行了 3 个测回的标定，具体标定过程数据，见表 7.2-18。最终坐标取值在测量数据无明显偏差的情况下，取 3 次测回的平均值，最终取值见表 7.2-19。12 月 18 日管节注水起浮，至此完成了所有的前期试验任务。

传感器测量中心及控制点标定成果统计表   表7.2-18

编号	第1测回			第2测回			第3测回		
	X	Y	Z	X	Y	Z	X	Y	Z
E1-J-1 上	109.775	198.300	11.008	109.776	198.300	11.008	109.776	198.300	11.008
E1-J-1 下	109.784	198.291	10.001	109.785	198.290	10.002	109.783	198.290	10.002
E1-J-2 上	110.823	198.284	10.998	110.823	198.284	10.999	110.823	198.283	10.998
E1-J-2 下	110.814	198.283	9.997	110.813	198.283	9.997	110.814	198.282	9.997
E1-J-3 上	123.058	198.276	11.000	123.059	198.275	11.001	123.058	198.274	11.001
E1-J-3 下	123.062	198.269	10.003	123.063	198.269	10.003	123.063	198.269	10.004
E1-J-4 上	124.059	198.265	11.005	124.059	198.264	11.004	124.059	198.264	11.004
E1-J-4 下	124.062	198.264	10.002	124.062	198.265	10.002	124.063	198.265	10.002
E1-J-5 上	136.295	198.282	10.998	136.295	198.283	10.997	136.295	198.282	10.998
E1-J-5 下	136.303	198.285	10.000	136.304	198.285	10.001	136.305	198.285	10.001
E1-J-6 上	137.340	198.757	10.997	137.341	198.757	10.998	137.341	198.757	10.997
E1-J-6 下	137.334	198.269	9.996	137.334	198.268	9.997	137.334	198.268	9.996
E1-K-1	103.809	198.802	8.702	103.810	198.802	8.702	103.810	198.802	8.702
E1-K-2	103.796	199.010	0.301	103.796	199.011	0.301	103.796	199.011	0.301
E1-K-3	143.065	198.806	8.701	143.064	198.806	8.702	143.064	198.806	8.701
E1-K-4	143.090	199.017	0.301	143.091	199.016	0.301	143.091	199.017	0.300
E2-J-1 上	107.560	315.265	10.995	107.559	315.265	10.995	107.559	315.265	10.994
E2-J-1 下	107.556	315.256	9.997	107.556	315.257	9.997	107.556	315.256	9.997
E2-J-2 上	108.511	315.277	11.007	108.511	315.277	11.006	108.510	315.277	11.006
E2-J-2 下	108.520	315.227	10.002	108.521	315.228	10.001	108.520	315.228	10.002
E2-J-3 上	120.393	315.218	11.001	120.392	315.219	11.001	120.393	315.219	11.000
E2-J-3 下	120.413	315.212	9.998	120.412	315.212	9.999	120.411	315.212	9.999
E2-J-4 上	121.439	315.249	10.998	121.438	315.250	10.997	121.439	315.249	10.997
E2-J-4 下	121.431	315.242	9.999	121.431	315.242	9.998	121.431	315.242	9.999
E2-J-5 上	133.470	315.245	11.005	133.470	315.245	11.005	133.470	315.245	11.006
E2-J-5 下	133.476	315.242	10.002	133.476	315.243	10.002	133.475	315.243	10.002
E2-J-6 上	134.509	315.219	11.004	134.509	315.218	11.005	134.509	315.218	11.004
E2-J-6 下	134.502	315.222	10.006	134.502	315.222	10.006	134.502	315.222	10.005
E2-F-1	107.360	201.339	11.006	107.360	201.340	11.007	107.361	201.340	11.007
E2-F-2	120.639	201.402	10.001	120.639	201.401	10.000	120.639	201.401	10.001
E2-F-3	134.218	201.370	11.001	134.218	201.371	11.002	134.218	201.371	11.002
E2-K-1	101.326	200.836	8.669	101.326	200.837	8.668	101.326	200.837	8.669
E2-K-2	101.282	200.987	0.298	101.283	200.988	0.299	101.283	200.987	0.299
E2-K-3	140.679	200.839	8.700	140.679	200.840	8.701	140.679	200.839	8.700
E2-K-4	140.614	200.980	0.302	140.614	200.980	0.303	140.614	200.980	0.302

续上表

编号	第1测回			第2测回			第3测回		
	X	Y	Z	X	Y	Z	X	Y	Z
E2-K-5	101.302	315.905	8.670	101.302	315.905	8.669	101.303	315.905	8.669
E2-K-6	101.302	315.906	0.300	101.302	315.905	0.300	101.302	315.905	0.300
E2-K-7	140.577	315.768	8.703	140.578	315.768	8.702	140.578	315.767	8.702
E2-K-8	140.599	315.918	0.299	140.598	315.918	0.299	140.599	315.918	0.298
E3-F-1	107.569	201.146	10.993	107.569	201.147	10.992	107.570	201.147	10.993
E3-F-2	120.661	201.147	10.003	120.662	201.147	10.004	120.662	201.147	10.004
E3-F-3	134.032	201.143	11.003	134.031	201.142	11.002	134.031	201.143	11.003
E3-K-1	101.312	200.632	8.701	101.313	200.632	8.701	101.313	200.632	8.701
E3-K-2	101.316	200.486	0.301	101.315	200.486	0.300	101.316	200.486	0.300
E3-K-3	140.577	200.626	8.700	140.577	200.626	8.699	140.577	200.626	8.700
E3-K-4	140.592	200.494	0.301	140.591	200.494	0.301	140.591	200.494	0.300

传感器测量中心及控制点坐标值统计表　　　　　表7.2-19

编号	X	Y	Z	编号	X	Y	Z
E1-J-1(上)	109.776	198.300	11.008	E2-J-4(下)	121.431	315.242	9.999
E1-J-1(下)	109.784	198.290	10.002	E2-J-5(上)	133.470	315.245	11.005
E1-J-2(上)	110.823	198.284	10.998	E2-J-5(下)	133.476	315.243	10.002
E1-J-2(下)	110.814	198.283	9.997	E2-J-6(上)	134.509	315.218	11.004
E1-J-3(上)	123.058	198.275	11.001	E2-J-6(下)	134.502	315.222	10.006
E1-J-3(下)	123.063	198.269	10.003	E2-F-1	107.360	201.340	11.007
E1-J-4(上)	124.059	198.264	11.004	E2-F-2	120.639	201.401	10.001
E1-J-4(下)	124.062	198.265	10.002	E2-F-3	134.218	201.371	11.002
E1-J-5(上)	136.295	198.282	10.998	E2-K-1	101.326	200.837	8.669
E1-J-5(下)	136.304	198.285	10.001	E2-K-2	101.283	200.987	0.299
E1-J-6(上)	137.341	198.757	10.997	E2-K-3	140.679	200.839	8.700
E1-J-6(下)	137.334	198.268	9.996	E2-K-4	140.614	200.980	0.302
E1-K-1	103.810	198.802	8.702	E2-K-5	101.302	315.905	8.669
E1-K-2	103.796	199.011	0.301	E2-K-6	101.302	315.905	0.300
E1-K-3	143.064	198.806	8.701	E2-K-7	140.578	315.768	8.702
E1-K-4	143.091	199.017	0.301	E2-K-8	140.599	315.918	0.299
E2-J-1(上)	107.559	315.265	10.995	E3-F-1	107.569	201.147	10.993
E2-J-1(下)	107.556	315.256	9.997	E3-F-2	120.662	201.147	10.004
E2-J-2(上)	108.511	315.277	11.006	E3-F-3	134.031	201.143	11.003
E2-J-2(下)	108.520	315.228	10.002	E3-K-1	101.313	200.632	8.701
E2-J-3(上)	120.393	315.219	11.001	E3-K-2	101.316	200.486	0.300
E2-J-3(下)	120.412	315.212	9.999	E3-K-3	140.577	200.626	8.700
E2-J-4(上)	121.439	315.249	10.997	E3-K-4	140.591	200.494	0.301

E2 管节于 2015 年 8 月 11 日浮运到预定水域,此时 E1 管节已安装到位,管节之间的相对位置如图 7.2-73a)所示。8 月 12 日进行了水下对接安装,整个过程共持续 12h,具体时间为 8:30—19:30。安装完成后,管节间相对位置如图 7.2-73b)所示。过程中采用超声阵列进行了 E1 与 E2 对接的高精度测量监控,详细记录了测量数据。与此同时,在河道的南北两岸上设置了全站仪观测点,并详细记录了管节安装过程中安装在两个控制塔上监测点的测量数据。

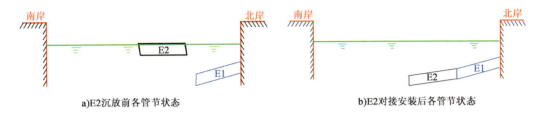

图 7.2-73　E2 对接前后的管节状态示意图

E3&E4-1 管节于 2015 年 9 月 25 日浮运到预定水域,此时 E2 管节已安装到位,管节之间的相对位置如图 7.2-74a)所示。9 月 26 日进行了水下安装,安装完成后的管节间相对位置如图 7.2-75b)所示。在此过程中采用超声阵列进行了 E2 与 E3 和 E4-1 对接的高精度测量监控。测量过程共持续 2.5h,具体时间为 12:00—14:30,数据记录要求基本同 E1 与 E2 对接。

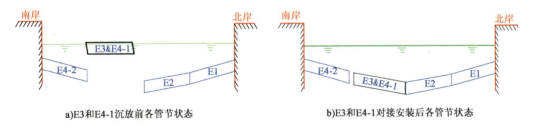

图 7.2-74　E3 和 E4-1 对接前后的管节状态示意图

(3) E2 管节沉放对接试验的数据处理与结果分析

测量成果数据主要分为两部分,一部分为超声阵列测量数据,另一部分为用于验证对比的全站仪测量数据。超声阵列测量数据直接以对接端面控制点三维坐标的形式表示;而全站仪数据是两个测量塔上棱镜中心的坐标,仍需进一步处理,计算得出对接端面控制点三维坐标,这样才能对两种形式的结果进行对比分析。

①全站仪测量结果分析

全站仪采用了徕卡 TM50 型机器人,具有自动跟踪和对中功能,测量过程中设定 1 次/10s 的采集间隔,并设定起始观测时刻,自动进行测量和数据储存。共采用了 2 台全站仪,分别设置在南北两岸,与 E2 管节上 A、B 塔的观测棱镜可以全程通视。全站仪测量得到的是 A、B 塔棱镜中心的坐标,通过换算得出了 E2 对接端面上的控制点坐标轨迹,部分结果见表 7.2-20。

②超声阵列测量结果分析

采用超声阵列系统对管节的沉放对接过程进行了测量监控,最终得到了所有控制点的坐标轨迹,部分结果见表 7.2-21。

E2 对接端面上控制点坐标轨迹统计表（全站仪测量结果）

表 7.2-20

点号	时间	E2-K-1			E2-K-2			E2-K-3			E2-K-4		
		X	Y	Z	X	Y	Z	X	Y	Z	X	Y	Z
1	11:20	510158.584	2542142.665	-0.406	510158.584	2542142.665	-8.806	510197.825	2542140.528	-0.406	510197.825	2542140.528	-8.806
2	11:25	510158.275	2542142.962	-0.404	510158.275	2542142.962	-8.804	510197.510	2542140.714	-0.404	510197.510	2542140.714	-8.804
3	11:30	510157.960	2542143.155	-0.401	510157.960	2542143.155	-8.801	510197.201	2542141.004	-0.401	510197.201	2542141.004	-8.801
4	11:35	510157.645	2542143.346	-0.399	510157.645	2542143.346	-8.799	510196.892	2542141.295	-0.399	510196.892	2542141.295	-8.799
5	11:40	510157.514	2542143.191	-0.873	510157.514	2542143.191	-9.273	510196.762	2542141.166	-0.873	510196.762	2542141.166	-9.273
6	11:45	510157.383	2542143.035	-1.346	510157.383	2542143.035	-9.746	510196.632	2542141.038	-1.346	510196.632	2542141.038	-9.746
7	11:50	510157.409	2542143.052	-1.313	510157.409	2542143.052	-9.713	510196.658	2542141.047	-1.313	510196.658	2542141.047	-9.713
8	11:55	510157.435	2542143.069	-1.279	510157.435	2542143.069	-9.679	510196.683	2542141.057	-1.279	510196.683	2542141.057	-9.679
9	12:00	510157.460	2542143.087	-1.246	510157.460	2542143.087	-9.646	510196.709	2542141.066	-1.246	510196.709	2542141.066	-9.646
10	12:05	510157.445	2542143.066	-1.529	510157.445	2542143.066	-9.929	510196.694	2542141.051	-1.529	510196.694	2542141.051	-9.929
11	12:10	510157.430	2542143.045	-1.891	510157.430	2542143.045	-10.291	510196.679	2542141.037	-1.891	510196.679	2542141.037	-10.291
12	12:15	510157.415	2542143.025	-2.164	510157.415	2542143.025	-10.564	510196.664	2542141.022	-2.164	510196.664	2542141.022	-10.564
13	12:20	510157.399	2542143.004	-2.476	510157.399	2542143.004	-10.876	510196.649	2542141.007	-2.476	510196.649	2542141.007	-10.876
14	12:25	510157.384	2542142.988	-2.733	510157.384	2542142.988	-11.133	510196.633	2542140.987	-2.733	510196.633	2542140.987	-11.133
15	12:30	510157.369	2542142.974	-3.051	510157.369	2542142.974	-11.451	510196.618	2542140.966	-3.051	510196.618	2542140.966	-11.451
16	12:35	510157.354	2542142.960	-3.218	510157.354	2542142.960	-11.618	510196.603	2542140.944	-3.218	510196.603	2542140.944	-11.618
17	12:40	510157.340	2542142.946	-3.506	510157.340	2542142.946	-11.906	510196.587	2542140.923	-3.506	510196.587	2542140.923	-11.906
18	12:45	510157.322	2542142.962	-4.584	510157.322	2542142.962	-12.984	510196.570	2542140.958	-4.584	510196.570	2542140.958	-12.984
19	12:50	510157.305	2542142.997	-5.662	510157.305	2542142.997	-14.062	510196.552	2542140.974	-5.662	510196.552	2542140.974	-14.062
20	12:55	510157.288	2542143.043	-5.701	510157.288	2542143.043	-14.101	510196.536	2542141.039	-5.701	510196.536	2542141.039	-14.101
21	13:00	510157.270	2542143.083	-5.740	510157.270	2542143.083	-14.140	510196.521	2542141.112	-5.740	510196.521	2542141.112	-14.140
22	13:05	510157.292	2542143.214	-6.224	510157.292	2542143.214	-14.624	510196.540	2542141.186	-6.224	510196.540	2542141.186	-14.624

E2 对接端面上控制点坐标轨迹计算结果统计表（超声阵列）

表 7.2-21

点号	时间	E2-K-1			E2-K-2			E2-K-3			E2-K-4		
		X	Y	Z	X	Y	Z	X	Y	Z	X	Y	Z
1	11:20	510158.557	2542142.594	−0.411	510158.508	2542142.624	−8.887	510197.766	2542140.503	−0.406	510197.811	2542140.609	−8.883
2	11:25	510158.398	2542142.935	−0.281	510158.161	2542142.898	−8.767	510197.486	2542140.810	−0.472	510197.554	2542140.712	−8.705
3	11:30	510157.845	2542143.273	−0.394	510157.935	2542143.150	−8.830	510197.303	2542141.031	−0.299	510197.172	2542140.880	−8.911
4	11:35	510157.664	2542143.380	−0.390	510157.782	2542143.262	−8.938	510196.959	2542141.379	−0.268	510196.792	2542141.213	−8.852
5	11:40	510157.431	2542143.292	−0.933	510157.451	2542143.291	−9.321	510196.637	2542141.094	−1.005	510196.784	2542141.103	−9.297
6	11:45	510157.301	2542142.955	−1.301	510157.341	2542142.968	−9.773	510196.596	2542140.923	−1.266	510196.735	2542141.003	−9.658
7	11:50	510157.342	2542142.943	−1.353	510157.337	2542143.051	−9.814	510196.585	2542141.019	−1.214	510196.525	2542140.997	−9.605
8	11:55	510157.384	2542143.122	−1.156	510157.510	2542143.024	−9.810	510196.689	2542140.965	−1.285	510196.776	2542140.998	−9.720
9	12:00	510157.384	2542142.958	−1.360	510157.459	2542143.154	−9.635	510196.832	2542141.176	−1.151	510196.835	2542141.131	−9.763
10	12:05	510157.540	2542143.194	−1.481	510157.472	2542143.002	−9.802	510196.642	2542140.947	−1.651	510196.725	2542141.121	−9.897
11	12:10	510157.353	2542142.999	−1.812	510157.546	2542143.129	−10.350	510196.778	2542141.091	−1.794	510196.623	2542141.099	−10.406
12	12:15	510157.292	2542143.144	−2.281	510157.495	2542142.916	−10.442	510196.555	2542140.966	−2.091	510196.738	2542141.066	−10.688
13	12:20	510157.327	2542142.982	−2.558	510157.491	2542142.912	−10.873	510196.579	2542141.014	−2.549	510196.688	2542140.904	−10.939
14	12:25	510157.288	2542143.075	−2.677	510157.331	2542142.898	−11.214	510196.542	2542140.871	−2.653	510196.613	2542140.976	−11.149
15	12:30	510157.327	2542143.017	−3.039	510157.385	2542142.930	−11.545	510196.571	2542140.897	−2.984	510196.530	2542140.875	−11.491
16	12:35	510157.311	2542142.967	−3.154	510157.283	2542143.017	−11.560	510196.616	2542141.050	−3.206	510196.650	2542140.943	−11.698
17	12:40	510157.342	2542143.032	−3.435	510157.267	2542143.014	−11.980	510196.590	2542140.895	−3.617	510196.597	2542140.868	−11.821
18	12:45	510157.317	2542143.001	−4.563	510157.265	2542142.998	−12.896	510196.570	2542140.926	−4.555	510196.495	2542140.996	−12.946
19	12:50	510157.304	2542142.964	−5.604	510157.351	2542143.067	−14.081	510196.562	2542141.024	−5.617	510196.464	2542140.906	−14.106
20	12:55	510157.283	2542143.038	−5.790	510157.358	2542143.086	−14.012	510196.593	2542140.980	−5.679	510196.570	2542140.976	−14.186
21	13:00	510157.304	2542143.118	−5.779	510157.220	2542143.050	−14.129	510196.604	2542141.085	−5.681	510196.506	2542141.189	−14.098
22	13:05	510157.349	2542143.291	−6.140	510157.262	2542143.299	−14.682	510196.553	2542141.136	−6.239	510196.592	2542141.206	−14.606

同时,根据测量坐标和管节的几何尺寸信息建立了三维模型,如图 7.2-75 所示。测量过程中测量得到的声速曲线如图 7.2-76 所示。

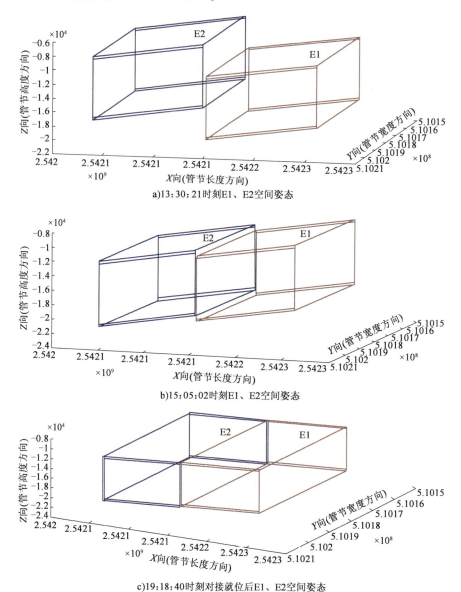

图 7.2-75　E1 与 E2 对接的超声阵列测量监控三维模型图

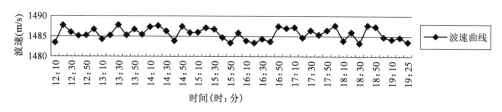

图 7.2-76　声速仪实测波速曲线图

③结果验证和分析

全站仪测量是沉管法隧道管节对接测量监控的重要手段,经过20多年的工程应用和完善,已发展成熟并得到了广泛应用。将超声阵列测量结果与全站仪测量结果进行对比分析,通过分析二者之间的差值及其变化规律,对超声阵列系统的性能指标进行评价和分析。部分测量结果对比见表7.2-22。

对计算结果的三轴坐标进行了独立分析,并绘制了超声阵列与全站仪测量坐标差与管节对接端头间的空间距离关系图,如图7.2-77~图7.2-79所示。由图可见,受到水流、泥沙、悬浮物、杂物等不确定因素的影响,在一定空间距离范围内,二者的差值存在较大的波动,也就是存在较大的相对变化,但绝对值仍在某一范围内。随着距离的靠近,差值呈减小趋势,当距离减小到2m范围内后,差值基本在±6.0cm范围内波动。

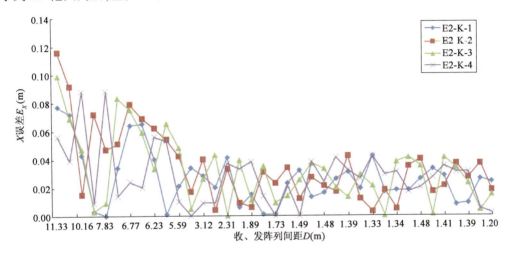

图7.2-77 沉放过程中全站仪与超声阵列测量结果的 X 坐标差变化示意图

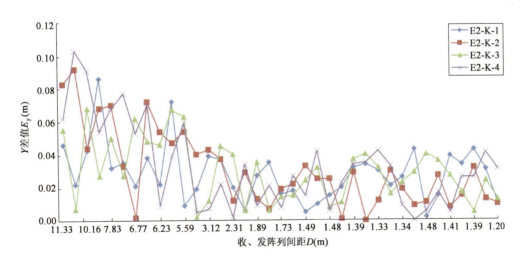

图7.2-78 沉放过程中全站仪与超声阵列测量结果的 Y 坐标差变化示意图

E2 对接端面上控制点坐标轨迹计算结果对比统计表（超声阵列与全站仪）

表 7.2-22

点号	时间	数据来源	E2-K-1			E2-K-2			E2-K-3			E2-K-4		
			X	Y	Z	X	Y	Z	X	Y	Z	X	Y	Z
1	12:10	C	510157.353	2542142.999	-1.812	510157.546	2542143.129	-10.350	510196.778	2542141.091	-1.794	510196.623	2542141.099	-10.406
		Q	510157.430	2542143.045	-1.891	510157.430	2542143.045	-10.291	510196.679	2542141.037	-1.891	510196.679	2542141.037	-10.291
		|Q-C|	0.077	0.046	0.079	0.116	0.083	0.059	0.099	0.055	0.097	0.056	0.062	0.115
2	12:20	C	510157.327	2542142.982	-2.558	510157.491	2542142.912	-10.873	510196.579	2542141.014	-2.549	510196.688	2542140.904	-10.939
		Q	510157.399	2542143.004	-2.476	510157.399	2542143.004	-10.876	510196.649	2542141.007	-2.476	510196.649	2542141.007	-10.876
		|Q-C|	0.072	0.022	0.082	0.092	0.092	0.003	0.069	0.007	0.073	0.039	0.103	0.063
3	12:30	C	510157.327	2542143.017	-3.039	510157.385	2542142.930	-11.545	510196.571	2542140.897	-2.984	510196.530	2542140.875	-11.491
		Q	510157.369	2542142.974	-3.051	510157.369	2542142.974	-11.451	510196.618	2542140.966	-3.051	510196.618	2542140.966	-11.451
		|Q-C|	0.043	0.043	0.012	0.015	0.044	0.094	0.047	0.068	0.067	0.088	0.091	0.040
4	12:40	C	510157.342	2542143.032	-3.435	510157.267	2542143.014	-11.980	510196.590	2542140.895	-3.617	510196.597	2542140.868	-11.821
		Q	510157.340	2542142.946	-3.506	510157.340	2542142.946	-11.906	510196.587	2542140.923	-3.506	510196.587	2542140.923	-11.906
		|Q-C|	0.003	0.086	0.071	0.072	0.068	0.074	0.003	0.027	0.111	0.009	0.054	0.085
5	12:50	C	510157.304	2542142.964	-5.604	510157.351	2542143.067	-14.081	510196.562	2542141.024	-5.617	510196.464	2542140.906	-14.106
		Q	510157.305	2542142.997	-5.662	510157.305	2542142.997	-14.062	510196.552	2542140.974	-5.662	510196.552	2542140.974	-14.062
		|Q-C|	0.000	0.032	0.058	0.047	0.070	0.019	0.009	0.050	0.045	0.088	0.068	0.044
6	13:00	C	510157.304	2542143.118	-5.779	510157.220	2542143.050	-14.129	510196.604	2542141.085	-5.681	510196.506	2542141.189	-14.098
		Q	510157.270	2542143.083	-5.740	510157.270	2542143.083	-14.140	510196.521	2542141.112	-5.740	510196.521	2542141.112	-14.140
		|Q-C|	0.034	0.035	0.039	0.051	0.033	0.011	0.083	0.027	0.059	0.014	0.077	0.042
7	13:10	C	510157.247	2542143.263	-6.657	510157.390	2542143.286	-15.187	510196.637	2542141.384	-6.739	510196.587	2542141.269	-15.166
		Q	510157.311	2542143.283	-6.709	510157.311	2542143.283	-15.109	510196.562	2542141.322	-6.709	510196.562	2542141.322	-15.109
		|Q-C|	0.064	0.021	0.052	0.079	0.002	0.078	0.075	0.062	0.030	0.024	0.053	0.057
8	13:20	C	510157.297	2542143.410	-7.231	510157.293	2542143.376	-15.650	510196.669	2542141.464	-7.170	510196.630	2542141.486	-15.564
		Q	510157.362	2542143.448	-7.198	510157.362	2542143.448	-15.598	510196.610	2542141.416	-7.198	510196.610	2542141.416	-15.598
		|Q-C|	0.065	0.038	0.033	0.069	0.072	0.052	0.059	0.048	0.027	0.020	0.070	0.034
9	13:30	C	510157.459	2542143.477	-7.149	510157.357	2542143.446	-15.577	510196.635	2542141.517	-7.232	510196.611	2542141.481	-15.642
		Q	510157.420	2542143.499	-7.207	510157.420	2542143.499	-15.607	510196.667	2542141.471	-7.207	510196.667	2542141.471	-15.607
		|Q-C|	0.040	0.022	0.058	0.062	0.054	0.030	0.033	0.046	0.025	0.056	0.009	0.035

续上表

点号	时间	数据来源	E2-K-1 X	E2-K-1 Y	E2-K-1 Z	E2-K-2 X	E2-K-2 Y	E2-K-2 Z	E2-K-3 X	E2-K-3 Y	E2-K-3 Z	E2-K-4 X	E2-K-4 Y	E2-K-4 Z
10	13:40	C	510157.427	2542144.197	−7.297	510157.371	2542144.078	−15.747	510196.738	2542142.035	−7.294	510196.727	2542142.063	−15.672
		Q	510157.426	2542144.125	−7.288	510157.426	2542144.125	−15.688	510196.673	2542142.102	−7.288	510196.673	2542142.102	−15.688
		|Q−C|	0.001	0.072	0.009	0.054	0.047	0.059	0.065	0.067	0.006	0.053	0.039	0.016
11	13:50	C	510157.373	2542144.551	−7.349	510157.436	2542144.506	−15.793	510196.595	2542142.600	−7.323	510196.633	2542142.478	−15.773
		Q	510157.395	2542144.560	−7.363	510157.395	2542144.560	−15.763	510196.642	2542142.537	−7.363	510196.642	2542142.537	−15.763
		|Q−C|	0.021	0.009	0.014	0.042	0.054	0.030	0.048	0.063	0.040	0.010	0.059	0.010
12	14:00	C	510157.197	2542144.609	−9.280	510157.146	2542144.550	−17.725	510196.416	2542142.569	−9.292	510196.410	2542142.571	−17.682
		Q	510157.163	2542144.590	−9.297	510157.163	2542144.590	−17.697	510196.410	2542142.567	−9.297	510196.410	2542142.567	−17.697
		|Q−C|	0.034	0.019	0.017	0.017	0.040	0.028	0.005	0.002	0.005	0.000	0.005	0.015
13	14:10	C	510157.346	2542145.043	−9.835	510157.333	2542144.961	−18.274	510196.596	2542142.969	−9.834	510196.613	2542142.974	−18.237
		Q	510157.374	2542145.004	−9.868	510157.374	2542145.004	−18.268	510196.621	2542142.981	−9.868	510196.621	2542142.981	−18.268
		|Q−C|	0.028	0.039	0.033	0.040	0.043	0.006	0.026	0.012	0.034	0.009	0.007	0.031
14	14:20	C	510157.178	2542145.085	−10.844	510157.203	2542145.011	−19.188	510196.489	2542142.980	−10.836	510196.437	2542143.002	−19.231
		Q	510157.199	2542145.048	−10.799	510157.199	2542145.048	−19.199	510196.446	2542143.025	−10.799	510196.446	2542143.025	−19.199
		|Q−C|	0.020	0.037	0.045	0.004	0.037	0.011	0.043	0.045	0.037	0.009	0.022	0.032
15	14:30	C	510157.405	2542145.139	−10.839	510157.478	2542145.107	−19.223	510196.693	2542143.056	−10.834	510196.657	2542143.094	−19.276
		Q	510157.446	2542145.119	−10.841	510157.446	2542145.119	−19.241	510196.693	2542143.096	−10.841	510196.693	2542143.096	−19.241
		|Q−C|	0.041	0.020	0.002	0.033	0.012	0.018	0.000	0.040	0.007	0.037	0.002	0.035
16	14:40	C	510157.429	2542145.614	−10.897	510157.432	2542145.591	−19.259	510196.631	2542143.591	−10.871	510196.704	2542143.630	−19.278
		Q	510157.423	2542145.620	−10.871	510157.423	2542145.620	−19.271	510196.671	2542143.597	−10.871	510196.671	2542143.597	−19.271
		|Q−C|	0.006	0.006	0.026	0.009	0.029	0.012	0.039	0.006	0.000	0.033	0.034	0.007
17	14:50	C	510157.432	2542145.694	−10.880	510157.441	2542145.654	−19.317	510196.685	2542143.609	−10.877	510196.658	2542143.635	−19.250
		Q	510157.448	2542145.667	−10.890	510157.448	2542145.667	−19.290	510196.695	2542143.644	−10.890	510196.695	2542143.644	−19.290
		|Q−C|	0.015	0.027	0.010	0.006	0.013	0.027	0.011	0.035	0.013	0.038	0.009	0.040

续上表

点号	时间	数据来源	E2-K-1 X	E2-K-1 Y	E2-K-1 Z	E2-K-2 X	E2-K-2 Y	E2-K-2 Z	E2-K-3 X	E2-K-3 Y	E2-K-3 Z	E2-K-4 X	E2-K-4 Y	E2-K-4 Z
18	15:00	C	510157.438	2542145.633	-10.879	510157.405	2542145.662	-19.308	510196.719	2542143.639	-10.932	510196.698	2542143.666	-19.280
		Q	510157.436	2542145.668	-10.920	510157.436	2542145.668	-19.320	510196.684	2542143.645	-10.920	510196.684	2542143.645	-19.320
		IQ-Cl	0.001	0.035	0.041	0.031	0.007	0.012	0.035	0.006	0.012	0.014	0.021	0.040
19	16:30	C	510157.408	2542145.682	-11.099	510157.432	2542145.685	-19.530	510196.649	2542143.629	-11.145	510196.657	2542143.651	-19.498
		Q	510157.410	2542145.666	-11.104	510157.410	2542145.666	-19.504	510196.657	2542143.643	-11.104	510196.657	2542143.643	-19.504
		IQ-Cl	0.001	0.016	0.005	0.023	0.019	0.026	0.009	0.014	0.041	0.000	0.008	0.006
20	16:40	C	510157.342	2542145.757	-11.435	510157.331	2542145.718	-19.809	510196.627	2542143.732	-11.444	510196.634	2542143.743	-19.813
		Q	510157.366	2542145.739	-11.423	510157.366	2542145.739	-19.823	510196.613	2542143.716	-11.423	510196.613	2542143.716	-19.823
		IQ-Cl	0.023	0.018	0.012	0.034	0.022	0.013	0.014	0.015	0.021	0.021	0.027	0.010
21	16:50	C	510157.379	2542145.771	-11.415	510157.334	2542145.743	-19.799	510196.570	2542143.729	-11.455	510196.594	2542143.738	-19.848
		Q	510157.347	2542145.776	-11.433	510157.347	2542145.776	-19.833	510196.594	2542143.753	-11.433	510196.594	2542143.753	-19.833
		IQ-Cl	0.032	0.005	0.019	0.012	0.033	0.034	0.025	0.024	0.022	0.000	0.015	0.014
22	17:00	C	510157.366	2542145.766	-11.445	510157.380	2542145.751	-19.879	510196.637	2542143.720	-11.453	510196.562	2542143.711	-19.806
		Q	510157.353	2542145.776	-11.436	510157.353	2542145.776	-19.836	510196.600	2542143.753	-11.436	510196.600	2542143.753	-19.836
		IQ-Cl	0.013	0.010	0.009	0.027	0.025	0.043	0.037	0.032	0.017	0.038	0.042	0.030

结果统计

(1) $S = \sqrt{(X_{|Q-Cl|}^2 + Y_{|Q-Cl|}^2 + H_{|Q-Cl|}^2)}/3$

S:最大值89mm,最小值7mm,平均值57mm;

$X_{|Q-Cl|}$:最大值116mm,最小值0mm,平均值30mm;

$Y_{|Q-Cl|}$:最大值103mm,最小值0mm,平均值30mm;

$Z_{|Q-Cl|}$:最大值115mm,最小值0mm,平均值29mm。

(2) 收发间距2m以内时:

$S = \sqrt{(X_{|Q-Cl|}^2 + Y_{|Q-Cl|}^2 + H_{|Q-Cl|}^2)}/3$

S:最大值38mm,最小值8mm,平均值25mm;

$X_{|Q-Cl|}$:最大值42mm,最小值0mm,平均值24mm;

$Y_{|Q-Cl|}$:最大值43mm,最小值0mm,平均值23mm;

$Z_{|Q-Cl|}$:最大值43mm,最小值0mm,平均值20mm

三轴坐标的波动趋势并不完全同步,对三轴坐标的均方差进行了统计分析($S = \sqrt{[(X_C - X_Q)^2 + (Y_C - Y_Q)^2 + (H_C - H_Q)^2]/3}$),结果如图 7.2-80 所示。由图可知,该指标在一定范围内仍存在波动,随着两对接端头空间距离的减小,该指标同样呈减小的趋势。当距离减小到 2m 范围内后,该指标基本在 ±4.0cm 范围内波动。

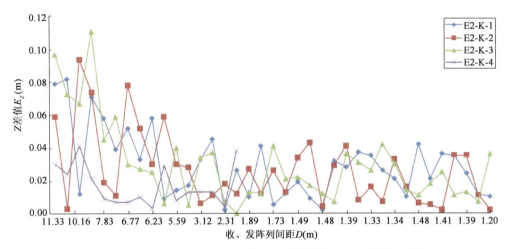

图 7.2-79 沉放过程中全站仪与超声阵列测量结果的 Z 坐标差变化示意图

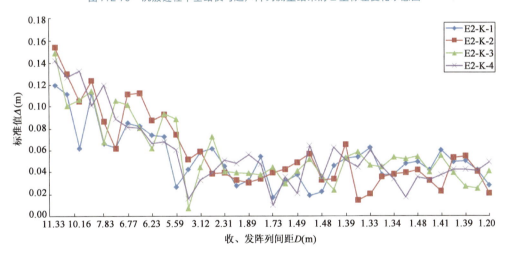

图 7.2-80 沉放过程中全站仪与超声阵列测量结果的三轴均方差变化示意图

(4) E3 和 E4-1 管节沉放对接试验的数据处理与结果分析

测量成果数据主要分为两部分,一部分为超声阵列测量数据,另一部分为用于验证对比的数据,即高精度全站仪测量数据。超声阵列测量数据直接以对接端面控制点三维坐标的形式表示;而全站仪数据代表的是两个测量塔上棱镜中心的坐标,需进一步处理,计算得出对接端面控制点三维坐标。这样才能对两种形式的结果进行对比分析。以下分别对两次试验成果进行处理分析。

①测量结果分析

全站仪采用了徕卡 TM50 型机器人,具有自动跟踪和对中功能,测量过程中设定 1 次/10s 的采集间隔,并设定起始观测时刻,自动进行测量和数据储存。共采用了 2 台全站仪,分别设置在南北两岸,与 E3 管节上 A、B 塔的观测棱镜可以全程通视。全站仪测量得到的是 A、B 塔棱镜中心的坐标,需要将其转换为对接端面控制点的坐标。采用前面章节中的转换算法得到了 E3 和 E4-1 管节对接端面上 4 个控制点的坐标,结果见表 7.2-23。

②超声阵列测量结果分析

采用超声阵列系统对管节的沉放对接过程进行了测量监控,最终得到了所有控制点的坐标轨迹,部分结果见表 7.2-24。同时,根据测量坐标和管节的几何尺寸信息建立了三维模型,如图 7.2-81 所示。测量过程中得到的声速曲线如图 7.2-82 所示。

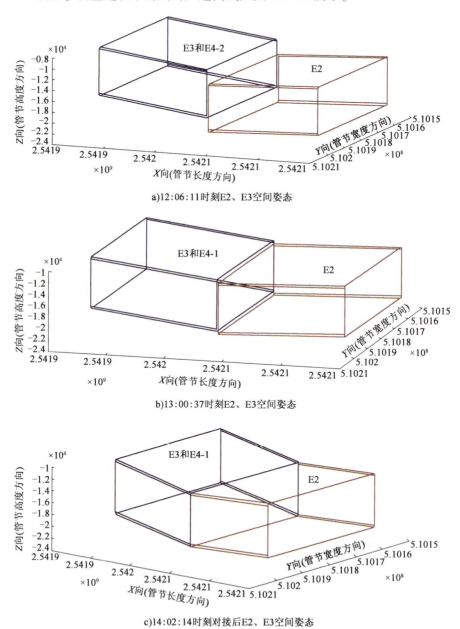

a) 12:06:11 时刻 E2、E3 空间姿态

b) 13:00:37 时刻 E2、E3 空间姿态

c) 14:02:14 时刻对接后 E2、E3 空间姿态

图 7.2-81　E2 与 E3 对接的超声阵列测量结果三维模型图

表 7.2-23

E3 和 E4-1 对接端面上控制点坐标轨迹计算结果统计表（全站仪）

点号	时间	E3-K-1			E3-K-2			E3-K-3			E3-K-4		
		X	Y	Z	X	Y	Z	X	Y	Z	X	Y	Z
1	10:20	510150.853	2542029.289	-6.268	510150.853	2542029.289	-14.668	510190.104	2542027.320	-6.268	510190.104	2542027.320	-14.668
2	10:25	510150.889	2542029.363	-7.536	510150.889	2542029.363	-15.936	510190.139	2542027.386	-7.536	510190.139	2542027.386	-15.936
3	10:30	510150.955	2542029.569	-8.699	510150.955	2542029.569	-17.099	510190.204	2542027.584	-8.699	510190.204	2542027.584	-17.099
4	10:35	510151.049	2542029.903	-9.760	510151.049	2542029.903	-18.160	510190.299	2542027.917	-9.760	510190.299	2542027.917	-18.160
5	10:40	510151.174	2542030.369	-10.717	510151.174	2542030.369	-19.117	510190.423	2542028.383	-10.717	510190.423	2542028.383	-19.117
6	10:45	510151.267	2542030.715	-11.434	510151.267	2542030.715	-19.834	510190.517	2542028.732	-11.434	510190.517	2542028.732	-19.834
7	10:50	510151.329	2542030.940	-11.912	510151.329	2542030.940	-20.312	510190.579	2542028.966	-11.912	510190.579	2542028.966	-20.312
8	10:55	510151.360	2542031.045	-12.150	510151.360	2542031.045	-20.550	510190.610	2542029.083	-12.150	510190.610	2542029.083	-20.550
9	11:00	510151.359	2542031.030	-12.149	510151.359	2542031.030	-20.549	510190.611	2542029.084	-12.149	510190.611	2542029.084	-20.549
10	11:05	510151.358	2542031.033	-12.150	510151.358	2542031.033	-20.550	510190.611	2542029.098	-12.150	510190.611	2542029.098	-20.550
11	11:10	510151.374	2542031.153	-12.154	510151.374	2542031.153	-20.554	510190.627	2542029.220	-12.154	510190.627	2542029.220	-20.554
12	11:15	510151.377	2542031.114	-12.151	510151.377	2542031.114	-20.551	510190.630	2542029.179	-12.151	510190.630	2542029.179	-20.551
13	11:20	510151.379	2542031.107	-12.151	510151.379	2542031.107	-20.551	510190.630	2542029.159	-12.151	510190.630	2542029.159	-20.551
14	11:25	510151.382	2542031.060	-12.288	510151.382	2542031.060	-20.688	510190.633	2542029.110	-12.288	510190.633	2542029.110	-20.688
15	11:30	510151.471	2542031.036	-12.287	510151.471	2542031.036	-20.687	510190.721	2542029.048	-12.287	510190.721	2542029.048	-20.687
16	11:35	510151.488	2542031.002	-12.439	510151.488	2542031.002	-20.839	510190.738	2542029.007	-12.439	510190.738	2542029.007	-20.839
17	11:40	510151.524	2542031.001	-12.600	510151.524	2542031.001	-21.000	510190.773	2542028.990	-12.600	510190.773	2542028.990	-21.000
18	11:45	510151.565	2542031.010	-12.646	510151.565	2542031.010	-21.046	510190.813	2542028.979	-12.646	510190.813	2542028.979	-21.046
19	11:50	510151.565	2542031.014	-12.816	510151.565	2542031.014	-21.216	510190.813	2542028.981	-12.816	510190.813	2542028.981	-21.216
20	11:55	510151.564	2542031.037	-12.811	510151.564	2542031.037	-21.211	510190.811	2542029.001	-12.811	510190.811	2542029.001	-21.211
21	12:00	510151.563	2542031.027	-12.811	510151.563	2542031.027	-21.211	510190.811	2542028.994	-12.811	510190.811	2542028.994	-21.211
22	12:05	510151.563	2542031.022	-12.810	510151.563	2542031.022	-21.210	510190.810	2542028.983	-12.810	510190.810	2542028.983	-21.210

E3 和 E4-1 对接端头上控制点坐标轨迹计算结果统计表（超声阵列）

表 7.2-24

点号	时间	E3-K-1 X	E3-K-1 Y	E3-K-1 Z	E3-K-2 X	E3-K-2 Y	E3-K-2 Z	E3-K-3 X	E3-K-3 Y	E3-K-3 Z	E3-K-4 X	E3-K-4 Y	E3-K-4 Z
1	10:20	510150.926	2542029.245	-6.208	510150.792	2542029.371	-14.660	510190.178	2542027.280	-6.342	510190.149	2542027.375	-14.725
2	10:25	510150.897	2542029.424	-7.512	510150.895	2542029.386	-15.923	510190.094	2542027.371	-7.579	510190.112	2542027.407	-15.970
3	10:30	510151.031	2542029.549	-8.680	510150.990	2542029.516	-17.071	510190.174	2542027.628	-8.720	510190.208	2542027.626	-17.077
4	10:35	510151.029	2542029.905	-9.799	510151.027	2542029.956	-18.149	510190.324	2542027.939	-9.761	510190.295	2542027.938	-18.182
5	10:40	510151.136	2542030.362	-10.770	510151.198	2542030.354	-19.167	510190.394	2542028.432	-10.699	510190.449	2542028.409	-19.075
6	10:45	510151.252	2542030.746	-11.422	510151.305	2542030.704	-19.786	510190.483	2542028.735	-11.391	510190.528	2542028.761	-19.878
7	10:50	510151.319	2542030.905	-11.907	510151.328	2542030.933	-20.312	510190.622	2542028.975	-11.908	510190.603	2542028.966	-20.339
8	10:55	510151.348	2542031.023	-12.168	510151.397	2542031.063	-20.536	510190.630	2542029.094	-12.158	510190.650	2542029.107	-20.539
9	11:00	510151.318	2542031.006	-12.127	510151.345	2542031.055	-20.536	510190.623	2542029.104	-12.109	510190.622	2542029.118	-20.507
10	11:05	510151.401	2542031.019	-12.115	510151.377	2542031.068	-20.539	510190.577	2542029.076	-12.144	510190.590	2542029.141	-20.559
11	11:10	510151.331	2542031.182	-12.166	510151.356	2542031.198	-20.582	510190.643	2542029.249	-12.192	510190.598	2542029.189	-20.560
12	11:15	510151.375	2542031.115	-12.129	510151.380	2542031.133	-20.528	510190.625	2542029.178	-12.188	510190.668	2542029.138	-20.526
13	11:20	510151.364	2542031.102	-12.127	510151.360	2542031.143	-20.543	510190.619	2542029.160	-12.130	510190.662	2542029.123	-20.511
14	11:25	510151.389	2542031.098	-12.245	510151.386	2542031.069	-20.703	510190.616	2542029.122	-12.331	510190.606	2542029.094	-20.664
15	11:30	510151.447	2542031.014	-12.272	510151.465	2542031.058	-20.680	510190.732	2542029.019	-12.285	510190.749	2542029.038	-20.703
16	11:35	510151.479	2542030.992	-12.418	510151.487	2542030.989	-20.870	510190.748	2542028.994	-12.473	510190.765	2542028.963	-20.796
17	11:40	510151.535	2542030.978	-12.569	510151.530	2542030.985	-21.037	510190.745	2542028.957	-12.597	510190.740	2542028.955	-21.034
18	11:45	510151.526	2542030.977	-12.642	510151.524	2542031.014	-21.005	510190.828	2542029.006	-12.688	510190.807	2542028.943	-21.007
19	11:50	510151.560	2542031.011	-12.794	510151.571	2542031.028	-21.259	510190.771	2542028.965	-12.830	510190.777	2542028.979	-21.186
20	11:55	510151.540	2542031.039	-12.815	510151.599	2542031.043	-21.250	510190.809	2542028.994	-12.783	510190.784	2542029.022	-21.183
21	12:00	510151.538	2542031.032	-12.849	510151.545	2542030.985	-21.228	510190.788	2542029.020	-12.812	510190.789	2542029.009	-21.170
22	12:05	510151.603	2542031.037	-12.771	510151.581	2542031.010	-21.186	510190.830	2542028.971	-12.820	510190.848	2542028.955	-21.195

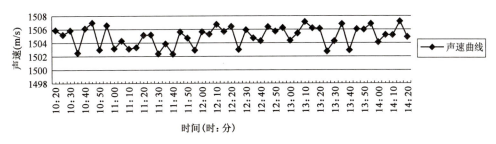

图 7.2-82 声速仪实测波速曲线图

③结果验证和分析

将超声阵列测量结果与全站仪测量结果进行对比分析,通过分析二者之间的差值及其变化规律,对超声阵列系统的性能指标进行评价和分析。部分测量结果对比见表 7.2-25。

对计算结果的三轴坐标进行了独立分析,绘制了超声阵列与全站仪测量坐标差与管节对接端头间的空间距离关系图,如图 7.2-83~图 7.2-85 所示。由图可见,受到水流、泥沙、悬浮物、杂物等不确定因素的影响,在一定空间距离范围内,二者的差值存在较大的波动,也就是存在较大的相对变化,但绝对值仍在某一范围内。随着距离的靠近,差值呈减小趋势,当距离减小到 2m 范围内后,差值基本在 ±5.0cm 范围内波动。

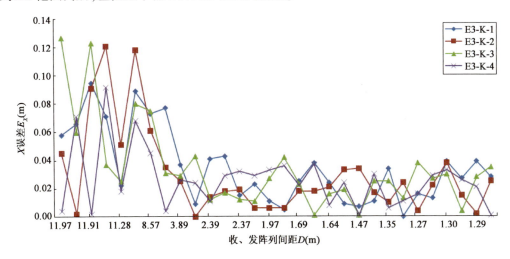

图 7.2-83 沉放过程中全站仪与超声阵列测量结果的横坐标差变化示意图

三轴坐标的波动趋势并不完全同步,对三轴坐标的均方差进行了统计分析($S = \sqrt{[(X_C - X_Q)^2 + (Y_C - Y_Q)^2 + (H_C - H_Q)^2]/3}$),结果如图 7.2-86 所示。由图可知,该指标在一定范围内仍存在波动,随着两对接端头空间距离的减小,该指标同样呈减小的趋势。当距离减小到 2m 范围内后,该指标基本在 ±4.0cm 范围内波动。

(5)试验总结及改进建议

本节对室内外试验的过程和结果进行了详细的阐述和分析,试验结果表明,超声阵列测量方法以及根据该方法开发的测量系统具有较高的可靠性,在测量精度等关键指标方面能够满足沉管法隧道沉放对接的工程要求。

表 7.2-25

E3 对接端面上控制点坐标轨迹算结果对比统计表（超声阵列 C 与全站仪 Q）

点号	时间	数据来源	E3-K-1 X	E3-K-1 Y	E3-K-1 Z	E3-K-2 X	E3-K-2 Y	E3-K-2 Z	E3-K-3 X	E3-K-3 Y	E3-K-3 Z	E3-K-4 X	E3-K-4 Y	E3-K-4 Z
1	9:20	C	510153.532	2542034.193	-3.113	510153.519	2542034.404	-11.524	510192.808	2542031.611	-3.220	510192.685	2542031.472	-11.719
		Q	510153.473	2542034.285	-3.243	510153.473	2542034.285	-11.643	510192.681	2542031.587	-3.243	510192.681	2542031.587	-11.643
		|Q-C|	0.058	0.092	0.130	0.045	0.119	0.120	0.127	0.024	0.023	0.004	0.115	0.075
2	9:30	C	510153.570	2542034.331	-3.300	510153.506	2542034.283	-11.629	510192.772	2542031.680	-3.226	510192.783	2542031.778	-11.587
		Q	510153.504	2542034.382	-3.248	510153.504	2542034.382	-11.648	510192.712	2542031.682	-3.248	510192.712	2542031.682	-11.648
		|Q-C|	0.066	0.051	0.052	0.002	0.099	0.020	0.060	0.002	0.022	0.071	0.096	0.061
3	9:40	C	510153.644	2542034.326	-3.243	510153.640	2542034.218	-11.646	510192.879	2542031.736	-3.219	510192.759	2542031.674	-11.693
		Q	510153.549	2542034.319	-3.243	510153.549	2542034.319	-11.643	510192.756	2542031.620	-3.243	510192.756	2542031.620	-11.643
		|Q-C|	0.095	0.007	0.000	0.091	0.101	0.002	0.123	0.116	0.024	0.002	0.055	0.049
4	9:50	C	510152.340	2542032.224	-3.238	510152.290	2542032.175	-11.803	510191.674	2542029.973	-3.255	510191.545	2542029.824	-11.599
		Q	510152.411	2542032.260	-3.310	510152.411	2542032.260	-11.710	510191.637	2542029.852	-3.310	510191.637	2542029.852	-11.710
		|Q-C|	0.071	0.035	0.072	0.121	0.085	0.093	0.037	0.122	0.055	0.092	0.028	0.111
5	10:00	C	510151.151	2542029.954	-3.292	510151.179	2542029.955	-11.791	510190.401	2542028.014	-3.318	510190.394	2542027.823	-11.807
		Q	510151.128	2542029.969	-3.404	510151.128	2542029.969	-11.804	510190.376	2542027.932	-3.404	510190.376	2542027.932	-11.804
		|Q-C|	0.022	0.016	0.112	0.051	0.014	0.013	0.025	0.082	0.086	0.018	0.109	0.003
6	10:10	C	510150.780	2542029.453	-3.474	510150.987	2542029.570	-11.814	510190.041	2542027.641	-3.432	510190.053	2542027.538	-11.804
		Q	510150.870	2542029.540	-3.424	510150.870	2542029.540	-11.824	510190.121	2542027.582	-3.424	510190.121	2542027.582	-11.824
		|Q-C|	0.089	0.087	0.050	0.118	0.031	0.010	0.080	0.060	0.008	0.068	0.043	0.020
7	10:20	C	510150.926	2542029.245	-6.208	510150.792	2542029.371	-14.660	510190.178	2542027.280	-6.342	510190.149	2542027.375	-14.725
		Q	510150.853	2542029.289	-6.268	510150.853	2542029.289	-14.668	510190.104	2542027.320	-6.268	510190.104	2542027.320	-14.668
		|Q-C|	0.073	0.044	0.061	0.061	0.082	0.008	0.075	0.040	0.074	0.045	0.055	0.056
8	10:30	C	510151.031	2542029.549	-8.680	510150.990	2542029.516	-17.071	510190.174	2542027.628	-8.720	510190.208	2542027.626	-17.077
		Q	510150.955	2542029.569	-8.699	510150.955	2542029.569	-17.099	510190.204	2542027.584	-8.699	510190.204	2542027.584	-17.099
		|Q-C|	0.077	0.020	0.019	0.035	0.053	0.028	0.031	0.044	0.021	0.004	0.043	0.022

续上表

点号	时间	数据来源	E3-K-1			E3-K-2			E3-K-3			E3-K-4		
			X	Y	Z	X	Y	Z	X	Y	Z	X	Y	Z
9	10:40	C	510151.136	2542030.362	-10.770	510151.198	2542030.354	-19.167	510190.394	2542028.432	-10.699	510190.449	2542028.409	-19.075
		Q	510151.174	2542030.369	-10.717	510151.174	2542030.369	-19.117	510190.423	2542028.383	-10.717	510190.423	2542028.383	-19.117
		|Q-C|	0.037	0.007	0.053	0.025	0.015	0.050	0.029	0.049	0.018	0.026	0.026	0.042
10	10:50	C	510151.319	2542030.905	-11.907	510151.328	2542030.933	-20.312	510190.622	2542028.975	-11.908	510190.603	2542028.966	-20.339
		Q	510151.329	2542030.940	-11.912	510151.329	2542030.940	-20.312	510190.579	2542028.966	-11.912	510190.579	2542028.966	-20.312
		|Q-C|	0.009	0.035	0.005	0.000	0.007	0.000	0.043	0.009	0.004	0.024	0.000	0.027
11	11:00	C	510151.318	2542031.006	-12.127	510151.345	2542031.055	-20.536	510190.623	2542029.104	-12.109	510190.622	2542029.118	-20.507
		Q	510151.359	2542031.030	-12.149	510151.359	2542031.030	-20.549	510190.611	2542029.084	-12.149	510190.611	2542029.084	-20.549
		|Q-C|	0.041	0.024	0.022	0.014	0.024	0.013	0.012	0.020	0.040	0.011	0.034	0.042
12	11:10	C	510151.331	2542031.182	-12.166	510151.356	2542031.198	-20.582	510190.643	2542029.249	-12.192	510190.598	2542029.189	-20.560
		Q	510151.374	2542031.153	-12.154	510151.374	2542031.153	-20.554	510190.627	2542029.220	-12.154	510190.627	2542029.220	-20.554
		|Q-C|	0.043	0.029	0.012	0.018	0.045	0.028	0.017	0.029	0.038	0.029	0.030	0.006
13	11:20	C	510151.364	2542031.102	-12.127	510151.360	2542031.143	-20.543	510190.619	2542029.160	-12.130	510190.662	2542029.123	-20.511
		Q	510151.379	2542031.107	-12.151	510151.379	2542031.107	-20.551	510190.630	2542029.159	-12.151	510190.630	2542029.159	-20.551
		|Q-C|	0.015	0.005	0.024	0.019	0.036	0.007	0.012	0.001	0.020	0.032	0.036	0.040
14	11:30	C	510151.447	2542031.014	-12.272	510151.465	2542031.058	-20.680	510190.732	2542029.019	-12.285	510190.749	2542029.038	-20.703
		Q	510151.471	2542031.036	-12.287	510151.471	2542031.036	-20.687	510190.721	2542029.048	-12.287	510190.721	2542029.048	-20.687
		|Q-C|	0.023	0.022	0.015	0.006	0.022	0.007	0.011	0.030	0.002	0.029	0.010	0.016
15	11:40	C	510151.535	2542030.978	-12.569	510151.530	2542030.985	-21.037	510190.745	2542028.957	-12.597	510190.740	2542028.955	-21.034
		Q	510151.524	2542031.001	-12.600	510151.524	2542031.001	-21.000	510190.773	2542028.990	-12.600	510190.773	2542028.990	-21.000
		|Q-C|	0.011	0.024	0.031	0.006	0.016	0.037	0.027	0.033	0.003	0.033	0.035	0.034
16	11:50	C	510151.560	2542031.011	-12.794	510151.571	2542031.028	-21.259	510190.771	2542028.965	-12.830	510190.777	2542028.979	-21.186
		Q	510151.565	2542031.014	-12.816	510151.565	2542031.014	-21.216	510190.813	2542028.981	-12.816	510190.813	2542028.981	-21.216
		|Q-C|	0.005	0.003	0.022	0.006	0.013	0.043	0.042	0.015	0.014	0.036	0.002	0.030
17	12:00	C	510151.538	2542031.032	-12.849	510151.545	2542030.985	-21.228	510190.788	2542029.020	-12.812	510190.789	2542029.009	-21.170
		Q	510151.563	2542031.027	-12.811	510151.563	2542031.027	-21.211	510190.811	2542028.994	-12.811	510190.811	2542028.994	-21.211
		|Q-C|	0.025	0.005	0.039	0.018	0.041	0.017	0.023	0.026	0.001	0.022	0.015	0.040

续上表

点号	时间	数据来源	E3-K-1			E3-K-2			E3-K-3			E3-K-4		
			X	Y	Z	X	Y	Z	X	Y	Z	X	Y	Z
18	12:10	C	510151.526	2542030.975	-12.821	510151.582	2542031.016	-21.223	510190.810	2542029.014	-12.825	510190.774	2542028.940	-21.204
		Q	510151.564	2542031.013	-12.810	510151.564	2542031.013	-21.210	510190.811	2542028.978	-12.810	510190.811	2542028.978	-21.210
		$|Q-C|$	0.038	0.038	0.011	0.018	0.003	0.013	0.001	0.036	0.015	0.037	0.038	0.006
19	12:20	C	510151.559	2542031.086	-12.886	510151.555	2542031.052	-21.322	510190.798	2542029.081	-12.854	510190.790	2542029.073	-21.303
		Q	510151.534	2542031.076	-12.897	510151.534	2542031.076	-21.297	510190.782	2542029.051	-12.897	510190.782	2542029.051	-21.297
		$|Q-C|$	0.024	0.010	0.011	0.021	0.024	0.025	0.016	0.031	0.043	0.008	0.023	0.006
20	12:30	C	510151.529	2542031.096	-13.151	510151.552	2542031.074	-21.561	510190.748	2542029.007	-13.184	510190.743	2542029.058	-21.557
		Q	510151.519	2542031.059	-13.143	510151.519	2542031.059	-21.543	510190.767	2542029.030	-13.143	510190.767	2542029.030	-21.543
		$|Q-C|$	0.009	0.037	0.009	0.033	0.016	0.018	0.019	0.023	0.041	0.024	0.028	0.015
21	12:40	C	510151.510	2542031.039	-13.147	510151.551	2542031.047	-21.598	510190.767	2542029.025	-13.145	510190.767	2542029.032	-21.559
		Q	510151.518	2542031.058	-13.156	510151.518	2542031.058	-21.556	510190.765	2542029.029	-13.156	510190.765	2542029.029	-21.556
		$|Q-C|$	0.007	0.019	0.009	0.034	0.012	0.042	0.001	0.004	0.011	0.001	0.003	0.003
22	12:50	C	510151.518	2542031.170	-13.211	510151.513	2542031.155	-21.548	510190.801	2542029.123	-13.176	510190.746	2542029.070	-21.597
		Q	510151.529	2542031.146	-13.173	510151.529	2542031.146	-21.573	510190.776	2542029.109	-13.173	510190.776	2542029.109	-21.573
		$|Q-C|$	0.011	0.023	0.038	0.017	0.009	0.025	0.025	0.014	0.003	0.030	0.039	0.024
结果统计		(1) $S=\sqrt{(X_{|Q-C|}^2+Y_{|Q-C|}^2+H_{|Q-C|}^2)/3}$ S：最大值101mm，最小值3mm，平均值35mm； $X_{|Q-C|}$：最大值127mm，最小值0mm，平均值31mm； $Y_{|Q-C|}$：最大值122mm，最小值0mm，平均值33mm； $Z_{|Q-C|}$：最大值130mm，最小值0mm，平均值29mm。 (2) 收发间距2m以内时：$S=\sqrt{(X_{|Q-C|}^2+Y_{|Q-C|}^2+H_{|Q-C|}^2)/3}$ S：最大值38mm，最小值3mm，平均值23mm； $X_{|Q-C|}$：最大值43mm，最小值0mm，平均值20mm； $Y_{|Q-C|}$：最大值45mm，最小值0mm，平均值22mm； $Z_{|Q-C|}$：最大值43mm，最小值1mm，平均值22mm													

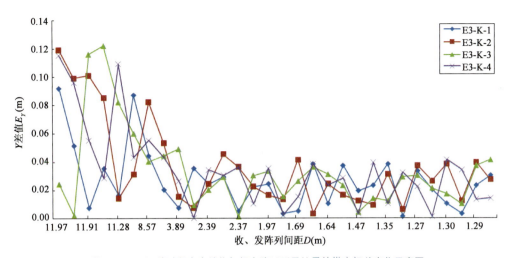

图 7.2-04　沉放过程中全站仪与超声阵列测量结果的纵坐标差变化示意图

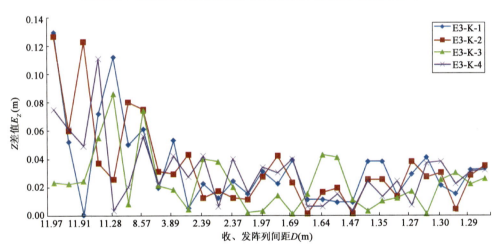

图 7.2-85　沉放过程中全站仪与超声阵列测量结果的高程差变化示意图

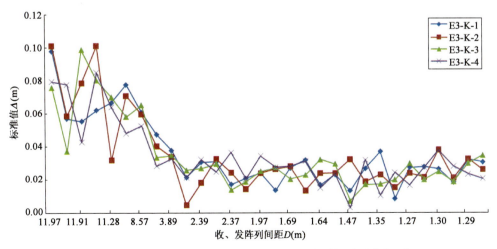

图 7.2-86　沉放过程中全站仪与超声阵列测量结果的三轴均方差变化示意图

该测量系统也存在不足之处,需要在下一步工作中予以改进和解决,具体如下:

①超声阵列测量方法的实施过程时间跨度长,在此过程中,预埋件如保护不善,很容易受到破坏。因此,需从预埋件结构设计和保护措施两方面进行改进,预埋件应在满足安装和使用功能的前提下尽量采用小型化结构,这样有利于避免被破坏或影响其他作业工序。

②测量系统的标定对最终监控结果的精度有决定性影响,而标定工作只能在干坞注水前实施,一旦起浮就无法再次标定。因此,应针对沉管法隧道的特点和需求在标定设备选择、坐标系选择、控制点选取、测量方案优化等相关方面进行细致深入地研究,最终制定一套标准化的标定和复核规程。

③设备安装位置比较敏感,距离管节端头1m以内,属于沉管工程最为关注的区域,对其他作业工序有干扰破坏的可能性。在现场试验中,已经发现了该问题对测量的严重影响,由于测量设备距离端头钢封板10cm,距离端头0.6m,由于几何尺寸较大,强度也很高,一旦被缆绳刮倒,很有可能破坏钢封板或者直接挡在对接端头间,因此应着重对结构设计和安装方案进行深入分析和改进。

④接收阵列采用潜水安装方式,施工过程比较复杂。目前,试验中采用了法兰盘连接方式,下一步工作中应考虑采用卡扣连接方式,此方式不仅安装方便,而且可以保证安装精度,且大大降低了水下作业的难度和工作量。

⑤沉放对接测量监控过程中,水面仍在进行换缆拖曳作业,水下在进行潜水作业,有可能会破坏超声阵列设备。该问题在现场试验中比较突出,对施工和测量本身都造成了较大的影响。因此,应在设备改进的基础上,从沟通协调、技术交底等方面入手,通过多方的协作予以解决。

⑥目前试验中所用的设备以满足功能和指标为主,其实用性、集成化程度比较低,主要表现在尺寸较大、结构笨重、安装复杂、走线混乱等方面,需在设备的安装便捷性和小型化、合理化方面进行改进。选择合适的材料和结构,在控制变形的前提下减小体积和重量;优化安装结构,最大可能地减少安装环节的工作量;采用集中走线方式,根据工程需要提前定制电缆;网络和电台通信方式的标准化与集成化,达到即插即用的目标。

⑦考虑到管节对接安装前距离在2m以内,超声波声速的分层折射影响很小,因此算法中未考虑声速曲线修正,有可能在水体变化复杂的环境中测量精度较差。因此,需在充分调查各种水域资料的基础上验证声速曲线修正的必要性,对其影响程度进行评估。由于管节沉放过程中,对周边水体扰动剧烈,因此采用目前在声速实测基础上进行曲线修正的方法均不适用,需要进一步研究合适的方法降低或消除该因素带来的误差。

7.3　南昌红谷隧道复杂内河环境长距离浮运、沉放对接技术研究

红谷隧道是目前国内已建成内河规模最大沉管法隧道工程,沉管段全长1329m,共12个管节,标准管节尺寸为115m×30m×8.9m(长×宽×高),单个管节质量约为2.8万t。由于隧址位于城市核心区,附近无法设置干坞场地,干坞最终设置在距隧址约8km的生米大桥南侧,浮运航道总长8.65km,浮运过程需穿过3座既有桥梁(生米大桥、朝阳大桥和南昌大桥),浮运路线如图7.3-1所示。

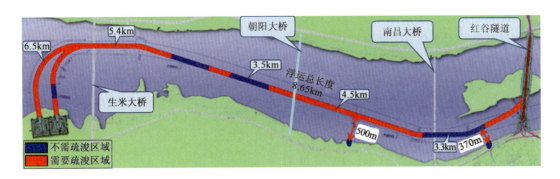

图 7.3-1　浮运线路图

项目所处赣江河道属于典型径流河道,具有丰、枯水季节水位落差大(最大水位落差12m)、流速变化大(流速变化范围0.2~1.8m/s)、河道地形复杂、水下建(构)筑物多等特点,管节浮运、沉放过程面临小半径转弯(最小转弯半径500m)、小净距穿过3座既有桥梁(生米大桥、朝阳大桥、南昌大桥,其中南昌大桥跨度仅67m)、回旋区大流速进隧址、沉放对接精度控制、高水差管节接头止水等难题。南昌红谷隧道对复杂内河环境长距离浮运、沉放对接技术进行研究。

7.3.1　复杂内河环境长距离管节浮运姿态控制技术研究

结合环境条件,南昌红谷隧道对管节极窄坞口出坞、小半径转弯、穿越小跨距桥梁、大流速回旋区转弯等浮运全过程开展了管节浮运姿态控制技术研究。

1) 管节极窄坞口出坞浮运姿态控制技术研究

红谷隧道采用异地双子坞干坞,单个子坞每次预制3个管节,12个管节分两批预制。每批管节预制完毕后,需要破除坞口浮运出坞,为减小坞口规模及恢复时间,坞口设计宽35m(管节宽度为30m)。干坞内水流流速较慢,管节出坞后,出坞部分受水流压力影响,内外受力不均衡容易出现出坞过程中的管节拖航安全问题,发生断缆或拖轮失效导致管节失控或搁浅等状况,浮运出坞风险较大,基于此开展了相关研究。

管节出坞分坞内和坞外两阶段,由于坞内场地及坞口宽度限制拖轮难以进入,采用绞车及坞口外布置水下锚块方式绞拖出坞,出坞口入江后场地不受限且纵断面承受水流力作用,出坞采用拖轮拖运方式。

(1) 坞内绞拉系统设计

根据双子坞平面及管节预制位置,拟在预制管节后、中、前位置两侧分别布置2台绞车、地锚和转向滑车实现管节浮运过程的平稳及接力式绞拖,绞车、地锚、转向单轮滑车整体平面布置如图7.3-2所示,地锚为C20混凝土加工字钢和钢丝绳的结构形式,如图7.3-3所示,绞车、转向单轮滑车与地锚连接方式如图7.3-4所示。待绞拉系统布置完成后,用绞车将管节临时系泊缆带上坞顶地锚,收紧系泊缆,以防止管节起浮后发生移位而受到损伤。

由于坞口外侧陆上及水域均难以布置绞车,同时考虑到浮运过程可能遇到的风险,因此在管面上布置2台150kN电动绞车和2台200kN液压绞车及1台300kW柜式发电机,用于管节出坞以及浮运过程应急。由于管节顶板两外侧存在倒角,需在管侧装上拖轮的顶推架。利用管面上的新制爆炸螺栓、连接板和倒角上新制作14个拉力眼板作为固定顶推架,工装件与管侧接触处可以垫上木板或橡胶板,以保护管节的防水层。管面设备布置及顶推架如图7.3-5、图7.3-6所示。

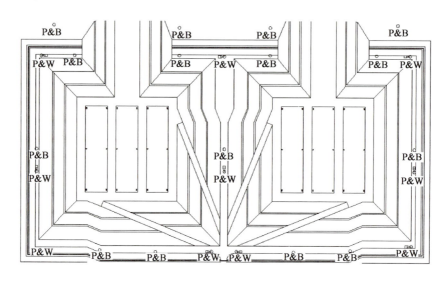

图7.3-2 绞车、地锚、转向单轮滑车整体布置

P&B-地锚及转向滑轮;P&W-地锚及绞车

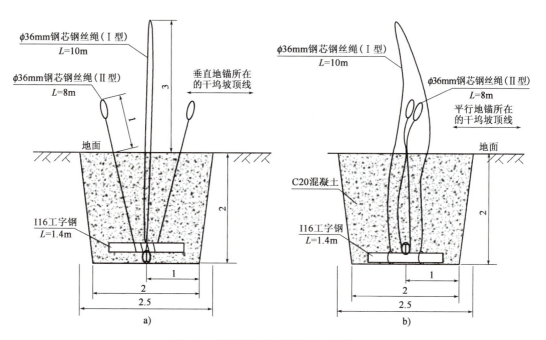

图7.3-3 干坞堤坝地锚结构图(尺寸单位:m)

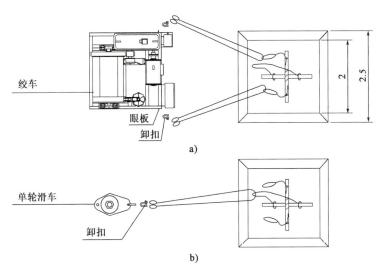

图 7.3-4　绞车、转向单轮滑车与地锚连接示意图(尺寸单位:m)

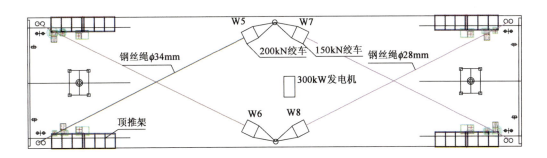

图 7.3-5　管面设备布置示意图

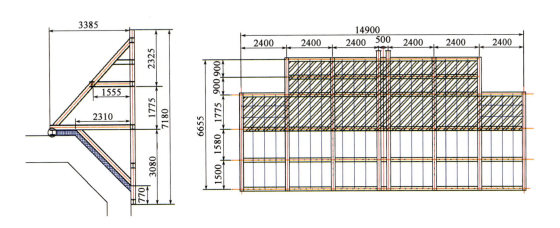

图 7.3-6　顶推架外形尺寸示意图(尺寸单位:mm)

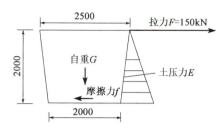

图 7.3-7 锚块受力示意图(尺寸单位:mm)

① 地锚受力分析

锚块受力如图 7.3-7 所示。

a. 抗拉力计算

锚块抗拉力主要包括土压力、锚块自重和侧向土压力产生的摩擦力,具体计算如下:

a) 自重 G = 混凝土重度 × 体积 = 23.6kN/m³ × 10.17m³ = 240kN。

b) 摩擦力 f = 压力 × 摩擦系数 = 240kN × 0.3 = 72kN。

(砌体-土摩擦系数根据土湿润程度取 0.3 ~ 0.6,计算取偏安全值 0.3)

c) 土压力计算。

根据地勘资料可得锚块所在地层力学参数:土体重度 γ 为 18kN/m³、黏聚力 c 为 10kPa、内摩擦角 φ 为 15°,锚块长度 L、宽度 B、埋深 H 均为 2m。

被动土压力系数:

$$K_p = \tan^2\left(45° + \frac{\varphi}{2}\right) = 1.7$$

根据朗肯土压力理论计算锚块被动土压力:

$$E = \left(\frac{1}{2}\gamma H^2 K_p + 2cH\sqrt{K_p}\right) \times L = 113.2 \times 2 = 226.4\text{kN}$$

不计黏聚力($c = 0$),锚块被动土压力:

$$E = \left(\frac{1}{2}\gamma H^2 K_p + 2cH\sqrt{K_p}\right) \times L = 61.2 \times 2 = 122.4\text{kN}$$

d) 侧向摩擦力 f_2 = 土压力 E × 摩擦系数 × 2(两侧) = 226.4 × 0.3 × 2 = 135.84kN;

不计黏聚力,侧向压力为:f_2 = 122.4 × 0.3 × 2 = 73.4kN;

因此总抗拉力 $F = E + f_1 + f_2$ = 226.4 + 72 + 135.84 = 434.24kN > 拉力 F = 150kN,抗拉安全系数 2.89。

(不计黏聚力,总抗拉力 $F = E + f_1 + f_2$ = 122.4 + 72 + 73.4 = 267.8kN > 拉力 F = 150kN,抗拉安全系数 1.79)。

b. 抗倾覆计算

验算锚块抗倾覆时,应同时考虑锚块前后土体,根据弯矩 = 力 × 力臂,可得:

抗倾覆弯矩:$M_1 = G \times (2\text{m} \div 2) + E \times 0.76\text{m} \times 2 = 240 + 344.13\text{kN} \cdot \text{m} = 584.13\text{kN} \cdot \text{m}$

其中,土压力 E 力臂:

$$L' = \frac{H}{3} \times \frac{2 \times 2c\sqrt{K_p} + (\gamma H K_p + 2c\sqrt{K_p})}{2c\sqrt{K_p} + (\gamma H K_p + 2c\sqrt{K_p})} = 0.38 \times H = 0.76\text{m}$$

倾覆弯矩 $M_2 = F \times 2\text{m} = 150 \times 2 = 300\text{kN} \cdot \text{m} < M_1$;抗倾覆安全系数 1.95,符合要求(挡土墙设计规范中锚定墙的抗倾覆安全系数不得小于 1.5)。

② 钢丝绳选型

坞堤上采用拉力 100kN 绞车,其钢缆用钢丝绳 ϕ28mm,公称抗拉强度 1770N/mm²,最小破断拉力总和 750.33kN。安全系数 $n = \dfrac{750.33 \times 80\%}{100} = 6.0$。

（2）坞外水域绞拉系统布置

管节出坞后由拖轮接拖，坞口外有一个宽 336m、长 500m 的水域，水深可以满足拖轮吃水水深要求。管节出坞期间需在上下游各布置一艘警戒船，如图 7.3-8 所示。

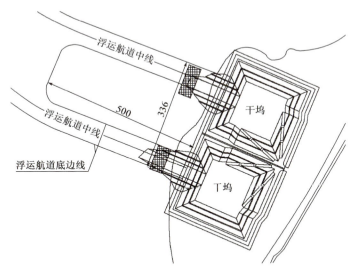

图 7.3-8　坞口航道示意图

根据管节出坞方式，在坞口水域共布置 7 个外形尺寸 6m×6m×4m 的钢筋混凝土水下锚块，北侧子坞管节出坞时使用 1~4 号及 6 号锚块，南侧子坞管节出坞时使用 3 号、5~7 号锚块及 61 号垫块（两块并排），锚块具体布置如图 7.3-9 所示。

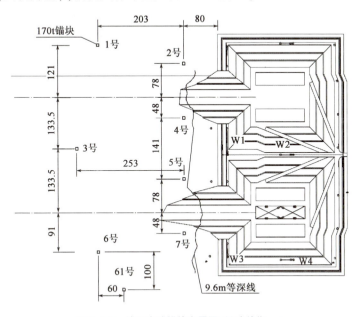

图 7.3-9　坞口水域锚块布置图（尺寸单位：m）

锚块在干坞与向莆铁路桥之间的滩地预制，达到设计强度后，由 3500kN 起重船配合驳船运输至指定位置安装。锚块安装主要包括锚块坑开挖、锚块吊装、锚块坑碎石回填等步骤。锚块/垫块(包括坞口锚块、南昌大桥上游锚块、回旋区上游锚块、基槽上下游锚块等)作为主要受力点,正式使用前须进行拉力试验,以确保使用安全。

在管节出坞前,通过钢丝绳、卸扣及单轮滑车将钢丝绳接驳位置引至水面浮筒上,以便于接缆、解缆施工。具体布置如图 7.3-10 所示,其中:φ44mm 钢丝绳×30m 用于 1 号、3 号、6 号锚块;φ44mm 钢丝绳×15m 用于 2 号、4 号、5 号、7 号锚块。在每次使用锚块前(包括坞口锚块、南昌大桥上游锚块、回旋区上游锚块、基槽上下游锚块等),安排潜水员检查钢丝绳与锚块的连接情况、钢丝绳与单轮滑车的连接情况、浮筒磨损情况等,对松动的卸扣及磨损的钢丝绳予以替换,确保系统处于良好状态。考虑到坞口外河道有较多社会船舶通行,在管节浮运完成后,将锚块取出移至靠近岸边的滩地寄放,以确保往来船舶通航安全。

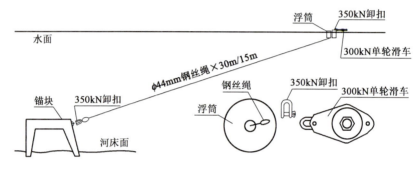

图 7.3-10　锚块及浮筒连接示意图

①锚块受力分析

锚块受力如图 7.3-11 所示。

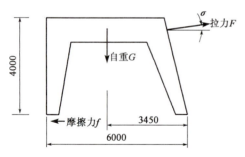

图 7.3-11　锚块受力示意图(尺寸单位:mm)

锚块抗拉力主要由锚块自重产生的摩擦力提供,具体计算如下:

a. 锚块自重 $G_1 = 2.5 \times 70 \times 10 = 1750$kN;

b. 锚块水下自重 G_2 = 钢筋混凝土水下密度 × 体积 × g = $1.5 \times 70 \times 10 = 1050$kN;

c. 摩擦力 f = 压力 × 摩擦系数 = 1050×0.3 = 315kN > 受力约 240kN(按绞车 150kN 拉力且钢丝绳打双,效率按照 80% 计算,$150 \times 2 \times 0.8 = 240$kN);

(砌体-土摩擦系数根据土湿润程度取 0.3~0.6,计算取偏安全值 0.3)

坞口 3 号、6 号锚块需进行拉力试验,拉力要求为 350kN。

②钢丝绳选型

锚块受拉力 240kN,选用钢丝绳 φ44mm,镀锌钢丝绳公称抗拉强度 1770N/mm²,最小破断拉力总和 1090kN。安全系数 $n = \dfrac{1090 \times 80\%}{240} = 3.6$。

(3)管节出坞浮运方案

管节出坞采用坞内布置绞车及坞口外布置水下锚块的方式绞拖出坞,在坞口布置 5 艘拖轮接拖,1 艘拖轮应急备用。出坞时间窗口选择坞口水流流速不大于 0.6m/s、水位不低于

13.5m的时间段进行。管节出坞拖绞速度不宜大于0.3m/s,平均风速宜小于10m/s,能见度大于1km,坞口满足管节吃水有效宽度不小于40m。

①调整好管面系缆桩与W1~W8绞车之间的钢丝绳,将管节移至出坞航道轴线上。

首先将W5、W6(200kN)绞车钢丝绳穿过单轮滑车,并将绳头与对应的双柱系缆桩连接,再利用抛锚艇将单轮滑车拉至2号、4号锚块处,与浮筒上的预留钢丝绳通过卸扣连接在一起;驳船预先连接好6号锚块,5艘4000HP拖轮在坞口待命,其中拖轮E旁靠驳船。管节出坞前进拖力主要由W5、W6绞车提供;W7、W8绞车负责尾部系留;W1~W4绞车负责调整管节前进方向,如图7.3-12所示。

②将管节前进110m,管节伸出坞口30m。

W2、W4绞车缆绳由管中系缆桩调整至管尾系缆桩,W1、W3绞车缆绳由管头系缆桩调整至管中系缆桩,将W1~W4绞车将缆绳收紧,此时管节受水流力影响较小,然后使用工作艇择机将驳船上的10号、9号绞车钢丝绳分别带到管节的左前与左中缆桩,放松W5绞车钢丝绳,解除与2号锚块的连接,W5绞车钢丝绳带到1号锚块浮标。此时,绞车W6钢缆与管节的纵向角为44°,故能提供的横向力 $F_{10}=200×\sin44°=139kN$,如图7.3-13所示。

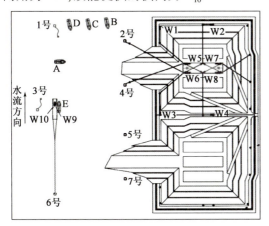
图7.3-12 管节移至出坞航道示意图

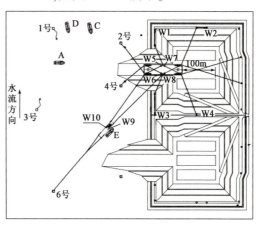
图7.3-13 管节伸出坞口示意图

③将管节前进275m;W1、W3绞车缆绳由管中系缆桩调整至管尾系缆桩,将绞车W7、W8钢丝绳解开,拖轮E的拖缆用工作艇协助带上管尾左缆桩;绞车W1缆带到管尾左缆桩,W3缆带到管尾右缆桩;绞车W2、W4解缆;拖轮C旁靠于管尾右侧,按设计带4条缆,如图7.3-14所示。

在这种状态下,绞车W6钢缆与管节的纵向角为43°,绞车W10钢缆与管节的纵向角为81°能提供的横向力 $F_6=200×\sin43°+150×\sin81°=136+148kN=284kN$。绞车W9钢缆与管节的纵向角为61°,其提供横向力为 $F_{10}=150×\sin61°=131kN$;绞车W3钢缆与管节的纵向角为42°,能提供的横向力 $F_3=150×\sin42°=100kN$。绞车W7钢缆与管节的纵向角为80°,能提供的横向力 $F_7=150×\sin80°=148kN$,管尾把控力为 $(100+148)kN=248kN$。

④管尾距坞口约360m,管节停止绞移,拖轮E离开驳船,正对管侧,协助把控管尾;绞车W5(1号锚块)解缆,拖轮A带缆至管节右端缆桩。拖轮A/B/C/E把控稳住管节,绞车W7(4号锚块)解缆,绞车W6(3号锚块)解缆,拖轮A调整拖缆,绞车W1、W3解缆,拖轮A调整好

船向,船尾偏向上游;拖轮 E 拖缆调整为拖航长度;绞车 W9、W10 解缆,如图 7.3-15 所示。

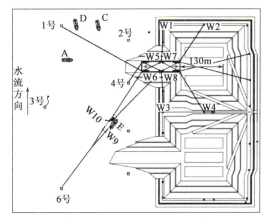

图 7.3-14 管节离开坞口示意图

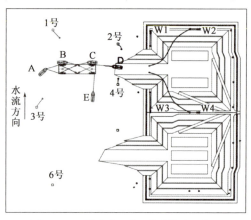

图 7.3-15 管节离开坞口停止绞移示意图

2) 管节小半径转弯浮运姿态控制技术

由于干坞距离生米大桥不到 600m,管节自坞口出坞后,需经过小半径(最小转弯半径 500m)转弯才能穿越生米大桥,生米大桥主桥全长 606m,采用(75m + 228m + 228m + 75m)跨径布置,浮运航道通过生米大桥西侧主跨,浮运小半径转弯的同时面临横流影响,管节浮运风险较大。浮运路线如图 7.3-16 所示。

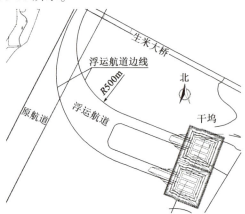

图 7.3-16 管节浮运小半径转弯示意图

(1)水流力计算

水流力的计算参照《港口工程荷载规范》(JTS 144-1—2010), $F_w = 0.5 C_w \rho A v^2$,根据以往经验估计 $C_w = 2.0$(越南西贡隧道工程取 1.6,东平隧道取 2.0), $\rho = 1.03$ t/m³,管节干舷取 0.15m,则其水下的横截面面积 $A_1 = 243.46$m², 纵截面面积 $A_2 = 937.25$m²。

外洲水文站监测资料显示:隧址历史最大流速 2.75m/s,平均流速年际变化基本一致,并随着水位的增加而增大。根据 1980 年至 2012 年期间和 2015 年 3 月、4 月浮运前的实测资料对赣江流域平均流速进行统计,水位 16~18m 对应的平均流速基本为 0.2~0.5m/s,水位 18~20m 对应的平均流速基本为 0.5~0.8m/s,水位 20~22m 对应的平均流速基本为 0.8~1.2m/s。管节的浮运通常倾向于选择流速较小的时期进行,但由于工期安排、浮运水位限制、航道转向、天气状况变化等因素的影响,可能会出现水流速度不满足浮运的情况。不同流速对应的管节所受水流力见表7.3-1。

不同流速与管节所受水流力关系一览表　　　　　　　　　表7.3-1

编号	流速 (m/s)	水流力(kN)	
		横截面迎流	纵断面迎流
1	0.2	9.72	37.26
2	0.4	38.88	149.04
3	0.6	90.27	347.5
4	0.8	160.49	617.8
5	1.0	250.76	965.4
6	1.2	361.1	1390.1
7	1.4	476.28	1825.74
8	1.6	622.08	2384.64

根据实测水流速度,出坞水流力见表7.3-2。

出坞位置水流力一览表　　　　　　　　　表7.3-2

位置	计算流速 (m/s)	水流力(kN)	实测最大流速 (m/s)	水流力(kN)	备注
出坞口	0.6	347.5	0.30	87	纵断面迎流
转弯拐点	0.8	617.8	0.50	241	纵断面迎流

(2)拖力分析及拖轮配置

拟采用5艘4000HP拖轮进行管节的拖航浮运工作,4000HP拖轮系柱拖力为500kN。考虑拖轮的实际情况,设计拖力取系柱拖力的0.8,并考虑拖轮在拖航时所受的摩擦阻力和剩余阻力。拖轮的拖力计算参考《CCS海上拖航指南》的海上拖航阻力估算方法。

海上拖航的总阻力 R_t 可按以下经验公式计算:

$$R_t = 1.15(R_f + R_B) \tag{7.3-1}$$

式中:R_f——拖船的摩擦阻力(kN);

R_B——拖船的剩余阻力(kN)。

其中拖船的阻力可按如下近似方法确定:

$$R_f = 1.67A_1 V^{1.83} \times 10^{-3} \tag{7.3-2}$$

$$R_B = 0.147\delta A_2 V^{1.74+0.15V} \tag{7.3-3}$$

式中:A_1——拖船的水下湿表面积(m^2);

V——水流速度(m/s);

δ——方形系数;

A_2——浸水部分的船中横剖面积(m^2)。

则拖轮的有效拖力计算见表7.3-3。

拖轮拖力计算   表7.3-3

拖轮	系柱拖力（kN）	湿表面积（m²）	水下船中横剖面积（m²）	流速（m/s）	摩擦阻力（kN）	剩余阻力（kN）	总阻力（kN）	折减后的拖力（kN）
4000hp	500	322.49	28.55	1.2	0.75	2.98	4.29	395.7

注：1hp＝745.7W。

考虑到管节浮运过程中极端状态为纵断面横流的情况，此时拖轮可布置成如图7.3-17所示。

在此情况下，四艘旁拖拖轮A、B、C、D皆须全力抵抗水流力，而由拖轮E提供管节的前进力。根据计算，现配置的拖力最大能抵抗1.2m/s的水流速度。具体计算详见表7.3-4。

1.2m/s水流速度小拖轮拖力验算   表7.3-4

流速v（m/s）	流向角θ（°）	水流力 $F_w=0.5 C_w\rho Av^2$（kN）		拖轮拖力 F(kN)/力矩 M(kN·m)								验证结果		
		F_X	F_Y	拖轮参数		F_X	F_Y	力矩	拖轮参数		F_X	F_Y	力矩	F_X	F_Y	力矩
1.2	270	0	−1415	拖轮A(4000hp)		0	354	−17862	拖轮B(4000hp)		0	354	−17862	合格	合格	合格
				功率比	89%				功率比	89%						
				Φ_1(°)	90				Φ_4(°)	90						
				拖轮C(4000hp)		0	354	17862	拖轮D(4000hp)		0	354	17862			
				功率比	89%				功率比	89%						
				Φ_2(°)	90				Φ_5(°)	90						
				拖轮E(4000hp)		0	0	合力			0	1416	0			
				功率比	0%											
				Φ_3(°)	0											

注：1hp＝745.7W。

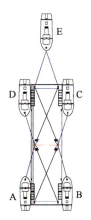

图7.3-17 管节浮运拖轮布置示意图

由此可知，在整个拖航过程中，航道的水流速度不宜大于1.2m/s，万一管节发生横流的情况，现有拖轮也能够控制管节的状态，确保管节的安全。

为保证管节在12m（其中2m考虑全回转拖轮改变输出方向需要12s时间）内能够由正常浮运速度10m/min（即0.167m/s）降低至完全停止（即0m/s），可根据匀加速度直线运动的位移公式进行计算：

$$S = v_0 t - \frac{1}{2}at^2 \quad (7.3-4)$$

式中：S——最终前进距离，取10m；

v_0——初始速度，取0.167m/s；

a——加速度，取$0.167/t$。

于是有：$S = v_0 t - \frac{1}{2}at^2 = 0.167t - 0.0835t = 0.0835t = 10\text{m}$

$t = 120\text{s}, a = \frac{0.167}{120} = 0.00139\text{m/s}^2$

其中：m 为管节质量，取 28000t。

根据牛顿第二定律，所需额外拉力 $F = ma = 28000 \times 0.00139 = 39 \text{kN}$。现有拖力配备完全满足。

(3) 管节小半径转弯浮运方案

①出坞后接拖时浮运姿态控制

如图 7.3-18 所示，管节前端配 A 拖轮吊拖，管节上游配有 E 拖轮和 D 拖轮吊拖，下游配有 B 拖轮和 C 拖轮绑拖，主要用于抵抗水流力，避免管节受水流影响向生米大桥方向偏移。管节所受水流力与各拖轮拖力合力验算见表 7.3-5。

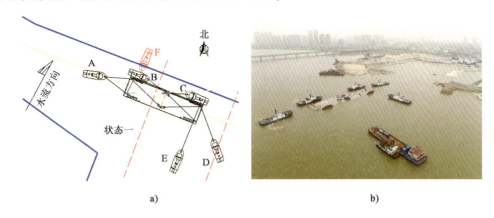

图 7.3-18 出坞后拖轮接拖状态

出坞接拖时水流力与拖轮合力验算 表 7.3-5

流速 v (m/s)	流向角 θ (°)	水流力 $F_w = 0.5 C_w \rho A v^2$ (kN)		拖轮拖力 F(kN)/力矩 M(kN·m)								验 证 结 果		
		F_X	F_Y	拖轮参数		F_X	F_Y	力矩	拖轮参数		F_X	F_Y	力矩	F_X	F_Y	力矩
0.8	263	-78	-639	拖轮 A(4000hp)		0	0	0	拖轮 B(4000hp)		41	336	16088	合格	合格	合格
				功率比	0%				功率比	86%						
				Φ_1(°)	0				Φ_4(°)	83						
				拖轮 C(4000hp)		37	303	-16089	拖轮 F(3400hp)		0	0	0			
				功率比	77%				功率比	0%						
				Φ_2(°)	83				Φ_5(°)	83						
				拖轮 E(4000hp)		0	0	0	合力		79	639	0			
				功率比	0%											
				Φ_3(°)	83											

②拖航至转向点时浮运姿态控制

如图 7.3-19 所示，从接拖开始，到管节拖航至转向点，这个阶段各拖轮状态及作用力基本保持一致。管节所受水流力与各拖轮拖力合力验算见表 7.3-6。

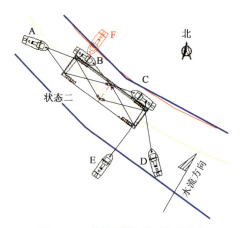

图 7.3-19 拖航至转向点时拖轮状态

拖航至转向点时水流力与拖轮合力验算　　　　　表 7.3-6

流速 v (m/s)	流向角 θ (°)	水流力 $F_w=0.5 C_w\rho A v^2$ (kN)		拖轮拖力 F(kN)//力矩 M(kN·m)								验证结果		
		F_X	F_Y	拖轮参数		F_X	F_Y	力矩	拖轮参数		F_X	F_Y	力矩	F_X	F_Y	力矩

流速 v (m/s)	流向角 θ (°)	F_X	F_Y	拖轮参数		F_X	F_Y	力矩	拖轮参数		F_X	F_Y	力矩	F_X	F_Y	力矩
0.8	289	211	-613	拖轮 A(4000hp)		0	0	0	拖轮 B(4000hp)		-91	263	15168	合格	合格	合格
				功率比	0%				功率比	70%						
				Φ_1(°)	0				Φ_4(°)	109						
				拖轮 C(4000hp)		-121	351	-15167	拖轮 F(3400hp)		0	0	0			
				功率比	94%				功率比	0%						
				Φ_2(°)	109				Φ_5(°)	109						
				拖轮 E(4000hp)		0	0	0	合力		-211	614	0			
				功率比	0%											
				Φ_3(°)	109											

③拖航至接近生米大桥浮运姿态控制

如图 7.3-20 所示,这个阶段各拖轮状态及作用基本保持一致,管节所受水流力与各拖轮拖力合力验算见表 7.3-7。

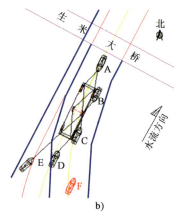

a) 　　　　　　　　　　　　　　b)

图 7.3-20　管节至接近生米大桥时拖轮状态

拖航至接近生米大桥时水流力与拖轮合力验算　　　　　表 7.3-7

流速 v (m/s)	流向角 θ (°)	水流力 $F_w=0.5 C_w \rho A v^2$ (kN)		拖轮拖力 F(kN)/力矩 M(kN·m)								验证结果		
		F_X	F_Y	拖轮参数		F_X	F_Y	力矩	拖轮参数		F_X	F_Y	力矩	F_X	F_Y	力矩

流速 v (m/s)	流向角 θ (°)	F_X	F_Y	拖轮参数		F_X	F_Y	力矩	拖轮参数		F_X	F_Y	力矩	F_X	F_Y	力矩
0.8	356	207	−14	拖轮 A(4000hp)		0	0	0	拖轮 B(4000hp)		0	8	399	合格	合格	合格
				功率比	0%				功率比	2%						
				Φ_1(°)	0				Φ_4(°)	90						
				拖轮 C(4000hp)		0	8	−399	拖轮 D(4000hp)		−104	0	−1186			
				功率比	2%				功率比	26%						
				Φ_2(°)	90				Φ_5(°)	180						
				拖轮 E(4000hp)		−104	0	1186	合力		−208	16	0			
				功率比	26%											
				Φ_3(°)	180											

3) 管节穿越小净距桥梁浮运姿态控制

红谷隧道浮运需穿越生米大桥、朝阳大桥和生米大桥 3 座既有桥梁,三座大桥跨径分别为 162m、150m 和 67m,穿越桥梁情况详见图 7.3-21 ~ 图 7.3-23,其中风险最大的为南昌大桥,浮运时管节单侧距离桥墩最小净距仅 10m,一旦管节撞击桥墩后果将不可挽回,必须采取可靠措施保证安全。重点对穿越南昌大桥小跨径时管节的浮运姿态控制技术进行了研究。

图 7.3-21　生米大桥示意图

图 7.3-22　朝阳大桥示意图

(1) 管节拖航浮运拖轮编队设计

由于南昌大桥桥址河流走向受江心洲沙丘影响,水流方向与浮运航道走向有一定角度,方位为东北偏东方向,管节受侧向水流力影响较大,拖轮的配置功率要保证拖力大于水流力,从而不会出现管节因水流冲击而冲向桥墩的情况。

图 7.3-23　南昌大桥示意图

管节浮运过南昌大桥计划采用 5 艘 4200hp 全回转拖轮。全回转是指在原地可以 360°自由旋转的拖轮,一般采用双 Z 型导流管式螺旋桨和中高速柴油机,螺旋桨可在 360°范围内自由转动,转向灵活,旋回圈小,并可以在原地打转,且具备横移功能。进车需要改为倒车时,调节螺旋桨方向 180°即可完成,只需 12s,可在较短时间和距离内把船停住,同时由于全回转拖轮无舵,螺旋桨位于船后方,因此倒车比前进更为灵活。全回转拖轮具有动作快、操纵灵活等特点,可以保证快速地调整管节的拖航方位。用于管节浮运的拖轮必须具备在短时间内将管节减速至停止的能力,即拖轮提供的拉力必须大于管节所受的水流力。

为了能保证管节顺利浮运通过南昌大桥,需在过南昌大桥前调整拖轮布置,在管节前端设一艘 A 大马力拖轮(配 40m 长"八字"缆绳)进行吊拖,管节东侧旁靠一艘 B 和一艘 C 拖轮进行绑拖,尾端设一艘 D 和一艘 E(4200hp,配 80m 拖缆)拖轮进行吊拖,拖轮编队示意如图 7.3-24 所示。

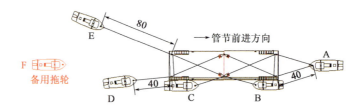

图 7.3-24　拖轮编队示意图(尺寸单位:m)

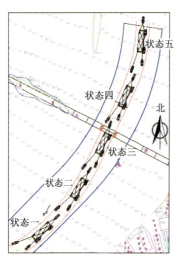

图 7.3-25　管节浮运过南昌大桥的拖航状态总布置图

管节拖航浮运过南昌大桥的拖航总布置详见图 7.3-25。

(2)管节浮运过南昌大桥浮运姿态控制

①浮运穿越南昌大桥前浮运姿态控制

管节浮拖到离南昌大桥距离约 260m 时,调整管节拖轮布置,浮运速度控制在 10m/min 以内,在总监控指挥下,各拖轮配合保持管节沿着浮运航道中心线前行约 90m 前,A 拖轮往北方向缓慢摆动,D 拖轮逐渐往西南方向缓慢摆动,B、C 拖轮逐步加力,各拖轮配合将管节缓慢往西侧偏移。见图 7.3-26。

管节所受水流力与各拖轮拖力合力验算见表 7.3-8。

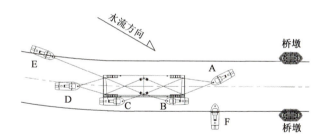

图 7.3-26　管节穿越南昌大桥前拖航状态示意图

浮运穿越南昌大桥前水流力与拖轮合力验算　　　　　　　表 7.3-8

流速 v (m/s)	流向角 θ (°)	水流力 $F_w=0.5 C_w \rho A v^2$ (kN)		拖轮拖力 F(kN)/力矩 M(kN·m)								验证结果		
		F_X	F_Y	拖轮参数	F_X	F_Y	力矩	拖轮参数	F_X	F_Y	力矩	F_X	F_Y	力矩
1	329	622	−374	拖轮 A(4000hp) 功率比 0% Φ_1(°) 0	0	0	0	拖轮 B(4000hp) 功率比 47% Φ_4(°) 90	0	187	9444	合格	合格	合格
				拖轮 C(4000hp) 功率比 47% Φ_2(°) 90	0	187	−9444	拖轮 D(4000hp) 功率比 79% Φ_5(°) 186	−311	−33	−1894			
				拖轮 E(4000hp) 功率比 79% Φ_3(°) 174	−311	33	1894	合力	−623	374	0			
1.124	329	786	−472	拖轮 A(4000hp) 功率比 0% Φ_1(°) 0	0	0	0	拖轮 B(4000hp) 功率比 60% Φ_4(°) 90	0	237	11939	合格	合格	合格
				拖轮 C(4000hp) 功率比 60% Φ_2(°) 90	0	237	−11939	拖轮 D(4000hp) 功率比 100% Φ_5(°) 186	−394	−41	−2394			
				拖轮 E(4000hp) 功率比 100% Φ_3(°) 174	−394	41	2394	合力	−787	473	0			

②管节浮运穿越南昌大桥姿态控制

a. 当管节前端进入桥墩前,前端 A 往西北方向缓慢摆动,五艘拖轮配合将管节缓慢往桥墩西侧偏移约 6m,浮运速度控制在 10m/min 以内,必要时顶推工作艇协助顶推管节,见图 7.3-27。

管节所受水流力与各拖轮拖力合力验算见表 7.3-9。

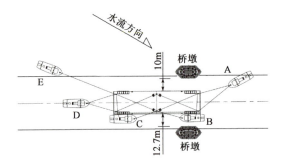

图 7.3-27　管节前端进入南昌大桥桥墩前拖航状态示意图

管节前端进入桥墩前水流力与拖轮合力验算　　　　　表 7.3-9

流速 v (m/s)	流向角 θ (°)	水流力 $F_w=0.5 C_w\rho Av^2$ (kN)		拖轮拖力 F(kN)/力矩 M(kN·m)								验证结果		
		F_X	F_Y	拖轮参数	F_X	F_Y	力矩	拖轮参数	F_X	F_Y	力矩	F_X	F_Y	力矩
1	329	622	−374	拖轮 A(4000hp) 功率比 0% Φ_1(°) 0	0	0	0	拖轮 B(4000hp) 功率比 47% Φ_4(°) 90	0	187	9444	合格	合格	合格
				拖轮 C(4000hp) 功率比 47% Φ_2(°) 90	0	187	−9444	拖轮 D(4000hp) 功率比 79% Φ_5(°) 186	−311	−33	−1894			
				拖轮 E(4000hp) 功率比 79% Φ_3(°) 174	−311	33	1894	合力	−623	374	0			
1.124	329	786	−472	拖轮 A(4000hp) 功率比 0% Φ_1(°) 0	0	0	0	拖轮 B(4000hp) 功率比 60% Φ_4(°) 90	0	237	11939	合格	合格	合格
				拖轮 C(4000hp) 功率比 60% Φ_2(°) 90	0	237	−11939	拖轮 D(4000hp) 功率比 100% Φ_5(°) 186	−394	−41	−2394			
				拖轮 E(4000hp) 功率比 100% Φ_3(°) 174	−394	41	2394	合力	−787	473	0			

b. 当管节前端过了南昌大桥桥墩后，尾端两艘拖轮逐步缓慢往东侧摆动，并保持管节离西侧桥墩约 10m，浮运速度控制在 10m/min 以内，必要时顶推工作艇协助顶推管节，见图 7.3-28。

管节所受水流力与各拖轮拖力合力验算见表 7.3-10。

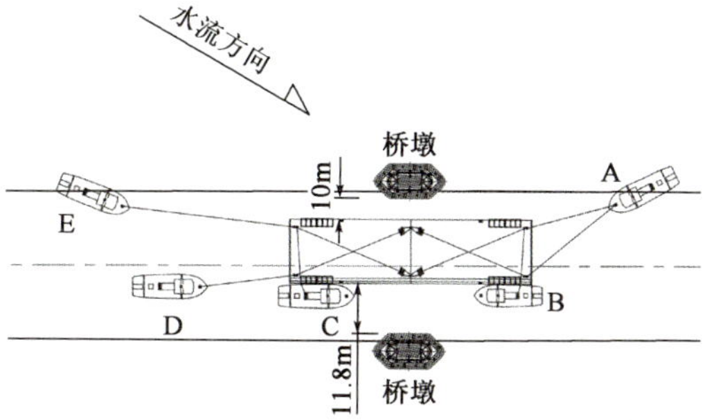

图7.3-28　管节前端通过南昌大桥桥墩拖航状态示意图

管节前端过了南昌大桥桥墩后水流力与拖轮合力验算　　表7.3-10

流速 v (m/s)	流向角 θ (°)	水流力 $F_w=0.5C_w\rho Av^2$ (kN)		拖轮拖力 F(kN)/力矩 M(kN·m)										验证结果		
		F_X	F_Y	拖轮参数		F_X	F_Y	力矩	拖轮参数		F_X	F_Y	力矩	F_X	F_Y	力矩
1	329	622	-374	拖轮 A(4000hp)		0	0	0	拖轮 B(4000hp)		0	187	9444	合格	合格	合格
				功率比	0%				功率比	47%						
				Φ_1(°)	0				Φ_4(°)	90						
				拖轮 C(4000hp)		0	187	-9444	拖轮 D(4000hp)		-311	-33	-1894			
				功率比	47%				功率比	79%						
				Φ_2(°)	90				Φ_5(°)	186						
				拖轮 E(4000hp)		-311	33	1894	合力		-623	374	0			
				功率比	79%											
				Φ_3(°)	174											
1.124	329	786	-472	拖轮 A(4000hp)		0	0	0	拖轮 B(4000hp)		0	237	11939	合格	合格	合格
				功率比	0%				功率比	60%						
				Φ_1(°)	0				ϕ_4(°)	90						
				拖轮 C(4000hp)		0	237	-11939	拖轮 D(4000hp)		-394	-41	-2394			
				功率比	60%				功率比	100%						
				Φ_2(°)	90				ϕ_5(°)	186						
				拖轮 E(4000hp)		-394	41	2394	合力		-787	473	0			
				功率比	100%											
				Φ_3(°)	174											

c. 当管节尾端过了南昌大桥桥墩后，尾端两艘拖轮逐步缓慢往东侧摆动并行，保证尾端两艘拖轮过桥时不能碰到桥墩，两艘旁拖拖加力顶推管节，并保持管节离西侧桥墩约10m，浮运速度控制在10m/min以内，必要时顶推工作艇协助顶推管节，见图7.3-29。

管节所受水流力与各拖轮拖力合力验算见表7.3-11。

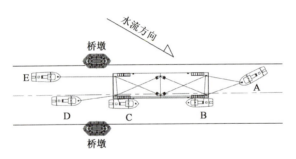

图 7.3-29 管节尾端通过南昌大桥桥墩拖航状态示意图

管节尾端过了南昌大桥桥墩后水流力与拖轮合力验算   表 7.3-11

流速 v (m/s)	流向角 θ (°)	水流力 $F_w=0.5 C_w\rho Av^2$ (kN)		拖轮拖力 F(kN)/力矩 M(kN·m)							验证结果		
		F_X	F_Y	拖轮参数	F_X	F_Y	力矩	拖轮参数	F_X	F_Y	力矩	F_X	F_Y	力矩
1	329	622	−374	拖轮 A(4000hp)				拖轮 B(4000hp)				合格	合格	合格
				功率比 0%	0	0	0	功率比 47%	0	187	9444			
				Φ_1(°) 0				Φ_4(°) 90						
				拖轮 C(4000hp)				拖轮 D(4000hp)						
				功率比 47%	0	187	−9444	功率比 79%	−311	0	−3563			
				Φ_2(°) 90				Φ_5(°) 180						
				拖轮 E(4000hp)				合力	−623	374	0			
				功率比 79%	−311	0	3563							
				Φ_3(°) 180										
1.124	329	790	−475	拖轮 A(4000hp)				拖轮 B(4000hp)				合格	合格	合格
				功率比 0%	0	0	0	功率比 60%	0	238	12000			
				Φ_1(°) 0				Φ_4(°) 90						
				拖轮 C(4000hp)				拖轮 D(4000hp)						
				功率比 60%	0	238	−12000	功率比 100%	−396	0	−4527			
				Φ_2(°) 90				Φ_5(°) 180						
				拖轮 E(4000hp)				合力	−791	476	0			
				功率比 100%	−396	0	4527							
				Φ_3(°) 180										

③管节浮运穿越南昌大桥后姿态控制

当尾端两艘拖轮过了南昌大桥桥墩后,尾端两艘拖轮逐步缓慢往西侧摆动,保证尾端两艘拖轮过桥时不能碰到桥墩,两艘旁拖拖减缓顶推管节,将管节控制在浮运航道中心线上,浮运速度控制在 10m/min 以内,必要时顶推工作艇协助顶推管节,见图 7.3-30。

管节所受水流力与各拖轮拖力合力验算见表 7.3-12。

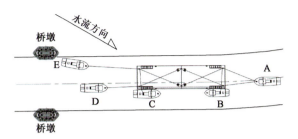

图 7.3-30 尾端拖轮通过南昌大桥桥墩拖航状态示意图

管节尾端两艘拖轮过了南昌大桥桥墩后水流力与拖轮合力验算　　表 7.3-12

流速 v (m/s)	流向角 θ (°)	水流力 $F_w=0.5 C_w\rho Av^2$ (kN)		拖轮拖力/力矩 F(kN)/M(kN·m)									验证结果		
		F_X	F_Y	拖轮参数		F_X	F_Y	力矩	拖轮参数		F_X	F_Y	力矩	F_X	F_Y	力矩
1	329	622	-374	拖轮 A(4000hp)		0	0	0	拖轮 B(4000hp)		0	187	9444	合格	合格	合格
				功率比	0%				功率比	47%						
				Φ_1(°)	0				Φ_4(°)	90						
				拖轮 C(4000hp)		0	187	-9444	拖轮 D(4000hp)		-311	-33	-1894			
				功率比	47%				功率比	79%						
				Φ_2(°)	90				Φ_5(°)	186						
				拖轮 E(4000hp)		-311	33	1894	合力		-623	374	0			
				功率比	79%											
				Φ_3(°)	174											
1.124	329	786	-472	拖轮 A(4000hp)		0	0	0	拖轮 B(4000hp)		0	237	11939	合格	合格	合格
				功率比	0%				功率比	60%						
				Φ_1(°)	0				Φ_4(°)	90						
				拖轮 C(4000hp)		0	237	-11939	拖轮 D(4000hp)		-394	-41	-2394			
				功率比	60%				功率比	100%						
				Φ_2(°)	90				Φ_5(°)	186						
				拖轮 E(4000hp)		-394	41	2394	合力		-787	473	0			
				功率比	100%											
				Φ_3(°)	174											

由计算可知,管节浮运过南昌大桥段浮运过程浮运设备能满足管节所受水流力要求,方案可行。

4)管节回旋区大流速进隧址浮运姿态控制技术

管节通过南昌大桥后,还需要经过一段长度约为 1200m 的弯道进入回旋区,在回旋区调头后通过江心洲航道到达隧址,见图 7.3-31。根据管节长度及拖轮编队方式,管节回旋区直径设计为 180m,疏浚底高程 +3.6m;拖轮回旋区直径 350m,设计疏浚底高程 +6.5m,受东岸围堰影响,经现场监测,回旋区最大水流流速达到1.2m/s,管节回旋区在纵向横流作用下浮运姿态控制难度较大。

图 7.3-31　南昌大桥至回旋区航道平面图

(1) 回旋区锚拉系统设计

管节到达回旋区时有可能天色较晚或水流速度超过施工最大允许流速,则需在现场等待调头时机。因此在回旋区水流上游江心洲预抛 2 个自重 1700kN 锚块,用于管节的临时系泊及辅助调头作业;在江心洲航道上游布置 1 个自重 800kN 垫块,用于管节进江心洲航道时的临时牵引。现场拖轮应 24h 守护,必要时把管节稳定在调头区,避免因水流方向改变而发生管节搁浅的情况。回旋区锚块的平面布置如图 7.3-32 所示。

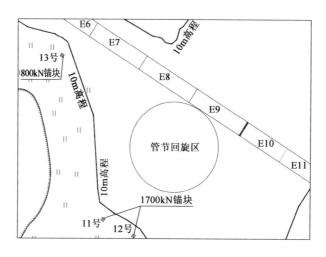

图 7.3-32　回旋区锚块平面布置图

回旋区由于遭遇管节纵向横流且水流流速较大,拖轮编队采用 1 台拖轮前面牵引,3 台拖轮绑拖,1 台拖轮控制尾部,极端情况下可 4 台拖轮绑拖,一台牵引。典型拖轮编队如图 7.3-33 所示。

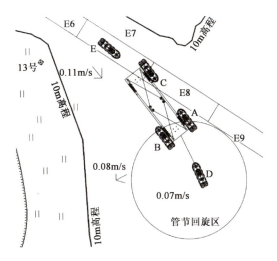

图 7.3-33　管节浮运过回旋区至隧址拖航状态示意图

(2) 管节回旋区大流速进隧址浮运姿态控制

① 管节转体前浮运姿态控制

为了保证管节的安全,管节进入回旋区后拖轮船组顺着水流方向稳住管节位置,并控制管节慢慢往西侧移动,确保管节在移动过程中不会发生横流的现象而导致管节受力突然增大。在水流速度不具备进江心洲航道时,需将管节临时系泊于回旋区,等待合适作业窗口后再进入江心洲航道。临时系泊系统选择通过 2 条 φ80mm×220m 的尼龙绳将管节带上 11 号和 12 号锚块,并有 4 条拖轮旁靠管节四角作为应急,管节回旋区转体前锚缆示意图见图 7.3-34。当水流速度合适时,调整管节拖轮编队,松掉 11 号锚块锚缆并将管面端连上 φ76mm×200m 折双尼龙绳,连接卸扣为 850kN。此时 12 号锚块尼龙绳保持有力。将管节慢慢往上游移动,同时将 12 号尼龙绳慢慢收紧,管节移动到预定位置后,将管面连接好的 φ80mm×220m 和 φ76mm×200m 折双尼龙绳一端连接至 12 号锚块,同时将尼龙绳挂在中桩上。解掉原连接至 12 号锚块 φ80mm×220m 锚缆。确认拖轮船组能够稳住管节状态后,将管节慢慢移至旋转区域。

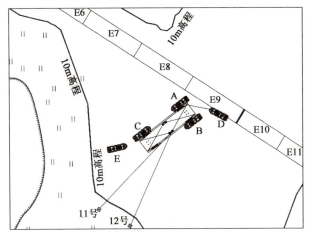

图 7.3-34　管节回旋区转体前锚缆示意图

该状态下水流力及拖轮拖力计算见表 7.3-13。

管节回旋区转体水流力与拖轮合力验算   表 7.3-13

流速 v (m/s)	流向角 θ (°)	水流力 $F_w=0.5 C_w\rho Av^2$ (kN)		拖轮拖力 F(kN)/力矩 M(kN·m)						验证结果	
		F_X	F_Y	拖轮参数		F_X	F_Y	拖轮参数		F_X	F_Y	F_X	F_Y
0.9	52	465.01	595.2	拖轮 A(4000hp)		−151.27	−193.62	拖轮 B(4000hp)		−182.06	−233.02	合格	合格
				功率比	50%			功率比	60%				
				Φ_1(°)	232			Φ_4(°)	232				
				拖轮 C(4000hp)		−151.27	−193.62	拖轮 D(4000hp)		4.24	0.67		
				功率比	50%			功率比	0%				
				Φ_2(°)	232			Φ_5(°)	189				
				拖轮 E(4000hp)		4.24	0.67	合力		−476.13	−618.93		
				功率比	0%								
				Φ_3(°)	189								

② 回旋区管节转体浮运姿态控制

在 11 号和 12 号锚缆受力后将拖轮 E 带上管节左后桩头,拖轮船组控制管节进行顺时针旋转,与锚块连接的缆绳确保管节不会失去控制。在管节调头过程中注意监控管节的位置,确保管节位于满足吃水的区域内,避免发生管节搁浅、GINA 带损坏的情况,如图 7.3-35 所示。

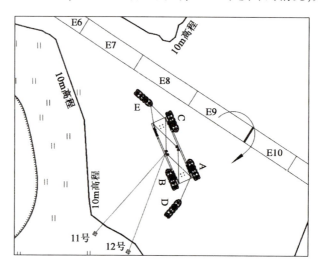

图 7.3-35 管节回旋区转体示意图

在管节调头过程中,管节纵断面逐步垂直水流方向,水流对管节的作用力会逐渐增大。实时观察拖轮船组是否能完全控制管节,若出现水流过急拖轮船组不能稳住管节位置的情况,则停止管节的调头作业,重新带缆至预抛锚块,恢复临时系泊状态,待水流变缓再继续旋转。

该状态下水流力及拖轮拖力计算见表 7.3-14。

管节回旋区转体水流力与拖轮合力验算　　　　表 7.3-14

流速 v (m/s)	流向角 θ (°)	水流力 $F_w=0.5 C_w\rho Av^2$ (kN)		拖轮拖力 F(kN)/力矩 M(kN·m)						验证结果	
		F_X	F_Y	拖轮参数		F_X	F_Y	拖轮参数		F_X	F_Y	F_X	F_Y
0.9	22	454.96	183.8	拖轮 A(4000hp)		-227.82	-92.04	拖轮 B(4000hp)		-227.82	-92.04	合格	合格
				功率比	50%			功率比	50%				
				Φ_1(°)	202			Φ_4(°)	202				
				拖轮 C(4000hp)		-227.82	-92.04	拖轮 D(4000hp)		-3.51	2.46		
				功率比	50%			功率比	0%				
				Φ_2(°)	202			Φ_5(°)	325				
				拖轮 E(4000hp)		1.81	3.89	合力		-685.16	-269.79		
				功率比	0%								
				Φ_3(°)	245								

③管节浮运进隧址浮运姿态控制

拖轮船组拖带管节往西移动,控制管节速度和水深位置,同时将钢丝绳连接至 13 号垫块上,协助控制管节浮运,拖轮控制管节继续往江心洲航道方向移动,到达江心洲航道后,在拖轮的控制下将管节顺着隧址方向,此时管节受水流作用加大,如图 7.3-36 所示。

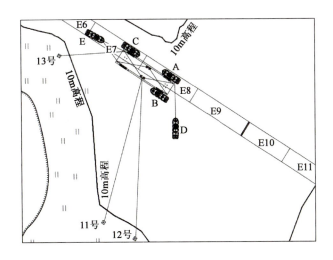

图 7.3-36　管节回旋区浮运进隧址示意图

该状态下水流力及拖轮拖力计算见表 7.3-15。

管节回旋区转体水流力与拖轮合力验算　　　表7.3-15

流速 v (m/s)	流向角 θ (°)	水流力 $F_w=0.5C_w\rho Av^2$ (kN)		拖轮拖力 F(kN)/力矩 M(kN·m)							验证结果	
		F_X	F_Y	拖轮参数		F_X	F_Y	拖轮参数		F_X	F_Y	F_X	F_Y
0.7	61	233.78	421.8	拖轮 A(4000hp)		-122.86	-212.79	拖轮 B(4000hp)		-42.67	-241.98	合格	合格
				功率比	50%			功率比	50%				
				Φ_1(°)	240			Φ_4(°)	260				
				拖轮 C(4000hp)		-122.86	-212.79	拖轮 D(4000hp)		-3.51	2.46		
				功率比	50%			功率比	0%				
				Φ_2(°)	240			Φ_5(°)	325				
				拖轮 E(4000hp)		1.81	3.89	合力		-290.08	-661.21		
				功率比	0%								
				Φ_3(°)	245								

由上可知,管节在回旋区转体段浮运过程浮运设备能满足管节所受水流力要求,浮运方案可行。

7.3.2　管节浮运穿越小净距桥梁桥墩保护技术研究

内河河道狭窄、弯曲,桥梁等水中建(构)筑物多,水文、环境条件都很复杂。沉管管节在长距离浮运过程中,常常需要穿越既有桥梁,由于单个管节均有几万吨,其撞击既有建(构)筑物时所产生的破坏力甚至超过满载的大型船舶。

由船撞桥事故所导致的人员伤亡、财产损失以及环境破坏是惊人的。很多船撞桥事故轻则损失数万元,重则人员伤亡、损失以百万、数千万甚至数十亿美元计,大量的间接损失更是难以计算。由国际航海协会常务会议 PIANC 第 19 工作组所建立的船撞桥国际数据库中包含 151 起事故,主要包括发生在北欧国家、日本、美国、德国、英国、法国、比利时和荷兰的船撞桥事故。据统计,在 1960 年至 1993 年的 33 年中,全世界因船撞桥而导致损毁的大型桥梁已达 29 座(其中美国 15 座),死亡人数为 321 人。美国的阳光大桥、澳大利亚的塔斯曼大桥等都在被船撞塌后重建,美国阿肯色河船桥碰撞事故示意如图 7.3-37 所示,广东九江大桥遭运沙船撞击示意如图 7.3-38 所示。

图 7.3-37　美国阿肯色河船桥碰撞事故

图 7.3-38　广东九江大桥遭运沙船撞击垮塌

红谷隧道管节浮运穿越生米大桥、朝阳大桥时管节与桥墩净距达40m以上,浮运风险较小。南昌大桥19号桥跨净距仅67m,根据拖轮编队方案(图7.3-39),穿越南昌大桥时管节单侧距离桥墩最小净距仅10m,一旦管节撞上桥墩后果将不堪设想,因此必须采取可靠措施保证安全。2015年,项目业主单位牵头组织中铁隧道勘测设计院、南京工业大学、中铁大桥局等单位开展了管节浮运穿越南昌大桥桥墩保护方案的研究。

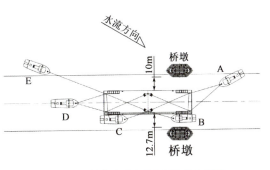

图7.3-39 管节穿越南昌大桥拖轮编队图

1) 桥-船碰撞机理研究

(1) 国内外船撞力计算方法对比

为进行桥梁防撞设计,首先需船对桥墩的撞击力进行估算,目前国内外船撞力简化估算公式主要有如下几种:

① 美国 AASHTO 公路桥涵设计规范公式:

$$P_s = 1.2 \times 10^5 v \sqrt{\mathrm{DWT}} \tag{7.3-5}$$

式中:P_s——有效撞击力(kN);
DWT——船舶的载质量(kg);
v——船舶撞击速度(m/s)。

② 欧洲颁布的 Eurocodel 提出船舶的撞击力:

$$P = v\sqrt{KM} \tag{7.3-6}$$

式中:v——碰撞体在撞击时速度(m/s);
K——碰撞体的有效刚度(N/m);
M——碰撞体的质量(t)。

③ 我国公路桥涵设计通用规范公式:

$$P = \frac{Wv}{gT} \tag{7.3-7}$$

式中:W——漂流物重力(kg);
v——水流速度(m/s);
T——撞击时间(s);
g——重力加速度(m/s²)。

从上述可知,虽然各种简化公式的形式不一样,但基本上都与速度和碰撞体质量这两个因素有关。相对欧美规范我国规范对以下问题考虑不够全面:

a. 未考虑船舶接触刚度;
b. 船—桥碰撞接触时间取值 $T=1$s 过于宽泛。

上述问题导致中国与国外计算结果差异很大,从统计结果表明,现行国内规范取值明显偏低,桥墩抗撞能力明显偏弱。

(2) 桥-船碰撞力简化公式修正

针对现行国内规范船撞击力取值偏低问题,本书提出了一种考虑了船舶接触刚度和桩土

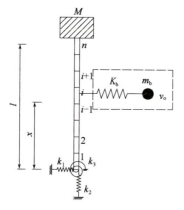

图 7.3-40 船—桥碰撞简化力学模型

作用的船—桥碰撞动力学模型,船—桥碰撞简化力学模型见图 7.3-40,图中 M 为上部结构等效集中质量,x 为撞击位置处的高度,l 为桥墩总高度,n 为桥墩沿高度方向的分段数,k_1 为水平向平动弹簧的弹性约束刚度,k_2 为竖向平动弹簧的弹性约束刚度,k_3 为抗转动弹簧的弹性约束刚度,k_b 为船艏接触刚度,m_b 为船舶等效质量,v_0 为船舶初始速度。

基于分布质量弹性体理论,建立桥墩梁单元的偏微分运动方程,即

$$\left[m\frac{\partial^2 u}{\partial t^2} + EI\frac{\partial^4 u}{\partial x^4} - P \right] - \rho I\frac{\partial^4 u}{\partial x^2 \partial t^2} + \frac{EI}{k'AG}\frac{\partial^2}{\partial x^2}\left(P - m\frac{\partial^2 u}{\partial t^2} \right) - \frac{\rho I}{k'AG}\frac{\partial^2}{\partial t^2}\left(P - m\frac{\partial^2 u}{\partial t^2} \right) = 0$$

$$f(t) \approx \frac{e^{at}}{T}\left\{ -\frac{1}{2}R_e[F(a)] + \sum_{k=0}^{N} R_e\left[F\left(a + i\frac{k\pi}{T} \right) \right]\cos\left(\frac{k\pi}{T} \right)t - \sum_{k=1}^{N} Im\left[F\left(a + i\frac{k\pi}{T} \right) \right]\sin\left(\frac{k\pi}{T} \right)t \right\} \tag{7.3-8}$$

式中:t——所要计算的总时间;

N——输出数值的时间间隔。

数值反演时由像函数 $F(s)$ 求像原函数 $f(t)$,其中 $s = a + iw, w \in R$,为位于 $F(s)$ 所有奇点右方的任意值。

①船艏刚度确定

桥船碰撞主要是船艏结构与桥墩的接触,因此船艏刚度直接关系桥船撞击力大小。本书通过有限元模拟和压缩试验,拟合出撞击力与船艏压溃深度关系曲线,如图 7.3-41 和图 7.3-42 所示。

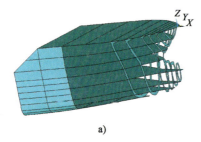
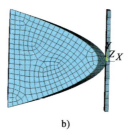

图 7.3-41 船艏刚度有限元模拟及压缩试验

由撞击过程撞击力 F 与船艏变形 σ 之间关系,建立船艏刚度模型。

$$F = \begin{cases} 2 \times 10^6 e^{0.0012\sigma} & 0 < \sigma < X' \\ 5901.4\sigma + 1.11 \times 10^8 & X' < \sigma < X \end{cases} \tag{7.3-9}$$

式中:F——撞击力;

X'——分段拟合曲线的交点;

X——最大撞深。

根据建立的刚度模型得出了不同典型船舶吨位下船艏刚度取值(表 7.3-16)。

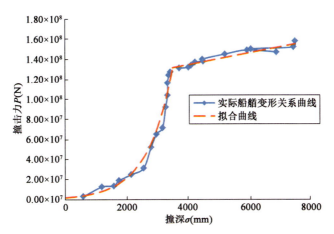

图 7.3-42　撞击力—压溃深度曲线(分段函数)

不同典型船舶吨位下船艏刚度取值表　　　　　　　　表 7.3-16

船舶吨位(t)	船艏刚度(MN/m)		
	该项目研究	欧洲规范	美国 ASSHTO 规范及我国规范
500	5.0	5.0	未考虑
1000	6.5		
2000	10.0		
3000	15.0		
5000	16.0	15.0	
10000	20.0		
50000	22.5		

②碰撞接触时间研究

针对撞击力简化公式中碰撞接触时间取值不合理问题,根据船-桥碰撞动力学模型得出船撞力和接触时间理论解,继而分析撞击物质量、撞击物-桥墩接触刚度及初始撞击速度等相关参数对碰撞接触时间的影响规律,拟合出碰撞接触时间简化计算公式。

a. 撞击物质量对碰撞接触时间影响

船-桥碰撞接触时间 t 与船舶质量 m 之间的关系如图 7.3-43 所示。由图可知,船-桥碰撞接触时间随着船舶质量算术平方根的增大而增大,基本上呈线性增长关系。

b. 船-桥墩接触刚度对碰撞接触时间影响

图 7.3-44 给出了船-桥接触刚度与船-桥碰撞接触时间之间的关系,其中速度为 4m/s,质量为 200t。由图可知:碰撞接触时间随着船-桥接触刚度的增大而缩短;峰值撞击力随着船-桥接触刚度的增大而增大。

c. 初始撞击速度对碰撞接触时间影响

图 7.3-45 给出了船-桥碰撞接触时间与船舶初始撞击速度 v 之间的关系,其中船舶质量 $m_b = 200t$,船舶接触刚度 $K_b = 5MN/m$。由图可知:碰撞接触时间与船舶初始速度之间不存在相关关系,仅改变船舶初始速度,碰撞接触时间基本不变;峰值撞击力随着船舶初始速度的增大而增大,且增幅近似呈线性增长关系。

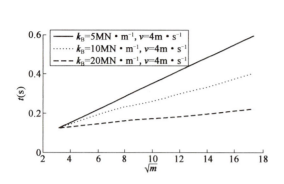

图 7.3-43　撞击物质量与碰撞接触时间关系曲线

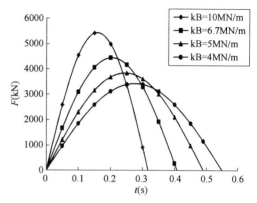

图 7.3-44　船-桥墩接触刚度与碰撞接触时间关系曲线

d. 碰撞接触时间公式拟合

由理论公式计算得出的碰撞接触时间与初始撞击速度无关,速度变化时碰撞接触时间无变化。因此对碰撞接触时间进行公式拟合时,可以不含速度变量。经拟合,碰撞时间与 $\sqrt{m/k_B}$ 呈线性关系,碰撞接触时间拟合公式见式(7.3-10)。图 7.3-46 给出了碰撞接触时间拟合前后的比较。

$$t = 2.687307\sqrt{\frac{m}{k_B}} + 0.004488 \tag{7.3-10}$$

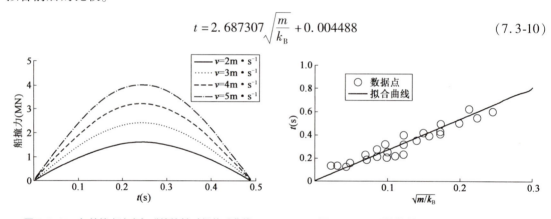

图 7.3-45　初始撞击速度与碰撞接触时间关系曲线

图 7.3-46　碰撞接触时间拟合前后的比较

我国《公路桥涵设计通用规范》(JTG D60—2015)规范漂浮物撞击力:

$$F = \frac{Wv}{gt} \tag{7.3-11}$$

式中:F——漂浮物撞击力;

W——漂浮物重力;

v——水流速度;

t——碰撞接触时间。

将拟合的碰撞接触时间代入上式,可得:

$$F = \frac{Wv}{g\left(2.687307\sqrt{\frac{m}{k_B}} + 0.004488\right)} \tag{7.3-12}$$

上式所求的碰撞力为平均撞击力,但工程实践中更关注峰值撞击力,故基于该公式,增设一个放大因子 β,即得峰值撞击力公式为:

$$F_{Bm} = \beta \times \frac{Wv}{g(2.687307\sqrt{m/k_B} + 0.004488)} \qquad (7.3\text{-}13)$$

为验证提出的桥-船碰撞力简化公式的正确性,将提出的撞击力公式和美国、欧洲规范的撞击力一同与有限元计算结果进行对比,对比结果见表 7.3-17。

不同桥-船撞击力公式与有限元计算值对比表　　表7.3-17

代表船型(v = 4.1m/s)		有限元撞击力（MN）	美国 ASSHTO 公式（MN）	欧洲统一规范（MN）	该项目公式撞击力（MN）	该项目公式与有限元值误差
载重吨位	总排水（t）					
1000DWT	1500	11.05	15.56	11.23	10.55	-4.53%
2000DWT	3000	17.10	22.00	15.88	18.27	6.82%
5000DWT	7500	34.37	34.79	25.11	30.92	-10.04%
10000DWT	15000	51.00	49.20	61.50	52.23	2.41%

从对比结果可知,提出的考虑了桥梁刚度、船舶刚度、碰撞接触时间、峰值力放大因子等因素的桥-船撞击力公式,与国内外现行公式相比有限元模拟值误差较小。

2)桥墩防撞技术研究

(1)桥梁防撞设计原则

桥墩防撞设施通常位于主航道上,应满足以下要求。

①防撞设施占地少,不得影响航道。

②防撞设施应能适应水位的变化,即枯水位、洪水位、涨潮、退潮时均能适应。

③防撞设施在各种船舶装载状态及不同水位条件下,能使撞击的船舶结构不直接触及桥梁结构,并将船舶碰撞力控制在安全范围内,以尽量减小对通航船舶的损伤。

④防撞设施的结构形式及布置方案应合理、可靠,船撞事故发生后,船撞力能迅速有效地降低。

⑤防撞设施应具有良好的可靠性和安全性,制造、安装、维护方便快捷,经济性好。

⑥安设桥梁防撞设施,除了保护桥梁结构外,还应保护通航船舶的航行安全,保护环境以及与自然景观协调。

(2)新型复合材料桥墩防撞体系设计

常规桥墩防撞体系的传力路径为船撞击力-防撞设施耗能-桥墩,为减少桥墩直接承受撞击荷载,研究提出了采用筒形自浮式复合材料防撞设施+钢导向柱防撞体系,其中钢导向柱与桥梁承台连接,当管节正向撞击桥墩时,耗能设施首先与钢导向柱接触,消耗部分碰撞能量,剩余力由钢导向柱传递至桥梁承台,对桥墩无直接作用力。当管节呈一定角度撞击桥墩时,防撞体系也将随之转动一定角度,在耗能的同时将管节拨离撞击桥墩方向。防撞设施布置如图 7.3-47 所示。

图 7.3-47　防撞设施布置图

(3) 管节撞击桥墩数值仿真分析

为研究提出的新型复合材料防撞体系在管节撞击下受力特性,采用 ANSYS/LS DYNA 有限元分析软件对桥墩遭受管节及船舶撞击过程进行非线性动力仿真分析。

① 有限元模型建立

a. 有限元建模

研究桥梁防撞系统的防撞消能效果的关键是要获得船舶-桥之间的撞击力及撞击过程中防撞装置的吸收能量的情况,所以在建立船桥撞击的仿真分析的非线性有限元模型时,撞击船的船艏结构用壳单元模拟,其中包括外板、各层甲板、横向舱壁等。由于船体中后部因远离撞击区域,实际不发生任何变形,仅提供刚度和质量的影响,因此用刚性实体单元简化模拟。船艏撞击区材料考虑了材料的应变硬化效应和应变速率对材料屈服强度的影响。首先采用 ANSYS 进行有限元建模,导入动力学分析软件 LS-DYNA 进行计算分析,然后通过 LS-PREPOST 进行计算结果的后处理。

在建立承台及桩基础的有限元模型时,采用实体单元模拟,取冲刷线下 4 倍桩径处的位置进行固结处理。桥墩模型同样采用实体单元模拟,且桥墩的每根墩柱顶定义竖向位移约束。

碰撞过程是一个动态过程,其行为特征相当复杂,涉及很多的因素,如船舶的类型、航行速度、撞击角度、航道水深、流速、桥梁及基础的稳定性。大量的碰撞实例和模型实验表明,问题的焦点集中在撞击动能、船舶对桥墩的撞击力及相撞系统的形变势能(即吸收能量的能力)等几个方面。

对筒型自浮式复合材料防撞设施进行细部建模,标准节段防撞设施高度为 5m,宽为 3m,计算过程中不考虑橡胶护舷及摩擦板的作用,建模时认为各节段之间连接完好,连接不降低复合材料管的整体性能,因此对连接处进行简化。同时模拟对未设置防撞体系和增设防撞体系管节撞击桥墩进行了对比分析,验证增设防撞体系的必要性。

b. 材料属性

在撞击过程中,由于船舶已经进入材料非线性阶段,所以船舶的材料属性全部采用改进后的 Cowper-Symonds 本构方程。材料仅考虑随动强化对钢材的贡献,各项参数取值如下:强化参数 $\beta = 0$;$D = 40$,$q = 5$,材料静屈服应力 $\sigma_0 = 310\text{MPa}$。

为了使撞击数值仿真的计算结果符合实际撞击现象,必须正确控制仿真计算参数,例如材料的本构关系、应变速率的影响、撞击接触关系和有限元模型的网格精细程度等,对计算结果的可信性有决定性的影响。

有限元进行计算时,材料的断裂失效应变 ε 控制着撞击区构件的撕裂失效,其数值通过具体试验测得。材料最大塑性失效应变不仅与材料的物理特性有关,而且与计算模型中单元的大小等因素也有关,其准确值一般通过实验获得。钢材的材料失效应变 ε 一般取为 0.05~0.35,计算取 ε 为 0.35。对于桥塔、承台及桩基选用刚性材料来模拟变形很小的钢筋混凝土。

c. 接触算法

对于大多数的撞击分析,都使用缺省的罚函数接触方式。LS-DYNA 中有很多类型的接触方式,本模型采用了双向面-面接触方式,防撞套箱和承台套箱定义为主面,船舶部分定义为从面,当定义了接触关系后,接触界面合力、接触界面能、接触应力都可以输出。

在有限元法中,相撞结构(或构件)之间的相互作用通过接触算法来完成。在船舶撞击桥墩时相互接触的面分别称为主面和从面,面上的节点称为主节点和从节点,见图7.3-48。

接触算法采用对称罚函数法,在求解的每一时间步,检查从节点是否已经穿透主面,如果还没有穿透,则计算工作继续进行;否则在垂直于主面的方向上施加一作用力以阻止从节点的进一步穿透,这个作用力就是接触力,其大小与穿透深度、接触刚度成正比,这个接触力亦成为罚函数值。接触力由式(7.3-14)计算:

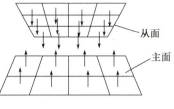

图 7.3-48 主从接触面

$$F = k\delta \tag{7.3-14}$$

式中:k——接触界面刚度(接触界面刚度由单元尺寸和材料特性确定);
δ——穿透量。

对称罚函数法是同时对主节点处理一遍,其算法同从节点一样。对称罚函数法具有对称性,计算准确,但罚函数值受到稳定性的限制,若计算中出现明显的穿透,可用放大罚函数值或缩小时间步长来调整。

船舶与刚性桥墩碰撞采用自适应接触算法,运用 LS-DYNA 显式动力学分析软件,在船和刚性桥墩的撞击区之间定义主从接触。

d. 附连水质量的处理

附连水质量主要用以反映船体和流体之间的相互作用,它的大小取决于相撞船舶的型线特征、碰撞历程等,精确的计算是相当复杂和困难的。目前,附连水质量可以采用切片法进行计算或用经验公式来估算。为简单起见,采用经验公式估计附连水质量。关于进退运动的附连水质量,通常假定

$$X_H(t) = -m_{xx}\dot{u} \tag{7.3-15}$$

式中:$X_H(t)$——作用于船体上的水动力;
$\dot{u}$——船体的进退加速度。

附连水质量以附加质量密度的形式加到撞击船体上,一般取 $m_{xx} = (2\% \sim 7\%)m$,有限元模拟时取管节质量的4%作为附连水质量。

e. 计算工况

为充分分析防撞设施的防撞效果,对设置防撞设施前后进行了对比分析,同时全面分析水位、撞击速度、撞击方向、撞击角度的影响。表7.3-18给出了管节撞击桥墩有限元分析工况汇总,图7.3-49给出了无防撞设施、设防撞设施正撞、设防撞设施侧撞三种工况分别与横桥、顺桥组合的模型示意图。

管节撞击桥墩有限元分析工况汇总表　　　　表 7.3-18

撞　击　物	防 撞 设 施	工　　　况		撞击速度(m/s)
2.8 万吨管节	无防撞设施	浮运最低水位	横桥向正撞	0.5
			顺桥向正撞	0.5
	增设防撞设施	浮运最低水位	横桥向正撞	0.7
			顺桥向正撞	0.2
			20°侧撞	1.8
			45°侧撞	0.75
		浮运最高水位	横桥向正撞	0.7
			顺桥向正撞	0.2
			20°侧撞	0.7
			45°侧撞	0.7

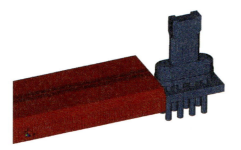

a)无防撞设施横桥向正撞

b)无防撞设施顺桥向正撞

c)增设防撞设施横桥向正撞

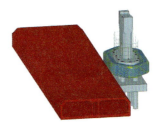

d)增设防撞设施顺桥向正撞

e)增设防撞设施20°侧撞

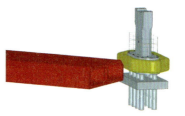

f)增设防撞设施45°侧撞

图 7.3-49　有限元分析工况模型示意图

② 有限元计算结果

a. 不设防撞设施时管节应力分布见图7.3-50,桥墩墩顶位移时程曲线如图7.3-51所示。

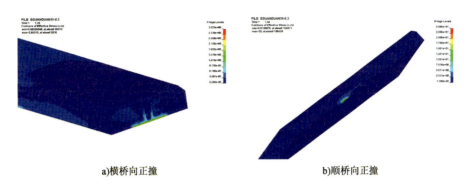

图7.3-50　管节 Von-Mises 应力分布图

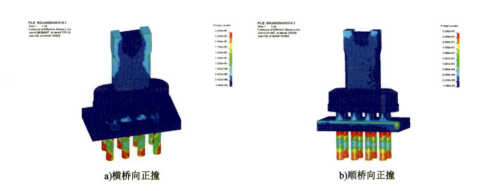

图7.3-51　桥墩墩顶位移时程曲线

不设置桥墩防撞设施情况下,桥墩遭受管节撞击力见表7.3-19。

桥墩撞击力计算值(无防撞装置)　　表7.3-19

撞击物	防撞设施	工况	桥墩撞击力(MN)		桥墩船撞安全系数	
			横桥向	顺桥向	横桥向	顺桥向
2.8万t管节 (撞击速度 $v=0.5m/s$)	无防撞设施	浮运最低水位 横桥向正撞	93.04	0.08	0.14	—
		顺桥向正撞	0.93	106.35	—	0.11

注:桥墩船撞安全系数 = 桥墩抗力/桥墩撞击力。

从上表可知,当桥墩未设防撞设施时,两种基本工况下,桥墩受到的撞击力均远大于桥墩抗力,桥墩在管节撞击情况下将发生毁灭性破坏,由此可知,管节浮运过桥墩过程存在极大的安全隐患,为保证管节浮运过桥墩过程桥梁的绝对安全,设置桥梁防撞设施是十分必要的。

b. 设防撞设施,浮运最低水位时,管节沿横桥向正撞桥墩

浮运最低水位时,考虑四种工况下管节撞击桥墩,管节应力和桥墩应力计算结果见图7.3-52和图7.3-53。

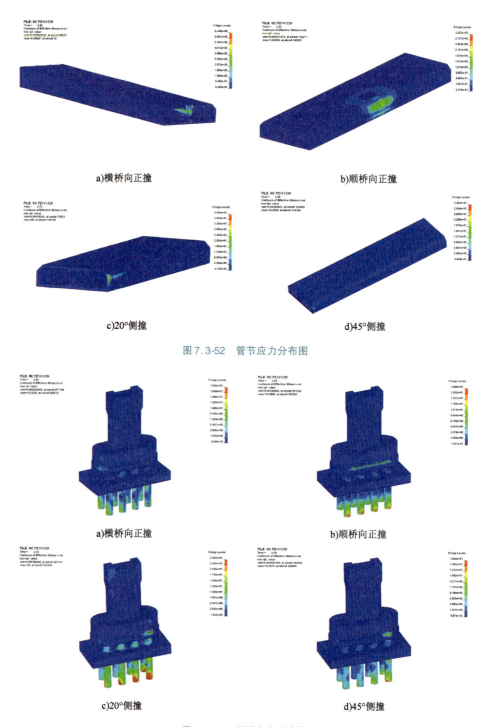

图 7.3-52　管节应力分布图

图 7.3-53　桥墩应力分布图

c. 浮运最高水位时，管节沿横桥向正撞桥墩

浮运最高水位时，考虑四种工况下管节撞击桥墩，管节应力和桥墩及导向柱应力计算结果如图 7.3-54 和图 7.3-55 所示。

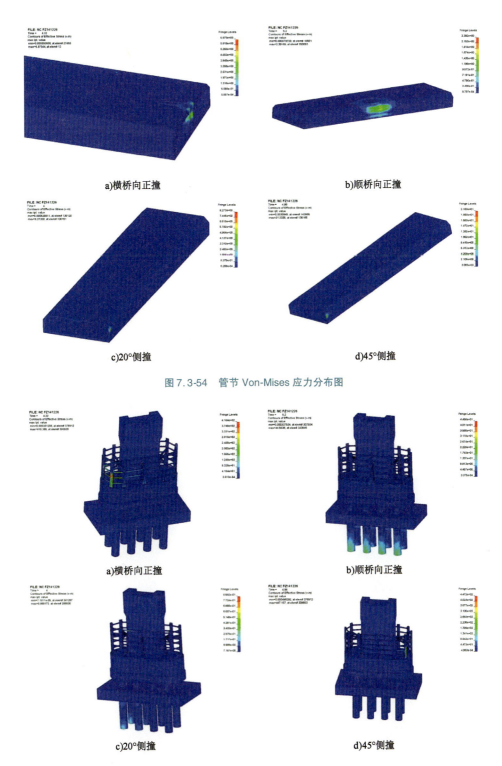

图 7.3-54　管节 Von-Mises 应力分布图

图 7.3-55　桥墩及导向柱 Von-Mises 应力分布图

增设桥墩防撞设施情况下,桥墩遭受管节撞击力见表 7.3-20。

桥墩撞击力计算值(有防撞装置)　　　　　表 7.3-20

撞击物	防撞设施	工况		撞击速度(m/s)	桥墩撞击力(MN)		桥墩船撞安全系数	
					横桥向	顺桥向	横桥向	顺桥向
2.8万t管节	设置防撞设施	浮运最低水位	横桥向正撞	0.7	12.29	0.32	1.07	—
			顺桥向正撞	0.2	0.06	11.38	—	1.06
			20°侧撞	1.8	11.98	10.46	1.10	1.16
			45°侧撞	0.75	5.46	11.62	2.41	1.04
		浮运最高水位	横桥向正撞	0.7	12.17	0.26	1.08	—
			顺桥向正撞	0.2	0.1341	11.07	—	1.09
			20°侧撞	0.7	2.274	3.638	5.79	3.32
			45°侧撞	0.7	3.885	10.81	3.39	1.12

注：桥墩船撞安全系数＝桥墩抗力/桥墩撞击力。

从上表可知，当桥墩增设防撞设施时，当管节横桥向正撞、20°和45°侧撞撞击速度控制在0.7m/s以内，管节顺桥向正撞撞击速度控制在0.2m/s以内时，新型筒型自浮式复合材料＋钢导向柱防撞体系能大大吸收管节撞击桥墩的能量，确保管节穿越桥梁的安全。

3）现场实施

新型防撞体系成功应用于红谷隧道管节穿越南昌大桥时的桥墩保护。该防撞装置由12根钢导向柱和菱形自浮式复合材料防撞设施组成，其中钢导向柱通过机械锚栓与桥墩承台连接，同时在高度方向设置耐磨板，防撞设施由5m×3m(高×宽)、圆弧段半径 $R=0.9$ m 的自浮式复合材料组成，采用节段现场拼接施工，防撞装置现场施工如图7.3-56～图7.3-58所示。

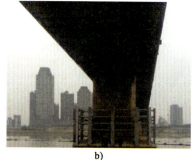

a)　　　　　　　　　　　　b)

图 7.3-56　钢导向柱施工现场图

a)　　　　　　　　　　　　b)

图 7.3-57　筒型自浮式复合材料施工现场图

图7.3-58 管节穿越南昌大桥现场图

7.3.3 管节沉放安装高程及轴线偏差控制技术研究

当管节节数多时,管节沉放对接必然会产生高程及轴线累计误差的问题。如国内某长大沉管法隧道在施工过程曾出现沉放对接管节相对误差值远大于规范允许的±35mm限值的情况,给管节安全带来极大风险。红谷隧道是国内最长的内河沉管法隧道,江中沉管段总长1329m,共分12个管节,标准管节重量约为2.8万t,管节总长度长、接头对接次数多,如何确保沉放满足设计要求是红谷隧道面临的一大难题。红谷隧道管节对接效果如图7.3-59所示。

图7.3-59 红谷隧道管节对接效果图

管节沉放对接精度与对接方案、测量方法、仪器精度及纠偏方案等多因素有关,目前沉放精度控制主要通过沉放过程中的精准测量和对接完成后管节局部纠偏实现。

1)管节沉放偏差原因分析

管节沉放偏差主要分为轴线偏差、竖向偏差。产生轴线偏差的原因有:①管节预制的误差;②Gina止水带各段弹性变形量的不均匀;③水流对沉放的影响偏差。产生竖向偏差的原因有:①基槽基底标高误差;②沉放后管节沉降。

2)目前常用的管节沉放对接纠偏方法

沉管沉放安装平面精度要求为±35mm(与隧道轴线),当安装后轴线偏差超过设计要求时需要进行轴线纠偏。目前国内外常用的沉管沉放对接纠偏方法有管节横调系统法、管首顶头摆尾调整法、管节横移调整法、重新对接法、竖向预抬高等,施工时根据管节轴线偏差情况、调整的难易程度选择一种或几种方法综合使用。

(1) 管节横调系统法

当已安装的管节管尾轴线出现偏差,但又不超出设计精度,可在下一管节准备对接时,给管尾轴线一个相反的预偏量,然后管尾的横调系统通过预张力控制管尾的偏移,从而达到纠偏的效果。

管节横调系统法的优点是：管节结构受力均匀,GINA 止水带正常压缩。缺点是：管节沉放横调整系统缆绳控制难度大,管节体积、质量太大无法有效保障施工精度。

(2) 顶头摆尾调整法

管节顶头摆尾调整法进的做法是：管节对接完成后通过贯通测量得出管节尾部轴线的偏离量,计算出管头 GINA 止水带伸缩量,然后根据 GINA 止水带的压缩特性,算出满足伸缩量所需的力矩(顶推力)。在管首布置千斤顶及钢构件,施工时通过千斤顶的推力对管节轴线进行调整。顶头摆尾调整法示意如图 7.3-60 所示。上海外环隧道采用此方法进行管节纠偏,其缺点是：千斤顶顶推作用下管节两侧 GINA 止水带压缩不均匀,在极限工况下压缩量大可能产生破坏,在极限低水位工况下压缩量小可能漏水,且纠偏费用较贵。

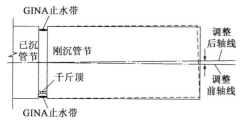

图 7.3-60　顶头摆尾调整法示意图

(3) 管节横移调整法

管节横移调整法的做法是：管节对接完成后通过贯通测量得出管节尾部轴线的偏离量,在管节中部及尾部设置体外定位微调装置,装置附着于沉管外侧,结构上无需开孔,装置由多个杆件及液压系统组成,在二次舾装时,安装在沉放驳下方,前后对称组成一组,管节下沉完成微调后,可随锚缆系统起吊出水回收,如图 7.3-61 和图 7.3-62 所示。此方法在韩国巨济通道沉管法隧道中使用过。本方法适用于管节轴线偏差值不大时的情况,其主要缺点是：管节横移时接头受力不均匀,存在破坏 GINA 止水带的风险,调节装置横向顶推管节可能导致管节结构及防水层破坏,纠偏费用高。

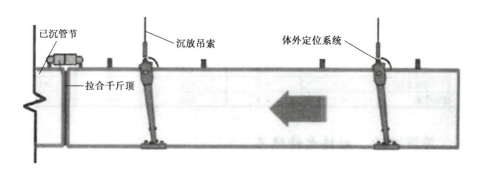

图 7.3-61　管节横移调整法纵剖示意图

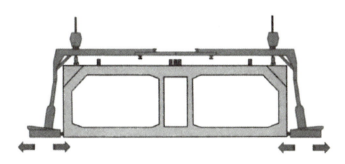

图 7.3-62 管节横移调整法横剖示意图

(4) 重新对接法

无法采用上述三种调整法进行调整时,可以采用重新对接法。打开钢封门上的阀门重新注水后对管节进行重新对接安装。管节重新对接前要对轴线偏差产生的原因进行详细分析,并在重新对接前有针对性地采取措施进行预防。重新对接法主要用于管节尾部轴线偏比较严重,轴线纠偏施工难度大、调整施工工期比较长的情况。

(5) 竖向预抬高

一般管节沉放完成后,根据地质条件的不同会有不一样的沉降量,为防止竖向沉降过大,可根据地质情况及工程经验进行预抬高。

3) 新型管节沉放高程及轴线偏差控制技术

目前现有管节沉放对接的导向装置多采用鼻式托架,它设置于两对接管节端面隔墙上,分为上、下鼻托,下鼻托设置在已沉放好的管节隔墙上,上鼻托设置在待沉放对接的管节隔墙上。鼻托工作示意如图 7.3-63 所示。

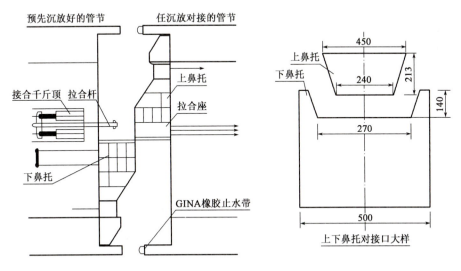

图 7.3-63 鼻托工作示意图(尺寸单位:mm)

目前,现有沉管法隧道的导向装置多采用图 7.3-64 所示的鼻托导向装置。

该鼻托导向装置包括上鼻托梁、下鼻托梁、上部导向架以及下部鼻托,上部导向架中有导向槽,通过上部导向架和下部鼻托实现相邻管节之间的导向对接,继而完成管节的沉放对接。

鼻托导向装置起到管节沉放对接时的平面定位和竖向支撑作用;在管节基础处理完成后,再拆除鼻托、导向架等部件。

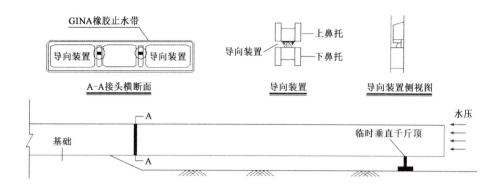

图 7.3-64　现有鼻托导向装置示意图

在管节对接过程中,由于端钢壳安装精度、对接导向装置偏差等因素,会引起管节平面偏位。当沉管段总长度较短时,如 300m 以内,管节平面偏位可能不突出;当沉管段总长度达 500m 以上时,管节平面偏位的累计偏差可能超过设计要求,甚至会影响最终合拢接头施工。因此应对安装偏差较大的管节需要进行调整。现有的鼻托导向方法主要存在以下缺陷:

①仅适用于管节设置有中间廊道的情况。

②仅用于管节端头钢筋混凝土剪切键上,设置后期需拆除的钢筋混凝土横梁。

③结构构造繁琐、受力复杂。

④依靠外力对已沉放就位管节进行纠偏,纠偏效果差,易导致对接端头 GINA 止水带剪切损坏。

针对上述问题,本节提出了两种新型鼻托导向装置,具体如下。

(1)可调可拆可重复利用的鼻托导向装置

装置包括支撑钢构件、调节螺栓、导向槽钢构件和连接鼻托等,示意图见图 7.3-65。支撑钢构件安装在中剪切键的顶端,顶部具有横向水平设置的顶板,顶板开设有螺栓孔。导向槽钢构件的底部有底板,底板上开设有椭圆形调节孔,调节螺栓穿过顶板的螺栓孔和底板的调节孔后拧紧,从而将导向槽钢构件安装在支撑钢构件上。底板边缘处设置有竖向翼板、中部有导向槽,翼板位于导向槽的外围。连接鼻托安装在上剪切键的底端插装在导向槽内,实现相邻管节的导向对接。鼻托导向装置通过导向槽钢构件开设调节孔来调整位于下一节管节上的导向槽钢构件做横向移动,导向槽钢构件在横向移动过程中带动上剪切键同步作横向微调,从而实现管节的横向微调。同时,该鼻托导向装置能够对相邻管节起到竖向支撑作用。

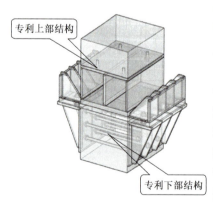

图 7.3-65　可调可拆可重复利用的鼻托导向装置示意图

与现有技术相比,此鼻托导向装置具有以下优点。

①此导向装置将支撑钢构件、导向槽钢构件和连接鼻托安装在管节相对应的剪切键上,免去了以往横梁的设置及后期拆除,方便施工、节省造价。

②取消了设置鼻托横梁,可同时用于钢、混凝土剪切键,适用面广。

③采用此鼻托导向装置,可主动实现管节平面的纠偏,操作简单,GINA 止水带没有受剪破坏的风险。

④此鼻托导向装置的主要部件均用螺栓和剪切键相连,制作简单、拆卸方便,可重复利用。

(2)可主动调节管节轴线偏差的鼻托调节盖

该鼻托调节盖装置的纠偏调节原理是在下鼻托导向装置顶部增设一个钢盖帽调节盖,通过调整调节厚度,达到管节纠偏效果。

4)新型管节高程及轴线纠偏装置实施效果

红谷隧道采用了主动调节管节轴线偏差鼻托调节盖装置,该装置现场安装如图 7.3-66 所示。

a)红谷隧道鼻托现场安装图

b)鼻托调节盖

c)鼻托调节盖纠偏安装现场图

图 7.3-66　主动纠偏鼻托调节盖现场安装图

(1)管节高程差

管节安装后,管节的高程偏差及轴线偏差见表 7.3-21。

红谷隧道管节安装后实测高程差及轴线差(单位:mm)　　表 7.3-21

时间	(里程偏东、轴线偏北为"+")(高程偏高为"+")(连通管南侧高为"+")								备注
	里程差	轴线差	高程差	连通管差	里程差	轴线差	高程差	连通管差	
E1 设计值	E1 管节 A 端				E1 管节 B 端				
	1334.202	-3.95	2.707		1425.454	-3.95	-0.956		
2015 年 6 月 26 日	40	10	-23	26	-10	23	50	11	安装后测
2015 年 7 月 16 日	40	5	-21	19	-10	23	51	3	灌砂稳定后测
E2 设计值	E2 管节 A 端				E2 管节 B 端				
	1448.002	-3.95	-1.521		1546.32	-3.95	-0.967		
2015 年 7 月 20 日	42	12	24	-8	84	30	-33	-3	安装后测
2015 年 7 月 31 日	70	14	25	-3	83	23	41	0	灌砂稳定后测
E3 设计值	E3 管节 A 端				E3 管节 B 端				
	1560.051	-3.95	-0.905		1659.497	-3.95	0.118		

续上表

时间	（里程偏东、轴线偏北为"+"）（高程偏高为"+"）（连通管南侧高为"+"）								备注
	里程差	轴线差	高程差	连通管差	里程差	轴线差	高程差	连通管差	
2015 年 8 月 4 日	97	25	29	-7	116	25	-27	40	安装后测
2015 年 8 月 21 日	99	30	29	-15	116	25	52	-9	灌砂稳定后测
E4 设计值	E4 管节 A 端				E4 管节 B 端				
	1681.778	-3.95	0.26		1776.959	-3.95	1.262		
2015 年 8 月 23 日	135	42	52		141	66	46	21	安装后测
2015 年 9 月 10 日	132	23	43	-10	139	30	50	-3	灌砂稳定后测
E5 设计值	E5 管节 A 端				E5 管节 B 端				
	1790.06	-3.95	1.385		1893.675	-3.95	2.419		
2015 年 9 月 16 日	162	9	63	6	166	-3	30	-3	安装后测
2015 年 10 月 06 日	161	11	49	1	164	24	19	-11	灌砂稳定后测
E6 设计值	E6 管节 A 端				E6 管节 B 端				
	1905.198	-3.95	2.468		2007.143	-3.95	2.153		
2015 年 9 月 29 日	189	7	-6	-8	193	21	51	2	安装后测
2015 年 10 月 09 日	189	7	49	-12	193	21	46	-5	灌砂稳定后测
E7 设计值	E7 管节 A 端				E7 管节 B 端				
	2022.488	-3.95	2.08		2121.39	-3.95	1.805		
2016 年 4 月 15 日	198	24	90	-12	202	45	-26	-18	安装后测
2016 年 5 月 23 日	195	23	68	8	200	40	8	-1	灌砂稳定后测
E8 设计值	E8 管节 A 端				E8 管节 B 端				
	2134.837	-3.95	1.633		2239.374	-3.95	-1.859		
2016 年 5 月 7 日	214	16	9	-17	224	-2	96	-24	安装后测
2016 年 5 月 24 日	212	13	2	1	224	-2	15	-4	灌砂稳定后测
E9 设计值	E9 管节 A 端				E9 管节 B 端				
	2251.183	-3.95	-2.238		2353.242	-3.95	-5.337		
2016 年 6 月 21 日	229	-4	-18	-1	239	-7	92	0	安装后测
2016 年 7 月 6 日	229	-4	-29	-24	239	-13	48	-15	灌砂稳定后测
E10 设计值	E10 管节 A 端				E10 管节 B 端				
	2365.296	-3.95	-5.576		2445.582	-3.95	-6.131		
2016 年 07 月 12 日	248	-5	36	-15	255	0	78	-25	安装后测
2016 年 07 月 20 日	248	-5	20	-10	255	0	56	0	灌砂稳定后测
E11 设计值	E11 管节 A 端				E11 管节 B 端				
	2556.484	-3.95	-6.491		2464.454	-3.95	-6.226		
2016 年 08 月 30 日	9	-7	49	30	0	-18	51	18	安装后测
2016 年 09 月 21 日	8	-7	17	24	6	-10	47	1	灌砂稳定后测

续上表

时间	(里程偏东、轴线偏北为"+")(高程偏高为"+")(连通管南侧高为"+")								备注
	里程差	轴线差	高程差	连通管差	里程差	轴线差	高程差	连通管差	
E12 设计值	E12 管节 A 端				E12 管节 B 端				
	2648.46	-3.95	-6.064		2569.189	-3.95	-6.461		
2016 年 08 月 07 日	26	0	-6	14	12	-12	71	1	安装后测
2016 年 08 月 20 日	28	-1	-14	14	12	-12	50	0	灌砂稳定后测

(2)管节倾斜沉降差

管节沉放完成后将发生竖向位移,故通过相邻管节对接后沉降的检测反映精确对接后的效果。比较时按同一时间起点来计算沉降值差异,沉降差异考虑前一管节东面与后一管节西面之间。沉放管节示意如图 7.3-67 所示。

图 7.3-67 沉放管节示意图

①E1 与 E2 接头沉降对比

管节沉降初始观测时间为 2015 年 6 月 24 日,最终沉降观测时间为 2016 年 1 月 18 日,E1 和 E2 管节半年时间内沉降统计值见表 7.3-22。

南昌红谷隧道 E1、E2 管节安装后实测沉降值(单位:mm) 表 7.3-22

沉　降	位　置			
	西段南北	东段南北	南侧东西	北侧东西
E1 初始观测沉降(2015 年 7 月 22 日)	-4.03	-8.80	32.36	27.56
E1 最终观测沉降(2016 年 1 月 18 日)	-1.19	0.16	28.68	30.03
E1 半年内沉降(最终观测—初始观测)	2.84	8.96	-3.68	2.44
E2 半年内沉降(最终观测—初始观测)	17.24	2.40	30.01	15.17

通过对比 E1 与 E2 管节相对横向差异,在沉降半年时相差 17.24-8.96=8.28mm。偏向角 θ = 东西偏差差值/管节宽度 = 8.28/30000 = 0.000276rad,管节横向基本保持平行,接头效果稳定。

②E2 与 E3 接头沉降对比

采用上述方法通过对比 E2 与 E3 管节相对横向差异,在沉降半年时相差 -2.30-(-9.32) = 7.02mm。偏向角 θ = 东西偏差差值/管节宽度 = 7.02/30000 = 0.000234rad,管节横向基本保持平行,接头效果稳定。

③E3 与 E4 接头沉降对比

E3 与 E4 管节间,在沉降半年时相差 -2.68-(-5.74) = 3.06mm。偏向角 θ = 东西偏差差值/管节宽度 = 3.06/30000 = 0.000102rad,管节横向基本保持平行,接头效果稳定。剩余管节相对横向差异经测量均基本保持平行,接头效果稳定。

(3) 管节位移

①E1 与 E2 接头沉降对比

管节初始接头沉降观测时间为 2015 年 7 月 23 日,最终接头沉降观测时间为 2015 年 8 月 9 日,E1 和 E2 管节有效时间内接头沉降统计见表 7.3-23。

南昌红谷隧道 E1、E2 管节安装后实测控制点位移值(单位:mm)　　表 7.3-23

沉　　降	位　　置	
	西端控制点	东段控制点
E1 初始观测接头沉降(2015 年 7 月 23 日)	8.8464	8.7417
E1 最终观测接头沉降(2015 年 8 月 9 日)	8.8471	8.7413
E1 有效观测时间内位移(最终观测—初始观测)	-0.0007	0.0004
E2 初始观测接头沉降(2015 年 7 月 23 日)	9.968	0.6080
E2 最终观测接头沉降(2015 年 8 月 9 日)	9.9689	0.6146
E1 有效观测时间内位移(最终观测—初始观测)	-0.0009	-0.0066

通过对比 E1 东端与 E2 西端的控制点位移,位移差 = 0.0004 - (-0.0009) = 0.0013mm。在开始测量短时间内控制点间位移量很小,接头效果稳定。

②E2 与 E3 两端接头控制点位移比较

通过对比 E2 东端与 E3 西端的控制点位移,位移差 = -0.0026 - (-0.0010) = -0.0016mm。在开始测量短时间内控制点间位移量很小,接头效果稳定。

③E3 与 E4 两端接头控制点位移比较

通过对比 E3 东端与 E4 西端的控制点位移,位移差 = -0.0006 - (-0.0005) = -0.0001mm。在开始测量短时间内控制点间位移量很小,接头效果稳定。

剩余管节相邻管节接头控制点间位移量均很小,接头效果稳定。

从以上连续监测结果表明,所有管节高程偏差、轴线偏差、倾斜沉降差及位移均满足设计要求。

7.3.4　高水差管节接头止水研究

沉管法隧道管节接头依靠水力压接法对接,其止水原理是利用管节临空端面上的强大水压力,使安装在待接端周边的 GINA 止水带压缩且紧贴另一管节端面钢端壳而达到止水效果。水力压接法示意图见图 7.3-68。此时 GINA 止水带是施工阶段的临时止水措施,在施工完成以后又是接头永久防水的第一道防线。为了确保安全,在 GINA 止水带内侧又增设一道 OMEGA 止水带,构成两道防水体系。沉管隧道接头构造如图 7.3-69 所示。

GINA 止水带需满足一定的压缩量才能发挥止水效果,内河河道丰水期、枯水期季节性水位落差大,GINA 止水带需经历反复的压缩-回弹,当施工期间出现极端枯水季水位过低时,可能出现 GINA 止水带压缩量不满足止水要求,从而出现接头漏水情况。高水差条件下接头压缩—回弹示意图见图 7.3-70。赣江丰水期、枯水期最大水位落差达到 12m,高水差条件下接头漏水风险较大,而国内外暂未有高水差条件下径流河道管节接头止水设计的专项研究,为此,本节从 GINA 止水带选型、极端低水位条件下接头止水等方面开展了内河高水差条件下接头止水研究。

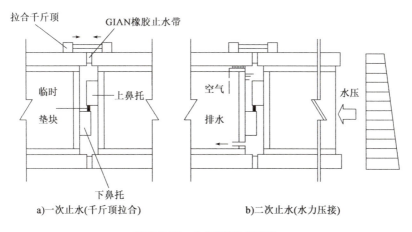

a)一次止水(千斤顶拉合)　　　b)二次止水(水力压接)

图 7.3-68　水力压接法示意图

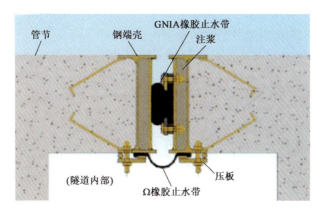

图 7.3-69　沉管法隧道接头构造图

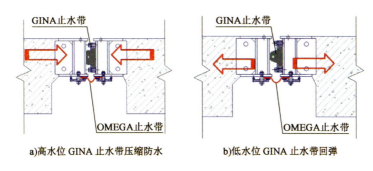

a)高水位 GINA 止水带压缩防水　　　b)低水位 GINA 止水带回弹

图 7.3-70　高水差条件下接头压缩-回弹

1）GINA 止水带选型方法

（1）GINA 止水带选型原则

GINA 止水带选型主要以止水带压缩量作为选型控制指标，其最终压缩量需大于水密性要求最小压缩量。GINA 止水带压缩量主要考虑以下因素：

①使用期间水压作用下 GINA 止水带压缩量；

383

②钢端壳的制作误差及施工误差；
③温度变化及管节收缩产生的变形；
④基础沉降产生的变形；
⑤地震作用产生的变形。

（2）GINA 止水带选型方法

GINA 止水带各种变形量之间需要满足式(7.3-16)要求：

$$S \geqslant \delta_1 + \delta_2 + \delta_3 + \delta_4 + \delta_5 \tag{7.3-16}$$

式中：S——水力压接下 GINA 止水带的压缩量；

δ_1——钢端壳的制作误差和管节沉放对接引起的沿管节轴向的变形量；

δ_2——温度变化和管节收缩引起的管节轴向变形量，一般而言，管节在沉放前已完成收缩变形；

δ_3——相邻沉管管节由于基础的不均匀沉降产生的沿管节轴向的变形量；

δ_4——地震作用引起的沿管节轴向的变形量；

δ_5——GINA 止水带保证水密性的最小压缩量（包含使用期间的松弛量）。

①施工误差δ_1

a. 钢端壳支座误差

根据《沉管法隧道设计标准》(GB/T 51318—2019)，钢端壳不平整度小于 1mm，横向倾斜度（左右侧墙处钢端壳面板外缘两点之差）小于 3mm，所以因钢端壳支座误差引起的变形量可取为 ±4mm。

b. 沉放对接施工误差

根据沉管法隧道设计要求，管节沉放的定位控制标准：平面轴线偏差 ±35mm，竖向高程偏差 ±35mm。

a）平面轴线偏差产生的变形量

当存在平面轴线偏差时，转向轴在管节宽度的 2/3 处，平面轴线偏差引起的变形量计算简图如图 7.3-71 所示。

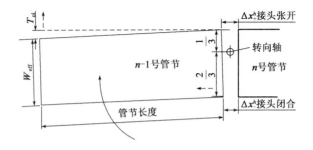

图 7.3-71　平面轴线偏差计算简图

Δx_+^h-平面轴线偏差引起的管节接头张开量；Δx_-^h-平面轴线偏差引起的管节接头闭合量；T_{o1}-绕转向轴旋转后的平面偏差；W_{eff}-GINA 止水带在管节宽度方向的长度

平面轴线偏差引起的变形量为：

$$\Delta x^h_+ = T_{ol}/T_{EL} \times W_{eff} \times \frac{1}{3} \tag{7.3-17}$$

$$\Delta x^h_- = T_{ol}/T_{EL} \times W_{eff} \times \frac{1}{3} \tag{7.3-18}$$

b) 竖向高程偏差产生的变形量

当存在竖向高程偏差时，转向轴在管节高度的 $\frac{2}{3}$ 处，竖向高程偏差引起的变形量计算简图如图 7.3-72 所示。

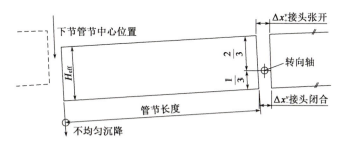

图 7.3-72 竖向高程偏差计算简图

Δx^v_+-竖向高程偏差引起的管节接头张开量；Δx^v_--竖向高程偏差引起的管节接头闭合量；T_{ol}-绕转向轴旋转后的竖向偏差；H_{eff}-GINA 止水带在管节高度方向的长度

竖向高程偏差引起的变形量为：

$$\Delta x^v_+ = T_{ol}/T_{EL} \times H_{eff} \times \frac{2}{3} \tag{7.3-19}$$

$$\Delta x^v_- = T_{ol}/T_{EL} \times H_{eff} \times \frac{1}{3} \tag{7.3-20}$$

综上所述，由钢端壳的制作误差和管节沉放对接引起的沿管节轴向的变形量可以按下式计算：

$$\delta_1 = 4 + \Delta x^h_+ + \Delta x^v_+ \tag{7.3-21}$$

② 温度变化 δ_2

沉管管节由于温度变形产生的沿管节轴向的变形量按下式计算：

$$\delta_2 = \varepsilon \times \Delta t \times L \tag{7.3-22}$$

式中：ε——混凝土线膨胀系数，$1 \times 10^{-5}/℃$；

Δt——温度变化，按 $\pm 10℃$ 考虑；

L——管节长度。

③ 基础沉降 δ_3

由于相邻管节基础的不均匀沉降，造成接头处管节端面发生了相对转角 θ，对应在管节顶底面处发生相对位移，相邻管节的变形如图 7.3-73 所示。

管节接头由于相邻管节发生相对转角而产生的沿管节轴向的变形量为：

$$\delta_3 = \theta \times \frac{H}{2} \tag{7.3-23}$$

式中：θ——由基础不均匀沉降产生的接头处管节端面的相对转角；
　　　H——管节高度。

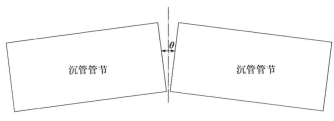

图 7.3-73　相邻管节转角图

④地震作用 δ_4

地震作用的大小和方向是随机的，受到地震影响的沉管结构会产生相应方向的变形和转动。在地震作用下，相邻管节沿沉管轴向产生位移 x（形心处），水平向的转角为 θ_z，竖向的转角为 θ_y。那么由于地震作用引起的沿管节轴向的变形量可按下式计算：

$$\delta_4 = x + \theta_z \times \frac{B}{2} + \theta_y \times \frac{H}{2} \quad (7.3\text{-}24)$$

式中：B——管节宽度；
　　　H——管节高度。

⑤GINA 止水带的最小水密压缩量 δ_5

GINA 止水带在隧道运行过程中会承受较大的水头压力（垂直于沉管轴向），若 GINA 止水带与钢端壳接触不够紧密，则有漏水的风险。为了保证 GINA 止水带的防水效果，止水带需要施加一定的初始压力（沿隧道轴向）。这个初始压力对应的压缩量即为 GINA 止水带的最小水密压缩量，常用 GINA 止水带的最小水密压缩量随水压的变化规律如图 7.3-74 所示。根据沉管法隧道使用期间的最大水深可以确定 GINA 止水带的最小水密压缩量 Δ_1。

GINA 止水带能否保持水密性取决于止水带的压缩应力，因为应力松弛的存在，止水带的应力在设计使用年限内会有一定程度的降低，因此在 GINA 止水带的选型设计过程中，必须要考虑由于应力松弛消散的这部分应力，实际应用时需要增加 GINA 止水带的初始压缩应力，相当于提高 GINA 止水带的初始压缩量。典型止水带的应力松弛曲线如图 7.3-75 所示。根据沉管法隧道使用期间 GINA 止水带的平均压缩量可以确定止水带因应力松弛而多施加的初始压缩量 Δ_2。

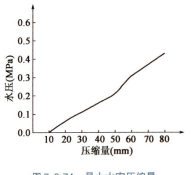

图 7.3-74　最小水密压缩量

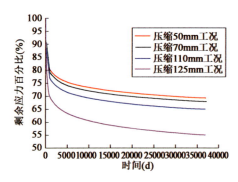

图 7.3-75　止水带应力松弛曲线

综上所述,考虑应力松弛,GINA 止水带的最小水密压缩量按下式计算:

$$\delta_5 = \Delta_1 + \Delta_2 \tag{7.3-25}$$

(3)GINA 止水带断面形式

GINA 止水带止水效果与橡胶止水带的断面形式密切相关,目前已建成或在建沉管法隧道采用的 GINA 橡胶止水带断面主要如图 7.3-76 所示。构造形式一、二为荷兰 TRELLEBORG 公司生产的 GINA 橡胶止水带,构造三为德国凤凰公司生产制造的 GINA 橡胶止水带,构造四为日本横滨橡胶株式会社生产制造的 GINA 橡胶止水带。

图 7.3-76 GINA 橡胶止水带断面构造形式

构造形式一、二的止水带顶部端头与主体材料的硬度可以有所不同,使顶部更易于受压缩,增加了止水带的压缩值,对于管节接头的初期止水功效提供了可靠的保证。而构造形式二中部开孔,较构造形式一更易于压缩,可产生相对较大的压缩量。构造形式三呈唇型构造,防水原理主要是依靠其顶部受压变形,外界水压作用于止水带本体越大,顶部端头与端钢壳会越压越紧,从而产生良好的止水效果。构造形式四底部设有凸缘,当止水带受压变形后,底部单位面积相对承受的压应力较大,对止水带与端钢壳接触面之间的密闭止水有较好效果。止水带两侧凸缘较薄,是固定止水带方式的需要,同时为防止止水带在外力作用下受剪损伤,两侧凸缘衬入了尼龙纤维,以加强此处的抗拉强度。

目前国内已建或在建的沉管法隧道管节接头大多采用荷兰 TRELLEBORG 公司生产的 GINA 橡胶止水带,国内 GINA 止水带的应用案例见表 7.3-24。

国内 GINA 止水带应用案例统计　　　　表 7.3-24

名 称	GINA 型 号	GINA 断面形式(尺寸单位:mm)
广州珠江隧道	VREDESTEIN 的 G150-125-60	170/50/6/38/120/198/40/185/239
广州仑头隧道	TRELLEBORG 的 ETS 130-160	29/166/30/180

续上表

名　　称	GINA　型　号	GINA断面形式(尺寸单位:mm)
佛山东平隧道	TRELLEBORG 的 ETS 200-260 SN	250 宽, 260 高, 40 底
深中通道	TRELLEBORG 的 G 320-370	顶宽27.3, 尖8.8, 底37, 高37
南昌红谷隧道	TRELLEBORG 的 G 225-275	底295, 高275, 底厚40
襄阳东西轴线隧道	株洲时代的硬度为40~45的止水带	198.8, 55.7, 4.3, 47, 7, 2×R9, 275, 35.3, R5, 8, 8, 40, 底295
金光东隧道	TRELLEBORG 的 G 225-275	38, 275, 40, 底295

2）高水差条件下 GINA 止水带选型

（1）依托工程概况

红谷隧道穿越赣江，赣江为长江八大主要支流之一、江西省最大河流，属于典型内河径流河道，其水文特征如下：

①径流特征

赣江流域水量丰富，径流主要由大气降水补给。据外洲水文站多年资料统计结果显示，外洲水文站径流量相对不稳定，年际变化较大，最大年径流量为1973年的$1150×10^8m^3$，最小年径流量为1963年的$237×10^8m^3$，两者比值4.85。历年最大流量为2010年6月21日的$21500m^3/s$，最小流量为1963年11月3日的$172m^3/s$，多年平均流量为$2150m^3/s$，折算多年平均径流量为$678×10^8m^3$，约占五大河（赣江、抚河、信江、饶河、修河）入鄱阳湖总量的55%。赣江流域径流不仅年际变化大，还具有与降水相似的时空分布不均的特征，季节变化十分显著。水量主要集中在主汛期，主汛期4月至7月多年平均径流量为$405×10^8m^3$，占年径流量的60%，6月份一个月就占全年径流量的19%，枯水期11月至次年2月4个月的多年平均径流量为$98.4×10^8m^3$，仅占年径流量的15%。

②水位特征

红谷隧道工程上游约5.3km处有外洲水文站，下游2.3km处有南昌水位站。隧址处的设计水位可通过河道洪水水面线法推求。即根据南昌水位站和外洲水文站历年年最高水位，以及河段下游起推水位、流量、河段糙率、实测断面资料等，利用天然河段恒定渐变流能量方程式推求出隧址处的设计水位，详细数据见表7.3-25。

隧址断面设计水位成果表　　　　　　表7.3-25

项 目	各频率设计洪水(m)				
	1%	2%	5%	10%	20%
外洲水文站	24.21	23.76	23.25	22.68	22.07
南昌水位站	23.39	22.96	22.48	21.97	21.39
隧址断面	23.64	23.20	22.71	22.18	21.60

赣江流域4月至6月为主汛期，涨水较为频繁；7月至9月为顶托期，碰到降雨时，该河段水位易出现20m左右的洪水。外洲站1982年6月出现历史最高水位，为25.30m（黄海），较警戒水位23.30m高2.0m。赣江下游枯水期一般从10月开始至次年2月，枯季各月水位较低，且洪水过程少。年最低水位和年最小流量常出现在1月和12月。受河道自然冲淤、航道整治及人为采砂等因素综合影响，近几年赣江下游南昌河段水位屡创新低，2013年赣江南昌水文站水位9.8m（黄海），为有记录以来的历史最低水位。

2010至2012近3年内日最高水位为21.85m，日最低水位为10.05m，逐月平均水位最大值为18.11m，最小值为10.76m。其特征水位如图7.3-77所示。

③管节各接头高程

红谷隧道沉管段由12个管节组成，各管节接头的平均高程如图7.3-78所示，管节接头平均高程统计见表7.3-26。

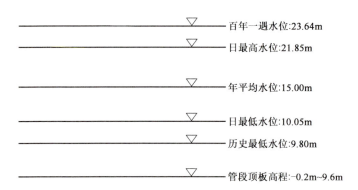

图 7.3-77 赣江特征水位图

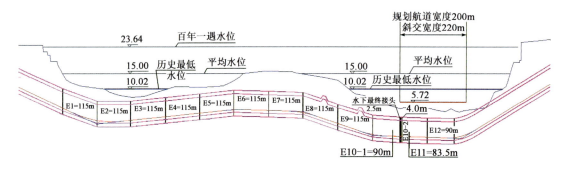

图 7.3-78 红谷隧道管节纵断面布置图(高程单位:m)

管节接头平均高程统计表　　　　　　　　　　　　　　　表 7.3-26

管节接头	西岸-E1	E1-E2	E2-E3	E3-E4	E4-E5	E5-E6	E6-E7
接头平均高程	6.01	1.4	1.98	3.13	4.28	5.43	5.09
管节接头	E7-E8	E8-E9	E9-E10	E10-E11	E11-E12	E12-东岸	—
接头平均高程	4.74	0.9	-2.6	-3.23	-3.55	-3.09	—

(2)高水差 GINA 止水带选型

①GINA 止水带变形量计算

GINA 止水带选型需考虑以下因素:接头水深情况、管节接头制作误差、沉放对接施工误差、温度变化、基础沉降量、地震荷载等引起的变形量。

a. 管节 GINA 止水带接头位置水深

根据管节纵断面可得出每个管节上最高、最低沉放水位对应的 GINA 止水带接头位置水深,其结果详见表 7.3-27。

管节 GINA 止水带接头位置水深表(单位:m)　　　　　　　　　　　　表 7.3-27

水位	位置	西岸-E1	E1-E2	E2-E3	E3-E4	E4-E5	E5-E6	E6-E7
日最低水位 10.05m	顶部止水带水头	0.135	4.745	4.165	3.015	1.865	0.715	1.055
	底部止水带水头	7.9	12.5	11.9	10.8	9.6	8.5	8.8
平均高水位 17m	顶部止水带水头	7.115	11.725	11.145	9.995	8.845	7.695	8.035
	底部止水带水头	14.9	19.5	18.9	17.7	16.6	15.4	15.8

续上表

水 位	位 置	E7-E8	E8-E9	E9-E10	E10-F11	E11-E12	E12-东岸
历史低水位 (10.05m)	顶部止水带水头	1.405	5.245	8.745	9.375	9.7	9.235
	底部止水带水头	9.2	13	16.5	17.1	17.5	17
平均高水位 (17m)	顶部止水带水头	8.385	12.225	15.725	16.355	16.68	16.215
	底部止水带水头	16.1	20	23.5	24.1	24.4	24

b. 管节接头制作误差产生的变形量

根据沉管法隧道设计要求，钢端壳不平整度小于1mm，横向倾斜度（钢端壳面板外缘两点之差）小于3mm，故GINA带选型选取安装GINA带平面偏差产生的变形量为±1mm，钢端壳对应隧道纵轴的平行误差产生的变形量为±3mm。钢端壳平面偏差和平行偏差产生的变形量示意图如图7.3-79和图7.3-80所示。

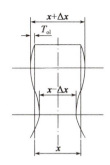
图7.3-79 平面偏差产生的变形量

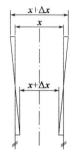
图7.3-80 平行偏差产生的变形量

c. 沉放对接施工误差产生的变形量

a) 平面轴线偏差产生的变形量

$$\Delta x_{张开} = (T_{ol}/T_{EL}) \times W_{eff} \times 2/3$$
$$= [(35+35/3)/115] \times 29.5 \times 2/3$$
$$\approx 8\text{mm}$$

$$\Delta x_{闭合} = (T_{ol}/T_{EL}) \times W_{eff} \times 1/3$$
$$= [(35+35/3)/115] \times 29.5 \times 1/3$$
$$= 4\text{mm}$$

即平面轴线偏差将引起的管节接头处闭合量为4mm，张开量为8mm。

b) 竖向高程偏差产生的变形量

$$\Delta x_{张开} = (T_{ol}/T_{EL}) \times H_{eff} \times 2/3$$
$$= [(35+35/3)/115] \times 7.8 \times 2/3$$
$$\approx 2\text{mm}$$

$$\Delta x_{闭合} = (T_{ol}/T_{EL}) \times H_{eff} \times 1/3$$
$$= [(35+35/3)/115] \times 7.8 \times 1/3$$
$$\approx 1\text{mm}$$

即竖向高程偏差将引起的管节接头处闭合量为1mm,张开量为2mm。

d. 温度变化产生的变形量

由《混凝土结构设计规范》(2015年版)(GB 50010—2010)可知,混凝土线膨胀系数 $\varepsilon = 1 \times 10^{-5}/℃$。

本次 GINA 带选型计算考虑最高温度 $T_{max} = 30℃$,最低温度 $T_{min} = 0℃$,参考温度 $T_{ref} = 15℃$,计算接头张开时 $\Delta t = T_{min} - T_{ref} = -15℃$,故

$$\Delta L_t = 1 \times 10^{-5} \times (-15) \times 115 = -17.25 \text{mm}$$

计算接头闭合时 $\Delta t = T_{max} - T_{ref} = 15℃$,故

$$\Delta L_t = 1 \times 10^{-5} \times 15 \times 115 = 17.25 \text{mm}$$

即温度变化引起的管节接头处闭合量为17.25mm,张开量为17.25mm。

e. 基础沉降产生的变形量

采用地层-结构法建立三维隧道模型计算不同水位条件下由于基础不均匀沉降而产生的管节各接头变形值。

a)水位10.05m时计算结果如图7.3-81和图7.3-82所示。

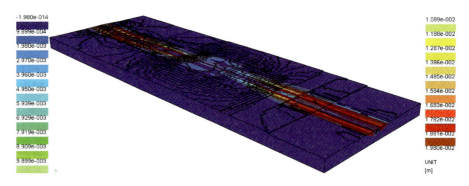

图7.3-81 整体变形图

图7.3-82 管节变形图

b)水位17m时计算结果如图7.3-83和图7.3-84所示。

基础不均匀沉降引起各管节接头的变形量见表7.3-28。

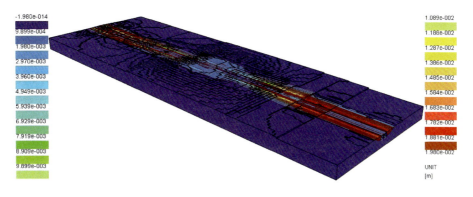

图7.3-83 整体变形图

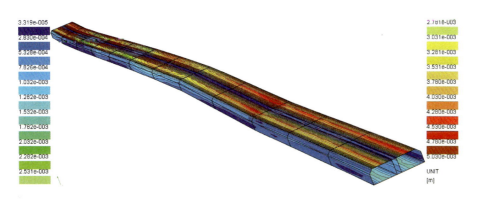

图7.3-84 管节变形图

地震作用接头变形量(单位:mm)　　　　表7.3-28

管节接头	西岸-E1		E1-E2		E2-E3		E3-E4		E4-E5	
描述	闭合	张开	闭合	张开	闭合	张开	闭合	张开	闭合	张开
基础沉降	0.94	1.98	0.96	1.95	1.12	2.05	1.07	2.08	1.08	2.09
管节接头	E5-E6		E6-E7		E7-E8		E8-E9		E9-E10	
描述	闭合	张开	闭合	张开	闭合	张开	闭合	张开	闭合	张开
基础沉降	1.1	2.11	0.97	1.99	0.97	2.0	0.98	1.98	0.96	1.96
管节接头	E10-F11		E11-E12		E12-东岸					
描述	闭合	张开	闭合	张开	闭合	张开				
基础沉降	1.02	2.03	1.05	2.05	1.04	2.05				

f. 地震作用引起的变形量

根据场区地震安全评价报告,选取100年超越概率10%的常遇地震加速度波进行地震分析。计算采用质点-弹簧模型,模型如图7.3-85所示。

采用ABAQUS有限元软件建立整体简化模型进行沉管法隧道非线性动力瞬态分析。

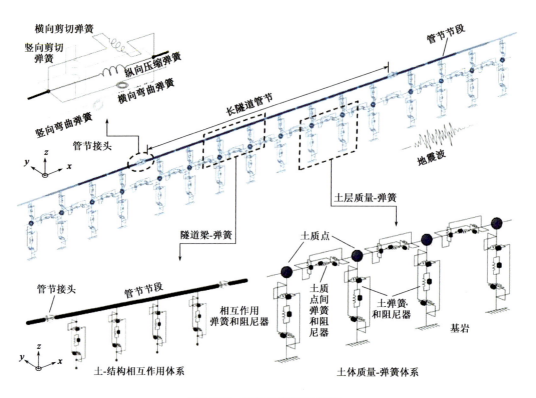

图7.3-85 质点-弹簧模型示意图

ABAQUS有限元模型是由土体质点-弹簧体系和通过土弹簧单元支撑在其上的一系列三维梁单元组成。土体质点-弹簧体系由一系列的土质量点单元、土弹簧和阻尼器单元组成,各单元参数通过土切片的振型分析得到。常遇地震横向一致输入工况下各个管节接头的变形量见表7.3-29。

地震作用接头变形量(单位:mm)　　　　表7.3-29

管节接头	西岸-E1		E1-E2		E2-E3		E3-E4		E4-E5	
描述	闭合	张开	闭合	张开	闭合	张开	闭合	张开	闭合	张开
地震作用	4.1	4.3	5.3	5.5	2.2	2.3	4.2	4.1	3.3	3.2
管节接头	E5-E6		E6-E7		E7-E8		E8-E9		E9-E10	
描述	闭合	张开	闭合	张开	闭合	张开	闭合	张开	闭合	张开
地震作用	7.5	7.6	8	8.1	4.4	4.3	3.3	3.2	4.7	4.7
管节接头	E10-F11		E11-E12		E12-东岸					
描述	闭合	张开	闭合	张开	闭合	张开				
地震作用	3.8	3.9	5	4.8	5.1	5.3				

g. 累计变形量

根据以上计算的接头变形量,可得管节接头累计变形量见表7.3-30。

管节各接头累计变形量（单位：mm）　　　表7.3-30

管节接头		西岸-E1		E1-E2		E2-E3		E3-E4	
描述		闭合	张开	闭合	张开	闭合	张开	闭合	张开
制作误差	平面偏差	1	1	1	1	1	1	1	1
	平行偏差	3	3	3	3	3	3	3	3
施工误差	平面轴线偏差	4	8	4	8	4	8	4	8
	竖向高程偏差	1	2	1	2	1	2	1	2
温度变化		13.13	13.13	17.25	17.25	17.25	17.25	17.25	17.25
基础沉降		0.94	1.98	0.96	1.95	1.12	2.05	1.07	2.08
地震作用		4.1	4.3	5.3	5.5	2.2	2.3	4.2	4.1
共计		27.17	33.41	32.51	38.7	29.57	35.6	31.52	37.43
管节接头		E4-E5		E5-E6		E6-E7		E7-E8	
描述		闭合	张开	闭合	张开	闭合	张开	闭合	张开
制作误差	平面偏差	1	1	1	1	1	1	1	1
	平行偏差	3	3	3	3	3	3	3	3
施工误差	平面轴线偏差	4	8	4	8	4	8	4	8
	竖向高程偏差	1	2	1	2	1	2	1	2
温度变化		17.25	17.25	17.25	17.25	17.25	17.25	17.25	17.25
基础沉降		1.08	2.09	1.1	2.11	0.97	1.99	0.97	2
地震作用		3.3	3.2	7.5	7.6	8	8.1	4.4	4.3
共计		30.63	36.54	34.85	40.96	35.22	41.34	31.62	37.55
管节接头		E8-E9		E9-E10		E10-E11		E11-E12	
描述		闭合	张开	闭合	张开	闭合	张开	闭合	张开
制作误差	平面偏差	1	1	1	1	1	1	1	1
	平行偏差	3	3	3	3	3	3	3	3
施工误差	平面轴线偏差	4	8	4	8	4	8	4	8
	竖向高程偏差	1	2	1	2	1	2	1	2
温度变化		17.25	17.25	15.86	15.86	15.3	15.3	14.8	14.8
基础沉降		0.98	1.98	0.96	1.96	1.02	2.03	1.05	2.05
地震作用		3.3	3.2	4.7	4.7	3.8	3.9	5	4.8
共计		30.53	36.43	30.52	36.52	29.12	35.23	29.85	35.65
管节接头		E12-东岸							
描述		闭合	张开						
制作误差	平面偏差	1	1						
	平行偏差	3	3						
施工误差	平面轴线偏差	4	8						
	竖向高程偏差	1	2						

续上表

管节接头	E12-东岸						
描述	闭合	张开					
温度变化	11.25	11.25					
基础沉降	1.04	2.05					
地震作用	5.1	5.3					
共计	26.39	32.6					

②GINA 止水带型号选择

由于管节数量较多,隧道管节埋深变化较大,平均高程最高管节接头(西岸-E1:6.01m)与平均高程最低管节(E12-东岸:−3.09m)相差近9m。为避免选择一种型号GINA止水带造成浪费情况,经过优化,埋深较浅处E1-E7管节选用G225-275-40型号GINA止水带,埋深较深处E8-E12管节选用G225-275-50型号GINA止水带,两种型号止水带横断面相同,如图7.3-86所示。

两种型号GINA止水带材质及物理力学性能参数指标见表7.3-31。

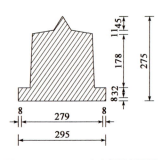

图7.3-86　GINA止水带横断面图
（尺寸单位:mm）

GINA 止水带材质及物理力学性能参数指标　　表7.3-31

止水带类型	G225-275-50 型 GINA 止水带	G225-275-40 型 GINA 止水带
材质	天然橡胶	天然橡胶
硬度(邵尔A)	51±5	43±5
拉伸强度(MPa)	≥20	≥17
扯断伸长率(%)	≥500	≥550
撕裂强度(N)	≥70	≥35
压缩永久变形 (23℃×72h)(%) (70℃×72h)(%)	≤15 ≤30	≤15 ≤30
耐老化性 (70℃×168h) 硬度变化值(邵尔A) 拉伸强度变化率(%) 扯断伸长率变化率(%)	≤−6 ≤−20 ≤−35	≤−6 ≤−15 ≤−35
抗水性(体积%) (23℃×168h)	≤5	≤5

两种型号GINA止水带荷载-压缩量曲线如图7.3-87所示。

③GINA 止水带水密性分析

GINA 止水带接头水深表可计算求得在每个管节上最高、最低沉放水位对应的GINA止水带上的平均荷载,计算结果详见表7.3-32。

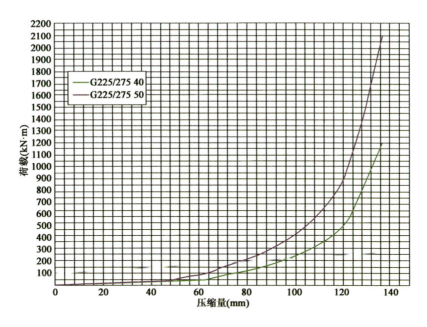

图 7.3-87 GINA 止水带荷载-压缩量曲线

管节 GINA 止水带平均荷载表(单位:kN/m)　　　　　　　　　　表 7.3-32

管节接头	西岸-E1	E1-E2	E2-E3	E3-E4	E4-E5	E5-E6	E6-E7
日最低水位 10.05m	123	265	247	211	176	141	151
平均高水位 17m	346	491	473	437	400	364	375
管节接头	E7-E8	E8-E9	E9-E10	E10-F11	E11-E12	E12-东岸	
日最低水位 10.05m	162	280	387	407	417	402	
平均高水位 17m	386	507	617	637	647	632	

根据 GINA 止水带平均荷载和 GINA 止水带荷载-压缩量曲线,可求得相应荷载条件下 GINA 止水带的压缩量,计算结果详见表 7.3-33。

管节 GINA 止水带水压作用下压缩量表(单位:mm)　　　　　　　　表 7.3-33

管节接头	西岸-E1	E1-E2	E2-E3	E3-E4	E4-E5	E5-E6	E6-E7
日最低水位 10.05m	78.7	100.8	98.7	94.5	90.3	82.2	84.7
平均高水位 17m	109.3	118.3	117.2	114.9	112.7	110.4	111.1
管节接头	E7-E8	E8-E9	E9-E10	E10-F11	E11-E12	E12-东岸	
日最低水位 10.05m	87.3	86.7	95.6	96.9	97.6	96.6	
平均高水位 17m	111.8	103.6	109.6	110.3	110.7	110.2	

要保证 GINA 止水带的水密性,需保证在考虑最不利条件下接头的变形量后,GINA 带的压缩量仍大于保证水密性要求最小压缩量。考虑最不利条件下接头的变形量后,GINA 带水压作用下的压缩量见表 7.3-34。

管节 GINA 止水带考虑接头变形最终压缩量(单位：mm)　　表 7.3-34

管节接头	不考虑接头变形量 GINA 带压缩量	最不利条件下接头变形量	考虑接头变形量后 GINA 带压缩量	保证水密性最小压缩量	是否满足水密性
西岸-E1	78.7	33.41	45.29	44.1	是
E1-E2	100.8	38.0	62.8	51.4	是
E2-E3	98.7	35.6	63.1	50.9	是
E3-E4	94.5	37.43	57.07	50	是
E4-E5	90.3	36.54	53.76	47.6	是
E5-E6	82.2	40.96	41.24	40.3	是
E6-E7	84.7	41.34	43.36	42	是
E7-E8	87.3	37.55	49.75	46.7	是
E8-E9	86.7	36.43	50.27	49.8	是
E9-E10	95.6	36.52	59.08	54.7	是
E10-F11	96.9	35.23	61.67	55.2	是
E11-E12	97.6	35.65	61.95	55.5	是
E12-东岸	96.6	32.6	64	55.1	是

由上表可知，在日最低水位 10.05m 条件下，选取的 G225-275-40 和 G225-275-50 型止水带均满足水密性要求。

(3) 极端枯水季 GINA 止水带纵向限位措施

红谷隧道 E4~E6 三根管节属于隧道中部，江心洲附近，隧道埋深较浅，根据隧道总体工期筹划，三管节于第 2 年 8 月至 10 月份沉放完成后，经过一个枯水季，第 3 年 3 月份开始沉放 E7。这样，当已沉放好的管节水位变至历史最低水位 9.8m 时，由于管节周边的摩阻力有限(约 2147kN)，小于变化水头差 5863kN，GINA 止水带会发生松弛(约 12.11mm)，E4~E6 共 3 节管节不满足永久水密性要求。此时在管节沉放完成后，可采用管节接头间 PC 拉索及时限位，通过计算能满足要求，防止 GINA 止水带松弛。PC 拉索示意如图 7.3-88 所示。

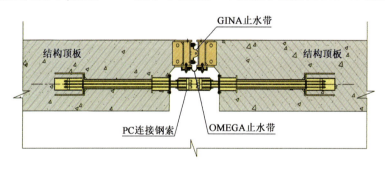

图 7.3-88　PC 拉索示意图

考虑到施工过程 PC 拉索安装时间长，为避免管节对接完成至 PC 拉索安装完成的空档期内出现极端条件(水位达到或低于历史最低水位)，造成管节出现风险事故，提出了"一种高水位差条件下管节接头 GINA 止水带纵向锁定限位拉杆"，通过在两管节拉合座中间设置纵向拉杆,达到纵向锁定限位作用,防止 GINA 止水带松弛。限位装置如图 7.3-89 所示。

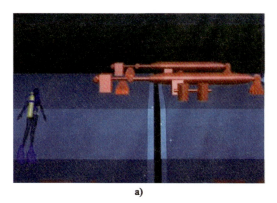

a)   b)

图 7.3-89   纵向限位拉杆图

由于管节数量多,红谷隧道 12 个管节分两个年度沉放对接,管节沉放对接安装完 PC 拉索后,GINA 止水带的实测压缩量监测值见表 7.3-35。

管节 GINA 止水带实测最终压缩量监测表   表 7.3-35

管节接头	西岸-E1	E1-E2	E2-E3	E3-E4	E4-E5	E5-E6	E6-E7
沉放水位	18.18	15.8	14.42	13.93	12.72	13.07	16.43
GINA 带实测压缩量值(mm)	99.2	108.3	103.5	101.4	97.1	93.4	92.5
保证水密性最小压缩量	44.1	51.4	50.9	50	47.6	40.3	42
管节接头	E7-E8	E8-E9	E9-E10	E10-E11	E11-E12	E12-东岸	
沉放水位	16.5	17.64	19.61	14.9	14.9	16.98	
GINA 带实测压缩量值(mm)	102.4	103.2	102.5	102.3	106.8	100.05	
保证水密性最小压缩量	46.7	49.8	54.7	55.2	55.5	55.1	

从上表可知,红谷隧道所选用的 G225-275-40 和 G225-275-50 型 GINA 止水带实测压缩量值均大于 GINA 带保证水密性最小压缩量值,说明本研究 GINA 带的选型方法是可行的。此外,从表中可看出 E4～E6 管节在低水位条件下 GINA 带实测压缩值明显小于其他管节压缩值,说明本研究提出的管节纵向限位拉杆的设置是有必要的。

7.4   本章小结

管节浮运、沉放是沉管法隧道施工中的关键工序,本节详细介绍了佛山东平隧道和南昌红谷隧道针对内河河道水流流速大、水位落差大、沉放窗口期短和水中建(构)筑物多等特点引起的管节浮运、沉放难题,开展了多项关键技术研究,得到多项成果。

(1)针对佛山东平隧道浮运过程水流速度大的问题,通过数值仿真分析结合物理模型验证的方式得到了沉放深度、水流速度、水的流向等对管节运动及缆绳张力的影响规律。

①在大流速条件下,管节浮运阻力随流速增加阻力增长幅度较明显,浮运阻力与浮运相对速度之间呈抛物线关系。

②管节浮运阶段水阻力系数在流向角小于60°时随流速变化并不明显,大于60°时随流速增加显著,因此大流速条件下需密切注意控制流向角。

③水流速度和流向角对浮运时管节的横荡和首摇摆动幅值和频率均有明显的影响,应尽量避免在横流情况下浮运。

④拖缆初始长度对管节横荡的摆幅以及运动的摆动频率有明显影响。

⑤管节沉放过程中,管节下沉力值随水流速度的增加而非线性地增大,随沉放深度的增大而减小;不同沉放深度下,纵向和横向水流力基本不变,其合成水平水流力随沉放深度增大略有降低;纵摇流力矩在沉放深度较小、且流速较大时,有明显的变化,但随沉放深度的增大基本保持不变,横摇流力矩则随沉放深度的增加而增大;纵向流力和纵摇流力矩随流向角的增大而降低,横向力和横摇流力矩随流向角的增大则增大。

⑥管节沉放过程中,沉深较小时,位移和锚泊缆张力的变化较为剧烈。随着沉放深度的增加,纵荡、横摇和首摇值均逐渐升高,而横荡、垂荡和纵摇值则减小。

(2)针对传统管节沉放对接测量方案需人工不停跟踪沉放姿态,工序烦琐且易出错等问题,提出了一种水下超声阵列测量方法,通过布置在控制点上的水下声波传感器测量间距,并通过其几何关系反推管节的相对位置,同时采用全站仪测量结果对超声阵列测量结果进行验证,得出了一种适用于大流速管节沉放安装高精度测控技术。

(3)针对红谷隧道8.5km超长距离浮运过程面临的小半径转弯、穿越3座既有桥梁、回旋区大流速进隧址等难题,通过水流力、拖力分析、拖轮编队及浮运方案优化设计等细部分析研究,得到了复杂内河环境长距离管节浮运姿态控制技术。

(4)针对红谷隧道管节穿越南昌大桥小净距桥梁可能撞击桥墩问题,提出了筒形自浮式复合材料防撞设施+钢导向柱防撞体系。通过ANSYS/LS-DYNA有限元软件对南昌大桥桥墩遭受管节撞击过程进行非线性动力仿真分析,验证了设计的防撞设施的必要性及优异的防撞性能,解决了管节穿越小跨径桥梁风险高的问题。

(5)针对南昌红谷隧道河道水文条件复杂、管节长度长、管头对接次数多,沉放对接容易出现偏差的问题,发明了《沉管法隧道的可调可拆可卸可重复利用的鼻托导向装置及方法》、《沉管法隧道管节安装轴线调节盖》等专利,完成了管节沉放过程测量和沉放后纠偏控制,实现了管节接头施工精度控制要求。

(6)针对南昌红谷隧道丰枯水季12m高水差可能引起的接头漏水问题,提出了一种管节顶板设置高强限位拉杆方法,解决了在高水位差等压力作用下管节接头间可能会产生过大的纵向位移,从而导致GINA的水密性失效问题。采用G225-275-40和G225-275-50两种型号GINA止水带,优化了GINA止水带选型,节省了工程投资。

本章参考文献

[1] 吴瑞大.沉管法隧道管节沉放施工技术[J].水运工程,2013,第5期:177-178.
[2] 铁道部科学研究院.世界沉管法隧道技术(第三期)[M].北京:铁道部研究院出版社,1998.

[3] 铁道部科学研究院.世界沉管法隧道技术(第二期)[M].北京:铁道部研究院出版社,1997.

[4] 李志军.中国沉管法隧道技术典型工程实例及技术创新与展望[J].隧道建设,2018,第38卷(第6期):885.

[5] 王强.外海沉管沉放对接施工技术应用研究[D].广州:华南理工大学硕士学位论文,2016.

[6] 彭红霞,王怀东.仑头-生物岛沉管法隧道管节浮运方案探讨[J].隧道建设,2007(4):85-88.

[7] 铁道部科学研究院.世界沉管法隧道技术(第一期)[M].北京:铁道部研究院出版社,1997.

[8] 陆军,王伟平.宁波常洪隧道浮运沉放对接施工技术[J].救捞专业委员会2002年学术交流会论文集,2002.

[9] 上海市建设和管理委员会科学技术委员会.外环沉管法隧道工程[M].上海:上海科学技术出版社,2005.

[10] 潘永仁.上海外环沉管法隧道大型管节浮运方法[J].施工技术,2004(33):52-55.

[11] 刘言峰.沉管法隧道工程关键技术研究与分析[D].四川:西南交通大学硕士学位论文,2017.

[12] 珠江水利委员会珠江水利科学研究院,中铁隧道勘测设计院有限公司.汾江路南延线过江隧道工程水文计算与分析报告[R].2011.

[13] 中铁隧道勘测设计院有限公司,南昌市城市规划设计研究总院.江西省南昌市红谷隧道工程工程可行性研究报告[R].2013.

[14] 中铁隧道勘测设计院有限公司.复杂河道条件下大型沉管法隧道关键技术研究报告[R].2016.

[15] 上海交通大学海洋水下工程科学研究院.佛山东平隧道工程(澜石路至裕和路段)南岸主体、道路及沉管节工程沉管管节浮运及沉放试验研究[R].2012.

[16] 王君杰,颜海泉,钱铧.基于碰撞仿真的桥梁船撞力规范公式的比较研究[J].公路交通科技,2006(23):68-74.

[17] AASHTO. Guide specification and commentary for vessel collision design of highway bridges[S]. American Association of State Highway and Transportation Officials, Washington D. C. 1994,2009.

[18] Gluver H, Olsen D (eds). Ship collision analysis[C]. A. A. Balkema, Rotterdam, 1998.

[19] 中交公路规划设计院.公路桥涵设计通用规范:JTG 060—2004[S].北京:人民交通出版社,2004.

[20] 韩娟,刘伟庆,王君杰,等.船桥碰撞系统的简化力学模型及动力分析[J].南京工业大学学报,2006(23):68-74.

[21] 刘伟庆,方海,祝露,等.船—桥碰撞力理论分析及复合材料防撞系统[J].东南大学学报,2013(43):1080-1086.

[22] 武汉大学,南京工业大学.南昌红谷隧道管节近桥处浮运姿态控制及桥墩保护研究[R].2016.

[23] 李志军,王海龙,洪开荣,等.大流速高位差过江沉管法隧道关键技术[M].北京:科学出版社,2016.

[24] 潘永仁,杨我清.沉管法隧道平面轴线控制与调整方法探讨[J].现代隧道技术,2004,41(3):62-65.

[25] 贺维国,林金雄,等.沉管法隧道的可调可拆可重复利用的鼻托导向装置及方法:201310222001.6[P].2015-06-17.

[26] 陈韶章.沉管法隧道设计与施工[M].北京:科学出版社,2002.

[27] 孙召才.沉管法隧道轴线控制和调整技术研究[D].广州:华南理工大学,2014.

[28] 朱世友,贺维国,等.一种可调节的管节沉放对接鼻拖装置:201620273033.8[P].2016-08-03.

[29] 陈韶章,陈越.沉管法隧道施工手册[M].北京:中国建筑工业出版社,2014.

[30] 管敏鑫.越江沉管法隧道管节及接头防水[J].现代隧道技术,2004(6):57-59.

[31] 黄帆.沉管法隧道GINA橡胶止水带数值模拟分析[J].结构工程师,2010(1):96-102.

[32] 南昌市政公用投资控股有限责任公司.高水差、复合地层内河长大沉管法隧道关键技术研究及应用研究报告[R].2016.

[33] 同济大学.复合地质条件下沉管法隧道结构变形及管节接头力学行为分析[R].2016.

[34] 李志军,何毅,等.高水位差条件下管节接头 GINA 止水带纵向锁定限位拉杆:201610381999.8[P].2016-08-03.

[35] 宋吉荣,胡勇前,等.佛山市汾江路南延线沉管法隧道建设关键技术与创新[M].北京:人民交通出版社股份有限公司,2019.

第 8 章 工程实例

8.1 广州仓头隧道工程

8.1.1 工程概况和建设条件

1) 工程概况

仓头隧道位于广州市东南部,是广州市道路建设的重点。线路呈南北走向,隧道北端接海珠区仓头村南部快速干线和科韵路延长线,南端与生物岛岛内路网相连,从而将生物岛岛内路网与广州市快速交通路网连成一体,是沟通生物岛内外联系的重要交通通道。仓头隧道工程为双向四车道城市一级主干道,设计速度50km/h,路线全长1109.981m,其中隧道长655m,隧道平面布置见图8.1-1。水中段采用沉管法施工。断面为两孔一管廊对称结构,断面尺寸为23.0m×8.7m,横断面见图8.1-2。沉管段长277m,管节共分5节,其长度分别为55m、67m、4m(不含2.5m最终接头)、71.5m、77m。单个管节最大质量近1.5万t。隧道主要技术标准见表8.1-1。

图8.1-1 隧道平面布置示意图

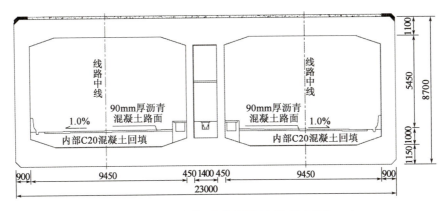

图8.1-2 仓头隧道管节结构横断面示意图(尺寸单位:mm)

隧道主要技术标准

表 8.1-1

序号	分类	项目		技术标准
1	路线技术标准	道路等级		城市一级主干道
2		设计速度	主线	50km/h
3			匝道	30km/h
4		车道数		双向四车道
5		行车道宽度		2×(3.5m+3.75m)
6		行车道净空高度		5.0m
7		最小圆曲线半径		700m
8		最大纵坡		4.5%
9		竖曲线最小半径	凸形	1350m
10			凹形	2000m
11		路面横坡		1%
12		路面类型		沥青混凝土
13		路面设计使用年限		15 年
14		路面荷载等级		城-A 级
15	结构技术标准	结构安全等级		一级
16		设计使用年限		100 年
17		结构防火等级		三类,碳氢(HC)曲线 2h
18		抗震设防烈度		Ⅶ度
19		管段浮运干舷值		100~250mm
20		管段抗浮安全系数	沉放期	1.02~1.03
21			基础处理期	≥1.05
22			运营期	≥1.1
23		隧道防水等级		二级
24		隧道结构抗渗等级		P10
25	其他技术标准	防洪标准		100 年一遇
26		火灾热释放率		20MW

2）建设条件

（1）河道水文特征

河道受潮汐影响显著,属不规则半日潮,即一个太阳日内有两次高潮和低潮,而且两个相邻的高潮或低潮的潮位和潮流历时均不相等。涨潮历时短,落潮历时长,潮位过程线呈不对称正弦曲线。广东省水文局广州分局对仑头海河道历史水文资料分析计算的水文特征见表 8.1-2、表 8.1-3。

隧道断面基本水文数据表　　　　　　　　　　表 8.1-2

水位(城建基面,m)				平均流速(m/s)		最大冲刷深度(m)
历史最高	历史最低	平均	百年一遇	洪水期	枯水期	
7.46	3.82	5.62	7.61	0.44	0.08	0.5

枯水期隧道断面现场实测资料表　　　　　　　表 8.1-3

水位(城建基面,m)		流速(m/s)		水相对密度
最高潮位	最低潮位	大潮	小潮	
6.18	3.64	0.92	0.83	1.00105

(2)航道及航运情况

仓头海航道属珠江后航道,航运较密集。航道远期规划宽度为 60m,设计水深为 6m,并要求隧道的永久结构物不得侵入规划航道下 2m 范围。

(3)防洪现状与规划

仓头水道左岸为海珠区洪安围,右岸是官洲岛堤防,两岸堤防均为浆砌石二级重力式挡墙,堤脚抛石护脚,堤顶高程分别为 8.256m、7.856m(广州市城建高程,下同),堤宽 5.0m。根据 2002 年《广州市珠江堤防整治规划》报告,仓头水道两岸堤防均按一级堤防设防,防洪高程为 8.3m。

(4)地质特征

隧道地质纵断面如图 8.1-3 所示,隧道底板主要位于淤泥及砂层中,水下基槽总开挖量 20.6 万 m³。

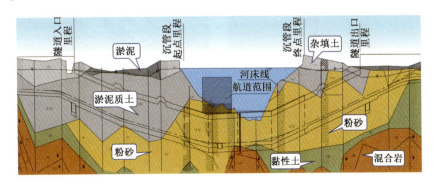

图 8.1-3　仓头隧道地质纵断面示意图

8.1.2　工程重难点

1)环境条件苛刻

北端隧道起点距离河道近,南端生物岛面积小,而中部仓头海水深较大。

2)干坞场地选择困难

项目位于广州市中心区,周围环境寸土寸金,征拆难度极大;且两岸地质差、淤泥层厚,很难在隧址附近找到合适的场地建造固定干坞。

3)两岸地质条件差,制约护岸结构设计

隧道两岸接口段地质条件非常差,地面以下依次为:15~20m 厚的淤泥质地层、15m 厚的粉细砂~细砂层、10~15m 厚的中粗砂层。由于施工工艺的要求,接口段不能设置支撑体系。因此,在极软弱地质条件下,如何进行护岸结构设计保证临水岸壁体系的安全是个难点。

4)沉管段总长度与移动干坞设备的匹配性

工程拟采用移动干坞方案,而半潜驳都有设备尺寸与载重能力的限制,因此每个管节的最大长度以及总质量须在设备能力范围内,必要时需要采用围堰技术以缩短沉管段的总长度。

8.1.3 主要技术创新点

1)移动干坞设计

移动干坞成功解决了干坞场地限制、航道限制、坞址选择困难等问题。移动干坞方案设计的主要内容包括移动干坞设计选型;驳船承载能力、变形能力、稳定性验算;管节长度确定;半潜驳浮运路线设计;下潜港池设计等。

准备预制管节的半潜驳见图 8.1-4,沉管管节制作如图 8.1-5 所示。

图 8.1-4 准备预制管节的半潜驳

图 8.1-5 沉管管节制作

2)护岸设计

护岸工程是基槽开挖过程中保证河堤稳定的关键工程,是一个无支撑的悬臂结构,悬臂深度 21m。工程北岸地面以下 4m 为填土,10~15m 基本为淤泥层,往下为中粗砂层;南岸地质情况稍好,淤泥层厚约 10m,但往下有 10~20m 厚的粉细砂层。经过综合研究,护岸结构决定选择可以自稳的格栅式地下连续墙结构,仅在两侧开挖深度较浅处考虑采用单层地下连续墙+锚碇结构。北岸护岸结构平面布置如图 8.1-6 所示,北岸护岸结构剖面如图 8.1-7 所示。

格栅式地下连续墙具有整体刚度大、稳定性强、防水效果好等特点。墙体由前、后 T 形墙及中间隔墙组成,每个格宽 9m、厚 8m。为了保证格栅墙的整体性及刚度,要求前、后 T 形墙与中隔墙间刚性连接。常规做法是槽段间采用十字钢板接头,但十字钢板钢材用量大(每延米约 600kg),工程造价昂贵。项目采用了一种更经济的方法:连续墙成墙时先采用普通的工字钢接头,待连续墙完成后在其栅格内开挖小基坑,然后用人工焊接方式使相邻槽段的接头焊接,以达到刚性连接的目的。该项技术比十字钢板接头方案造价节省 400 万元,取得了良好的经济效益和社会效益。

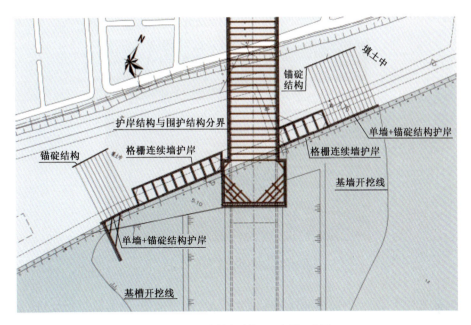

图 8.1-6 北岸护岸结构平面布置示意图

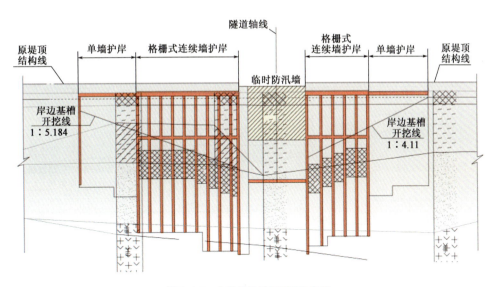

图 8.1-7 北岸护岸结构剖面示意图

3）接口设计

接口段围护结构在施工前期要承担开挖岸上明挖段主体结构时产生的水、土压力，后期又要便于拆除以进行沉管对接。因此，接头段围护结构设计如下：

（1）钻孔钢管桩+内支撑作为岸上基坑开挖时的受力结构，钢管桩上部是空心钢管以便后期切割，下部是钢筋笼混凝土灌注桩，钢管桩 $\phi1040mm$、壁厚20mm、间距8.2m。

（2）钢管桩外侧设一道素混凝土连续墙及钢管桩间旋喷作为防水措施，素混凝土连续墙厚0.8m，桩间采用 $\phi800mm$ 的三管旋喷。

接口段钢管桩如图 8.1-8 所示。

图 8.1-8　接口段钢管桩

4）围堰设计

围堰处水深 4.5～6.5m，河床面往下有厚 5～16m 的淤泥层，淤泥呈流塑状，具有低强度、高压缩性和灵敏度高等特点，其下为粉细砂层和中砂层。采用土工模袋砂围堰，堰高 9m、顶宽 4m、底宽 18m，堰顶离堤岸最大距离约 33m。接头围堰剖面见图 8.1-9，接头围堰现场照片见图 8.1-10。

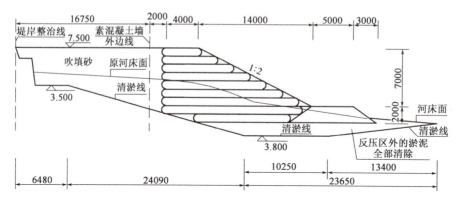

图 8.1-9　接头围堰剖面示意图（尺寸单位：mm）

图 8.1-10　接头围堰现场照片

模袋砂围堰施工前,根据围堰大小设定好各个模袋的尺寸,出厂前通过工业缝纫机将土工布加工成袋形。需要在水中铺设的模袋,模袋长15~20m,高0.6m,在模袋面层每隔5m设一灌砂孔,灌砂孔加工成衣袖形状,和模袋连在一起。模袋加工好后运至施工现场,用雨布盖好,防止暴晒,注意保护。模袋砂围堰施工采用水力吹填的方法将砂水混合物灌入模袋中,组合构筑成定型的围堰。施工工艺流程包括:放线定位→清淤→基槽回填→模袋定位→模袋灌砂→填砂护脚。

8.1.4 主要建设过程

工程设计阶段为2003年12日—2005年11月,于2005年2月开工,2010年8月通车试运营,建设总工期72个月,见表8.1-4。

工程建设工期　　　　表8.1-4

阶 段	时 间	内 容
设计阶段	2003年12月	开始勘察设计
	2004年06月	完成方案设计
	2004年09月	完成初步设计
	2005年11月	完成施工图设计
施工阶段	2005年02月	工程开工准备
	2008年05月	第一个管节安装
	2009年12月	隧道贯通
	2010年06月	完工验收
	2010年08月	通车试运营

8.1.5 工程实景

广州市仑头隧道工程实景见图8.1-11~图8.1-16。

图8.1-11　半潜驳预制沉管管节施工现场

图8.1-12　半潜驳下潜

图 8.1-13 施工完成后的格栅式地下连续墙

图 8.1-14 护岸结构外侧首节沉放

图 8.1-15 水下基槽开挖

图 8.1-16 沉管管节拖航

8.2 广州官洲隧道工程

8.2.1 工程概况和建设条件

1) 工程概况

广州官洲隧道工程起点为生物岛东西向主干道,与仑头隧道首尾相连,中间穿过官洲河,终点位于大学城。路线全长 1338.587m,其中隧道长 810m,隧道平面布置见图 8.2-1。水中段采用沉管法施工方案。沉管段总长 214m,分 3 个管节,节长分别为 94m、116m 和 4m,单个管节最大质量约 2.3 万 t。该项目主要技术标准、管节横断面尺寸等均与仑头隧道完全相同。洞口段设置了光格栅,在隧道两端洞口处各设一座雨水房,在线路最低点设 1 座废水泵房,同时在大学城侧隧道暗埋段顶部设置了一座地下变电所。

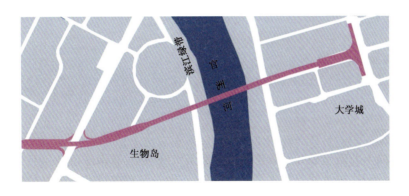

图 8.2-1　官洲隧道平面布置示意图

2）建设条件

（1）河道水文特征

官洲河受潮汐影响显著，属不规则半日潮，涨潮历时短，落潮历时长，潮位过程线呈不对称正弦曲线。

（2）航道及航运情况

官洲河航道属珠江后航道，航运较密集。目前通行 2000t 级的海轮，规划通行 5000t 级海轮，设计按航道宽度 80m、两侧各预留 20m、航道设计深度 6m 进行控制，且航道部门要求隧道的永久结构物不得侵入规划航道下 2m 范围。

（3）防洪现状与规划

官洲水道生物岛侧堤防为浆砌石二级重力式挡墙，堤脚抛石护脚，堤顶高程为 8.256m，堤宽 5.0m。大学城侧堤岸为沉箱护岸，后侧 1∶3 放坡至大学城外环路，堤顶高程为 8.0m。

根据 2002 年《广州市珠江堤防整治规划》报告，官洲水道两岸堤防均按一级堤防设防，防洪高程为 8.3m。工程上下游 150m 以内没有涌口和码头、水闸等水利建筑物。

（4）地质特征

隧道底板主要位于残积层、全风化岩层、强风化岩层中，地质条件较好。水下基槽总开挖量约 15.7 万 m^3。隧道地质纵断面见图 8.2-2。

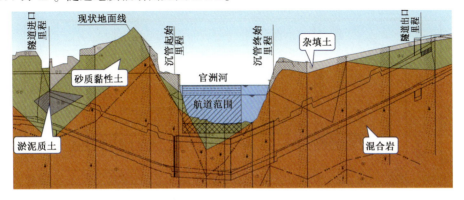

图 8.2-2　官洲隧道地质纵断面示意图

8.2.2 工程重难点

1)两岸环境条件制约大

北岸生物岛规划为一个以生物医药技术研究与产品开发为主的基地,目前尚未完全开发,施工场地高低不平。南岸大学城已规划建设到位,能提供的施工场地有限。

2)地质差,干坞基坑安全隐患大

干坞基坑深度约18m,基坑内的混合岩地层遇水易发生崩解、软化。干坞内注水后,加剧了这种崩解和软化,对基坑安全造成影响;淤泥质地层中锚索锚杆成孔中易发生缩孔,成孔困难。

3)北岸护岸结构空间关系复杂,施工风险高

干坞场地布置在隧道北岸,护岸与干坞基坑间的暗埋段基坑较干坞基坑深约10m,护岸结构悬臂高度较大,三者之间支护结构交织在一起,受力复杂,相互影响大,施工风险高。

4)最终接头位置选择难度大

沉管管节仅3节,数量少;隧道为V字形坡,隧道最低点位于两管节之间。最终接头位置选择难度大,施工风险较高。

8.2.3 主要技术创新点

1)轴线干坞

隧道采用轴线干坞方案,干坞设在北岸生物岛侧,坞底纵向长度260m,横向宽度47m。干坞内一次预制所有管段,从南向北依次布置E1管段(94m)、E2管段(116m)、E3管段(4m)。管节预制完成后,往坞内灌水,打开坞门,将管节浮运到预定位置沉放,然后进行二次围堰和后续暗埋段、敞开段的施工。轴线干坞法不仅节省了工程造价,而且成功解决了管节最终接头止推、止水等难题。干坞平面布置见图8.2-3,干坞剖面见图8.2-4。

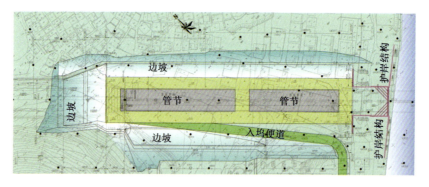

图 8.2-3 干坞平面布置示意图

2)护岸结构布置

沉管基槽开挖时会造成隧道中线附近一定范围内既有堤岸的临空面大大增加,为了保证既有堤岸的安全,需设置护岸结构。护岸结构采用0.8~8.2m厚地下连续墙+单排预应力锚索形式,见图8.2-5。

图 8.2-4 干坞剖面图

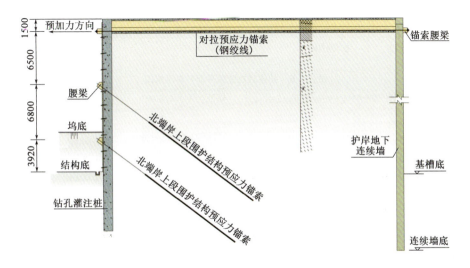

图 8.2-5 地下连续墙+单排预应力锚索护岸结构示意图（单位尺寸：mm）

接口段围护结构与护岸连续墙成 L 形连接，接口段围护结构采用预应力锚索，而护岸结构一侧临水，只能在顶部设置一排锚索体系。为了避免两个方向的锚索在空间上冲突，在靠近接口连续墙处，结合护岸对侧的钻孔围护桩，护岸锚索采用对拉形式，即将护岸锚索与对侧围护桩的第一排锚索形成对拉，从而降低工程施工难度，提高基坑安全能力，同时也节省了工程造价。由于钻孔灌注桩围护端与护岸非同期开挖，而护岸侧在基槽开挖后不具备二次张拉条件，故在护岸侧的对拉锚索端头设置为固定锚，钻孔灌注桩围护端设置为活动锚，在内侧基坑开挖时根据钻孔灌注桩受力条件对拉锚索先行进行张拉。基槽开挖后，根据护岸连续墙变形监测情况，在钻孔灌注桩围护端进行二次张拉。护岸对拉锚索平面布置见图 8.2-6。

3）最终接头

工程采用岸边水下最终接头方案，管节从南岸开始沉放，最终接头在北岸，长 2.5m。最终接头处结构顶板低于坞底，基槽与坞底设计高差大于 10m。为避免管节浮运出坞后对坞底还要进行二次开挖，干坞开挖时就把接头段基坑开挖至基槽高程，预制管节的同时施工接头段主体结构(含止推墙、底板防渗墙、顶板止推坎、端封墙及最终接头端部钢壳)。E1、E2、E3 依次出坞沉放后施工岸边水下最终接头。最终接头采用与仓头隧道相同的水下止水板法,岸边水下最终接头纵断面见图 8.2-7。

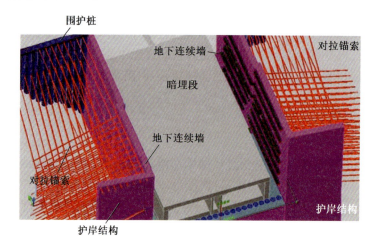

图 8.2-6　护岸对拉锚索平面布置示意图

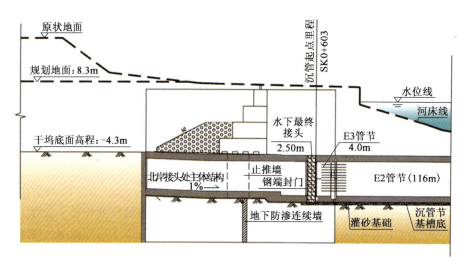

图 8.2-7　岸边水下最终接头纵断面示意图

4)二次围堰

二次围堰在管节全部浮运出坞后施作,原设计采用预制沉箱分层砌筑的方法,施工中考虑到现场大型沉箱制作、吊装困难,改为水下混凝土浇筑的方法,从而降低了造价,加快了施工进度。

8.2.4　主要建设过程

工程设计阶段为 2004 年 6 月—2005 年 11 月,于 2006 年 01 月开工,2010 年 08 月通车试运营,建设总工期 55 个月。主要建设过程见表 8.2-1。

主要建设过程 表8.2-1

阶 段	时 间	内 容
设计阶段	2004年6月	开始勘察设计
	2005年3月	完成方案设计
	2005年6月	完成初步设计
	2005年11月	完成施工图设计
施工阶段	2006年1月	工程开工准备
	2008年8月	第一节管节安装
	2010年2月	隧道贯通
	2010年6月	完工验收
	2010年8月	通车试运营

8.2.5 工程实景

广州官洲隧道工程实景见图8.2-8～图8.2-11。

图8.2-8 二次围堰

图8.2-9 干坞内管节预制

图8.2-10 水下二次围堰施工

图8.2-11 干坞边坡施工

8.3 佛山东平隧道工程

8.3.1 工程概况和建设条件

1）工程概况

东平隧道是佛山市重点建设项目，连通禅城老城区和佛山新城，线路全长2410m，其中隧道段长1380m。过江段城市道路与广佛线地铁共管合建，采用沉管法施工，是目前我国已建断面最大的公路和地铁合建沉管隧道，沉管段总长度445m，共分4节。沉管隧道断面为三孔一管廊非对称结构，断面尺寸为39.9m×9m，标准管节长115m，每个管节重约5万t。东平隧道平面、横断面分别见图8.3-1、图8.3-2。道路和地铁主要技术标准分别见表8.3-1和表8.3-2。

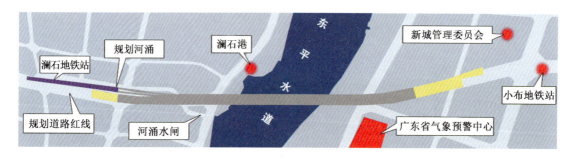

图8.3-1 东平隧道平面示意图

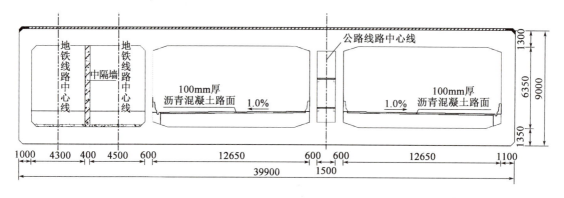

图8.3-2 东平隧道横断面示意图(尺寸单位:mm)

市政道路主要技术标准 表8.3-1

等 级	行车速度 (km/h)	行车道宽 (m)	限界高度 (m)	道 路 路 面	最大纵坡 (%)	设计使用年限 (年)
城市Ⅰ级主干道	50	2×3.5+3.75	4.5	沥青混凝土	4.5	100

地铁主要技术标准 表8.3-2

列车最高行车速度（km/h）	车辆	供电方式	建筑限界	线路坡度	轨道距结构底板距离（mm）
80	B型车	架空接触网	宽4.1m,高4.5m	一般为3‰~30‰,困难条件下不大于35‰	≥580

2) 建设条件

(1) 河道水文特征

东平水道位于河道中游地区,河道水文同时受到潮汐和径流的共同作用。洪水期水文主要受径流作用,最大流速达2~3m/s;枯水期水文的潮汐作用显著,体现为不规则半日混合潮型,断面最大流速在1.0m/s左右。

(2) 航道及航运情况

隧址处河道弯曲,河道水面宽度约250m,规划为Ⅱ级航道,实际水深4~13m,航道宽为60~80m、弯曲半径400m,全线可通航1000t级船队。该水道是广东省的黄金航道,高峰期通过船只可达300艘/h。东平水道规划航道见图8.3-3。

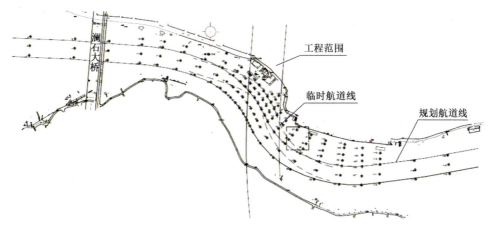

图8.3-3 东平水道规划航道

(3) 防洪现状与规划

东平水道北岸为佛山大堤,堤防等级2级;南岸为南顺第二联围,堤防等级3级;防洪标准为50年一遇洪水。隧道所处位置北岸佛山大堤堤顶高程8.0m,堤后地面高程为5.5m左右,南岸南顺第二联围堤顶高程8.5m,堤后地面高程为3.5~5.0m,属于典型的"地上河",防洪要求极高。

(4) 地质特征

隧道地质纵断面如图8.3-4所示,水下段地质以强风化泥岩和中风化泥岩为主,需采用水下爆破法开挖。水下基槽总开挖量42.9万m^3,其中水下爆破量33.50万m^3,占比78%。

3) 建设方案比选

由于汾江路南延线(城市道路部分)与广佛线地铁南延线在穿越东平河时位于同一个路由,设计从工程规模、环境、工期、造价等多方面综合研究比选了公铁合建与公铁分建两个方案。

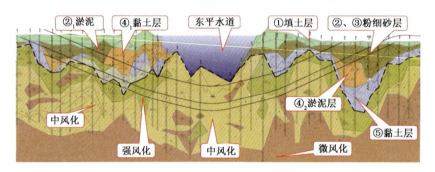

图 8.3-4 地质纵断面示意图

(1) 公铁合建方案

汾江路公路南延线工程起始于澜石二路,线路沿规划汾江南路向南前行,下穿东平河道、天虹路后接地面道路,在裕和路位置接规划汾江南路。广佛地铁南延线工程在澜石二路南侧沿汾江路与规划支路路口设置澜石站,与公路并行过东平水道后沿裕和路方向西行,在裕和路与华康道交叉口西侧设世纪莲站。公路与地铁穿越东平河道时采用合建隧道方案,隧道采用沉管法。

公铁合建方案线路平面布置见图 8.3-5。

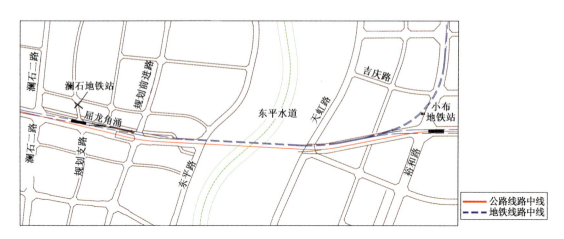

图 8.3-5 公铁合建方案线路平面布置示意图

(2) 公铁分建方案

为满足与路网的衔接功能,城市道路部分过江段采用沉管法,地铁过江段采用盾构法。为避免基槽开挖对地铁区间隧道产生过大影响,与盾构隧道结构边线最小间距为 80m。地铁盾构隧道左右线间距为 13.0m。公铁分建方案线路平面布置见图 8.3-6。

经过多方面的综合分析,该项目最终选用了公铁合建方案,综合比选见表 8.3-3,主要原因如下:

①公铁合建、分建土建工程总造价差别不大。

②公铁分建时,地铁占用道路红线以外地块较大,北岸占地约 13640m²,南岸占地约 15449m²,总占地面积约 29089m²,对两岸地块的开发利用非常不利。

③公铁分建时,采用两台盾构机施工不能满足地铁通车时间要求,需采用4台盾构机才能满足总工期要求,工程经济性差。

④公铁分建时,干坞方案占用新荷村河涌,干坞的综合地下空间利用条件差,距隧道西侧规划的商业区及居住区被河涌相隔,地下空间利用效果差。

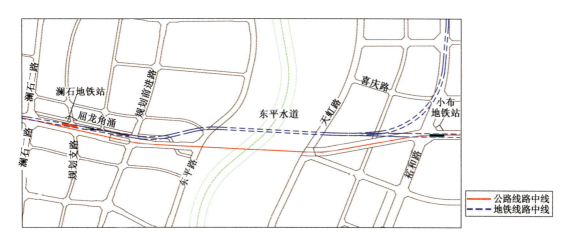

图 8.3-6　公铁分建方案线路平面布置示意图

方案综合比较表　　　　　　　　　　　　　　表 8.3-3

序号	比较项目	合建方案	分建方案
1	隧道长度(m),市政/地铁	1445/1422.6	1445/1414.52
2	两岸接线条件	好	好
3	地铁运营条件	线形好,运营条件好	线形较差,运营条件较差
4	对周边土地影响	无影响	地铁隧道北岸占地约 13640 m^2,南岸占地约 15449 m^2,占地面积大
5	满足工期情况	土建工期 27 个月,满足要求	地铁区间需采用 4 台盾构机才能满足要求
6	结构防水可靠性	可靠性高	可靠性较高
7	施工风险	拆解结构基坑深度浅,风险小	拆解结构基坑深度大,风险大
8	两岸占地拆迁	临时用地总面积 272722 m^2	临时用地总面积 236461 m^2
9	总投资(万元)	204983.84	212380.38
	推荐情况	推荐	

8.3.2　工程重难点

(1) 工程所处河道呈 S 形弯曲,水流速度大,河床冲刷严重,河床内软弱不均地层交错,部分地段礁石出露,地质、水文条件非常复杂。

(2) 隧址处航运密集,是国内航运密度最大的内河航道之一。

(3)周边港口、码头、水闸较多,两岸老旧房屋建筑密集。
(4)堤防高于两岸主城区3.2m,形成典型的"地上河",防洪要求高。
(5)公路与地铁技术标准差异大,合建设计难度大。

8.3.3 主要技术创新点

工程设计过程中开展了11项关键技术研究,获得15项专利授权。

1)不对称公铁合建管节结构横断面设计

沉管段公路为两孔一管廊结构,地铁为双孔结构,采用地铁中隔墙后浇、底板设置调平层与压载水箱综合调控的实时平衡技术,成功解决了管节起浮、浮运及沉放过程的姿态平衡问题。管节沉放实时调平设计如图8.3-7所示。

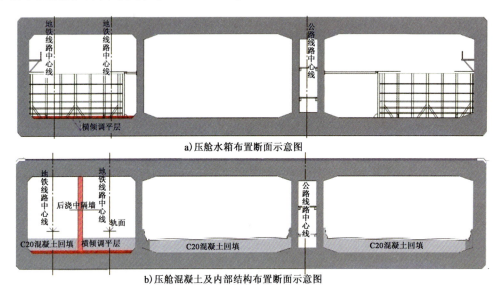

图 8.3-7 管节沉放实时调平设计示意图

2)旁建干坞方案

干坞与主体结构基坑共用,但岸上主体结构与管节预制位置在平面上错开,既实现了平行作业,也节省了工程造价。该方案与独立干坞相比,减少临时用地面积1.8万 m²,减少投资600万元;与轴线干坞相比,节省工期8个月。旁建干坞设计如图8.3-8所示。

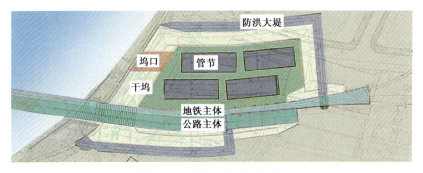

图 8.3-8 旁建干坞设计示意图

3）大流速条件下管节快速浮运沉放技术

隧址位于内河中游 S 形弯道处，水流速度最大超过 3m/s，且水流流向非常复杂，适合管节浮运的窗口期每月最多只有 2 天。自行研发了多项专利技术，利用短暂的低流速区段，实现了管段的快速浮运沉放，保证了工期。国内外部分沉管隧道及规范安装精度要求统计见表 8.3-4。

国内外部分沉管隧道及规范安装精度要求统计表　　　　表 8.3-4

项　　目	相邻管节允许水平偏差（mm）	相邻管节竖向允许偏差（mm）	管节水平轴向允许偏差（mm）
釜山巨济隧道	±40	±20	±50
厄勒海峡大桥隧道	±35	±20	±35
费马恩沉管隧道	±35	±20	±35
Calland tunnel	±35	±20	±35
港珠澳大桥隧道	±20	±35	±50
《沉管法隧道设计标准》（GB/T 51318—2019）	±35	±35	±50

该工程在传统三点支承导向对接系统基础上，提出了新型可调可拆可重复利用的四点支承导向对接系统，该对接系统由两套可重复利用的外置式垂直支撑系统和两套可调可拆的鼻托导向装置组成，可调可重复利用的四点支承导向对接系统见图 8.3-9。

图 8.3-9　可调可重复利用的四点支承导向对接系统

该装置可承托管节更大的负浮力，提高沉放对接时的管节抗浮系数，保证超宽非对称断面管节在复杂水文条件下的管节可控性，同时管节对接端的双点支撑，兼有支承导向作用，可减少横倾实现左右平衡，提高对接安装精度，缩短对接时间，将管节沉放对接平均精度由 3~5cm 提高至 1~2cm，东平隧道对接误差仅为 1.5cm。可调可拆可重复利用的鼻托导向装置、可调可重复利用的外置式垂直支撑装置分别见图 8.3-10、图 8.3-11。

4）大堤预制沉箱减载及接头沉降控制技术

受河道规划及现状基槽等因素影响，堤岸位置结构上部覆土厚度达到 17m，车行隧道净跨为 12.65m，因此，提出了预制沉箱减载方案，减压沉箱设计见图 8.3-12。

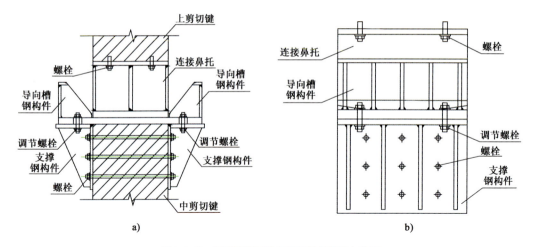

图 8.3-10 可调可拆可重复利用的鼻托导向装置

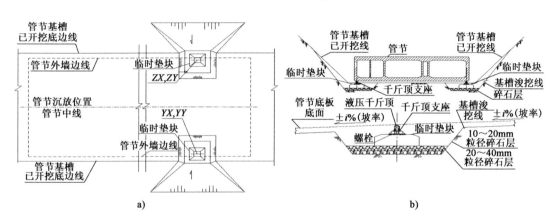

图 8.3-11 可调可重复利用的外置式垂直支撑装置

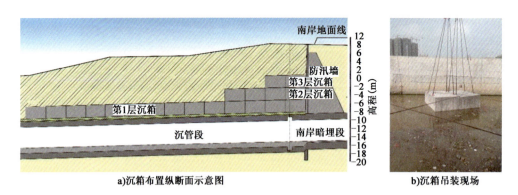

图 8.3-12 减压沉箱设计

为了控制大堤处管节接头的差异沉降,还采取了以下 2 项措施:

(1)采用型钢混凝土组合悬臂板代替常规水平剪切键,提高水平抗剪能力,型钢混凝土组合悬臂板设计见图 8.3-13。

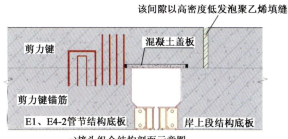
a)接头组合结构剖面示意图

b)接头组合结构

图 8.3-13　型钢混凝土组合悬臂板设计

(2) 将钢板冷加工成 W 形,安装在管节接头侧墙,提高侧墙的竖向抗剪能力,W 形钢板限位装置现场安装见图 8.3-14。

a)现场安装

b)安装完成

图 8.3-14　W 形钢板限位装置现场安装

5) 管段防冲刷

东平水道水流速度大、河床冲刷严重。通过理论分析和物模试验研究,采用了在隧顶覆盖层防护中增加水工软体排的抗冲刷方案,软体排现场预制及安装见图 8.3-15。

a)现场预制

b)现场安装

图 8.3-15　软体排现场预制及安装

6）水下爆破减震技术

该项目环境条件复杂，水下基槽爆破开挖量大，因此提出了"微差爆破＋气泡帷幕＋钢封门振动监测"多维综合爆破控制技术，不仅确保了已沉放管节的安全，也满足了城市核心区环境保护的要求。水下爆破减震技术示意见图 8.3-16。

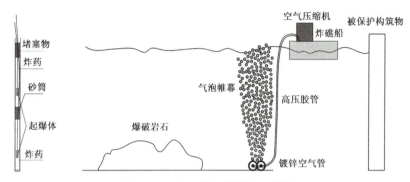

图 8.3-16　水下爆破减震技术示意图

7）灌砂基础无损检测

采用弹性波映像法和瑞雷面波法对灌砂基础开展了质量检测研究，为准确预测管段沉放后的工后沉降提供了依据，灌砂基础无损检测记录及效果如图 8.3-17 所示。

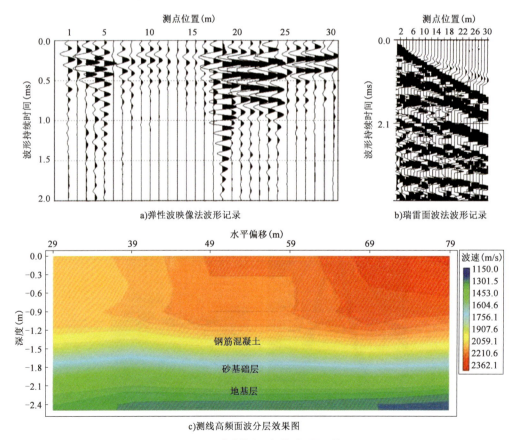

图 8.3-17　灌砂基础无损检测记录及效果

8.3.4 工程工期

工程于2010年11月19日开工,2017年1月22日通车运营。建设总工期74个月,扣除场地拆迁及航道迁改影响(24个月),正常施工工期约50个月。

8.3.5 工程实景

东平隧道工程实景见图8.3-18~图8.3-25。

图 8.3-18 主体结构浇筑

图 8.3-19 钢端封门及钢剪切键安装

图 8.3-20 干坞进水试漏

图 8.3-21 端头钢管桩拔除

图 8.3-22 管节浮运出坞

图 8.3-23 最终接头模板安装

图 8.3-24　管顶覆盖层回填

图 8.3-25　隧道内部装修

8.4　南昌红谷隧道工程

8.4.1　工程概况和建设条件

1）工程概况

南昌红谷隧道位于南昌大桥与八一大桥之间,是连接南昌新、老城区的一条城市主干道。隧道主线全长 2650m,匝道总长 2510m,沉管段总长度 1329m,沉管分 12 节,为国内内河最长的,管节标准断面尺寸为 30m×8.3m,长度为 115m。

南昌红谷隧道平面见图 8.4-1,隧道横断面如图 8.4-2 所示。

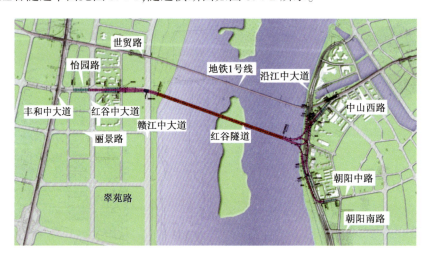

图 8.4-1　红谷隧道平面示意图

2）建设条件

(1) 河道水文特征

该工程位于长江支流赣江中上游,具有典型的径流特征,水位具有明显的季节性变化,径流主要由大气降水补给,洪水期与枯水期的水位高差、径流水量、水流速度等相差很大。设计中认真研究了赣江南昌水文站 2010—2012 年连续 3 年的逐月统计水位情况,并提出了管节浮运、沉放的可选用窗口期。逐月水位统计见表 8.4-1。2010—2012 年连续 3 年内日最高水位为 21.85m,日最低水位为 10.05m,逐月平均水位最大值为 18.11m,最小值为 10.76m。

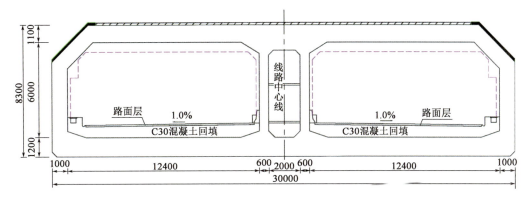

图 8.4-2 红谷隧道横断面示意图(尺寸单位:mm)

连续 3 年逐月水位统计表(单位:m)　　　　表 8.4-1

年份	水位情况	1月	2月	3月	4月	5月	6月	7月	8月	9月	10月	11月	12月
2010 年	日最高水位	13.86	13.91	15.40	19.28	19.69	21.85	19.40	18.14	15.53	14.40	12.22	14.27
	日最低水位	11.25	12.70	12.97	13.68	14.78	15.96	17.44	15.14	14.40	12.22	10.70	10.60
	月平均水位	12.29	13.31	14.05	16.84	17.04	18.08	18.11	16.53	15.11	13.17	11.19	12.14
2011 年	日最高水位	12.44	12.83	14.40	12.81	14.92	16.07	15.50	13.21	12.71	13.74	12.70	11.36
	日最低水位	11.32	10.86	11.66	10.82	10.81	12.01	12.90	12.35	11.76	11.23	10.88	10.15
	月平均水位	11.70	11.62	12.48	11.82	13.24	14.80	14.30	12.68	12.15	12.22	11.67	10.76
2012 年	日最高水位	14.01	13.20	18.44	16.98	18.09	19.35	17.33	17.96	15.20	13.86	14.83	14.85
	日最低水位	10.05	11.82	13.20	12.90	15.99	16.04	15.31	15.20	13.84	11.02	11.00	12.66
	月平均水位	11.66	12.37	15.24	14.72	16.96	17.09	16.45	16.93	14.33	12.06	13.04	13.63

注:采用黄海高程。

(2)航道及航运情况

赣江(南昌—湖口)规划Ⅱ级航道整治工程已经基本完成,工程河段已达到Ⅱ-(3)级航道标准,相应的航道尺度:航道水深 2.8m、宽度 75m、弯曲半径 550m,通航保证率为 98%。赣江航道平面见图 8.4-3。

南昌河段每日船舶流量为 33~212 艘,日均船舶流量约 118 艘。船舶吨位一般在 500~2000t 级,以机动货船、沙船为主。其中洪水季节通航水流、水深条件俱佳时会出现少量 3000t 级船舶。根据批复的《赣江(南昌—湖口)Ⅱ级航道整治工程初步设计》,赣江(南昌—湖口)航段通航 2000t 级船舶,规划营运组织方案如下:

①2000t 级驳船尺寸为 75.0m×16.2m×2.6m;推轮 660kW,尺寸为 28m×9.0m×2.0m。

②双排单列船队即 660kW 推轮+2×2000t 船队,尺寸为 178m×16.2m×2.6m。

③货船尺寸为 90.5m×16.2m×2.6m。

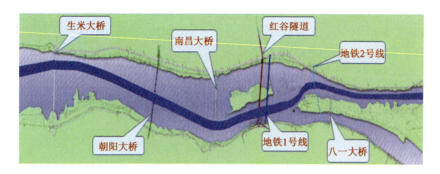

图 8.4-3　赣江航道平面示意图

(3) 防洪现状与规划

红谷隧道穿越赣东大堤及西岸大堤，两岸大堤均采用百年一遇防洪标准。赣东大堤为Ⅰ级堤防，现状堤顶高程为 27.85~26.80m，堤顶宽 24~29m。赣江西岸大堤是昌北主城区重要防洪屏障，堤顶为沿江路，宽为 20.0m，堤顶高程为 24.20m。

(4) 地质特征

隧道纵坡采用 W 形坡，穿越地层主要为杂填土、细砂、中砂、粗砂、砾砂、圆砾、强风化泥质粉砂岩及中风化泥质粉砂岩层，局部夹钙质泥岩。底板主要处于中风化泥质粉砂岩中。场地及其周边影响范围内未发现滑坡、泥石流、地下采空及塌陷区等不良地质作用，场地内细砂层无液化。隧道地质纵断面见图 8.4-4。

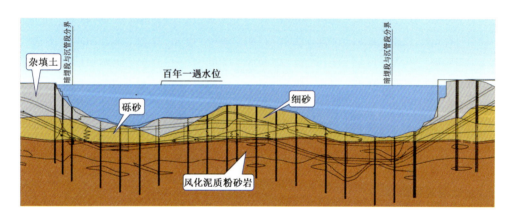

图 8.4-4　隧道地质纵断面示意图

8.4.2　工程重难点

(1) 赣江丰枯季最大水位落差 12m，最大流速超过 1m/s，管节浮运距离超过 8km，浮运过程需穿越 3 座既有桥梁，其中南昌大桥跨径仅 67m，管节姿态控制难度大。

(2) 东岸大堤高差达 10m，隧道需与沿江道路全互通连接，两岸接线困难。

(3) 高水位差条件下管节接头受力复杂。

(4) 赣江水文条件复杂，管节长度长，管节对接次数达 12 次，沉放对接高程及轴线偏差控制困难。

8.4.3 工程主要技术创新点

1) 多 Y 形水下互通立交设计

隧道东岸采用了多 Y 形水下互通立交,共设置七条匝道与东岸的沿江快速路、中山西路、朝阳中路相接,实现了隧道主线与两岸路网双向水下全互通快速衔接,多点疏解。该结构存在多处异形坑中坑及立体交叉,结构受力十分复杂,整个水下互通立交面积超过 $52000m^2$,是国内目前规模最大、结构最复杂的水下多 Y 形互通立交。多 Y 形水下互通立交设计效果及现场见图 8.4-5。

a)　　　　　　　　　　　　　　　b)

图 8.4-5　多 Y 形水下互通立交设计效果及现场

2) 高水位差、复合地层条件下整体式管节接头刚度解析理论

内河高水位差条件下管节接头受力复杂,接头变形控制难度大。项目开展了管节接头刚度物理模型试验,提出了一种内河整体式管节接头刚度理论,建立了表征管节接头刚度的力学模型及解析表达式,并通过试验验证,量化了管节接头刚度设计指标,可较传统设计节约钢材 20%。管节接头刚度力学模型试验见图 8.4-6。

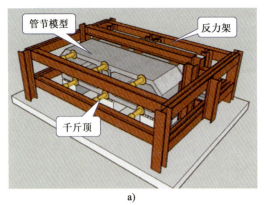
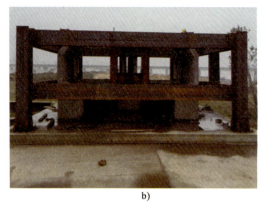

a)　　　　　　　　　　　　　　　b)

图 8.4-6　管节接头刚度力学模型试验

3) 异地双子坞干坞方案

传统干坞需待干坞内所有管节预制完成才能进行管节浮运出坞及沉放,应对内河水位季节性变化能力差,工期风险较大。

该工程提出了一种异地双子坞形式,两个子坞同时具备独立的管节预制及出坞条件,实现了管节预制、浮运沉放的流水化施工,降低了工程工期风险,保证了内河长大的顺利建设。同时预制设备的循环利用减少模板直接投入约1500万元。双子坞干坞见图8.4-7。

图8.4-7 双子坞干坞现场

4) 大流速、超长距离复杂内河河道长大浮运方法

管节浮运距离达8.5km,需穿越3座既有桥梁,最小跨径仅67m,管节浮运过程姿态控制要求高。该工程提出了拖轮绑拖+挂拖+地锚缆系组合体系浮运方案,将管节浮运纵断面迎流水流速度限值由0.3m/s提高到0.6m/s,横断面迎流水流速度限值由0.6m/s提高到1.2m/s。拖轮绑拖+挂拖示意、拖轮挂拖+地锚缆系示意分别见图8.4-8、图8.4-9。

图8.4-8 拖轮绑拖+挂拖示意图

图8.4-9 拖轮挂拖+地锚缆系示意图

工程采用自浮式复合材料防撞筒+钢导向柱桥墩保护装置,设置该装置后,南昌大桥桥墩能抵抗2.8万t管节0.7m/s以内横桥向正撞、侧撞以及0.2m/s以内顺桥向正撞,极大保证了管节穿越小跨径桥梁安全。桥墩保护装置见图8.4-10。

5) 大流速、高水位差条件下长大沉管隧道沉放对接方法

赣江丰水期、枯水期季最大水位落差达到12m,低水位条件下管节接头GINA止水带可能发生松弛漏水的风险。因此,工程采用了一种高水位差条件下管节接头GINA止水带纵向锁定限位拉杆装置,该装置成功解决了管节对接至PC拉索安装完成空档期内出现极端条件(水位达到或低于历史最低水位)下管节漏水风险。

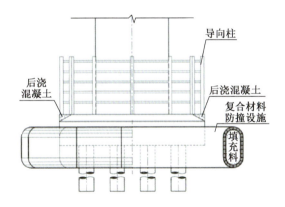 

图 8.4-10 桥墩保护装置

此外管节沉放对接会产生高程及轴线误差的问题,当对按次数越多,误差会累积越大。为避免累积误差过大,采用了一种鼻托上安装调节盖的装置,每个管节沉放时都可以及时进行误差调整,从而达到精度控制的要求。经现场实测,12个管节平面轴线偏差最大值-10.06mm,管节竖向高程偏差最大值-28.84mm,较规范限值(±50mm)提升40%以上。

6)构建冲击映像法与全波场法相结合的砂基础无损检测体系

传统灌砂基础质量控制主要通过压力监测、砂量控制、位移测量及施工后潜水探摸等方式。这些方法采用间接法或凭经验判断,不能准确把控施工质量。因此,该工程采用冲击映像法与全波场检测法相结合的方式进行灌砂基础质量检测,开展了全尺寸灌砂模型试验,实现了灌砂基础质量控制从经验到数字化的提升。

8.4.4 工程工期

工程于2014年2月11日开工,2017年7月7日通车试运营,建设总工期42个月。

8.4.5 南昌红谷隧道工程实景

红谷隧道工程实景见图8.4-11~8.4-18。

图 8.4-11 管节预制　　　　　　　　图 8.4-12 管节外包防水

图 8.4-13　钢端封门安装

图 8.4-14　东岸巨型膜袋砂围堰

图 8.4-15　水下基槽炸礁

图 8.4-16　干坞进水管节试漏

图 8.4-17　管节沉放对接

图 8.4-18　基础灌砂

8.5　广州国际创新城金光东隧道工程

8.5.1　工程概况和建设条件

1）工程概况

广州国际创新城金光东隧道工程起于南大干线与规划金光东大道交叉口以南,沿规划金光东大道向北依次穿过规划南大干线、广医南路、滨江路后，下穿珠江新造水道，止于大学城外环路与中八路交叉口附近。隧道全长2480m，过江段隧道采用沉管法施工，沉管段总长度483m，采用两孔一管廊矩形结构，结构标准段宽约22m。

广州国际创新城金光东隧道工程平面示意、隧道横断面分别见图8.5-1、图8.5-2。主要技术标准见表8.5-1。

图8.5-1 金光东隧道工程平面布置示意图

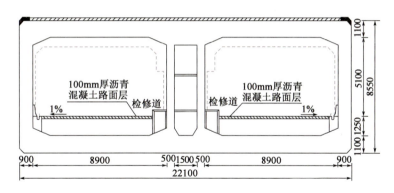

图8.5-2 隧道横断面示意图(尺寸单位：mm)

主要技术标准 表8.5-1

公路等级	设计行车速度(km/h)	行车道宽(m)	限界高度(m)	道路路面	最大纵坡(%)	设计使用年限(年)
城市Ⅰ级主干道	50	2×3.5	4.5	沥青混凝土	5	100

2）建设条件

（1）河道水文特征

该工程所处广州珠江新造水道，潮汐为不规则半日潮，多年平均潮差为1.69m，最大为3.64m。径流一般集中在4~9月，年平均径流量为486.5m^3/s。枯水期一般为每年10月至次年3月，枯水期径流较小，占年径流总量的22%。

（2）航道及航运情况

新造水道为珠江后航线支线，从海心岗至新南星礁的河段，河道弯曲，总长约6.9km，水面宽420~700m，航道底宽120m、水深6.0m，可通航3000t级海轮，乘潮水深7.6m，乘潮可通航

5000t 级海轮。当地理论最低潮面为 3.59m。

(3) 防洪现状与规划

两岸堤防规划防洪(潮)标准为 200 年一遇。北岸小谷围防洪堤采用均质土堤结构,已达规划防洪标准,慢坡采用漫滩型开放式广场绿地护岸结构,护脚顶高程 5.8m,宽 2.2m。南岸上游现状堤岸为新建的绿化斜坡和直立挡墙结合的复合堤型,已达规划的防洪标准,堤顶高程 8.0~8.4m,防浪墙顶高程超过 9.0m;工程南岸下游包括大量的民房,且房屋临江而建;现状堤岸为浆砌石直立挡墙,顶高程 6.7~8.4m,现状未达规划的防洪标准。

(4) 地质特征

隧道地质纵断面如图 8.5-3 所示,水下地质局部穿越强风化泥岩和中风化泥岩,需要进行水下爆破开挖。水下基槽总开挖量 49.16 万 m³,其中需水下爆破量 11.71 万 m³。

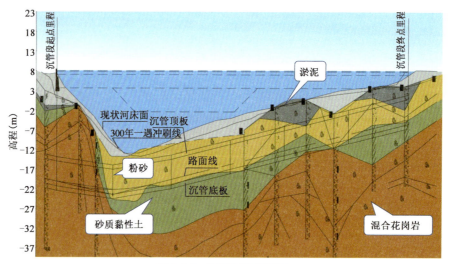

图 8.5-3 地质纵断面示意图

3) 建设方案

项目设计阶段主要比选了移动干坞方案和轴线干坞方案,方案综合比选见表 8.5-2。推荐采用移动干坞方案。

干坞方案综合比选表 表 8.5-2

对比项目	移动干坞方案	轴线干坞方案
对周边环境的影响	对环境影响小	干坞开挖量较大、环境影响较大
占地面积	9000m²	35315m²
社会效益	可重复使用,效益高	一次性使用,效益低
对航运的影响	管节浮运需临时封航,但时间短	影响小
河道疏浚	600 万	0
管节预制工期	12 个月	27 个月
土建总工期	36 个月	42 个月
干坞造价	0.88 亿	1.5 亿
结论	推荐	

8.5.2 工程重难点

(1) 工程南岸埋深较大,结构受力复杂,设计难度大。
(2) 管节采用移动干坞法预制,设计施工难度大。
(3) 隧址处航道等级高,航运密集。
(4) 两岸大堤防洪等级高,破堤设计难度大。
(5) 岸边建筑物较多,基槽开挖炸礁爆破振动控制要求高。

8.5.3 主要技术创新点

1) 移动干坞技术

该工程为国内第二次采用移动干坞方案,与仑头隧道相比,在管节预制效率、临时寄放经验等方面都有了较大的提升。

2) 围堰快速拆除技术

该工程南北两岸各设置一座膜袋砂围堰,围堰内开挖基坑施工岸上段结构,一般采用先向基坑内填砂再拆除围堰的方法,该工程采用了一种向基坑内灌水后再拆除围堰的新方法,工序更为简单,减少了围堰拆除后的水下开挖工程量,节省了工期和造价。

3) 水下爆破控制技术

广州地铁 4 号线水下区间隧道距离该工程约 275m。基槽水下爆破时在炸礁区域与区间隧道之间布设两排减震孔,对水下爆破顺序、当量都进行精准控制,并在区间隧道内布设震速监测点。

4) 岸上厚覆土大跨度结构设计

南岸明挖结构上部覆土厚度 21m,隧道单孔跨度 20m,结构受力复杂,工程采用了轻质混凝土回填减载的措施。

8.5.4 工程工期

该工程设计总工期 36 个月,于 2018 年 4 月开工建设,目前正处于建设期。

8.5.5 工程实景

广州国际创新城金光东隧道工程实景如图 8.5-4 ~ 图 8.5-9 所示。

图 8.5-4 底钢板安装

图 8.5-5 GINA 止水带安装

图 8.5-6 剪力键安装

图 8.5-7 钢筋绑扎

图 8.5-8 水箱检漏

图 8.5-9 管节浮运

8.6 广州东沙—石岗隧道工程

8.6.1 工程概况和建设条件

1）工程概况

广州东沙—石岗隧道连接海珠区和荔湾区，路线基本呈东西走向，全长 3.7km，为城市主干路，设计车速 60km/h，路线东起工业大道和新滘南路交叉口，往西设高架跨越工业大道，在石溪段采用地面道路形式，然后以隧道形式下穿环岛路、珠江、环翠东路、东沙大道（即芳村大道）与芳村环翠北路衔接。水中段采用沉管法施工，沉管段总长度 630m，共分为 6 个管节，E1~E2 长 103m，E3~E6 管段长 106m，采用广船国际既有船坞作为干坞。主要技术标准见表 8.6-1，东沙—石岗隧道平面示意、隧道管节横断面分别如图 8.6-1、图 8.6-2 所示。

主要技术标准　　　　表 8.6-1

公路等级	设计行车速度（km/h）	行车道宽（m）	限界高度（m）	道路路面	最大纵坡（%）	设计使用年限（年）
城市 I 级主干道	60	3×3.5	4.5	沥青混凝土	4.998	100

图 8.6-1 东沙—石岗隧道平面示意图

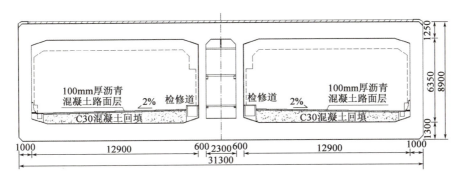

图 8.6-2 隧道管节横断面示意图(尺寸单位:mm)

2)建设条件

(1)河道水文特征

工程所处珠江南航道,潮汐为不正规半日混合潮型,冬春高潮多出现于夜间,低潮多出现在白天,夏秋则相反。水面高程为 4.48~6.55m,平均水深为 5.59m。

(2)航道及航运情况

河道规划为Ⅰ级航道,全潮可通航 3000t 级海轮,乘潮可通航 5000t 级海轮,航道尺度为 6.0m(乘潮 7.6m)×120m×950m(水深×航宽×最小弯曲半径)。

(3)防洪现状与规划

两岸的海珠围和芳村围堤防防洪标准均为 200 年一遇,现状已满足规划设计的防洪要求。

(4)地质特征

隧道过江段纵断面如图 8.6-3 所示,水下地质以强风化泥岩和中风化泥岩为主,需要进行水下爆破开挖。水下基槽总开挖量约 60.5 万 m^3,其中水下爆破量 33 万 m^3。

3)建设方案

干坞方案重点对轴线干坞和既有船坞方案进行了比选论证,推荐采用距离隧道 1.2km 的既有船坞方案。船坞深 9.3m、宽 36m、长 250m,其水深不满足管节的浮运要求,因此在船坞内浇筑管节底板、侧墙及底板框架体系,余下部分混凝土拖运至隧址码头完成浇筑。

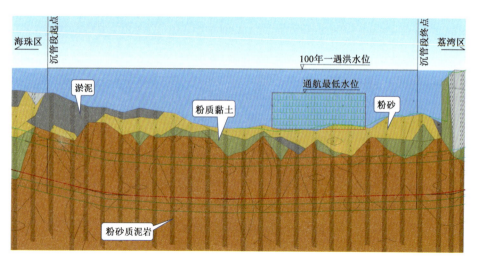

图 8.6-3　地质纵断面示意图

8.6.2　工程重难点

(1) 工程两岸建(构)筑物众多,建(构)筑物密度大,路线设计及基槽炸礁振动控制要求高。

(2) 管节顶板混凝土浮态下浇筑,设计施工难度大。

(3) 隧址处航道等级高,航运密集。

(4) 两岸大堤防洪等级高,坡堤设计难度大。

8.6.3　主要技术创新点

1) 提出了一种新型的浮态浇筑混凝土管节的预制方法

在既有船坞完成管节底板、侧墙的预制,将管节顶板设计为格栅式框架结构,在减少管节自重的同时,又保证了管节的结构整体受力性能,顶板格栅式框架结构之间的孔洞在隧址附近码头进行浮态浇筑,所有浇筑完成后再进行管节浮运沉放作业。浮态浇筑沉管管节结构模型见图 8.6-4。

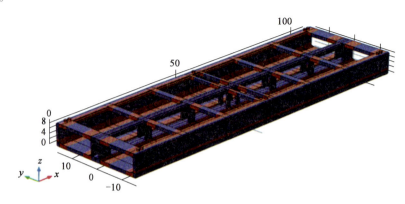

图 8.6-4　浮态浇筑管节结构模型(尺寸单位:m)

但这种方法还存在浮态浇筑分块过多、浇筑时间过长以及浮态期间如何应对台风、暴雨极端气候条件困难、施工风险高等问题，还需要在进一步的研究中予以解决。

2）研究浮态浇筑中管节系泊及安全控制措施

管节在浮态浇筑过程中，其重心不断变化，可能产生大角度倾覆，其安全控制至关重要。与此同时，系泊缆绳受到水平、竖向等多向作用，系泊方式与传统方式有所区别。

3）提出浮态浇筑混凝土管节智能监测及安全评估方法

构建管节制作全过程的应力监测体系，开发实时监控系统，提高浮态管节制作过程监控的自动化程度。

8.6.4 工程工期

该工程设计总工期42个月，工程已于2020年11月全面开工，目前正处于建设期。

8.7 重庆市主城区沉管法隧道技术可行性研究

8.7.1 重庆城区过江现状与规划

重庆城区长江和嘉陵江过江方式比较单一，目前主要采用桥梁的方式，城区综合交通规划布设了50座公路桥梁。其中，建成通车29座（其中公轨两用5座）、在建7座、未建14座；规划铁路桥梁13座，建成通车6座、在建1座、未建6座，具体统计见表8.7-1、表8.7-2。

重庆市跨长江、嘉陵江公路桥梁规划建设统计（截至2022年10月） 表8.7-1

状　态	跨越河流	桥梁名称	车 道 数	通车时间	备　注
现状（29座）	长江（14座）	朝天门大桥	8（双）	2009.04	路轨共用，上6下2
		大佛寺大桥	6（双）	2001.12	
		马桑溪大桥	6（双）	2001.12	
		李家沱大桥	4（双）	1997.01	
		鱼洞大桥	6（双）	2008.12（上半幅）	路轨共用（2号线）
				2011.08（下半幅）	
		鹅公岩大桥	8（双）	2000.12	
		菜园坝大桥	6（双）	2007.01	路轨共用（3号线）
		长江大桥	4（单）	1980.08	
		长江大桥复线桥	4（单）	2006.09	
		观音岩大桥	6（双）	2009.07	
		东水门大桥	4（双）	2014.03	路轨共用（6号线）
		鱼嘴大桥	6（双）	2009.01	
		鼎山大桥	6（双）	2013.06	
		寸滩大桥	8（双）	2017.12	

续上表

状　态	跨越河流	桥梁名称	车　道　数	通车时间	备　注
现状 （29座）	嘉陵江 （15座）	水土大桥	6（双）	2009.05	
		双碑大桥	6（双）	2015.02	
		千厮门大桥	4（双）	2015.04	跨轨共用（6号线）
		嘉陵江大桥	4（单）	1966.01	
		渝澳大桥	4（单）	2002.01	
		黄花园大桥	6（双）	1999.12	
		高家花园大桥	6（双）	1998.12	
		嘉华大桥	8（双）	2007.06	
		嘉悦大桥	6（双）	2010.02	
		新朝阳大桥	4（双）	2011.07	
		碚东大桥	4（双）	2007.12	
		马鞍石大桥	4（双）	2001.11	
		东阳大桥	4（双）	2001.11	
		石门大桥	4（双）	1988.12	
		高家花园大桥复线桥	5（单）	2017.12	
在建 （7座）	长江 （2座）	郭家沱大桥	8（双）	在建	路轨共用（8号线）
		白居寺大桥	8（双）	在建	
	嘉陵江 （5座）	曾家岩大桥	6（双）	在建	
		红岩村大桥	8（双）	在建	上6下2
		礼嘉大桥		在建	
		蔡家大桥	8（双）	在建	
		水土嘉陵江大桥	6（双）	在建	
未建 （14座）	长江 （10座）	黄桷沱大桥			
		果园大桥			
		小南海大桥			
		铜罐驿大桥			
		木洞大桥			
		五宝大桥			
		麻柳嘴大桥			
		黄桷坪大桥			
		马桑溪二桥			
		西彭大桥			
	嘉陵江 （4座）	施家梁大桥			
		嘉悦二桥			
		宝山大桥			
		大竹林大桥			

跨长江、嘉陵江铁路桥梁规划建设统计(截至 2022 年 10 月)　　表 8.7-2

状态	跨越河流	桥梁名称	车道数	通车时间
现状 (6座)	长江 (2座)	小南海铁路大桥	单线	1965.01
		小南海铁路新桥	6 线	2018.01
	嘉陵江 (4座)	襄渝铁路白马桥	单线	1978.06
		井口铁路大桥	复线	2003.06
		遂渝铁路白庙大桥	单线	2005.05
		兰渝铁路新井口大桥	4 线	2014.07
在建(1座)	长江(1座)	铁路东南环线		
未建 (6座)	长江 (3座)	渝昆高铁东站联络线		
		渝湘高铁		
		渝武高铁		
	嘉陵江 (3座)	渝怀二线		
		渝西铁路达州方向		
		枢纽西环线		

8.7.2 重庆城区过江隧道的需求

重庆素有"中国桥都"之称,目前重庆主城桥位相对紧张,新增桥位已十分困难,而且过多的桥梁严重影响了城市景观和航道通航。受两岸地形及两江通航要求限制,重庆城区过江桥梁采用的大都是高桥位方案,如图 8.7-1 所示,正常水位时桥下净空高度大都在 50~60m 以上。桥梁起终点远离滨江岸线,导致滨江路与过江桥分离,去往滨江路的过江交通都必须通过高桥位经多级转换后才能到达。目前,大部分成熟城市商务圈都位于高桥位,而高桥位地面交通已基本饱和,从而导致桥头交通拥堵严重,甚至出现了新建一座桥就拥堵一座桥的现象,如图 8.7-2 所示。

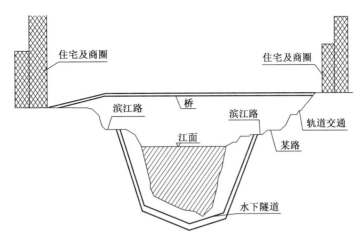

图 8.7-1　桥、江、隧道、滨江路竖向位置关系示意图

图 8.7-2 嘉陵江渝澳大桥桥头交通拥堵照片

滨江带是展示城市景观风貌的窗口,是人们休憩活动的公共空间,具有独特的环境价值和丰富的经济价值。近年来,重庆市着力打造以滨江路为纽带的滨江综合带,实现其作为展示城市景观风貌的窗口,丰富城市道路交通、完善城市生活和休闲旅游等功能。基于此,厪万泰等提出了过江交通采用分层建设,实现立体空间疏散的理念,即新的过江交通不再与高桥位连接,而与位置更低的滨江路连接,充分利用滨江路与高桥位间完善的道路体系实现岸上交通的空间转换,从而可以缓解高桥位的交通压力,实现过江交通的快速疏散。为了实现与滨江路连接而又不致切断两江航运,过江通道只能采用水下隧道方案。

8.7.3 工程建设方案

1) 沉管法方案优势

水下隧道的修建方法主要有盾构法、矿山法及沉管法三种。这三种方法中,沉管法埋深最浅,矿山法埋深最大,盾构法居中。以典型的双向六车道断面为例,如图 8.7-3、图 8.7-4 所示。沉管法隧道埋深比盾构法浅 15~20m,在解决过江通道与滨江路衔接方面最为有利。因此,有关部门提出了采用沉管法修建过江通道的思路。2017 年,重庆市规划局委托中铁隧道勘测设计院有限公司牵头开展了重庆市过江通道技术可行性研究工作。

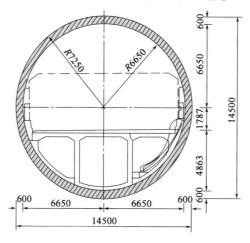

图 8.7-3 典型盾构法隧道断面示意图(尺寸单位:mm)

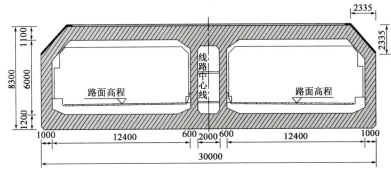

图 8.7-4 典型沉管法隧道断面示意图(尺寸单位:mm)

2)沉管法隧道适宜性分析

从施工流程上看,沉管法隧道主要包括管节预制、管节浮运和沉放对接三大工序,与之相对应的关键因素包括干坞条件、水文条件以及工程地质条件。以双向六车道为例,标准管段横断面尺寸30m×8.3m,每节长100m左右,每个管节质量约3万t,浮运时要求水深条件不小于10m,航道宽度不小于40m。

(1)水文条件适宜性研究

重庆城区位于三峡大坝上游约500km,城区范围内长江及嘉陵江两江的水文条件变化与三峡工程的建设密切相关。

①水下地形(河床稳定性、水深)

长江及嘉陵江属壮年期的河谷地貌,江底地形起伏,绝大部分河床高程都在155～165m之间;局部存在深槽,高程可以达到135m左右,如图8.7-5所示。重庆城区河段河床质多为大颗粒粗砂、卵石或基岩出露,主城区大量已建桥梁的河势演变分析报告表明,河床总体上是稳定的,尤其是2008年三峡大坝试验性蓄水以来,不存在滩槽易位、单向冲刷等河床演变剧烈的活动,河床地形发生的变化主要是由于采砂引起。根据嘉陵江嘉华大桥及南纪门长江大桥河势演变报告可知,河段整体河势稳定,基本无单向性变化趋势,平面形态变化很小,深泓及断面形态基本稳定;河床及河岸边界约束较强,河床冲淤变化不明显,滩槽稳定。河工模型试验研究表明,当嘉陵江遭遇100年一遇洪水时,局部最大冲刷深度约2.8m;长江遭遇100年一遇洪水时,局部最大冲刷深度为4.82m。因此,沉管法隧道顶部埋深可按河床面以下3～5m控制。

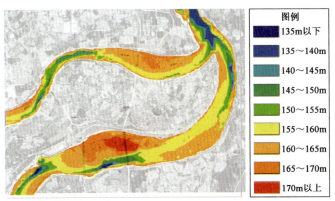

图 8.7-5 主城区长江及嘉陵江河底高程图

②水位条件

根据重庆主城区寸滩水文站统计的三峡大坝蓄水以来历年逐月水位情况,见表8.7-3,绘制出了不同年份水位的变化曲线,如图8.7-6、图8.7-7所示。经过分析可以得出以下规律:

a.两江每年汛期是6~10月,在此期间水位相对较高,每月最高水位一般可达168~180m,个别年份甚至超过180m。因此该时期的水深很大,两岸度汛防洪的要求高。

b.11月至次年2月属于枯水期,在三峡大坝蓄水前,最低水位一般在160m左右,而三峡大坝蓄水以后,这段时期的水位明显提高,每月最低水位基本都在170~173m之间,而航道内江底高程大部分都在155~160m之间,因此该时期河道水深基本都在10m以上,满足管节的浮运水深条件。

c.3~5月是三峡水库的调水期,需要迅速将水位降低到160m以下,以腾出库容迎接汛期洪水,因此该时间内河道水深条件不能保证满足管节的浮运水深条件。

2008—2015年逐月水位统计表(单位:m)　　　　表8.7-3

年份(年)	水位情况	1月	2月	3月	4月	5月	6月	7月	8月	9月	10月	11月	12月
2008	最低水位	159.06	158.72	159.13	159.39	160.92	162.34	164.97	166.31	166.61	163.8	169.26	167.51
	最高水位	159.97	160.03	161.02	165.54	164.42	168.29	172.79	174.74	174.74	171.03	174.01	169.08
2009	最低水位	167.14	163.47	160.14	160.03	160.92	160.79	165.74	168.79	165.44	165.16	169.28	167.72
	最高水位	167.62	167	163.28	162.35	164.3	170.57	174.36	182.13	172.14	170.08	169.98	169.3
2010	最低水位	164.39	158.53	158.24	158.65	160.65	162.2	166.29	165.08	166.59	166.64	172.75	172.72
	最高水位	167.56	164.2	158.55	161.38	162.64	167.84	184.41	180.87	175.52	174.08	173.72	172.92
2011	最低水位	168.52	164.99	162.64	159.24	159.39	161.54	165.06	163.99	163.6	166.34	172.45	172.56
	最高水位	172.87	169.42	164.88	162.04	162.35	172.85	173.68	174.28	179.13	173.47	175.14	173.06
2012	最低水位	170.52	165.96	162.64	162.33	160.99	162.74	170.08	166.12	168.13	171.57	172.1	171.91
	最高水位	172.84	170.44	165.86	162.86	165.85	168.13	186.12	174.24	179.91	175.24	173.43	172.64
2013	最低水位	168.76	163.96	161.12	160.32	160.22	161.54	164.66	164.35	165.05	167.76	172.37	171.49
	最高水位	171.74	168.57	163.97	163.22	165.33	168.54	178.84	172.37	172.17	172.28	173.42	172.71
2014	最低水位	166.55	162.51	160.76	162.54	159.94	161.41	165.64	166.27	168.73	171.83	171.81	169.83
	最高水位	171.5	166.34	162.5	164.51	163.72	166.33	172.44	173.07	182.38	175.89	174.3	173.06
2015	最低水位	168.84	166.61	163.89	163.07	160.32	160.41	163.56	163.05	165.89	169.96	172.18	172.16
	最高水位	168.77	168.98	166.53	167.09	162.8	170.92	173.04	172.78	175.06	174.27	173.74	172.77

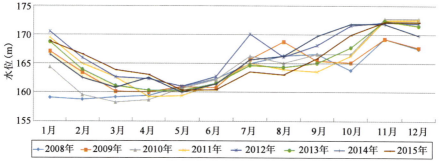

图8.7-6　历年最低水位对比图

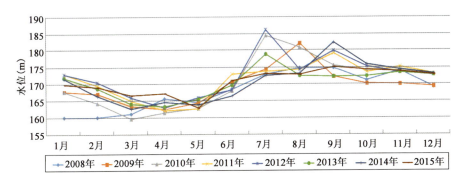

图 8.7-7 历年最高水位对比图

③水流流速

重庆城区的两江径流特点明显,受上游来水及雨水影响很大,水流速度大且极不稳定,汛期流速可达 4~5m/s 以上,这种流速条件下无法完成沉管法隧道的浮运、沉放作业。但是自从 2008 年三峡工程蓄水以后,非汛期的水流速度发生了明显的变化。根据城区李子坝河段和兜子背河段 2010—2015 年按流量估算出的非汛期航道流速结果,见表 8.7-4。从表中可以看出 11 月到次年 1 月,航道平均水流流速均不大于 1m/s,能满足管节浮运和沉放的要求;而从 2 月中旬开始,水流速度迅速加大,3—10 月间几乎都在 4m/s 以上,已不能满足管节的沉放要求。因此从水流速度上看,一年之中适合管节浮运沉放作业的窗口期只有 3 个月左右(11 月至次年 1 月)。

重庆城区航道流速估算表(单位:m/s) 表 8.7-4

观测河段	流速情况	1月	2月	3月	10月	11月	12月
李子坝河段	最小流速	0.1	0.3	0.4	0.1	0.1	0.1
	最大流速	0.8	1.6	2.6	2.8	0.7	0.4
兜子背河段	最小流速	0.3	0.3	0.6	0.5	0.3	0.4
	最大流速	1.4	2.4	4.6	4.5	1.2	0.8

④管节浮运、沉放窗口期选择

综合研究水位和水流速度后可知,每年 11 月至次年 1 月期间,航道水深基本都在 10m 以上,水流速度不超过 1m/s,水文条件适合沉管法隧道管节的浮和沉放作业,建设必须充分利用这 3 个月左右的作业窗口期。

⑤航运条件

嘉陵江中桥梁跨度为 80~312m,长江中桥梁跨度为 174~600m。桥梁跨度均在 80m 以上,正常水位时桥下净空高度大都在 50~60m 以上,而隧道管节宽度仅为 30m,桥梁通航孔及通航水位见表 8.7-5,桥跨能满足管段浮运的通航宽度及高度要求。根据长江航道管理部门的维护计划以及航道规划情况,长江干线主城区河段航道维护尺度为 3.5m×150m;根据重庆市航道发展规划及嘉陵江航道维护情况,嘉陵江河口段航道维护尺度为 2.4m×60m,航道维护尺度能够满足沉管浮运要求。

重庆城区桥梁通航孔及通航水位一览表　　　　表 8.7-5

序 号	大 桥 名 称	最低通航水位(m)	最高通航水位(m)	通航孔布置(m)
1	千厮门大桥	158.34	194.61	312+240
2	黄花园大桥		193.95	3×250
3	嘉陵江大桥		186.00	80+88+80
4	渝澳大桥		195.07	96+160+96
5	嘉华大桥		195.93	138+252+138
6	嘉华轨道专用桥	160.75	195.95	138+252+138
7	大佛寺长江大桥	156.82	188.12	198+450+198
8	朝天门长江大桥	157.82	194.43	190+552+190
9	东水门长江大桥	158.56	194.57	445
10	重庆长江大桥	160.50	194.43	174
11	重庆长江复线桥	160.50	194.43	4×138+330+104.5
12	菜园坝长江大桥	160.58	189.33	420
13	鹅公岩长江大桥	165.00	196.84	600

(2)干坞条件适宜性研究

管段需要在干坞内预制、存放和舾装,然后进行起浮和拖运。目前我国已建立了世界最完整的干坞体系,能够实现各种复杂条件的干坞修建。

①移动干坞适宜性

长江流域是我国重要的造船基地,沿线有众多的造船企业,能够建造大型半潜驳作为移动干坞。重庆港是长江上游最大的内河主枢纽港,拥有多个大型造船码头,采用移动干坞方案时有现成的码头可用于管节制作。因此,重庆城区具有较强的移动干坞方案可实施性。

②固定干坞适宜性

对于固定干坞方案,决定其成立的两大因素是场地条件和干坞与隧址的距离关系。对于一次预制 3 条管节的中型规模干坞,占地面积约需 7.3 万 m^2,如图 8.7-8 所示。经过现场踏勘调研,重庆城区鹅公岩大桥下游滩涂地、菜园坝水果市场、菜园坝大桥下游滩涂地、黄花园大桥下游滩涂地等地方拆迁量小,场地大小也满足干坞条件。通过对重庆城区桥梁进行调查,桥梁主跨跨度都不小于 80m,通航净高不小于 18m,不会对横断面宽度 50m 以内的浮运造成制约。

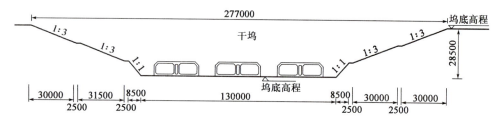

图 8.7-8　干坞横断面示意图(尺寸单位:mm)

综上所述,重庆城区具有较好的干坞建设条件,不会对干坞的建设造成关键制约。为了节省投资、加快工期,可统筹考虑在合适地点建设一座长期使用的干坞,供所有过江隧道使用。

（3）工程地质适宜性研究

沉管法隧道对地层的适应性强，既可以修建在坚硬的河床或海床上，也可以修建在软土地区。

①重庆城区地层分布及地质构造

根据工程资料可知，重庆城区地层主要为第四系土层、冲积层、卵石层、侏罗系中统上沙溪庙组泥岩、砂岩，其中第四系全新统人工填土层分布较广。

②基槽开挖

重庆城区修建，浮运航道仅需局部疏浚，疏浚量以表层土方为主，水下基槽开挖隧道下半断面时会遇到泥岩或砂岩，需要采用水下爆破，如图 8.7-9 所示。水下爆破是长江流域航道整治、维护常用的措施，目前航道工程"长江三峡水库变动回水区碍航礁石炸除二期工程"和"九龙坡至朝天门航道建设工程"正在实施，需要水下炸礁数十万 m^3，采取相应措施后可以大大减小水下爆破对环境的影响。

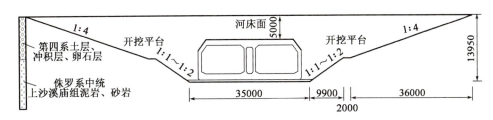

图 8.7-9　基槽开挖横剖面示意图（尺寸单位：mm）

8.7.4　工程适宜性研究小结

综上，通过对水文条件、干坞建设条件、地质适宜性等方面的研究，探讨了采用沉管法建设过江通道的技术可行性，可以得出如下结论：

（1）自 2018 年三峡大坝蓄水以后，重庆城区的水文条件发生了巨大变化，这使得的建设成为可能。

（2）鉴于重庆城区适宜的水文窗口期较短，管节总数不超过 8 节时，沉管法隧道工期协调性较好，管节数量增加时，可能会导致工期延长一年以上。

（3）由于的技术特性，隧道规模在双向四车道及以上、需要与两岸滨江路衔接时，采用沉管法优势较大；当隧道规模较小，如为双线地铁时，采用沉管法不能充分发挥其优势，其经济性较差。

（4）重庆城市冬天存在大雾天气，大雾对沉管的沉放有不利影响，本次研究未能收集到完整的雾天统计资料，因此没有进行论证，但在具体工程实施性论证时需要充分考虑。

本章参考文献

[1] 贺维国，邢永辉，沈永芳，等. 新型内河沉管隧道修建技术实践[M]. 北京：人民交通出版社股份有限公司，2016.

[2] 王强. 外海沉管沉放对接施工技术应用研究[D]. 广州：华南理工大学，2016.

[3] 潘永仁.上海外环沉管隧道大型管节浮运方法[J].施工技术,2004(33):52-55.
[4] 彭红霞,王怀东.仑头—生物岛沉管隧道管节浮运方案探讨[J].隧道建设,2007(4):85-88.
[5] 扈万泰,翟长旭,周涛.长江上游城市滨江地带规划与发展研究——基于重庆滨江道路建设的思考[J].城市发展研究,2007,14(2):102-103.
[6] 钟祖良,刘新荣,王婷.重庆朝天门两江隧道工程可行性探讨[J].现代隧道技术,2007,44(3):31-32.
[7] 珠江水利委员会珠江水利科学研究院,中铁隧道勘测设计院有限公司.汾江路南延线过江隧道工程水文计算与分析报告[R].2011.
[8] 中铁隧道勘测设计院有限公司,南昌市城市规划设计研究总院.江西省南昌市红谷隧道工程工程可行性研究报告[R].2013.
[9] 中铁隧道勘测设计院有限公司.复杂河道条件下大型沉管隧道关键技术研究报告[R].2016.
[10] 上海交通大学海洋水下工程科学研究院.佛山市汾江路南延线工程(澜石路至裕和路段)南岸主体、道路及沉管节工程沉管管节浮运及沉放试验研究[R].2012.
[11] 王君杰,颜海泉,等.基于碰撞仿真的桥梁船撞力规范公式的比较研究[J].公路交通科技,2006(23):68-74.
[12] Henrik Gluver, Dan Olsen (eds). Ship collision analysis [C]. A. A. Balkema, Rotterdam, 1998.
[13] 中交公路规划设计院.公路桥涵设计通用规范:JTG 060—2004[S].北京:人民交通出版社,2004.
[14] 韩娟,刘伟庆,等.船桥碰撞系统的简化力学模型及动力分析[J].南京工业大学学报,2006(23):68-74.
[15] 刘伟庆,方海,等.船-桥碰撞力理论分析及复合材料防撞系统[J].东南大学学报,2013(43):1080-1086.
[16] 武汉大学,南京工业大学.南昌红谷隧道管节近桥处浮运姿态控制及桥墩保护研究[R].2016,6.
[17] 李志军,王海龙,等.大流速高位差过江沉管隧道关键技术[M].北京:科学出版社,2016.
[18] 潘永仁,杨我清.沉管隧道平面轴线控制与调整方法探讨[J].现代隧道技术,2004,41(3):62-65.
[19] 孙召才.沉管隧道轴线控制和调整技术研究[D].广州:华南理工大学,2014.
[20] 陈韶章.沉管隧道设计与施工[M].北京:科学出版社,2002.
[21] 孙召才.沉管隧道轴线控制和调整技术研究[D].广州:华南理工大学,2014.
[22] 贺维国,林金雄,等.沉管隧道的可调可拆可重复利用的鼻托导向装置及方法:201310222001.6[P].2015-6.
[23] 陈韶章,陈越.沉管隧道施工手册[M].北京:中国建筑工业出版社,2014.
[24] 管敏鑫.越江沉管隧道管节及接头防水[J].现代隧道技术,2004(6):57-59.
[25] 黄帆.沉管隧道GINA橡胶止水带数值模拟分析[J].结构工程师,2010(1):96-102.
[26] 南昌市政公用投资控股有限责任公司.高水差、复合地层内河长大沉管隧道关键技术研究及应用研究报告[R].2016,8.
[27] 同济大学.复合地质条件下沉管隧道结构变形及管节接头力学行为分析[R].2016,6.
[28] 李志军,何毅,等.高水位差条件下管节接头GINA止水带纵向锁定限位拉杆:201610381999.8[P].2016-6.